西南民族大学优秀学术专著基金资助出版

中国西部欠发达地区城镇化道路及小城镇发展研究

刘晓鹰等 著

民族出版社

序

陈栋生

  中国的西部地区令世人瞩目，神奇、独特，有难以计数的研究成果和文学作品。就世界而言，对一个国家的某一个区域经久不衰、如此高的关注度，并不太多。因此，中国的西部应该说是中国的宝贵财富。他有几千年的文明历史，更有富集的自然资源，还有可供世界自然科学、人文社会科学各类学者研究取之不尽、用之不竭的自然、文化遗产等。历史上就有不少国家的知名学者到中国西部进行了成果卓著的研究，有的外国学者甚至毕其一生，在中国西部的热土上做出了流芳百世的研究成果。

  然而，中国西部又由于其区位的独特性、生态环境的脆弱性等，使其在现代经济社会的发展过程中，显得缓慢滞后。究其原因，近年来，研究成果也较为丰硕。但是其根本原因，尤其是加速中国西部经济社会发展的良方，的确是近些年来才得出较为准确的认识。其间，中国政府和中国学者们付出了无比的艰辛，对实践和理论的探索都倾注了大量的人力和财力，至今仍在实施"西部大开发"战略的过程中。中国实施的"西部大开发"战略成效显著，从实践上取得了初步成效。广大学者探索、争论、再探索、再争论，逐步形成了一些切合中国西部实际的观点、方略和共识。不同学科的学者对西部问题的研究视角是不一样的，研究重点也有很大差异。西部问题也是世界的，包括我们的友邻俄罗斯和经济大国美国，都曾为其西部的发展进行过大量的工作。因此西部问题是一个世界性的问题。

  就中国西部经济社会发展而言，特别重要的问题，无论从实践和政策的研究。在费孝通先生20世纪80年代提出"小城镇大问题"后，引发了中国城镇化道路的争议，从90年代后期开始，我国政府和学术界越来越重视城镇化问题，形成了大量政府文件和研究成果。具有重要价值的如胡序威等的《中国沿海城镇密集地区空间集聚与扩散研究》——中国自然科学基金项目（2000年），顾朝林等的《经济全球化与中国城市发展》——国家建设部重点科技项目（2000年）。但是，无论国际还是国内的研究成果，对于我国西部欠发达地区的城镇化研究成果尚不多见，关于欠发达地区城镇化道路的选择及小城镇发展尚无重大研究成果。因此，开展中国西部欠发达地区城镇化道路及小城镇发展研究非常迫切。正因为如此，2003年度国家社会科学基金项目资助本研究（项目编号03BJl037）。

一、西部欠发达地区城镇化道路的基本思路

城镇化落后于工业化是西部地区区域经济社会发展的显著特征之一。城镇化最直观的表象是乡村人口向城市地域的空间集中过程。因此，城镇化的客观基础是城镇发展及支撑产业的发展水平和规模。

西部地区地域范围广、乡村人口比重大，但城市数量少、规模小，城市首位度高，空间聚合程度差，小城镇规模小、经济实力弱。西部地区不乏成都、重庆、西安这样的超大城市以及昆明、兰州、贵阳、乌鲁木齐这样的大城市或特大城市，也有成都平原等城镇较为密集的区域。但总体上中心城市的空间集聚与空间扩散能力不足，未能较快带动周边地区及中、小城市的发展，未与周边地区及中、小城市和小城镇形成紧密的社会经济联系，以促进产业的空间集中，从而形成更为广阔的城市化地区。西部地区的大城市未能充分发挥其在推进西部城镇化进程中的龙头作用；西部地区中、小城市占了城市总数的92.45%，但其规模与实力有限，城市扩张缓慢，对人口及产业的吸引能力弱；至于西部地区的小城镇，则无论是集聚规模还是经济实力，都不能与东部及沿海地区相比，难以独立成为推动西部地区城镇化进程的主力军。

或者前言来介绍这一丰硕成果很难。

该成果最鲜明的特点是——抓住了西部城镇化发展一些关键而紧迫的问题。本著既有理论性的总结，又有实践的模式研究。创新点在本著中颇多。文风流畅，清新可人，是一部难得的学术专著。

中国社会科学院荣誉学部委员：

导 言

刘晓鹰

经济全球化促进了我国产业结构的变化,第二、三产业将加速发展。城镇作为第二、三产业发展的载体,也将有更大的发展。因此,我国产业结构的调整和发展,必将加速城镇化进程。中国经济已经进入到一个新的重要战略机遇期,城镇化将成为这一阶段经济增长的关键。加快城镇化进程是科学发展观的本质要求。在中央提出的"五个统筹"中,统筹城乡发展是核心,是实现其他几个统筹的前提。加快城镇化进程是统筹城乡发展的关键,是解决长期困扰我国经济社会健康发展的"二元结构"和"三农"问题的根本手段。中国西部地区必须抓住历史性机遇,才能够解决好以上紧迫的问题。以多种方式加快中国西部城镇化进程,即使是农民进城接受现代社会文明、生产方式和生活方式的熏陶,提高知识水平、劳动技能,并将资金、技术和知识带回农村,也将有助于促进欠发达的西部地区的发展。加快城镇化进程是实现城乡一体化、促进我国区域协调发展的理想选择。

近年来,中国城镇化问题的研究颇为热烈,主要在以下领域展开。(1) 对中国城镇化基本问题的探讨,包括应以怎样的速度、模式来推进;中国城镇化的水平内容、含义;中国城镇化的动力等。(2) 城镇化道路的选择,这是中国城镇化研究领域备受关注的内容,主要研究中国城镇化的道路选择,到底是以大城市为主、中等城市为主、小城镇为主,还是走大、中、小城市和小城镇综合协调发展的道路。(3) 城镇化中外比较研究及一般规律的研究。(4) 城镇化社会学的探讨。(5) 城镇化与工业化发展的研究。(6) 城镇化体制还是理论哪个层面的探索来看,应该是必须加快其城镇化和工业化的发展,这个观点争论了至少几十年,近年来基本上是从实践过程中探索验证后,逐步成为大体一致的认识。

城镇化是具有中国特色的城市化,它恰好符合中国西部的特点。特大城市、大城市在中国西部为数不多,中国经济的发展并不倚重于西部的这些大城市。但是中国西部有广袤的地域、众多的人口以及诸多的社会发展问题,必须要靠加速其大、中、小城市和小城镇的协调发展,才能更好地推进西部的经济社会发展。城镇化率已经不仅仅是一个关系到经济发展水平的问题,还是衡量社会进步质量的一个指标,是现代化程度的标志。

中国西部的城镇化内涵相当复杂。广义的理论在中国西部不一定能够照搬,甚至中国发达地区的成功也不能在西部简单的"克隆"。因此国家社会科学规划办公室批准《中国西部欠发达地区城镇化道路及小城镇发展研究》项目,课题组由西南民族大学、西南交通大学、四川省委党校等单位的区域经济学专家、教授、博士组成。成果创新性突出,得到评审专家的高度评价,特别指出:"这是迄今为止分量最重的研究中国西部城镇化的研究成果。同时对于'西部大开发'、西部的经济社会发展具有重要的学术价值和实践意义"。

通过西部的学者们长达三年的艰苦探索和研究总结,有了一个较为满意的成果。当然,他们首先是在大量总结了其他学者卓有成效的研究成果的基础上,完成了一项研究工作,提出了关于中国西部城镇化和小城镇发展的最新成果。我看到国家社会科学规划办在其网站重点推介该项研究成果,也注意到一些专家对该成果的评价。

《中国西部欠发达地区城镇化道路及小城镇发展研究》,共分为八个部分:经济全球化视角下的中国西部欠发达地区城镇化道路研究;西部地区城镇发展的现状与问题;西部地区城镇化发展的总体思路;西部地区城市集群化发展与城镇化;西部城镇化发展的分区研究;城镇型建制镇、中心镇是西部小城镇发展的重点;欠发达地区小城镇的后发优势;西部民族地区候鸟性旅游推进型的城镇化模式。全部研究成果达六十多万字,经凝练成本著。所以,要以序言城镇化即中国特色的城市化路径，尤其是西部欠发达地区的城镇化道路的选择应为多元化的道路，即大、中、小城市及小城镇协调发展，单纯强调发展大城市或小城镇的思路都不符合西部地区的实情。大、中、小城市及小城镇协调发展必须依赖具体的区域条件，即在一定的空间地域内，通过大城市的扩散辐射能力，促进大城市与中、小城市及小城镇的一体化发展，形成产业的空间集聚，形成较高程度人口与产业集聚的城市化地区。离开了具体的、不同的空间和区域条件，讨论优先发展大城市还是重点发展小城镇并无实践价值，而大城市集群则是大、中、小城市及小城镇协调的具体实现形式。

西部地区城镇化道路的基本思路是：

第一，充分发挥西部现有超大、特大城市在推进城镇化中的作用，强化其辐射力，促进其向具有一定等级规模的大城市集聚的城市空间形态发展，在四川、重庆、陕西、云南等省区形成若干都市圈、城市群、城市带及大城市集群，形成产业的空间集聚，在大城市集聚地域内实现大、中、小城市及小城镇的协调与一体化发展，强化其吸聚乡村人口的能力，成为具有较高发展程度的城市化地区。

第二，加快具有区域中心意义的中、小城市向大城市、中等城市的发展，扩张城市空间地域，扩大城市规模与产业规模，增强其空间集聚能力，大大提高其吸纳乡村人口的能力。在此基础上，进一步发挥其区域中心城市的作用，带动周边小城镇的发展。

第三，集中发展县城所在地的城关镇（城镇型建制镇）及少数中心镇，促进人口、产业向上述城镇的集中，提高其产业发展的基础和吸纳乡村人口的能力。

小城镇建设是西部欠发达地区城镇化推进的重点之一，其基本思路是：以工业化和技术升级为基础，承接大、中城市转移的工业门类和企业，尽可能与大、中、小城市形成产业和城镇发展的关联。以加工工业和第三产业为吸纳农民就业的主要空间集聚动力，以大力发展非公有经济为组织形式，以民间资金的集聚为主，以"自下而上型"为主体。

本著运用相关的区域经济学、发展经济学、数量经济学、城市地理学、制度经济学等理论和已有的相关研究成果,对"西部大开发"和西部能否实现全面小康和现代化中一个极重要的问题——地区社会经济的发展,进行重新审视。从城镇化问题入手,寻求从根本上解决地区发展不平等问题以及消除发展不平衡问题的基本途径,充实中国欠发达地区发展的理论。以这个全新的视角来进行研究,为地区的社会、经济多目标发展提供理论上的依据和指导。我们希望这个研究具有准确的针对性,也希望研究成果能为中国西部欠发达地区社会经济发展理论和相关问题的进一步研究提供有价值的观点和启示。

二、研究的主要内容、重要观点

本著主要研究中国西部12省区城镇化道路选择和实现的途径以及小城镇发展问题。我国已进入城镇化加速发展阶段。但是,西部地区城镇化还处于缓慢发展阶段。加速城镇化进程是我国21世纪初的重要任务,加快西部欠发达地区的城镇化更是一个艰巨的任务。城镇化是城市化的重要内容之一,是有中国特色的城市化道路。如果说全面推进西部地区的工业化进程是整个21世纪西部地区开发和发展最主要和最基本的战略任务的话,那么数额庞大的农村人口的非农化和城镇化则是这个战略任务中最艰巨的历史任务(赵曦2002)。中国西部欠发达地区的城镇化已成为十分重要的任务,工业化与城镇化的协调推进是一个国家或地区实现现代化的重要途径,这已为世界各国所实践。我国西部欠发达地区存在着大量的农村富余劳动力,以农村自身发展来看,提高农民收入的空间越来越小。西部现有大、中城市的辐射和带动能力不足,中小城市聚集效应不大,既无力容纳大批的农村人口和劳动力进入城市,又难以更有效地带动农村经济发展。我国的城镇化有其特殊的艰巨性,如果要将城镇化水平提高到世界平均47%的水平就要转移农村人口约1.5亿人,如果要将城镇化水平提高到与中国工业化和经济发展相适应的水平,则要转移出约2.5亿农村人口。简单采用美国、日本、韩国的模式走发展大城市的道路,意味着至少要新建1000万人口的城市20个或100万人口的城市200个,很显然,以中国现有的经济发展水平,选择这种模式是不可行的。我国特别是西部地区的城镇,产业吸纳就业能力不足,大量农村人口流入城市,对经济发展和社会稳定产生的影响十分巨大。可见,中国西部欠发达地区城镇化研究非常迫切,不仅仅是一个地域空间和人口的集聚问题。

在21世纪西部地区的城镇化发展战略中,应采取积极发展大城市,合理发展中、小城市,加快发展重点小城镇的城镇化方针,形成以成都、重庆、西安、昆明、兰州、乌鲁木齐、拉萨等省会城市为核心,以重点中、小城市为主体,以小城镇为基础的西部欠发达地区城镇网络体系。大城市发展以信息化带动工业化,以高新技术产业现代工业和第三产业的发展推进地域空间和人口的聚集,四川盆地(成都、重庆、绵阳、自贡、内江)、关中地区(西安、咸阳、宝鸡)可培育形成都市圈和都市带推进城镇化。其他有条件的地区尽可能逐步形成城市经济带。中小城市的发展在于重点发展一批专业性强,第二、三产业发展前景好的地级区域中心城市,与其附近大城市形成产业关联,和周边中、小城市形成产业分工合理、互补性强的城市群体,以城市群体的发展推进城镇化。西部欠发达地区特别是民族地区,工业化与城镇化水平低,城乡差别较大,加快小城镇发展是城乡融合的主要手段,主要是加快以县城为主的重点小城镇发展。据世界发达国家和发展中国家城市化推进的一般规律,以及中国城镇化经历来看,城镇化发展一般有三种途径。一是在现有城市基础上的扩张;二是小城镇发展,进而成为新的城市;三是完全新建城市。在西部欠发达地区,二元经济结构的问题特别突出,小城镇的发展是促进城乡融合、促进城镇化的有效途径,在小城镇发展过程中,空间地域的集聚要坚持"三集中"的模式。即农村居民点尽可能向城镇集中,工业向小城镇或其相邻地域集中,耕地向种田大户或农场经营集中。"三集中模式"既能有效地推动小城镇空间集聚,又有利于资源的合理配置和可持续发展,还能有效促进工业企业在欠发达地区从规模较小而分散走向产业化、规模化，进而吸纳更多的农村人口。本研究采用定性定量相结合的研究方法，以德尔菲法专家咨询和问卷调查相结合进行研究和社会调查，充分应用计算机进行模拟分析。研究过程中始终反复征求政府及相关部门的意见，并特邀相关部门参与研究工作。研究成果主要包括以下三大部分：

第一，西部欠发达地区城镇化基础、背景及理论研究。

第二，西部欠发达地区城镇化道路选择研究。

第三，西部欠发达地区小城镇发展研究。

三、成果的学术价值、应用价值以及社会影响和效益

本著重点研究了中国西部城镇化的国际国内背景，中国西部城镇化的思路及其路径选择问题，中国西部城镇化的小城镇发展及其模式选择和实证。成果中有较多创新内容，如：

(1) 经济全球化背景下的中国西部城镇化理论。

(2) 中国西部城镇化的城镇集群发展理论。

(3) 中国西部城镇化中小城镇发展的产业支撑。

(4) 中国西部民族地区城镇化的旅游推进型（候鸟型城镇化模式）模式及其对城市化理论及增长极理论的贡献。

这些创新性成果有较高的学术价值，同时，如城镇集群化发展理论及其思路，旅游推进型（候鸟型城镇化模式）模式及其对城市化理论及增长极理论的贡献等；同时具有较高的应用价值，可以为中央及西部各级政府决策参考，能够产生巨大的社会效益和经济效益。

2008 年 5 月 25 日

目 录

第一章 中国西部欠发达地区城镇化推进的背景研究 …………(1)
  1.1 西部地区城镇化推进的国际背景 ………………………(1)
  1.2 西部欠发达地区城镇化推进的国内背景 ………………(22)

第二章 世界各国城镇化发展规律 ……………………………(27)
  2.1 世界城镇化进程 …………………………………………(27)
  2.2 发展中国家和转型经济国家的城镇化 …………………(44)
  2.3 世界城镇化的一般规律 …………………………………(56)

第三章 中国城镇化推进模式研究 ……………………………(68)
  3.1 城镇化的三种模式 ………………………………………(68)
  3.2 中国城镇化与经济发展:关于中国城镇化
      模式的实证分析 …………………………………………(72)
  3.3 中国城镇化道路选择研究 ………………………………(91)

第四章 西部欠发达地区城镇化动力机制 ……………………(114)
  4.1 城镇化的一般动力机制 …………………………………(115)
  4.2 西部欠发达地区城镇化滞后现状 ………………………(132)
  4.3 西部地区城镇化的动力机制 ……………………………(134)

第五章 我国城镇化进程及东、中、西部地区的比较研究 ……(153)
  5.1 我国的城镇化进程 ………………………………………(153)
  5.2 中国的城镇化与经济发展 ………………………………(173)
  5.3 中国城镇化的地区差异研究 ……………………………(187)

第六章 西部地区城镇发展现状及城镇化进程 ………………(203)
  6.1 西部地区城镇发展的现状与问题 ………………………(203)

6.2　西部地区的城镇化进程 ·············· (213)

第七章　西部地区城镇化发展的总体思路 ········ (222)
7.1　关于城镇化道路 ················ (222)
7.2　西部地区城镇化发展的总体思路 ········· (226)

第八章　西部地区城市集群化发展与城镇化 ······· (233)
8.1　集群化是城市发展的一般趋势 ·········· (233)
8.2　西部地区城市集群化发展的必要性、
　　 可能性与迫切性 ················ (246)
8.3　西部地区城市群分类及其发展调控策略 ······ (255)

第九章　西部地区城镇化发展的"三分"构想 ······ (293)
9.1　西部城镇化发展的分区研究 ············ (294)
9.2　西部城镇化发展"三分"的依据 ·········· (298)
9.3　建立"西三角"的可能性和必要性 ········· (304)
9.4　区域内的产业选择 ··············· (313)

第十章　西南重点区域城镇化发展道路的实证研究 ··· (325)
10.1　成都平原都市带 ··············· (325)
10.2　重庆城市群 ················· (337)
10.3　成渝城市集群的总体发展优势和存在问题 ····· (346)
10.4　成渝城市集群网络化发展 ············ (355)

第十一章　西部地区城镇型建制镇、中心镇发展与城镇化 ··· (361)
11.1　城镇型建制镇、中心镇是小城镇发展的重点 ···· (361)
11.2　城镇型建制镇、中心镇的特征 ·········· (366)
11.3　城镇型建制镇、中心镇的发展模式 ········ (368)
11.4　城镇型建制镇、中心镇的发展对策 ········ (371)

第十二章　我国西部地区小城镇发展战略及其后发优势 ··· (376)
12.1　加速发展小城镇的重要意义 ··········· (377)
12.2　小城镇发展分区概述 ·············· (379)
12.3　不同类型小城镇发展的产业选择 ········· (381)
12.4　欠发达地区小城镇的后发优势与跨越式发展 ···· (384)

第十三章　西部地区城镇化发展模式选择及其产业支撑 ··· (387)

- 13.1 国内外发达地区小城镇发展模式比较研究 (387)
- 13.2 小城镇发展的理论研究：运行机制和政策导向 (395)
- 13.3 西部小城镇发展模式选择与产业支撑 (397)
- 13.4 成都市小城镇分区域推进发展战略 (419)

第十四章 旅游业促进西部民族地区城镇化推进的研究 (432)

- 14.1 西部民族地区候鸟型"飞地"性旅游推进型城镇化模式 (432)
- 14.2 四川民族地区旅游业与城镇化推进的实证研究 (438)

第十五章 西部地区小城镇发展及其实证研究
——成都市双流县城镇发展现状及对策分析 (446)

- 15.1 双流县小城镇发展、布局的条件及区域背景 (446)
- 15.2 双流县"三个集中"城镇化推进模式的特点及经验分析 (454)

第十六章 西部欠发达地区小城镇发展的实证研究
——民族地区：以九寨沟县城镇化发展为例 (468)

- 16.1 九寨沟县城镇化发展水平分析 (469)
- 16.2 九寨沟县城镇化发展模式 (487)
- 16.3 旅游业对九寨沟县城镇化发展的影响 (491)

参考文献 (500)

后 记 (508)

第一章 中国西部欠发达地区城镇化推进的背景研究

1.1 西部地区城镇化推进的国际背景

经济全球化是当代整个世界面向未来的客观变化。经济全球化正在改变着世界政治经济的结构和性质以及每个人的生活。我国西部地区的城镇化正是在全球化如火如荼的情况下加速推进的。这就决定了一定要从全球化的高度来认识我国的西部,认识我国的西部大开发和城镇化进程。在此首先要阐明我国西部地区城镇化推进的国际背景。

21世纪是"城市的世纪",在这个世纪里全球将稳步进入一半以上人口居住在城市的发展阶段。[1] 而我国西部地区以不到30%的城镇化水平步入了新世纪的经济全球化进程,与世界平均水平相差约22个百分点,与高收入发达国家相差约46个百分点,与发展中国家的平均水平相差约16个百分点。[2]

在经济全球化与区域经济集团化的大背景下,我国西部地区城

---

[1] 2000年第六届世界大城市首脑会议《北京宣言》。
[2] 2000年西部12省区的城镇化率的算术平均水平为29.5%,同年世界城镇化率的平均水平为51%,发达国家的城镇化率为75%,发展中国家城镇化率的平均水平为45%。

镇化的推进面临着重大机遇，同时面临着严峻的挑战。经济全球化与区域经济集团化是我国西部地区城市社会经济发展的基本环境平台，是西部地区城镇化时空发展的经济空间支撑体系。同时，西部地区城镇化是经济全球化与区域经济集团化的重要组成部分，两者相互促进、相互作用，从不同层面上共同促进西部地区城市社会经济的稳定发展。这势必导致西部地区城镇化地域联系的多元化、国际化、复杂化，同时也为西部地区城镇化空间扩展提供了新的动力机制支持系统。

1.1.1 经济全球化：西部地区城镇化推进的基本环境平台

在当今世界发展中，各国经济间存在着日益相互关联、相互渗透、相互影响、相互依存的关系，任何国家脱离世界经济而独立发展都是不可能的，经济全球化已成为一个不能回避的现实，一个不以人的意志为转移的大趋势。

经济全球化是当代世界经济发展最根本的特征。经济全球化一词据说最早是由T.莱维于1985年提出的，至今没有公认的定义。

国际货币基金组织（IMF）在1997年5月发表的《世界经济展望》一文中，曾对经济全球化下过这样的定义："全球化是指跨国商品与服务交易及国际资本流动规模和形式的增加，以及技术的广泛迅速传播，使世界各国经济的相互依赖性增强。"

笔者认为，经济全球化（economic globalization）指人们经济活动联系超越民族国家边界在全球范围内展开和加深的过程；这一过程的基础是通过全球范围分工体系所展开和实现的当代生产方式形态。全球化还包含政治、军事、文化活动及其影响超越国界在全球范围展开的过程。经济全球化与其他领域全球化相互作用，但是经济全球化具有相对外生的发生和推进机制，在一定程度上构成全球化现象的基础。随着各国间商品、服务、资本、技术等交流的日益密切，经济全球化的趋势将日益明显。

经济全球化的过程首先是工业生产全球化（其主动力是廉价劳

动力和消费市场的追求），接着是金融全球化（其主动力来自跨国银行、投资公司、环球性的风险投资和 24 小时营业的资金与证券市场，再加上各国政府都想吸引外资）。

经济全球化，从本质上说是一场以发达国家为主导、以跨国公司为主要动力的世界范围内的产业结构调整（龙永图，1999）。这种世界范围内的产业结构调整不仅表现为一些产业的整体转移，更重要的是同一产业的一部分生产环节的转移，这种产业结构调整，大体上采取了两种形式：一是发达国家之间通过跨国公司间的相互交叉投资、企业兼并，在更大的经济规模基础上配置资源、开拓市场、更新技术，从而实现了发达国家间的技术和资金密集型产业的升级。这一过程主要始于 20 世纪 80 年代；二是发达国家把劳动和资源密集型的产业向发展中国家转移，特别是把这些产业（包括高技术产业）中的劳动密集型生产环节向发展中国家转移。这一转移始于 20 世纪 80 年代，90 年代愈演愈烈。

经济全球化是一个历史过程，产生于 20 世纪 50 年代，90 年代形成高潮，主要表现在以下几个方面。

第一，作为经济全球化基础的国际分工进一步向更广和更深发展。从广度上看，参与国际分工的国家和地区已经遍及全球；从深度上看，国际分工日益细密，分工的专业化程度越来越高，已由过去单一的垂直型分工发展为垂直型、水平型和混合型多种分工形式并存的新格局。另外，国际分工的形态也呈现出多样化，不仅有生产资源型分工，生产工序型和零部件生产专业化型分工也日益增多。

第二，国际贸易发展迅猛，成为联系世界各国经济关系的重要纽带。首先，国际贸易总量和规模不断扩大，1978 年世界贸易占世界 GDP 的比重仅为 9.3%，到 2003 年，世界商品贸易总额已占世界国内生产总值的 41.5%。[①] 其次，国际贸易的种类、范围不断扩大，不仅包括商品贸易，而且包括技术贸易、服务贸易、劳务贸易，尤其是服务贸易的领域在迅速扩展，1999 年国际服务贸易总额达 2.96

---

① 世界银行：《2005 年世界发展报告》，北京，清华大学出版社，2005。

万亿美元,在全球贸易总额中的比重超过 1/4。

第三,国际资本、技术、劳务等生产要素的流动速度加快,尤其是资本流动规模不断扩大,进一步深化了世界各国经济的相互依赖程度和一体化程度,成为联系世界各国经济的另一重要纽带。

第四,奉行全球战略的跨国公司迅猛发展,通过其跨国界的生产和经营活动,把世界各国的经济联结为一个整体。从 20 世纪五六十年代起,跨国公司就开始活跃在世界经济舞台上,发展到今日,跨国公司无论是数量还是规模都有了很大提高。

第五,世界贸易和经济活动的协调机制日益健全,国际货币基金组织、世界贸易组织和世界银行等作为协调和监督世界经济运行的国际性组织,其权威性和作用越来越明显。

1.1.2 经济全球化的动力

经济全球化之所以成为当代世界经济的根本特征和不可抗拒的历史潮流,是世界各国经济发展的必然结果,是由于多方面的原因而形成的。

1. 科技革命:经济全球化的根本动力

从近代开始,人类社会经历了三次科技革命,使经济全球化程度不断增强。20 世纪 80 年代以来的以信息技术、新材料技术和新能源技术等为主要标志的新科技革命,其规模和影响都是空前的,尤其是 90 年代以来,以建设信息高速公路为中心的高技术革命的迅速发展,大大缩短了世界各国之间的距离,加速了经济全球化的进程。

科技革命对经济全球化的推动作用大致表现在两个方面:

第一,科技革命为经济全球化提供了物质条件。鲁本斯·里库佩罗在向第九届贸发大会提交的报告中较为具体地分析了科技进步对经济全球化的推动作用,他指出,科技革命所导致的信息技术进步、制造业技术进步、管理科学的进步等,使"国际劳动分工的范围以及国际金融交易的范围大幅度扩大了,国际运输和通信费用的急剧下降以及生产过程的可以分解,不仅使大量的货物和服务由原来的不可交易变成了可以交易,而且加快了生产和服务的国际化的过程,与此同时,国际通信费用的下降和近来信息技术的进步为国际金融流动开辟了广阔的可能性,管理科学极大地提高了各公司改进管理结构,处理分布于全球各地的多套生产装置的能力"[①]。这充分说明科技进步使更深、更高层次的国际交流成为可能,使国际性生产经营活动的成本大大降低,为经济全球化提供了物质条件。

第二,技术进步本身的要求导致了经济全球化并使之日益扩大。在当今世界经济中,技术进步已成为经济发展的核心。但是,世界上任何一个国家单纯依靠自身的力量都无法满足经济发展对科技进步的需求。首先,经济发展对于科技进步的需求越来越强烈,科技进步的重要性日益明显;其次,现代技术发明越来越具有集合性、规模性和国际性,任何一国的技术开发都离不开其他国家的现成技术,尤其是基础和原生技术。可以说,任何一国哪怕是最发达的国家,离开了外部世界,都无法维持本国长期的技术进步。因此,无论从新技术的采用还是从新技术的研究来说,当代世界各国的技术进步已经全球化,作为当代经济发展的核心,科技进步的全球化必然导致整个经济的全球化,正如世界著名经济学家约翰·H. 邓宁所言:"除非有天灾人祸,经济活动的全球化不可逆转,这是技术进步的结果,而技术进步的趋势不可逆转。"

2. 市场经济:经济全球化的根本前提

市场经济是经济全球化的重要推动力量。市场竞争和市场逐利行为打破了经济的国家和地域界限,把世界各国的经济日益联结为一个整体的全球经济。因此,市场化是所有国家参与经济全球化的起点;另一方面,市场经济也是经济全球化的客观要求。经济全球化要求世界各国企业必须是真正的自由体,它可以不受政府的限制,

---

[①] 转引自刘力:《经济全球化:中国的出路何在》,5页,北京,中国科学社会出版社,1999。

根据自己的意志和自身经营、发展的需要，按最有利的市场条件，在最有利的地方销售，这必然要求国家实行市场经济体制，尽量避免国家对市场主体的行政干预。20 世纪 80 年代末 90 年代初，苏联解体、东欧剧变，这些国家无一例外地向市场经济转轨。以中国为代表的其他社会主义国家，也在坚持社会主义基本制度不变的前提下，向市场经济转变。90 年代以来，市场经济一统天下，这种全球性市场经济的发展，使商品、资本、技术和其他生产要素在全球范围内优化组合，极大地促进了各国经济的融合和全球化的发展。

3. 国际经济组织：经济全球化的根本保障

在经济全球化的过程中，必然涉及世界各国的切身利益和各国间的利益分配，因此需要建立作为协调和监督世界经济运行的国际性组织。为适应这一要求，1945 年成立了国际货币基金组织，在国际金融方面维持汇率的稳定和国际收支平衡；1946 年成立了国际复兴开发银行（世界银行），在国际投资方面鼓励对外投资并为各国经济恢复和发展筹集资金；在国际贸易方面，1947 年关税与贸易总协定（GATT）成立，在促进贸易自由化方面作出了巨大贡献，1995 年 1 月 1 日世界贸易组织取代关税与贸易总协定，标志着世界贸易和经济发展新阶段的到来，对于世界贸易和经济的发展起到了重要的保证作用。近年来。国际经济组织的关系越来越密切，它们签署合作协议，设立高级人员专门小组，并对一些国际性的问题进行磋商、协调和联合行动，维护国际经济秩序，国际经济组织已成为推动经济全球化的根本保障。

1.1.3 经济全球化背景下中国和中国西部地区城镇化的发展

经济全球化作为一股不可逆转的历史潮流，强烈地冲击和影响着城镇化这一古老的人类主题。在经济全球化的大趋势中，城镇化的发展呈现出许多新的特点，同时，经济全球化也从正、反两个方面推动城镇化的进程，其机理是经济全球化导致影响城镇化的动力机制和相关因素的变化,而它们的变化必将影响到城镇化的进程。

1. 经济全球化对城镇化的推动机制

(1) 经济全球化推动产业结构调整,而产业结构的变化必将推动城镇化

经济全球化从本质上说是一场世界范围内的产业结构调整,这种国际产业结构调整以跨国公司为主要动力,通过其跨国界的生产和经营活动,使各国的经济融入世界大分工中。在这场世界经济分工中,发达国家把一些劳动和资源密集型的产业或生产环节,向发展中国家转移,这就为发展中国家国内进行产业结构调整提供了有利时机。

产业结构不合理是制约中国经济增长的症结。进入21世纪以来,中国把加入世界贸易组织(WTO)作为融入经济全球化潮流的现实之举和最佳切入点,不断加大经济结构调整力度。WTO主张各成员国依据自身的经贸状况和竞争力,实行逐步自由化,为国内产业界提供一次结构调整的时机。国内的要素必须根据国际比较优势重新进行配置,以实现资源利用率的提高。我国运用国际比较优势原理,充分发挥在劳动力资源等方面的优势,接受发达国家的产业转移,尤其是一些制造业,吸收外国先进的技术、管理经验等,逐步实现从过去的垂直分工向水平化分工的转变,提高产业的结构水平。

经济全球化所推动的国内产业结构调整,将使我国的产业结构发生较大的变化,二、三产业将得到迅速发展,而城市作为二、三产业发展的载体,也将有大的变化。同时,产业结构作为城镇化的相关因素,二者相互促进、共同发展。因此,我国产业结构的大调整也必将加速城镇化进程;另一方面,产业结构的调整以及二、三产业的大发展,将意味着我国工业化水平的提高,而工业化作为城镇化的根本动力,工业化程度的提高必然推动城镇化的进程。

(2) 经济全球化推动经济增长,从而加速了城镇化的进程

经济全球化可以带来整个世界范围内的经济发展和资源最优配

置,这一点对于世界各国来说都具有重大的意义。在经济全球化过程中,国际贸易的迅猛增加,国际资本流动的加快,以及跨国公司生产和经营活动的开展,使包括发展中国家在内的世界各国都受益匪浅。例如,国际资本的流动,促进了发达国家的资金、技术、管理经验与发展中国家的资源、廉价劳动力和市场的有效结合,从而使二者都实现了收益。"二战"以后发展中国家的实践已经充分证明,参与国际经济的程度愈深,经济实绩就越优;反之,与国际经济的隔离程度愈深,经济实绩就越差。

世界银行1996年发表的题为《世界经济前景与发展中国家》的研究报告认为,在发展中国家的经济发展速度与参与经济全球化的程度之间存在着密切的因果关系。参与经济全球化有利于发展中国家的经济增长;反之,面对经济全球化裹足不前,必然影响经济的顺利发展。

以上论述,一方面说明了发展中国家参与经济全球化的必要性和紧迫性;另一方面,从一个侧面说明了经济全球化确实能给世界各国都带来好处,促进各国经济增长。因此,各国都应积极参与其中,尤其是目前经济发展水平还比较低的广大发展中国家。

尽管从横向上来看,各国受益的程度存在差异,发达国家从经济全球化中得到的好处可能会多于发展中国家。但从纵向看,各国参与经济全球化后,其经济增长的速度更快、幅度更大,这也是发展中国家积极参与经济全球化的一个重要原因。因此,无论对于发达国家还是发展中国家来说,经济全球化都会促进其经济增长。

积极参与经济全球化,也将推动我国经济的快速增长。根据国务院发展研究中心的模拟定量计算,我国加入WTO后,若从1998年开始逐步实现各项加入WTO的承诺,并在2005年全部完成,则2005年中国的实际GDP将提高1955亿元,占当年GDP的1.5%,如果进一步考虑到由于贸易自由化导致的生产率的提高,其效率收益将更大。在此背景下,1998—2010年,年均GDP增长率将比不加入WTO提高近1个百分点,使2010年实际GDP与1995年相比约提高13%。① 同时，中国经济增长方式也将随之发生根本性变化，步入集约经营的发展阶段。可见，经济全球化将为我国经济增长提供良好的国际环境，促进我国经济增长速度和效率的提高。

经济全球化推动了经济增长，而经济增长作为城镇化的相关因素，其与城镇化之间存在着极高的正相关关系。一方面，经济增长使人们的收入提高，导致需求结构向制造业产品和服务品转变，需求结构的变化引起生产结构的变化，第二、三产业获得飞速发展，从而推动城镇化；另一方面，经济增长可以提供城镇化进程和城市建设所需的大量资金，所以经济全球化推动经济增长，而经济增长促进了城镇化发展。

(3) 经济全球化推动科技进步，而科技进步必将推动城镇化

在经济全球化的过程中，世界各国之间的合作（包括科技领域的合作）日益密切。现代科技所具有的集合性、规模性和国际性，使得任何国家的科技创新都不能独立进行，而只能以世界上现有的科技成果为前进的基础。科学技术的研究和开发，越来越需要各国相互合作，共同努力，这一方面促进了经济全球化的进程，另一方面，世界范围内的科技开发与研究也促进了科技进步。

经济全球化所带来的科技的国际大流动，对于发展中国家弥补技术缺口，利用几乎不付费的后发优势以及迅速实现科技进步和整个经济发展都是非常有利的。经济全球化的国际浪潮使发展中国家吸收和利用国外先进技术成为可能。一方面，通过跨国公司的生产和经营活动，发达国家的一些先进生产技术和管理科学等也被带到发展中国家，从而为发展中国家学习和吸收先进科技，并在此基础上进行更深层次的科技开发提供了有利条件；另一方面，在经济全球化中，各国间相互交往和实现利益均衡的机制和规则更加完善，这就为发展中国家引进和吸收国外先进科技提供了良好的国际环境和法规依据。同时，在始于西方工业革命的现代经济中，绝大多数

---

① 赵海东：《实施西部大开发战略，要适应"入世"后经济运行空间的变化》，引自人大复印资料《城市经济区域经济》，2000 (11)。

经济技术和方法都发轫于西方发达国家,发展中国家要实现经济现代化,就必须积极地进口这些技术和方法。从实践来看,凡是成功实现经济现代化的后起国家无一不重视对国外先进技术的引进和吸收,东亚国家和地区的成功就是比较典型的范例,而经济全球化恰恰为发展中国家吸收和利用国际先进科学技术提供了绝好的时机。

经济全球化也必将推动我国的科技进步,而科技进步作为城镇化的持续动力,它的不断发展必将对城镇化以及城市空间结构和功能的变迁,产生深厚的影响和强大的推动作用。因此,经济全球化将推动科技进步,科技进步又将推进城镇化的发展。

(4) 经济全球化将提高国家的经济外向度,从而加速城镇化进程

经济全球化的潮流使各国经济间相互关联、相互渗透、相互依存、相互影响的关系日益明显,任何国家都不可能独立于全球经济体系孤立发展,都不可能做到自给自足,都必须与国际经济保持千丝万缕的联系。因此,经济全球化加速了世界各国对外开放的步伐,提高了各国的经济外向度。

20世纪70年代末以来,中国逐渐摒弃传统的内向型经济发展战略,实行开放型的经济发展战略,但我国的对外开放实行的是一种局部的渐进式的开放。在区域上,从开放特区,继而开放沿海港口城市,再向沿边、沿江地带开放;在产业上,开放一些竞争性行业;在生产要素上,主要是引进国内短缺的资金和技术要素。这个局部的渐进式开放实现了中国经济的持续高速增长,也实现了国内外资源的有效配置,同时出现了地区经济发展严重不平衡等问题。

加入WTO以及融入经济全球化后,我国的对外开放呈现出一种新的格局,局部性开放转变为全局性开放,中国经济将与国际经济体系实现衔接与互补,中国的经济外向度大大提高。经济外向度作为城镇化的相关因素,它的提高使城市的开放性增强,生产要素在区际之间的流动变得频繁而量多,城市的动力机制增强,从而能吸收较多的劳动力,因此,由经济全球化推动的经济外向度的提高,也将推进城镇化的进程,提高城镇化水平。

2. 经济全球化对城镇化的倒逼机制

(1) 经济全球化在客观上要求农业发展，而农业发展必将推动城镇化

中国加入 WTO 后，客观上要求城镇化的发展。众所周知，加入 WTO 后，农业将是受冲击最大的行业之一。农业生产因周期长、受自然气候影响大、投资大等自身特点一直是国家保护的对象。WTO 不仅提供了国家之间自由贸易的规则，也规定了自由竞争的规则。因此，加入 WTO 将对中国农业产生一定的不利影响。

首先，在市场准入方面，由于关税的降低以及进口配额管理、进口许可证管理等非关税措施的关税化，势必引起进口农产品涌入国内，冲击我国农业发展，加大我国调控农产品贸易的难度。

其次，在出口补贴方面，中国在入世谈判中已承诺取消农产品出口补贴，这将对部分农产品的发展产生不利影响。

再次，在动植物卫生检疫方面，我国农产品多年来过量施用化肥、农药，故有毒物质残留较严重，一旦国内标准与国际标准接轨，必然影响出口数量。

面对种种不利影响，农业发展应有新思路、新举措，但问题的关键在于提高农业劳动生产率，增强其自身生存和发展的能力。农业劳动生产率的提高，为农业的规模经营提供了可能，同时也释放出了大量农业剩余劳动力。据统计，目前我国农业中的剩余劳动力达 1.3 亿～1.7 亿人，伴随着加入 WTO 和农业劳动生产率的提高，其数量将急剧增加，这部分剩余劳动力脱离土地、脱离农村后，不仅不会影响农业的发展，而且会促进农业的规模经营和劳动生产率提高。农业发展作为城镇化的初始动力，必将为其提供所需的资金、市场、原料、粮食、劳动力等要素，同时，大量农民脱离农业、土地，进入第二、三产业行列，进入小城镇或城市生活，必然推动中国的城市建设和城镇化进程。

(2) 经济全球化在客观上要求启动国内市场，而启动国内市场

的根本途径在于城镇化①

在经济全球化中，国内大市场是我国参与经济全球化的坚强后盾。首先，国内大市场有利于扩大产业规模；其次，国内大市场是吸引国外投资的强大基础，外国投资者之所以将大量的资金、技术等投入中国，其中重要的原因就在于中国拥有广阔的消费市场和廉价的劳动力市场；再次，国内大市场是我国消除贸易摩擦和抵制贸易壁垒的有力武器，其他国家考虑到我国的大市场，不会贸然对我国进行制裁，以免自身受到相应的损失。因此，经济全球化的浪潮客观上要求启动国内市场需求。而国内市场需求不振是当前我国面临的新问题，国内市场不振的原因在于收入差别过大，尤其是城乡收入差别悬殊。在 70 年代末以前，我国居民收入不仅水平普遍低下，而且非常平均。自实行改革开放政策以来，随着经济的迅速发展，我国居民的收入水平增长很快，同时，收入分配差距也迅速拉大，城乡之间分配不均尤为明显。据国家统计局的数据，1985 年我国农村人均纯收入为 397.6 元，城市人均可支配收入为 739.1 元，城乡之比为 1.9∶1；1995 年我国农村人均纯收入为 1577.7 元，城市人均可支配收入为 4283.0 元，城乡之比为 2.7∶1；1998 年我国农村人均纯收入 2161.98 元，城市人均可支配收入为 5425.05 元，城乡之比为 2.5∶1，2004 年城镇居民人均可支配收入 9422 元，农民人均纯收入 2936 元，城乡之比为 3.2∶1。城乡之间的收入差距明显，并且有不断拉大的趋势（图 1—1）。

由于收入分配结构不合理，导致中国城乡消费水平差别很大，农村消费水平很低。中国有 3 亿城市人口、9 亿农村人口，但 3 个农村人口的消费水平只相当于 1 个城市人口。许多耐用消费品在城市已经饱和，但在农村的普及率却很低，农村消费市场不振严重影响了整个国内市场。目前中国国内市场疲软的根本原因在于收入分配不均，农民收入水平偏低是其中的根本。因此，要解决国内市场疲

---

① 齐红倩、刘力：《城镇化——解决我国有效需求不足的关键》，载《管理世界》，2000（2）。

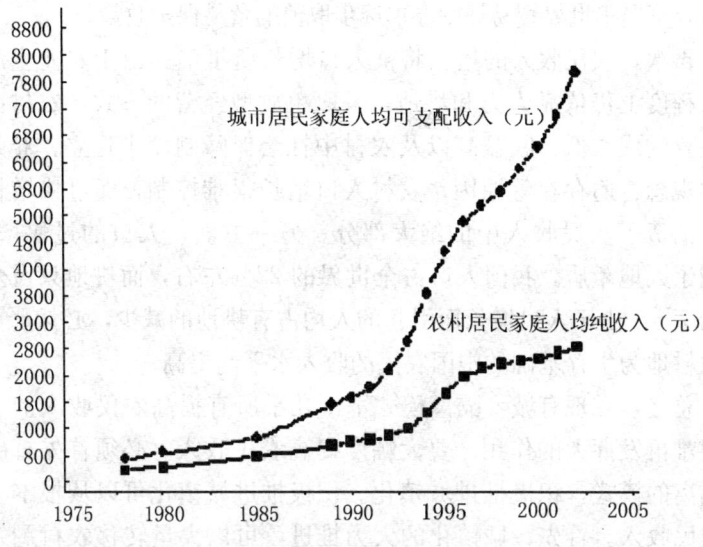

图1—1 持续扩大的中国城乡差距

软问题,提高农民收入,启动农村市场是关键。

长期以来,我国实行的一直是重视城市、重视工业的城乡隔离的经济发展模式。由于户籍制度等城乡隔离模式,大量农民被束缚在狭小的土地上,导致其收入无从提高。

首先,农业是一个受自然条件影响严重的部门,边际收益递减规律在农业中表现得特别明显,这就决定了农业产值增长和农民收入增长不可能很快。

其次,农民增产不增收,由于农产品需求通常缺乏弹性,农产品供给量增加不仅会使农产品价格下跌,也导致农民收入下降,且农民收入下降程度要超过价格下跌的程度,于是,便发生了所谓的"格里高利现象":农民收入在丰收年景并不比歉收年景高。近几年,国家对农产品的定价政策逐渐取消以后,又实行了农产品保护价格和不断提高农产品收购价格的政策,避免了农民增产不增收的现象,但伴随着中国加入WTO进程的加快,依靠提价和保护价来提高农民收入的办法今后很难再发挥大的作用。其原因一是目前我国农产品的价格已普遍高于国际市场价格,提高农产品价格的余地很小;二是农产品保护价格政策属于世界贸易规则要求逐步取消的贸易保护政策。

再次，农民收入的增长将被人口增长所抵消。由于农业生产在很大程度上仍依靠人力和耕地，采取粗放型经营的方式，农村中人口生育的成本低、收益高以及农村中社会保障制度未建立、养儿防老的观念普遍存在等原因，农村人口增长很难控制，而过快增长的人口消费了农民收入中的绝大部分。另一方面，人口的过快增长，加剧了人地矛盾。我国人口占全世界的22%左右，而耕地只占全世界的7%，由于人口增长而引起的人均占有耕地的减少，必然严重阻碍以耕地为生存基础的中国农民的收入水平的提高。

总之，在现有城乡隔离模式下，几乎所有提高农民收入的手段都很难再发挥大的作用。要大幅度提高农民收入，必须首先打破城乡隔离的模式，积极推进城镇化。积极推进城镇化可以从根本上提高农民收入。首先，城镇化的大力推进，可以大量转移农村剩余劳动力，使其"离土又离乡"，从而提高农业劳动生产率，实现农业机械化和现代化。其次，城镇化可以在农业增长缓慢的情况下迅速提高农民收入。在农民总收入这块蛋糕不可能迅速做大的情况下，通过减少吃蛋糕的人数，可以增加每个人的份额，城镇化就可以起到这种作用。在农民总收入不能迅速提高的情况下，通过城镇化来减少农民的人数，就可以较为迅速地提高农民人均纯收入。再次，城镇化可以抑制农村人口的大幅度增大，通过城镇化改变农民的身份和生育的成本收益结构，降低农村人口出生率，增加农村中人均耕地占有量，从而提高农民人均纯收入。

综合以上分析，经济全球化客观上要求重新启动国内大市场——中国参与经济全球化的坚强后盾，而国内市场不振的原因在于贫富不均、农民收入低，而要提高农民收入的根本途径在于城镇化，从而形成了经济全球化客观上要求城镇化发展的倒逼机制。

3. 经济全球化背景下城市的机遇和挑战

城市是经济全球化的载体，经济全球化的浪潮必然对城市的发展造成巨大的冲击，这种冲击的影响是双重的。一方面，经济全球化为城市发展带来良好的机遇,即经济全球化后,国际交往和交流日益频繁,便于城市更好地利用国际先进技术、成熟经验和最新信息等,也便于城市间的国际产业转移以及相互借鉴、取长补短从而谋求共同发展。另一方面,经济全球化也使城市面临前所未有的挑战,即经济全球化后,各个城市在经济上的界限被打破,产品、服务的国际竞争空前激烈。城市主导产业、优势行业的选择至关重要,国际比较优势成为城市选择时必须考虑的首要问题。城市的功能结构、布局结构、公共政策等都面临着巨大的挑战。同时,经济全球化也迫切要求城市的国际化发展。可见,经济全球化对于城市的影响是机遇与挑战并存的,因此,在选择城市发展策略时,只有积极参与经济全球化的进程才能更好地抓住机会,提高城市在世界城市体系中的地位,在全球城市系统中有自己适当的角色。

综合以上分析可以看出,在经济全球化中,大城市更能适应这种机遇和挑战,这也为我国西部城镇化的道路选择提供了理论和现实的依据。

1.1.4 经济全球化与世界城市

在经济全球化的作用下,世界经济的一个重要发展方向是,世界经济的控制权逐渐向极少数世界性大城市集中,正如加拿大学者梁鹤年在《经济全球化与中国城市》一文中指出的,经济全球化是跨国企业(财团)企图霸占世界核心经济(Core Economy 即欧、美和日本)里6亿~7亿消费者的战略。执行这个战略的基地和控制中心是"世界城市(World Cities)"。[①]

1. 世界城市的概念

"世界城市"是从功能角度对"大而重要"的城市进行研究而在国际上被广泛使用的一个概念(Bea verstock 等,1999)。与"世界

---

① (加拿大)梁鹤年:《经济全球化与中国城市》,载《城市规划》,2002(1)。

城市"内涵大致相同的另一个名词是"全球城市",使用这两个概念的代表人物分别是 John Friedmann 和 Saskia Sassen。但对于"世界城市"究竟是个什么概念,以及什么样的城市才算得上是"世界城市",目前在国际上尚未形成统一的看法。中国内地目前还没有哪个城市可以称得上是"世界城市",对那些未来具有某种或某些世界性(或区域性)功能的城市的称谓,主要有国际化都市(孙樱,1996)、国际化大都市(陈步林,1993)、国际性城市(林祖基,1993;姚士谋,1995;徐巨洲,1995)、国际性中心城市(宁登等,1998)、国际经济中心城市(侯学钢,1998)、国际化城市、国际城市、大都市、国际港口(或某一专业职能)城市等。

根据目前国际上对"世界城市"概念的使用,笔者认为"世界城市"本质上是指一种"世界城市地位",即那种具有重大世界影响的城市的"地位",而这种地位是由世界城市所具有的不同于一般大城市的功能所决定的。它既可用以表达某一个具有世界城市地位的城市个体,也可用来表达具有世界城市地位的某一类城市群体。世界城市的概念可以从以下三方面进行理解。

第一,从个体的角度看,世界城市是经济概念,也是政治概念。世界城市首先是个经济概念。如果将全球化背景下世界经济的分工和流动视为一条物流链的话,那么可以将世界城市理解为这一链条中最关键的部分———"物流中心",它既发挥着控制和指挥整个链条中物流(包括货物、人员、货币、信息等)的流向、流量、流速的作用,同时也起着提高上述各要素的附加值和实现其价值的作用。世界城市同时也是个政治概念。首先,世界城市大多是国家或国际政治中心。其次,"世界城市处于世界经济和地域性的国家政府之间的结合部",因此"被要求扮演双重角色"(Friedmann,1982)。世界城市也因此成为国际资本和国家政治利益之间进行"讨价还价的筹码"(Friedmann,1982)。再次,世界城市内部的社会矛盾、空间矛盾远比其他城市来得突出,通过各种政治纲领和政策措施处理好城市内部社会各阶层之间的关系,是维持世界城市作为全球经济中心正常运转的必要条件,也可以为其他城市解决类似的问题提供政治范本。

第二，从群体的角度看，世界城市具有等级，其地位是可变的。世界城市是世界经济体系的空间表达（Friedmann，1982）。而世界经济体系是由经济发展水平不同的区域经济系统所构成的，因此代表这些区域经济系统的世界城市在全球经济发展中所起的作用也必然有所区别，从而形成不同世界城市的等级差异，经济实力越雄厚的区域，其拥有的世界城市的等级就越高，反之就低。世界城市至少可以分为两级：全球性的世界城市和区域性的世界城市。世界城市的地位是可变的。在世界城市的等级系列中，某个世界城市的地位不是固定不变的。随着全球化的推进，世界经济发展的层次和格局将不断变化，某个世界城市所联结的区域的地位也将发生改变，因此该世界城市的地位和作用也必然随之而发生变化，它在世界城市的等级梯队中的位次将因此而起起落落。由于世界城市对所在国家、区域的发展极为重要，因此亚洲的很多国家和当地政府正努力推动本地的大都市区进入世界城市的行列。这说明"世界城市是城市间动态的竞争过程的一部分"（Douglass，2000），这更增加了世界城市地位的变数。

第三，世界城市的概念既强调不同城市的共性，也重视城市间的差异，这一观点在前不久的一场学术争论中得到了说明。Hill和Kim（2000）强调，不同国家体系和区域联盟所形成的世界城市应各不一样，因此认为不能用全球主义者的"世界城市"的观点来理解所有的世界城市。Sassen（2001）对此进行了评论。她认为："世界城市"（只）是一种分析架构，用以抓住世界城市的共性；世界城市的功能相当程度上要透过浓厚的当地制度环境和法律——行政框架，才得以形成和发展，而不是一种简单标准化的过程；（世界城市）这种研究方法既能抓住不同的世界城市其功能形成的不同方式，也能避免陷入由于城市间的高度专业化所造成的差异的泥潭中。

2. 世界城市的特征

John Friedmann在《十年的世界城市研究回顾》一书中谈到世

界城市的5个特征：

①是用以组织全球性经济系统的"结"（Nodes），是地域、国家和国际经济的具体表达。

②是世界资金积聚的地方，但与世界大部分人口和地区隔离。

③是高度城镇化和高度经济与社会活动的地方。

④可以按经济力量划分等段。其中，以吸引世界资金的能力为最重要因素，运气和对科技创新与政治变动的承受力也可以影响它的级别。

⑤控制世界城市的是"跨国资产阶级"（Transational Capitalist Class）：它关心的是全球性的财富积聚系统的平稳运作；它的文化是"不分地域"的（Cosmopolitan）；它的意识形态是"消费者"的（Consumerist）。在它下面有很多"地方性利益"（Territorial Interests）的其他阶级，两者之间往往有很大的矛盾。

全球化带来的六种流动：①人口流动（做生意的外来的劳工、游客、移民和难民）；②技术流动（硬件和软件）；③财经流动（资金、货币和证券）；④媒体流动（影像和信息）；⑤产品流动（包括服饰、交通、饮食、建筑设计等）；⑥思想流动（主要是意识形态，大部分是来自西方的民主、个人、人权等概念）。这六种流动都集中在世界城市里。世界城市不一定在欧、美和日本。可以在外围和半外围国家。根据 Paul Knox 在《世界系统中的世界城市》指出，在全球性的财富积聚系统（Regimeof Accumulation）下，这些世界城市的积聚点也是管理、财经、科技、商业服务、信息整理的关键所在。但是它们是分等级的。最高级也是受益最多的，是在核心经济区内的世界城市，它们是"大众消费者的技术成长中心"——是商业创新中心和企业控制的中心——是营造消费口味和考验消费者品味的实验室。在这里可以看出"环球定位"有散和聚的双重意义——全球性经济散布全球；但领导消费和积聚财富则定位在等级分明的世界城市系统内。

3. 判别世界城市的指标体系

基于对世界城市的概念尤其是功能概念的不同认识，对于什么样的城市才称得上是世界城市的价值判断标准并不一致。Hall (1966, 1998)、Friedmann (1986, 2001) 和 Short 等 (1996) 都提出过各自的一套指标。综合以上诸位的研究成果，笔者认为判别世界城市的指标可以从以下几方面加以综合考虑。该城市必须是①国家和国际政治权力的中心；②跨国公司总部（全球性或地区性）的聚集地；③国内和国际的贸易中心；④全球主要银行、保险和金融中心；⑤全球专业化服务中心；⑥全球信息中心；⑦全球重要的消费中心；⑧全球艺术、文化和娱乐中心；⑨举办大型世界性活动的候选地；⑩全球主要的交通节点；⑪全球重要的制造中心；⑫所在国或地区拥有一定的经济规模（如 Friedmann 提出 GNP$\geqslant$2000 亿美元）；⑬适当的人口规模。

4. 世界城市的发展趋势

第一，经济越全球化，中心控制功能越集中于少数的世界城市。

由于全球经济结构和布局的调整，通过跨国公司，大量的低级产业、资金和外围技术正从发达国家向发展中国家转移。目前全球跨国公司有 4.4 万个，而它们的国外子公司多达 28 万个（陈振光等，2002），各种与之联系的原料生产地、组装基地、销售市场更是不计其数、遍布世界。经济活动的日益分散导致公司管理活动复杂化，使得这些跨国公司的总部必须位于交通、通信等基础设施条件优越且市场经济环境良好的城市，以进行管理，协调分散于全球的原料、生产、市场和资本之间的复杂关系。随之，那些专业化服务部门也必然集中在这些城市，为跨国公司和世界上的其他用户提供服务。同时，跨国公司总部共同聚集于某些城市，有利于为公司高层决策提供极为重要的、非标准化的、必须面对面交流才能产生的各种信息。最后，专业化服务部门本身也有聚集于这些城市的要求。随着经济全球化进程的推进，世界城市在世界经济、政治体系中所起的控制和指挥中心的作用将进一步得到加强。

第二，全球经济重心转移，促使世界城市的等级和格局发生重大变化。

由于世界城市的首要功能是世界经济中心，伴随着世界经济重心从西欧向北美、东亚的转移，世界城市的等级序列和分布格局必然发生重大改变。世界顶级城市从只有西欧城市伦敦一枝独秀，到伦敦、纽约并列，再到现在的伦敦、纽约和东京三足鼎立就是最好的例证。在这一过程中，一方面，以发达国家为主导的经济全球化以及相关的世界经济制度体系，必然使目前乃至今后相当长一段时间内的最主要的世界城市仍将集中于发达国家；另一方面，生产在全球范围的转移可能使一些发展中国家的城市（尤其是东亚国家的城市）凭借其跨国公司总部的数量，在未来世界城市体系中占据一席之地，在发展中国家涌现一批世界城市将是一个可以预见的结果。

5. 世界城市的含义及其对中国城市发展的启示

如前所述，世界城市的核心内涵是其全球性的"控制和指挥"功能，这种功能体现在它所处的枢纽的关键位置。具体讲有三方面：一是其他城市和地区通过它对其腹地内的城市和地区施加影响；二是其腹地内的城市和地区通过它对外部影响做出反馈，并产生重要影响；三是它同其他世界城市之间的对等交流。目前上海、北京等城市在功能方面尚处于不对称的状态，即主要体现了第一方面的功能——接受国际上各方面的影响，再传导至其腹地，还谈不上同世界城市的对等交流。我国要发展自己的世界城市，进一步提高在世界经济中的地位和作用，笔者认为应从以下几方面着手。

第一，提高经济实力应继续提高国家整体实力，强化在世界经济格局中的分量。

根据2002年《财富》杂志最新发布的世界500强名单，美国公司有197家，欧盟公司有143家，日本公司有88家，作为美、日、欧经济三极之外的另一大经济实体，中国有国电、中石油等11家企业入围，但中国公司的收入只占全球500强的不到2%，中国在世界经济舞台上的实力仍较单薄。因此，应继续保持和提高我国现有的经济增长，培育自己的跨国大公司，争取在世界经济重心进一步转移到亚太地区的过程中占据有利位置，加速我国世界城市的形成。

第二，建立良好的制度环境。

世界城市是国家和世界联系的纽带，世界城市将对国家在经济、政治、社会、文化等方面的发展给予巨大的推动，因此国家应创造良好的制度环境，从立法、政策、财政等方面给予更多的支持，尤其是在目前总体实力还不很强、制度还不很完善的中国，更应为有条件的城市创造更多的发展空间。

第三，城市发展定位应准确。

世界城市的发展总是由低层次到高层次。同时世界城市实际上是新国际劳动分工的结果，它强调的只是某些重要城市的一种共性，由于城市发展的背景和条件各异，成长起来的世界城市肯定各具特色，在功能上有所侧重。北京、上海、广州等城市联合所在都市连绵区，形成综合性的世界城市在未来应该是可能的。但在相当长的一段时期内，各自的功能还是应有所侧重，应在世界城市等级体系中找准自己的定位，有所为，有所不为。当前北京应利用首都优势，增强经济实力，发展成为亚太地区政治事务、商务和文化交流的中心之一；上海则发展成为对亚太地区具有一定经济影响力的中国内地首要的金融中心，并应同香港合作，使香港成为中国在全球的金融中心；广州、深圳则应与珠三角地区的城市协作，以香港为核心，促进香港的进一步繁荣发展。

第四，整合城市力量。

由于中国的城市在经济实力、空间联系等方面的原因，整合有关城市的力量，形成世界城市，这将是中国发展世界城市的必由道路。中国未来的世界城市将是以都市连绵区核心大都市为代表的城市集聚体（周一星，2000）。所以在确定城市的发展目标时，除了要重点考虑核心城市的功能建设外，还应该综合考虑城市集聚体内部各城市之间的协作分工，以支持核心城市参与国际分工。

总之，世界城市既是全球化的产物，也是全球化的有力推动者和主要受益者。它是世界经济链条中的枢纽,集中了控制和指挥世界经济的各种战略性的功能,它使"本地和区域的资源和脉搏融进全球化进程,相反,也使全球化的脉搏融入到当地的政治经济"。各国学者对世界城市的概念、判别指标和发展趋势的研究都正处于探索之中,中国发展世界城市的进程也才刚刚开始,随着实践和研究的深入,相关问题的答案一定会更加明朗。

1.2 西部欠发达地区城镇化推进的国内背景

1.2.1 国内经济发展进入新的历史时期

改革开放二十多年来,中国经济取得了举世瞩目的快速发展,1978—2002年,中国GDP年均增长达到9.4%,世界同期的年均增长率仅为2.8%。国际贸易年均增长15.2%,贸易规模增长了30.1倍;1978年出口97.5亿美元,进口108.9亿美元,合计206.4亿美元;2002年贸易总额达6207.7亿美元,其中出口3255.7亿美元,进口2952.0亿美元;1978年的贸易依存度为9.5%,2002年为50.8%;中国占世界贸易的份额从不到1%增长至6%;2003年中国是世界第七大经济体,第四大商品贸易国,第九大服务贸易国。

2004年全年国内生产总值136515亿元,比上年增长9.5%,占世界增量的20%以上;第一产业增加值达20744亿元,增长6.3%;第二产业增加值72387亿元,增长11.1%;第三产业增加值43384亿元,增长8.3%。全年进出口总额11548亿美元,比上年增长35.7%,出口5934亿美元,增长35.4%,进口5614亿美元,增长36.0%。全年贸易顺差320亿美元,比上年扩大65亿美元。全年实际使用外商直接投资606亿美元,增长13.3%。年末国家外汇储备达6099亿美元,比上年末增加2067亿美元。全年城镇居民人均可支配收入9422元,比上年实际增长7.7%;农民人均纯收入达2936

元,实际增长6.8%,是我国农民人均收入增长最快的一年。

2003年我国人均GDP达到1090美元,突破1000美元,2004年人均GDP达到1275美元。人均GDP达到1000美元,既是我国经济发展的一个重要标志,也是我国经济发展的一个关键阶段。

现在,中国经济已经进入了一个新的重要发展阶段。这一阶段是中国经济发展的重要战略机遇期,也是各种经济社会矛盾凸现期。城镇化将成为这一阶段经济增长的一大关键,它是解决市场需求不足、农村劳动力转移、农业和农村经济发展模式转变、与国际经济接轨等一系列迫切问题的重要途径。

1978年,农村实行的家庭联产承包责任制拉开了中国改革的序幕。家庭联产承包责任制作为农村生产关系的重要变革,使我国农村经济中被旧有计划经济体制所压抑的巨大能量得以在短时间内迅猛爆发,农业生产力得到了空前发展,农村经济得到了迅猛发展。农民在解决温饱问题之后,继而向小康生活迈进;农业逐渐从传统的作业方式向现代的作业方式转换;传统、落后的农村逐步被现代、开放的新农村所取代。

但是,尽管如此,在中国农村经济的发展中,由于各方面因素的综合作用,也暴露出了很多问题。如现代化要求实行规模经营与人多地少、分散经营的矛盾;隐性的人地矛盾逐渐显性为大量剩余劳动力的长期滞留问题;农产品低水平的供过于求;农村市场长期启而不动;现阶段严重困扰理论界和实际工作者的农民增产不增收、城乡收入差距进一步扩大的问题等。这些问题的根本症结在于:农村人多地少的基本国情致使边际效用为负值的农业劳动力长期滞留在农业土地上。解决这些问题的根本措施是让农村和城市联动起来,进行与农村制度改革配套的其他制度改革,在市场机制下引导农民有规律地向城市转移,大力推进城镇化(urbanization)进程,实现城乡持续协调发展。

总之,加快城镇化进程是以人为本的科学发展观的本质要求。在中央提出的"五个统筹"的要求中,统筹城乡发展是核心,是解决其他几个统筹的前提和途径。加快城镇化进程又是统筹城乡发展的关键措施,是解决长期困扰我国经济社会健康发展的"二元结构"和"三农"问题的根本手段。

1.2.2 我国的城镇化建设进入高速增长的关键时期

世界城镇化进程表明,城镇化的快速发展是任何一个国家和地区不可逾越的阶段,而且,当一个国家的城镇化水平达到30%左右时,城镇化将进入高速发展时期。按此标准,我国的城镇化正处于高速发展的关键时期。近几年来,中国的城镇化率平均每年提高1.4个百分点以上,2000年我国的城镇化水平为36.09%,2001年为37.66%,2003年达到40.53%,2005年达到43.3%。由此判断,我国城镇化已经进入全新的发展阶段。有学者通过构造时间序列模型,得出中国的城镇化从1996年开始即进入快速发展阶段。

世界银行在《2020年的中国》中开宗明义:"当前的中国正经历两个转变,即从指令性经济向市场经济转变,和从农村、农业社会向城市、工业社会转变。"① 2000年7月,诺贝尔经济学奖获得者斯蒂格利茨在世界银行中国代表处发言:21世纪初期影响最大的世界性事件,除高科技以外就是中国的城镇化。②

的确,伴随着改革的深入,城镇化已在中华大地上迅速展开,成为中国经济社会发展中的一道亮丽景观。目前,我国城镇化仍然明显低于世界平均水平和同等工业化国家的水平,是制约我国经济社会快速和健康发展的主要矛盾,未来5~15年甚至更长时间内,仍然是我国城镇化迅速扩张时期。

加快城镇化进程是以人为本的科学发展观的本质要求。在中央提出的"五个统筹"的要求中,统筹城乡发展是核心,是解决其他几个统筹的前提和途径。加快城镇化进程是统筹城乡发展的关键措施,是解决长期困扰我国经济社会健康发展的"二元结构"和"三

---

① 世界银行:《2020年的中国》,1页,北京,中国财政经济出版社,1997。
② 香港商报:《诺奖得主21世纪对世界影响最大的两件事》,2003年11月20日。

农"问题的根本手段。城镇化要在全面建设小康社会的宏伟目标中实现统筹城乡发展。城镇化是大规模提高和改善人类一般生活水平的基本途径，是统筹城乡发展的核心措施。

大力推进城镇化，要考虑我国人口、资源和环境条件对城镇化发展的约束和影响。人口多、资源少、环境脆弱是我国的基本国情，走高度集约化的城市化发展道路是必然的选择。

我国新型工业化道路的确立，使我国处在工业化中期阶段的发展有了新增长动力，城镇化也已达到一定水平，具备加速城镇化的条件。当然，在推动城镇化的进程中，也要注意城镇化发展速度与经济增长速度之间的协调。短期看，要防止城市建设的盲目超前，影响整个国民经济健康发展。长期看，要防止过度城镇化，避免"孟买病"和"墨西哥城病"的出现。

此外，交通、通信条件的改善及城镇布局空间更加广阔和舒展，为城市群的发展提供了更好的条件。

1.2.3 西部大开发战略为西部地区城镇化的加速推进提供了重大机遇

西部大开发是促进我国区域经济协调发展的重大战略举措。由于西部地区脆弱的生态环境，一般认为西部开发应当追求的目标是以人为本，以富民为宗旨，实现西部地区居民生活水平的稳步提高，并逐步缩小与东部地区之间的相对差距。加快城镇化是提高居民生活水平的重要途径之一。因此，实施西部大开发的重点应当首先放在包括城镇化在内的社会经济发展上。中央政府对西部地区的支持以及各地对西部地区的对口支援应主要集中在基础设施建设、生态环境保护与建设、科技教育和城镇建设等公益性项目上。这也是政府扶持落后地区经济发展的最后切入点和强项。虽然国家在西部开发初期的重点支持领域中，没有列入加快城镇化这一项，但实际上，基础设施、生态环境保护和科技教育都与城镇化有着密切的联系，均有利于加快西部地区城镇化的进程。

从全国来看，加快城镇化进程是未来相当长一段时期内保持国民经济快速增长的重要途径之一。加快城镇化将有力地扩大国内需求，为培养新的经济增长点，如住房、汽车、旅游、教育等，提供必要的前提条件，为经济发展提供持续的动力。事实上，西部地区也是如此。城镇化不仅能有效提高人们的生活水平，改变人们的生活方式，扩大西部地区的需求，还能够通过优化资源配置，极大地促进经济结构调整和经济效益的提高，从而带动经济的快速发展。西部地区城镇化进程比全国和东部地区滞后得多，其对西部地区经济发展的"瓶颈"作用也严重得多，因此，加快西部地区城镇化必将成为推动西部经济发展的更为强大的力量。

第二章 世界各国城镇化发展规律

2.1 世界城镇化进程

城镇化是人类社会发展到一定阶段出现的一种社会经济变化过程,随着社会生产力的不断发展和人类文明的不断进步,城镇化不断发展并逐步完善。

2.1.1 世界城镇化的起源

在学术界,关于城镇化发端于何时,看法是不同的。有学者认为,城市的出现便是城镇化的开始。例如,波普诺认为,"随着第一批市镇的出现,被称为城镇化的社会过程就开始了。'城镇化'是指人口由农村流入城市的运动"[1]。我国学者刘铮也认为,"考古资料证明,世界最早的城市是位于死海北岸的古里乔,距今已九千年左右"[2]。巴顿在其著名的《城市经济学:理论和政策》一书中指出:"有充分证据可以支持那些主张在公元前 6000 年已经开始城镇化的

---

[1] (美)戴维·波普诺著,李强译:《社会学》,556 页,北京,中国人民大学出版社,1999。

[2] 刘铮:《人口理论教程》,251 页,北京,中国人民大学出版社,1985。

学派"①。很显然,这种观点把城市发展史等同于城镇化史。

另有学者认为,城镇化的历史并不等于城市发展史,认为世界城镇化起步于18世纪中叶的工业革命。笔者同意此种说法。笔者认为,城镇化之所以发端于产业革命,因为只有产业革命冲破了自给自足的自然经济的束缚,促进了社会生产力的高速发展,才以集中的现代化大生产逐渐代替以手工业为主要形式的、分散的小商品生产,并建立起规模巨大、工人成千上万的大工厂。产业革命以后,城市的规模、数量、布局、内部结构和外部形态都发生了根本性的变化,并以空前的速度发展。产业革命以前,古代城市尽管遍布全球,并且也曾兴盛过,然而在本质上不能与产业革命以后的城市规模相提并论,城市的结构和功能也与现代意义上的城市大相径庭。马克思和恩格斯在《共产党宣言》中对产业革命以来的生产力发展有生动的描述:"资产阶级在它的不到一百年的阶级统治中创造的生产力,比过去一切世代所创造的全部生产力还多,还要大。自然力的征服,机器的采用,化学在工业和农业中的应用,轮船的行驶,铁路的通行,电报的使用,整个大陆的开垦,河川的通航,仿佛用法术从地下呼唤出来的人口,过去哪一个世纪料想到在社会劳动中蕴藏有这样的生产力呢?"②

有关城镇化水平的数据是在大约1800年才出现的,据估计,1800年世界城市人口比重只有3%,1990年为45.5%,预计2025年将达到65%。

2.1.2 世界城镇化的发展阶段

纵观两百年来世界城镇化的历程,可以看出城镇化发展具有明显的阶段性。

---

① (英)K.J.巴顿著,上海社会科学院部门经济研究所城市经济研究室译:《城市经济学:理论和政策》,14页,北京,商务印书馆,1984。

② 马克思、恩格斯:《马克思恩格斯选集》(第一卷),277页,北京,人民出版社,1995。

根据高佩义的研究①，18世纪以来的城镇化进程可分为三个阶段。

第一，城镇化兴起、验证和示范阶段（1760—1851年）。在这一阶段，世界城镇化的主体是英国，在这90年的时间里，英国的城市人口由最初不到10%发展到50%以上，成为世界上第一个城市人口比重超过50%的国家，基本实现了城镇化，同期世界城市人口占总人口的比例仅为6.4%。

第二，发达国家城镇化普及和基本实现阶段（1852—1950年）。在这一阶段，世界城镇化的主体是欧洲和北美的一些发达国家。在这个阶段，世界城镇化进程的格局大致是：英国进入高度发达的城镇化阶段，其他发达国家进入基本城镇化阶段，发展中国家进入城镇化起步阶段，整个世界则进入加速城镇化阶段。到1950年，英国城镇化水平达78.9%，美国城镇化水平为64%，德国为70.9%，法国为54.4%，世界发达国家平均为52.5%，发展中国家平均为16.7%，世界城市人口由1850年的0.8亿增加到1950年的7.12亿，占世界总人口的比重增至28.4%。这一阶段的特征主要是：基本上重复着英国的路子，以工业革命为动力，城市人口主要由乡村人口移入城市，城市病日趋严重。

第三，世界基本实现城镇化阶段（1950年以来）。在这一阶段，世界范围内的城镇化进程普遍加快，全世界基本实现城镇化。多数发达国家城镇化进程中量的增加过程已基本完成，城镇化水平增长速度已趋缓，进入缓慢、无止境的质的提高阶段；发展中国家城市人口增长速度加快，其城镇化正处于量的扩张和加速阶段，从量上看，世界城镇化的主流已从发达国家转移到发展中国家。2003年发达国家和地区城镇化水平为74.5%，发展中国家和地区为42.1%，世界城镇化平均水平为48.3%。②

---

① 高佩义：《中外城市化比较研究》，15~26页，天津，南开大学出版社，1991。
② United Nations Department of Economic and Social Affairs' Population Division: *World Urbanization Prospects*: *The 2003 Revision*, pp5, www.unpopulation.org.

2.1.3 第二次世界大战以来世界城镇化的发展特点

第二次世界大战以后，世界上发达国家经济持续发展，欧洲经历了短暂的恢复期，发展中国家工业化和城镇化正式启动。进入21世纪后，世界进入了全球城市化和城市全球化的时代。一方面，随着工业化在世界范围内的普及，全球城市化水平持续提高，据预测，到2007年，人类将有一半的人口居住在城市地区，全球正在快速迈向城市化社会，全球城市化时代已经到来；另一方面，随着信息技术、交通技术、通信技术、计算机技术的飞速发展和市场经济制度在全球范围内的扩展，产品市场、要素市场尤其金融市场的全球化趋势日益明显，这不仅带来产业在全球范围内的重新布局和资源在全球范围内的配置，而且必将对世界各个城市的空间结构和城市间的空间联系产生深刻的影响，形成全球城市体系，城市全球化时代也将到来。①

纵观世界城镇化这几十年的发展历史，可以看出如下特点。

1. 全球城镇化水平持续提高

主要表现在三个方面。

第一，世界城镇化水平不断提高。20世纪初城镇化水平仅为13.6%，到1950年增加到28.4%，此后一直上升，1970年为37.1%，1980年为39.6%，1990年为42.6%，2000年达到47.2%，2003年时估计有30亿人口居住在城市，占总人口的48%以上。联合国认为，2007年这一比重估计会超过50%，到2030年，这一比重将上升到60%以上，见表2—1、图2—1。

---

① United Nations Department of Economic and Social Affairs′ Population Division: *World Urbanization Prospects*：*The 2001 Revision*，pp5，www.unpopulation.org.

表 2—1 世界城镇化进程

	城镇化率（%）					城镇化速度（%）		
	1950	1975	2000	2003	2030	1950—1975	1975—2000	2000—3000
世界	29.1	37.3	47.1	48.3	60.8	0.99	0.93	0.85
发达地区	52.5	67.2	73.9	74.5	81.7	0.99	0.38	0.30
欠发达地区	17.9	26.9	40.5	42.1	57.1	1.62	1.63	1.14

资料来源：United Nations Department of Economic and Social Affairs' Population Division：*World Urbanization Prospects*：*The 2003 Revision*，pp5，www.unpopulation.org.

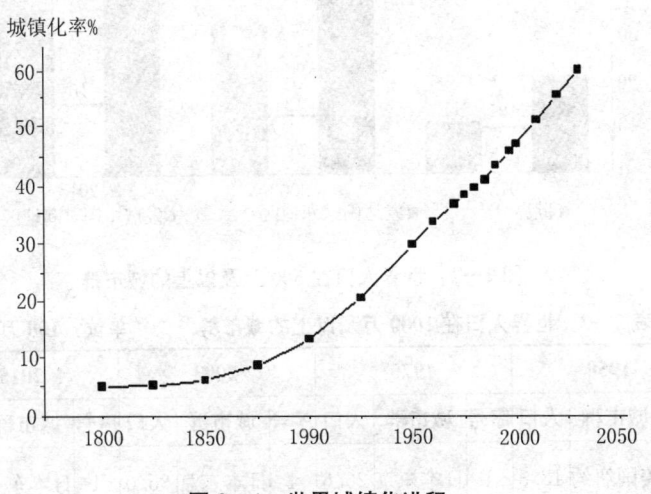

图 2—1 世界城镇化进程

第二，城市数量迅速增加，城市规模迅速扩大。美国 2.5 万人以上的城市在 1940 年时仅有 12 个，到 1970 年增加到 916 个。全世界 10 万人以上的城市 1900 年时只有 38 个，1950 年增加到 484 个，1970 年为 844 个。100 万人以上的特大城市 1950 年时有 71 个，

1960年有73个，1970年增加到160个。到1980年，100万人以上的特大城市共有234个，其中发达国家、发展中国家分别有110个、124个。2000年，世界特大城市总数达458个，其中发达国家、发展中国家分别拥有164个、294个。人口在500万及以上的城市群（urban agglomerations），全世界在1975年时有21个，2003年有46个，预计2015年有61个（图2-2）。1950年全球只有两个超级城市（城市群，urban agglomerations）（人口1000万以上），即美国的纽约（1230万人）和日本的东京（1130万人），到2003年，世界超级城市增加到22个（表2-2）。

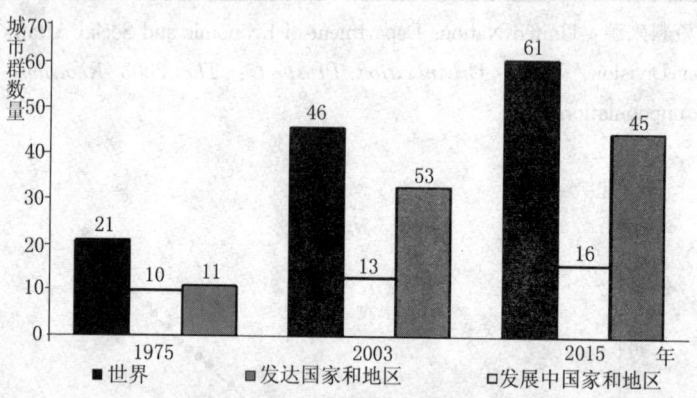

图2-2 世界人口在500万及以上的城市群

表2-2 世界人口在1000万及以上的城市群　　　单位：100万人

	1950			1975			2003			2015	
序号	城市群	人口	序号	城市群	人口	序号	城市群	人口	序号	城市群	人口
1	美国纽约	12.3	1	日本东京	26.6	1	日本东京	35.0	1	日本东京	36.2
2	日本东京	11.3	2	美国纽约	15.9	2	墨西哥墨西哥城	18.7	2	印度孟买	22.6
			3	中国上海	11.4	3	美国纽约	18.3	3	印度德里	20.9

续表

1950			1975			2003			2015		
序号	城市群	人口	序号	城市群	人口	序号	城市群	人口	序号	城市群	人口
			4	墨西哥墨西哥城	10.7	4	巴西圣保罗	17.9	4	墨西哥墨西哥城	20.6
						5	印度孟买	17.4	5	巴西圣保罗	20.0
						6	印度德里	14.1	6	美国纽约	19.7
						7	印度加尔各答	13.8	7	孟加拉国达卡	17.9
						8	阿根廷布宜诺斯艾利斯	13.0	8	印度尼西亚雅加达	17.5
						9	中国上海	12.8	9	尼日利亚拉各斯	17.0
						10	印度尼西亚雅加达	12.3	10	印度加尔各答	16.8
						11	美国洛杉矶	12.0	11	巴基斯坦卡拉奇	16.2
						12	孟加拉国达卡	11.6	12	阿根廷布宜诺斯艾利斯	14.6
						13	日本大阪	11.2	13	埃及开罗	13.1
						14	巴西里约热内卢	11.2	14	美国洛杉矶	12.9

续表

序号	1950 城市群	人口	序号	1975 城市群	人口	序号	2003 城市群	人口	序号	2015 城市群	人口
						15	巴基斯坦卡拉奇	11.1	15	中国上海	12.7
						16	中国北京	10.8	16	菲律宾大马尼拉	12.6
						17	埃及开罗	10.8	17	巴西里约热内卢	12.4
						18	俄罗斯莫斯科	10.5	18	日本大阪	11.4
						19	菲律宾大马尼拉	10.4	19	土耳其伊斯坦布尔	11.3
						20	尼日利亚拉各斯	10.1	20	中国北京	11.1
									21	俄罗斯莫斯科	10.9
									22	法国巴黎	10.0

资料来源：United Nations Department of Economic and Social Affairs' Population Division：*World Urbanization Prospects*：*The 2003 Revision*，pp11，www.unpopulation.org.

第三，城市人口增长快于总人口的增长。1950年全世界生活在城市地区的人口有7.3亿，到了1975年达到15.2亿，2000年达到28.6亿，2003年达到30.4亿，预计到2007年，世界人口有一半生活在城市地区，这是世界人口史上一个重要的里程碑（图2—3）。1950—1975年，全世界城市人口年增长率为2.53%，1975—2000年为 2.53%，预计 2000—2030 年，生活在城市地区的人口的年均增长率为 1.83%（按此速度，世界城市人口约 38 年就翻一番），这些增长率指标都大大高于世界总人口的相应指标（表 2-3）。预计 2000—2030 年，世界人口增长主要表现为城市人口的增长，特别是发展中国家和地区的城市人口的增长。由于城镇化进程的快速推进，世界城市地区的人口在 1960 年达到 10 亿，25 年后的 1985 年达到 20 亿，2002 年达到 30 亿，预计在 2017 年达到 40 亿，2030 年达到 49 亿。[①]

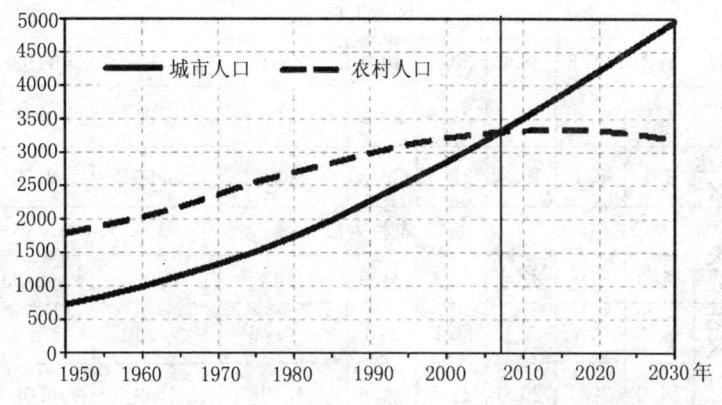

图 2-3　世界人口增长：1950—2030

"二战"之后城镇化迅速发展的原因很多，但最重要的原因是战后作为城镇化发动机的工业化（特别是制造业）在全世界的大发展。机器大工业导致生产的大规模集中，这必然引起人口的集中，产生规模较大的城市。工业的集中还能产生集聚效应和规模效应。反过来，城镇化也推动了工业化和整个社会经济的发展。从全球来看，战后工业化的发展得益于新产品和新技术的大量涌现、国际贸易的

---

① United Nations Department of Economic and Social Affairs' Population Division: *World Urbanization Prospects*: *The* 2003 *Revision*, pp4, www.unpopulation.org.

表2—3 世界人口变化：1950—2030

	人口（亿）					年均变化率（%）		
	1950	1975	2000	2003	2030	1950—1975	1975—2000	2000—2030
总人口								
世界	25.2	40.7	60.7	63.0	81.3	1.92	1.60	0.97
发达地区	8.1	10.5	11.9	12.0	12.4	1.01	0.52	0.13
欠发达地区	17.1	30.2	48.8	51.0	68.9	2.29	1.92	1.15
城市人口								
世界	7.3	15.2	28.6	30.4	49.4	2.91	2.53	1.83
发达地区	4.3	7.0	19.7	21.5	39.3	2.00	0.91	0.47
欠发达地区	3.1	8.1	19.7	21.5	39.3	3.91	3.55	2.29
农村人口								
世界	17.9	25.5	32.1	32.6	31.9	1.43	0.92	−0.03
发达地区	3.9	3.4	3.1	3.1	2.3	−0.46	−0.40	−1.05
欠发达地区	14.0	22.1	29.0	29.5	29.6	1.82	1.09	0.06

自由化以及世界经济一体化程度的不断提高。① 其次，因绿色革命等带来的农业生产率和农产品数量的大幅度增加，为城镇化提供了所需的农产品和劳动力。而工业化和城镇化的发展为农业提供了现代化的物质技术基础，加快了农业现代化和农村现代化的进程。

2. 世界城镇化进程存在明显的地区差异

从全球总体情况看，城镇化速度自20世纪60年代中期开始出现持续下降的趋势。不过，不同经济发展水平的国家和地区城镇化

---

① 世界银行：《1987年世界发展报告》，北京，中国财政经济出版社，1987。

的推进存在明显的区域差异，这种地域差异主要表现为发达国家与发展中国家之间的差异，见表2—1和图2—4。

表2—1表明，发展中国家与发达国家城镇化进程的差异主要表现在以下几个方面。

一是城镇化水平的差异，发达国家和地区的城镇化水平远远高于发展中国家和地区。总体上，发展中国家1950年的城镇化水平大致相当于发达国家1875年的水平，1975年的城镇化水平大致相当于发达国家1900年的水平，2000年的水平与发达国家1925年的水平相当，2003年发达国家和地区的城镇化水平为74.5%，发展中国家和地区的城镇化水平为42.1%。大体上，发展中国家的城镇化进程在总体上落后于发达国家，滞后时差约为75年。预计到2030年，发达国家和地区的城镇化水平为81.7%，发展中国家和地区的城镇化水平为57%左右。

二是城镇化速度的不同。总体上，发展中国家和地区虽然城镇化起步晚，但城镇化推进速度快。1950—2000年，发展中国家和地区的城镇化速度为年均1.63%，发达国家和地区的城镇化速度为年均0.68%，显然，发展中国家和地区的城镇化速度大大快于发达国家和地区，预计2000—2030年，这两类地区的城镇化速度分别为1.15%和0.33%。几乎世界人口的全部增长预期都要被发展中国家和地区的城市地区吸收，预计到2017年，发展中国家和地区的城市人口将占总人口的一半。由此可见，发展中国家和地区的城市人口增长特别快，农村人口向城市的迁移、农村聚落向城市地区的转换，是这些国家和地区城市人口高增长的重要决定因素。[1]

三是城镇化侧重点的差异。发达国家和地区的城镇化已进入了成熟阶段，目前发展的重点主要是提高城镇化的质量；而发展中国家由于薄弱的经济基础和蜂拥而至的城市人流，在切实提高城镇化的质量之前，还有很长的路要走，目前及今后很长一段时间内，城

---

[1] United Nations Department of Economic and Social Affairs' Population Division: *World Urbanization Prospects*: *The 2003 Revision*, pp4, www.unpopulation.org.

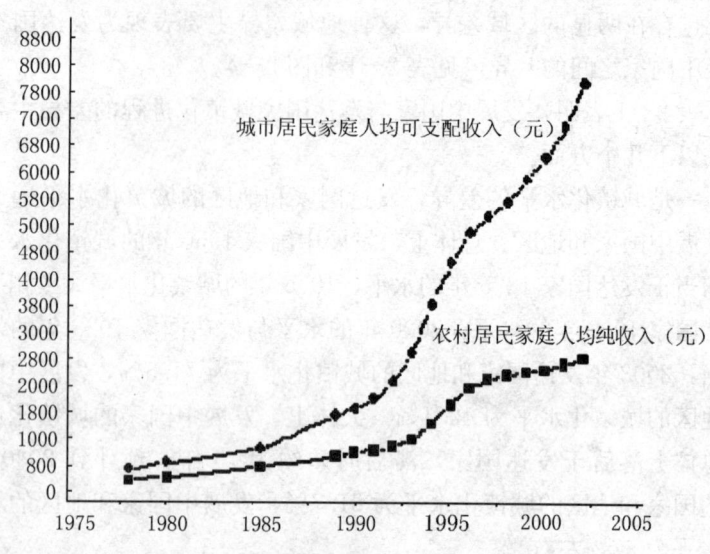

图 2—4 发达国家和发展中国家的城镇化

镇化的推进仍然要以数量的扩张为主。

四是城镇化空间形式的差异：发达国家在经历了集中型城镇化之后，目前城镇化在空间形式上主要表现为空间的扩张和分散，即"逆城镇化"或"郊区化"，而多数发展中国家目前主要采取集中型的城镇化方式。

"二战"以后，发展中国家工业进程加快，工业化的推进是促使城镇化迅速发展的重要原因之一。另一个重要原因是城乡差别巨大，这促使许多生活在乡村的人口背井离乡进入城市。由于城镇化的发展速度快于工业化的速度，许多发展中国家在城镇化过程中出现了病态（城市病）现象（亦称消极现象）。

除了发达国家和地区与发展中国家和地区的城镇化推进的差异外，世界城镇化进程在各主要地区间存在明显的差异（表 2—4 和图 2—5）。

表 2-4 世界城镇化推进的地区差异：1950-2030

	1950	1975	2000	2003	2030	1950-1975	1975-2000	2000-2030
非洲	14.9	25.3	37.1	38.7	53.5	2.12	1.54	1.22
亚洲	16.6	24.0	37.1	38.8	54.5	1.47	1.75	1.28
欧洲	51.2	66.0	72.7	73.0	79.6	1.02	0.38	0.30
拉丁美洲和加勒比地区	41.9	61.2	75.5	76.8	84.6	1.52	0.84	0.38
北美洲	63.9	73.8	79.1	80.2	86.9	0.58	0.28	0.31
大洋洲	60.9	71.7	72.7	73.1	74.9	0.67	0.06	0.10

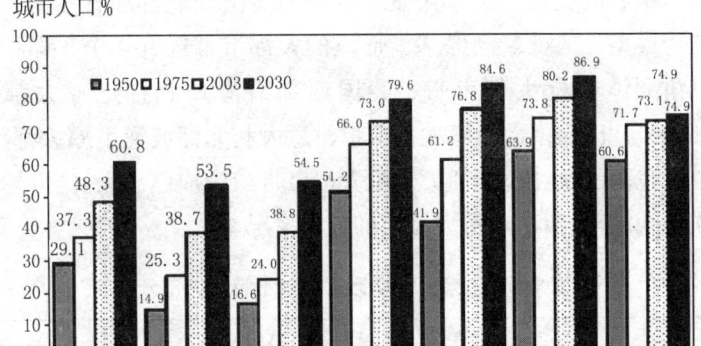

图 2-5 世界各地区的城镇化

3. 大都市带（Megalopolis）和城市群（urban agglomerations）的迅速成长

第二次世界大战以后，世界城镇化推进的一个重要特点是特大城市和城市群的形成和迅速成长。大都市带概念是著名地理学家 Jean Gottmann 1957 年提出的，他认为大都市带有两个特征。第一，空间形态上表现为大都市带核心地区构成要素的高度密集性和整个地区多核心的星云状结构；第二，空间组织上表现为大都市带内部基本单元组成的多样性和宏观上的"马赛克"结构。他预言：大都市带是人类社会居住形式的最高阶段，具有无比的先进性，必然成为 21 世纪人类文明的标志。①

正如 Gottmann 所预言的，大都市带的成长和城市群的发展是目前世界城镇化推进的一个重要趋势（表 2—2），且势不可挡，现在这些大都市带和城市群是全球最具发展活力的地区。目前通常认为世界上有 5 个大都市带，即美国东北部大西洋沿岸自波士顿经纽约到华盛顿的大都市带（Boswash）、美国五大湖大都市带（Chippits）、日本东京至九州的太平洋沿岸大都市带、欧洲西北部大都市带、以伦敦为中心的英格兰大都市带。其中以美国东北部和日本的大都市带最为典型。另外，已经基本形成的大都市带还有 4 个，即中国长江三角洲沪宁杭大都市带、美国西部沿海加利福尼亚大都市带（Sansan）、巴西南部沿海大都市带、意大利北部波河平原大都市带，其中以我国的长江三角洲沪宁杭大都市带最为成熟。表 2—5 给出了全球 1000 万人口以上特大城市的分布情况。

表 2—5　全球 1000 万人口以上特大城市分布

	年　代									
	1970	1975	1980	1985	1990	1995	2000	2005	2010	2015
世界	3	5	5	8	12	14	20	22	23	26
发达地区	2	2	2	4	4	4	4	4	4	4
欠发达地区	1	3	3	4	8	10	16	18	19	22
非洲	0	0	0	0	1	2	2	2	2	2
亚洲	2	2	2	3	7	7	12	14	15	18
欧洲	0	0	0	0	0	0	0	0	0	0
拉丁美洲及加勒比海地区	0	2	2	3	3	4	4	4	4	4
北美洲	1	1	1	2	2	2	2	2	2	2
大洋洲	0	0	0	0	0	0	0	0	0	0

资料来源：United Nations Department of Economic and Social Affairs' Pop-

---

①　Jean Gottmann, *Megalopolis, Or the Urbanization of the Northeastern Seaboard*, *Economic Geography*, 1957, 33 (3), 189—200.

ulation Division:*World Urbanization Prospects*: *The 1999 Revision*, pp4, www.unpopulation.org.

4. 世界城市规模分布

图 2—6 和表 2—6 给出了世界城市人口在不同规模城市的分布情况。静态地从世界范围看，城市人口的大多数居住在中小城市和城镇，居住于特大城市的不到 5%。2003 年世界人口中，4.5%居住在人口逾 1000 万的特大城市或城市群，2.8%居住在人口 500 万～1000 万的大城市，居住在 100 万～500 万城市的人口占 11%，有 5%的人口生活在人口规模在 50 万～100 万的城市里，生活在 50 万人口以下的城市的人口占 25%。动态地看，生活在 50 万以上大城市和特大城市的人口，从 1975 年 17.4%增加到 2003 年的 23.3%，预计 2015 年可达到 26.4%。而居住于 50 万人口以下城市的人口，1975 年为 19.9%，预计到 2015 年为 27.2%。因此，人口有向大城市集中的趋势，这种趋势在表 2—5 中有明显的反映。1970 年人口逾 1000 万的特大城市，全世界只有 3 个，1990 年突破 10 个，2000 年达到 20 个，2005 年有 22 个，预计 2015 年可达到 26 个。

大城市增长如此迅速不外乎以下几个原因：大城市就业机会多，收入水平高；大城市服务设施齐全，各种文化生活丰富，这对年轻人特别有吸引力；发展中国家巨大的城乡差别，政府政策常常以牺牲乡村地区的利益为代价，表现出极强的城市偏向；大城市对外交通方便。

5. 乡村地区发生重大变化

乡村地区的重大变化主要表现在三方面：一是地域结构的变化。城镇化使工业用地、居住用地、基础设施用地等非农业用地不断扩大，农业用地不断减少。二是生产部门结构的变化。主要表现在：工业所占比重不断增大，农业所占比重不断减小；专业农户日益减少，兼业农户大量增加，农业生产成为业余劳动。亦工亦农等在我国长江三角洲、珠江三角洲等经济发达地区极为普遍。三是劳动力结构的变化。表现为农业劳动力的老龄化、妇女化、业余化甚至儿童化，因为大量青壮年劳动力因城镇化而流入城市。①

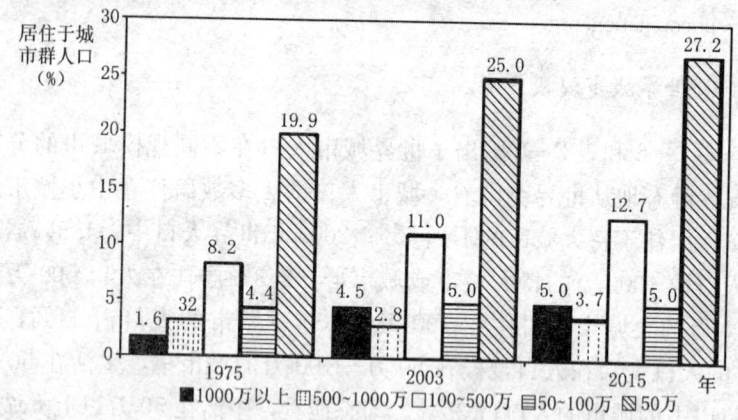

图2—6 城市等级规模

表2—6 世界各地区城市规模分布

地区	城市规模	人口（100万）				百分比分布			
		1975	2000	2003	2015	1975	2000	2003	2015
世界	合计	4068	6071	6301	7197	100.0	100.0	100.0	100.0
	城市地区	1516	2857	3044	3856	37.3	47.1	48.3	53.6
	1000万及以上	65	251	283	358	1.6	4.1	4.5	5.0
	500～100万	131	167	175	269	3.2	2.7	2.8	3.7
	100～500万	333	659	695	914	8.2	10.9	11.0	12.7
	50～100万	179	291	316	358	4.4	4.8	5.0	5.0
	50万以下	808	1489	1575	1957	19.9	24.5	25.0	27.2
	乡村地区	2552	3214	3258	3341	62.7	52.9	51.7	46.4
发达地区	合计	1047	1194	1203	1230	100.0	100.0	100.0	100.0
	城市地区	704	882	896	952	67.2	73.9	74.5	77.3
	1000万及以上	42	85	87	101	4.1	7.2	7.2	8.2
	500～100万	62	48	53	62	5.9	4.0	4.4	5.0
	100～500万	147	208	212	218	14.1	17.5	17.6	17.7
	50～100万	71	78	77	83	6.8	6.5	6.4	6.8
	50万以下	381	463	467	487	36.4	38.8	38.8	39.6
	乡村地区	344	311	307	279	32.8	26.1	25.5	22.7
欠发达地区	合计	3021	4877	5098	5967	100.0	100.0	100.0	100.0
	城市地区	813	1974	2147	2904	26.9	40.5	42.1	48.7
	1000万及以上	22	165	196	257	0.7	3.4	3.8	4.3
	500～100万	69	119	121	207	2.3	2.4	2.4	3.5
	100～500万	186	451	484	696	6.2	9.2	9.5	11.7
	50～100万	108	213	238	275	3.6	4.4	4.7	4.6
	50万以下	427	1026	1108	1470	14.1	21.0	21.7	24.6
	乡村地区	2208	2902	2951	3063	73.1	59.5	57.9	51.3

---

① 姚士谋等：《区域与城市发展论》，155～156页，合肥，中国科学技术大学出版社，2004。

6. 城镇化给发展带来的挑战

20世纪除了工业化在发展中国家扩散外，世界上最重要的发展问题可能就是发展中国家出现的前所未有的城镇化浪潮。从前面的分析中看出，20世纪初期，全世界只有不到10%的人口居住在城市，今天差不多有一半人口生活在城市地区。世界上一半人口进入城市用了八千年时间，预计本世纪中叶，世界将有近80%的人口生活在城市。

城镇化在给人类带来福利水平极大提高的同时，全球城镇化的迅速发展也给人类带来了许多难题和困扰，特别是在发展中国家，突出表现为各种城市病。据联合国统计，全球约有5亿人住房条件极差，超过1亿人无家可归，亚非拉的部分大城市中，半数人口居住在贫民窟，环境卫生恶化，没有安全的饮用水，疾病流行，基础设施落后，每年造成1000万人死亡。世界卫生组织也认为，城镇化的效应正威胁着人类健康。2000年7月在德国柏林召开的关于城市未来的全球研讨会（Global Conference on the Urban Future）上，专家们把当前世界上各种类型的城市面临的挑战分为三种基本类型。[①]

第一种类型：应付非正规部门过度增长的城市（the city coping with informal hyper growth）。这类问题在南部非洲、南亚、中东以及拉丁美洲和加勒比地区最典型，其特征是：由于农村人口向城市地区的大规模迁移和城市人口的自然增长带来城市人口快速增长，但城市地区的经济高度依赖于非正规部门，城市里到处是非法自建的住房，城市贫困、环境和公共健康问题十分突出，城市治理十分困难。

第二种类型：应付动态经济增长的城市（the city coping with dynamic growth）。东亚、拉丁美洲和中东的部分快速发展的中等收入国家的城市属于此种类型。这些城市经济持续快速增长，而城市人口增长速度正在减慢，其中一些城市面临快速的老龄化和周围其他地区城市迅速崛起的挑战，而且社会经济繁荣带来的环境问题仍

---

① *World Report on the Urban Future* 21 (*Berlin Report*). 11, www. urban21. de

然没有得到完善的治理。

第三种类型：应付老龄化、正在衰落的成熟城市（the weakening mature city coping with ageing）。发达国家和部分东亚较发达国家的城市是代表，其特点是经济增长缓慢，城市人口规模正在稳步下降。这些城市积累了一定的资源来处理环境问题，但面临严重的人口老龄化和城市社会分化的挑战，城市人口和经济活动正在进行广泛的分散化和再集中的调整，新兴的小规模城市的增长给传统中心城市的发展带来挑战。

2.2 发展中国家和转型经济国家的城镇化

我国正处于转型阶段，同时又是发展中国家，西部地区是我国的欠发达地区，因此，研究发展中国家和转型经济国家的城镇化问题，对我国西部地区城镇化推进有重要的借鉴意义。

2.2.1 发展中国家的城镇化及其特点

城镇化是社会、经济发展的必然趋势，而城镇化水平的高低则通常可以反映一个国家和地区的发展程度。越是发展快的国家和地区，城镇化速度也越快。由于发展中国家的经济发展水平与城市人口的迅猛增长不协调，在这些国家中，城镇化给社会和经济发展带来了许多亟待解决的问题。

1. 发展中国家和发达国家城镇化进程的差异

第二次世界大战后，广大的发展中国家面临着迅速摆脱贫困、发展民族经济、努力实现工业化和现代化的共同任务。随着工业化的展开和经济的迅速发展，发展中国家的城市化步伐日益加快。1950年，发展中国家的城市人口约为3.1亿，仅占世界总城市人口的42.4%。到2003年，世界城市人口增加到30.4亿，其中70%以上的城市人口（21.5亿）居住在发展中国家的城市地区。据预测，到2030年，发展中国家的城市人口将超过39亿，占世界总城市人口的比重将近80%。

在发展中国家之间，城镇化推进的地区差异很大。中等收入国家，如拉美和加勒比海地区等国，城镇化率的平均水平为74%，已接近发达国家水平；而亚洲、非洲等工业化水平较低的国家，其城镇化率不超过40%。

从总体上看，发展中国家的城镇化进程具有起步晚、水平低、潜力大的特点。发展中国家城市人口比重大大低于发达国家，因此，无论过去、现在还是将来，发展中国家的城镇化进程要比发达国家艰难得多。

发展中国家的城镇化进程大致可以划分为三个阶段。第一阶段是1950年以前，这个阶段发展中国家的商品经济不发达，城市的发展主要受统治者政治权力的影响，基本谈不上城镇化问题。第二阶段是从1950年到1980年，这个阶段是发展中国家城镇化的起步阶段。这个时期的发展中国家，通常由于国内有几个规模较大的城市，与乡村人口占80%~90%的国情很不相称，出现了二元社会经济结构，一边是现代化的城市，而另一边却是贫困、落后、分散的广大乡村。虽然这个阶段发展中国家的城市人口比重增长较快，但是城市对乡村人口的吸纳能力并不强。城市人口的增长主要不是来源于乡村迁移型的机械增长，而主要来源于城市人口的自然增长。1980年以后是第三阶段，在这一阶段，随着经济的发展，推动城镇化的市场力加强，城镇化发展活跃。发展中国家的政府部门普遍关注城镇化问题，政策因素对发展中国家的城镇化产生较大的影响。[①]

Gendarme（1994）在研究了城镇化发展的历史和现状的基础上，总结了欠发达国家和工业化国家城镇化发展的共同点与不同点。

[①] 朱农：《发展中国家的城市化问题研究》，载《经济评论》，2000（5）。

他认为两者的共同点在于四个方面。①

第一,在工业化国家和欠发达国家,城镇化都是不受控制的,往往会造成在大城市中出现"贫民窟",以至于几乎所有的国家都必须在城市中实行一些反贫困的计划。

第二,高速的城镇化容易拉大贫富差距,从而加剧收入分布的不平等,对任何发展水平的国家来说都是如此。

第三,虽然许多人迁移后仍然处于悲惨状况,但城市仍然被视为幸福、理想生活的象征,仍吸引了大量潜在的迁移者。

第四,城镇化可能会导致环境上和道德上的污染,前者指空气污染、水质恶化、噪声,以及其他由于城市负荷过重而带来的问题;后者指由于人口过度集中、拥挤而导致的社会、经济问题,如失业、犯罪等。

对于不同点,他也总结了四点。

第一,20世纪发展中国家的人口增长大大快于以往发达国家相应历史发展时期的人口增长。因此,发展中国家必须采取许多特殊的政策,提供更多的就业和服务,以吸收大量的乡村迁入者。

第二,在发展中国家的劳动力市场中,非正规部门占有重要位置。

第三,在许多发展中国家,低收入的农村人口面临耕地资源的不断缩减,农业生产的发展大大落后于农村人口的增长,强化了从乡村向城市迁移的动机。

第四,在发展中国家的城市内,儿童的处境不佳,甚至有可能进一步恶化。

2. 发展中国家城镇化的模式

发展中国家由于政治、历史条件不同,各国经济发展的水平具有很大的差异,相应城市化的水平和模式也各不相同。发展中国家的城镇化模式主要反映了城镇化和工业化的关系。工业化是城市的

---

① Gendarme, R., *Urbanisation et Eeveloppement des Nations*, *Mondes en Developpement*, Tome 22, 1994, Numero 85.

基本动力。从城镇化和工业化的关系来看,城镇化超前于工业化的称为"过度城镇化"。与欧洲经济上升时期相比,发展中国家的城市人口增长率要快2~5倍,特别是其首位城市过度膨胀。城市规模过大,会造成严重的负外部性,从而导致迁移的社会成本超过了社会效益。"过度城镇化"问题比较严重的是拉丁美洲。过度城镇化的原因主要有两个方面:一是在城镇化的过程中,人口无序流动,缺乏管理;二是经济发展滞后于城镇化进程。

中东、非洲等国面临的则是缺乏工业化的城镇化。许多非洲国家同时面临三个严重的人口和经济问题:人口增长过快;农业人均生产率陷于停滞乃至下降的状态;农村向城市的贫穷移民大量增加,而弱小的城市经济又无法吸收。其结果是人口与贫困同时增长,发展资源变得越来越稀缺,出口下降,债务压力增加,以至于其经济越来越依靠日渐减少的外援。在非洲,人口和投资过于集中在一个单一的大城市,这并不能推动高水平的经济发展,相反还有可能对国民收入产生负效应,加剧地区和社会的不平等。

东亚国家的城镇化与工业化基本同步,尤其是东亚新兴工业化经济(Newly Industrialized Economies,简称NIEs),城镇化与工业化的发展速度和水平都非常高。

城镇化不足又称"滞后城镇化",是指城镇化进程大大滞后于工业化进程。在苏联、东欧和东南亚的许多发展中国家,存在着城镇化滞后的问题。这些国家的城镇化滞后主要由两类原因所致:一是人为的政策因素(东欧、苏联、中国等),如限制农民进城等;二是工业过度分散,乡村人口就地非农化(东南亚一带)。

Kojima把发展中国家的城镇化归纳为四种模式。[①]

第一,控制型城镇化,即人口向城市的流动受到政府的严格控制,中国是这种模式的典型代表,南非和伊朗也是如此。

第二,NIEs型城镇化,其特点是:首先,城镇化是经济持续增

---

① Kojima, R., *Introduction*: *Population Migration and Urbanization in Developing Countries*, *The developing Economies*, XXXIV-4 (December 1996): pp 364-368.

长的结果;其次,在工业化起步后不久,农村人口的绝对数量即开始下降;再次,在城市劳动力市场中,非正规部门已被改造、同化,代之以政府有力的城市建设计划;最后,劳动密集型的纺织、电子行业在国家经济中占有重要位置,能够大量吸收女性移民。

第三,过度城镇化,大部分发展中国家属于这种类型,特征是城镇化大大超前于工业化的发展,首位城市过度膨胀,农村人口大量流入向城市。在这些国家中,城市经济的二元性比较明显,非正规部门占有重要的地位,城市中的贫民窟普遍存在。

第四,高乡城迁移率和低城镇化率并存的城镇化,其典型代表为印度,这是一种较特殊的情况。原因一方面在于城市的设立标准比较高,另一方面在于农村人口增长较快。

3. 发展中国家的城镇化问题[①]

发展中国家的城镇化,并不都是以农业生产率的提高为前提的,而是在粮食问题并未完全解决和农业从业人数没有绝对减少的情况下进行的。一些发展中国家独立后,急于实现工业化,政府采取"城市偏向"政策,有的甚至以牺牲农业为代价来实现工业化,致使农业衰败、乡村凋零。农业劳动生产率低,大批劳动力仍被束缚在耕地上。在城市人口迅速增加的同时,农业劳动力的绝对数量也在增长,这说明发展中国家乡村人口流入城市的外推力并不是来自农业劳动生产率的提高而导致的劳动力剩余,而是人口的过快增长与耕地数量不足之间的矛盾以及一些国家不合理的土地制度所造成的"人无地种、地无人种"等因素所致。这种模式的城镇化导致发展中国家在城镇化进程中出现了许多问题,主要表现在:

(1) 城市引力强烈,但乡村向城市转化存在重重障碍

发展中国家城乡之间始终保持着很大的收入差别和其他方面的差别。发展中国家农民渴望进入城市,一方面是因为城市的人均收

---

① 宋利芳:《发展中国家城市化进程的特点、问题及其治理》,载《中国人民大学学报》,2000 (5)。

入和福利水平都大大高于农村,另一方面是因为城市文明的吸引力较大。在同等经济条件和城镇化水平下,发展中国家的农村人口和劳动力向城市转移的愿望要比发达国家更为强烈。然而,在发展中国家,农村人口和劳动力向城市转移却存在重重障碍。其原因在于:第一,发展中国家的城市容量低,吸收农村人口的能力差,但农村人口的基数和增长速度都很大;第二,政府采取"城市偏向"的政策,以财政补贴办法保证城市居民生活,为了减轻压力,限制农民进城;第三,城市偏向政策使城市居民产生了一种优越感,这种优越感和政府的城市偏向政策结合起来,形成了一种严重的社会问题,即"乡村歧视",使得农民难以在城市立足。例如,几乎所有发展中国家的城市居民都在一定程度上享受着国家补贴的住房,而农村居民进入城市因无住房在城乡边缘区搭棚栖身却普遍被视为非法。这一方面使进城农民就业困难,另一方面又使他们因等待就业时无栖身之所,不得不被迫离去。凡此种种,都构成农民进城的严重阻碍。

(2) 原有城市缺乏对农村人口的吸收能力,但新兴城市又发展不起来

在政府"城市偏向"与城市居民"乡村歧视"的双重作用下,不但农村居民进城困难重重,而且城市的过剩资本也较少流向农村,阻碍了新兴城市的发展。

(3) 城市贫困化

随着发展中国家城镇化的迅速发展,加之发展战略向城市倾斜,发展中国家城市的棚户区和贫民窟的数目急剧增加。如今在发展中国家里,贫民区的居民已占城市人口的 1/3,在许多国家的城市中,贫民区的居民甚至超过城市总人口的 60%。在大多数贫民区,既没有清洁的生活用水,也没有污水处理系统和供电设施。

(4) 城市失业

城镇化迅速发展的主要后果之一,就是到城市经济求职的人数日益增加。发展中国家城乡收入现实和预期的差距,使得大都市生活对农村人口产生了强大的吸引力。一旦有人在城里找到了工作,其生活的示范效应必然引起连锁反应,其余的人源源不断地涌向城

市。即使一时找不到工作,他们也不愿返回农村,宁愿在城市中游荡。这种劳动力闲置的持久化、年轻化和延续化构成了发展中国家城市失业问题的独特性质。

(5) 城市环境污染

随着发展中国家城镇化的超前发展,交通拥挤、车辆和工业的污染排放极大地增加了城市拥挤的环境成本。研究表明,城市环境恶化的速度似乎快于城市人口规模扩大的速度,从而导致城市新增居民的边际环境成本随着时间的推移而不断上升。

(6) 城市的社会问题

发展中国家城市的社会问题往往是由两个因素造成的:一是内在因素,即由城市本身的发展不平衡造成的。例如,中心区的荒废,人口分布失去控制,或者城市的开发方向有误。由于经济落后,城市的贫民窟与棚户区问题长期得不到解决,社会分配不公,社会治安混乱;二是外来因素,即流动人口的大量增加,使城市中原来各种规范性的礼貌和习俗受到冲击,进而导致宗教、民族冲突的加剧和恐怖性犯罪率的上升。

2.2.2 转型经济国家的城镇化及其特点[①]

1. 转型经济国家城镇化的特点

转型经济的一个典型特点是经济体制由计划经济体制向市场经济体制转化。在大多数转型经济国家[②],城镇化的提高不一定伴随着经

---

① 本节主要参考安虎森主编:《区域经济学通论》,579~583页,北京,经济科学出版社,2004。

② 转型经济国家是指从苏联独立出来的国家和中欧、东欧(Central and Eastern European,简称CEE)的国家。苏联分裂为15个国家,即拉脱维亚、立陶宛、爱沙尼亚、亚美尼亚、阿塞拜疆、格鲁吉亚、白俄罗斯、摩尔多瓦、俄罗斯、乌克兰、哈萨克斯坦、吉尔吉斯斯坦、塔吉克斯坦、土库曼斯坦、乌兹别克斯坦;中欧、东欧包括12个国家,即阿尔巴尼亚、保加利亚、波斯尼亚、黑塞哥维那、克罗地亚、捷克、匈牙利、马其顿、波兰、罗马尼亚、斯洛伐克、斯洛文尼亚、南斯拉夫联邦。世界银行的中欧、东欧和中亚转型经济国家除了以上27个国家,还包括土耳其。

济增长。在这些国家中,特别是苏联的国家中,现有的城镇化模式是由强制性的产业政策所推动的,而不像世界上大多数地区那样是由经济发展自发产生的。由于这些政策结果,在一些 ECA 国家,1990 年时城镇化已经达到了相当高的水平,但是收入没有相应的提高。例如在俄罗斯,城镇化达到了 74%,与美国的城镇化水平相当。这些国家比同等水平国家的城市人口比率高得多(见图 2—7)①,传统的收入增长和城镇化之间的关系不能应用于这些国家和地区。

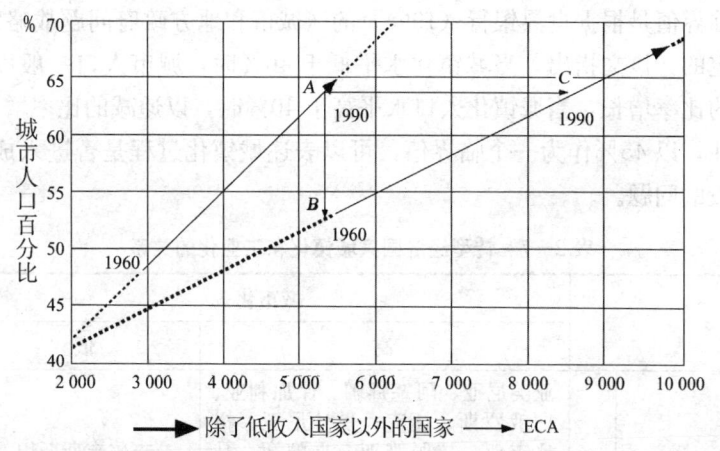

图 2—7 转型经济和中等收入国家城镇化和增长模式

图 2—7 指出,转型经济国家的城镇化与其他同等收入国家的城镇化非常不同。不同于非社会主义经济国家的城镇化主要是由市场力推动,转型经济国家是规划者制定政策使人口快速向城市迁移,从而加快了这一过程。钱纳里(Chenery)等人指出,平均来说,对于给定的人均收入,转型国家城市人口的份额比其他类型国家的高

---

① 资料来源:World Bank (2000), *From Commissars to Mayors:Cities in the Transition Economies*, Prepared by ln frastructure Sector Unit, Europe and Central Asia Region.

12%（图中从A到B的距离）。① 此外，更为重要的是，因为工业化战略的失败，人均收入比同期自由城镇化的国家低40%（图中从A到C的距离）。

2. 转型经济国家的城镇化与工业化的关系

表2—7给出了主要转型经济国家的城镇化和工业化的关系。如果一个国家城市人口的比例达到45%，就称为高度城镇化国家。这一临界值是根据世界银行（1998）的《城市和地方政府问题战略观》确定的，该文指出，当城镇化水平低于40%时，城市人口一般以递增的比率增长，当城镇化人口水平高于40%时，以递减的比率增长。因此，以45%作为一个临界值，可以表述城镇化过程是否进入成熟阶段的问题。

表2—7 转型经济国家城镇化和工业化的关系

		城市化	
		高	低
超工业化	高	亚美尼亚、阿塞拜疆、保加利亚、白俄罗斯、捷克、爱沙尼亚、格鲁吉亚、拉脱维亚、立陶宛、马其顿、波兰、罗马尼亚、俄罗斯、斯洛伐克、斯洛文尼亚（89%，84%）	吉尔吉斯斯坦（1%，2%）
	低	克罗地亚、匈牙利、哈萨克斯坦、摩尔多瓦、土库曼斯坦、乌克兰（7%，8%）	阿尔巴尼亚、塔吉克斯坦、乌兹别克斯坦（3%，6%）

资料来源：World Bank (2000), *From Commissars to Mayors: Cities in the Transition Economies*, Prepared by Infrastructure Sector Unit, Europeand Central Asia Region.

对于超工业化，计算工业在GDP中的实际份额和预测份额的

---

① Chenery, Hollis, Moshe Syrquin, *Typical Patterns of Transformation*. In Chenery, Hollis, Moshe Syrquin, *Industrialization and Growth: A Comparative Study*. New York: Oxford University press, 1986.

差,如果差值为正,则定义该国家为超工业化国家。

根据这一指标,上述国家大部分为高度城镇化和超工业化国家,这是转型经济在计划经济时期留下的"遗产"。

3. 转型经济国家的城镇化模型

(1) 劳动力市场分割模型

劳动力市场分割是造成城市地区收入不平等的重要原因。在大多数转型经济国家,劳动力市场分割成正规部门和非正规部门两个部门。在非正规部门,小型企业占主导,使用密集型的生产要素,政府的各种劳动法规(如社会保障税和最低工资法等)无法监管这种要素的使用。非正规部门是解决就业的一个重要的部门。劳动力市场分割是指,某一类部门的劳动力(受保护的或正规部门)所挣得的工资比另一类部门(未受保护的或非正规部门)同类劳动力挣得多。新古典经济理论认为,这类工资差距应通过非正规部门的工人向正规部门移动来消除。而分割的劳动力市场理论认为部门间的流动极其有限。

确定分割的劳动力市场的最普遍的方法,是建立每一个劳动力市场的劳动力样本工资方程。典型的一对工资方程是:

$$\ln W_f = a_f + \beta_f X + \eta_f ; \ln W_r = a_r + \beta_r X + \eta_r$$

其中 W 是工资率,下标 f 和 r 分别代表正规部门和非正规部门,X 是一个人力资本特征向量,α 为一常量,β 是表示人力资本报酬的系数向量,ε 是随机误差项。一般的解释是,如果 $\beta f > \beta r$ 对于一部分或全部的估测系数都成立,那么就存在着劳动力市场分割,因为正规部门的人力资本报酬超过了非正规部门的人力资本报酬。

这种方法存在两个问题:第一个问题是,在回归方程中没有体现出选择过程。金德林(Gindling)发现,选择方程中的许多系数,包括教育、性别、年龄、户主以及婚姻状况,都是劳动部门的预测变量,且都是很显著的;第二个问题是忽略了变量偏差,这种偏差的变化幅度在不同部门之间是很大的。特别是工资方程很少包括工人工作能力的测度，尤其在转型经济更是这样。如果那些因为忽略了对工人工作能力的测度所产生的偏差，在两个方程中都相等，那么这种忽略就不会影响两个方程之间的系数的比较。但没有把劳动者的工作能力视为一种回归量并度量其对工资的影响，则不能保证劳动者的工作能力在正规部门和非正规部门中是同等重要的。

(2) 转型经济国家的人口移动模型

第一，单个城市基础上的城镇化模型。单中心城市模型要求：①跨地区和城市内具有相同的效用；②在离中心不到几公里的城市边界处，城市土地地租等于农村土地地租 r_a。达到均衡时：

$$y_a = y - tx(p, y, t, r_a)$$

其中 t 是每公里的通勤费，p 是城市人口，y 和 y_a 分别是城市收入和农村收入。这个方程可以进行变动，从而解得均衡的城市人口 p^*。对上式进行标准的存量调整，则：

$$p^* = f[p^*(Y, y_a, t, r_a) - p_o] \frac{\partial p^*}{\partial Y}, \frac{\partial p^*}{\partial r_a} > o > \frac{\partial p^*}{\partial y_a}, \frac{\partial p^*}{\partial t}$$

其中 P_o 是初始人口。与其他总体模型相比，这一单中心城市模型强调了农村地租和城市通勤费。在公式中，两部门的名义收入都是外生的，应该注意的是，由于城市居民承担额外的通勤费，因此均衡要求 $y > y_a$。为建立模型，柯布—道格拉斯农业生产函数应表明 r_a 和每公顷产量成正比，同时应有国际公共交通数据库以便获得 t 的值。但这两个变量在跨国的回归方程中都不显著，因此城市或农村的人均收入和人口的滞后变量在回归方程中起主导作用。尽管地租和通勤费这两个变量的测算很困难，但它们是最为重要的变量。

第二，哈里斯—托达罗模型（HT 范式）。[①] HT 范式通过假设

[①] 迈克尔·托达罗：《欠发达国家劳动迁移与城市失业模型》，见《发展经济学经典论著选》，197~212 页，北京，中国经济出版社，1998。

一个不变的、均衡的城市工资的存在，修正了新古典主义的劳动力市场模型。人口流动是预期收入增量的增函数，而预期的收入增量又是相对工资率和在正规部门就业的概率 P 的函数：

$$M_R \to U = \Phi(PW_U - W_R)$$

托达罗设定这个概率 P 为在流量项中所创造的工作机会除以城市失业人数的比率，而 HT 模型设定这个概率 P 为相对于全部城市劳动力的城市就业人数的函数。如何设定 P，反映了不同的政策性含义，但都表示失业的城市劳动者群体。因此，只要劳动力流动和工作机会增长给目前的失业者提供一些希望，那么就会出现对高工资部门的过度需求。

托达罗认为，依靠工业扩张并不能解决发展中国家的城市失业问题：因为一方面，资本积累的扩大必然伴随着劳动生产率的提高，这样，劳动需求的增长有可能赶不上工业产出的增长；另一方面，由于农村人口流动规模是城市就业概率以及城市预期收入差异的递增函数，这样现代工业部门扩张以及城市对劳动需求的增加必将引诱更多的农村人口流入城市，城市失业问题也就不可能得到根本性的解决。在 HT 均衡的条件下，个人的行为是理性行为，但只要农村劳动力的边际产出不为零，人口流动就会带来额外的社会成本。一份新的城市工作的出现，可能会引起一个以上的人口移动，因此增加了失业，在有些情况下，会扩大城市失业率。"在工业产出没有减少的情况下，农业产出的增加会引起相反的人口流动"。因此，在 HT 模型中，限制人口流动，会提高国内生产总值（GDP），但同时必然会损害农村人口的利益。

HT 范式解释了在转型经济国家的城市中存在的失业和就业不足现象，对"人口流动与城市失业并存"问题作出了较为令人信服的解释。同时也向认为城市中的高工资限制了工作机会的增加，从而必定限制城镇化的观点提出了挑战。

2.3 世界城镇化的一般规律

城镇化是一个多种因素综合作用的、复杂的、有规律性的动态过程。许多学者对世界城镇化的规律进行了深入研究。笔者结合前人的研究成果和自己的认识,总结世界城镇化的一般规律。

2.3.1 城镇化进程中的阶段性规律

从时间维度上看,城镇化的进程呈现出阶段性的特征,这是学术界公认的,不过对于阶段的具体划分,国内外学者的意见不完全一致。

在国内学者中,高佩义把 18 世纪以来的城镇化进程分为三个阶段:城镇化兴起、验证和示范阶段(1760—1851 年)、发达国家城镇化普及和基本实现阶段(1852—1950 年)、世界基本实现城镇化阶段(1950 年以来)[①];包宗华根据英国等发达国家所走过的城镇化道路的分析,把城镇化发展分为早期、中期和成熟期三个阶段,三个阶段划分的标志是城市人口比重 40%(或 30%)、40%～70%及 70%[②];崔功豪根据各国经济发展、产业结构的转换及城镇化地域推进过程将城镇化过程分为三个阶段:即初期集中城镇化阶段、中期分散城镇化阶段(郊区化阶段)、后期广域城镇化阶段(逆城镇化阶段)[③];周一星(1984)则从城镇吸力和乡村推力的变化论证了城镇化过程的阶段性规律[④]。

焦秀琦(1987)对 Northam 的城镇化进程 S 形曲线进行了数学

---

① 高佩义:《中外城市化比较研究》,15～26 页,天津,南开大学出版社,1991。
② 包宗华:《中国城市化道路与城市建设》,北京,中国城市出版社,1995。
③ 崔功豪等:《城市地理学》,南京,江苏教育出版社,1992。
④ 周一星:《城市发展战略要有阶段论观点》,载《地理学报》,1984(4)。

模型推导，得出 S 形曲线的数学模型[①]。

假设某国家 I 时期城市人口为 $U(i)$，农村人口为 $R(i)$，城乡人口增长率差为 k，且假定 k 在一定时间 t 内保持不变，便可将上述假设用如下公式描述：

$$\frac{dU(i)}{U(i)dt} - \frac{dR(i)}{R(i)dt} = k$$

对上式取不定积分，可得：

$$\int \frac{dU(i)}{U(i)dt} - \int \frac{dR(i)}{R(i)dt} = \int kdt$$

可得：

$$\ln u(i) - \ln R(i) = kt + c$$

亦即：

$$\ln \frac{U(i)}{R(i)} = kt + c$$

$$\frac{U(i)}{R(i)} = e^k t + c$$

由于 t 时期总人口 $T(i) = U(i) + R(i)$，城镇化率便可表示为：

$$u(i) = \frac{U(i)}{T(i)} = \frac{1}{1 + \left[\frac{U(i)}{R(i)}\right]^{-1}}$$

于是：

$$u(i) = \frac{1}{1 + \frac{R(i)}{U(i)}} = \frac{1}{1 + \frac{1}{e^{kt+c}}} = \frac{1}{1 + \lambda e^{-kt}}$$

这就是描述城镇化进程的数学模型，其中 $u(i)$ 为城镇化水平，参数 λ 和 k 为常数，分别描述城镇化起步时间的早晚和城镇化速度的快慢。λ 值越小，城镇化起步越早，反之起步越晚；k 值越大，表明城镇化速度越快，反之则越慢。根据上述模型可以给出各种起步时间和发展速度的城镇化进程的 S 形曲线，如图 2—8。

[①] 焦秀琦：《世界城市发展的 S 型曲线》，载《城市规划》，1987 (11)。

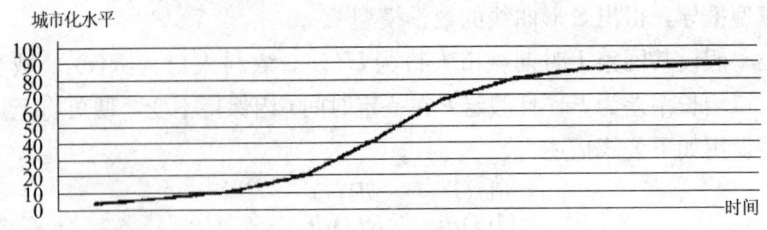

图 2—8 城镇化推进的 S 形曲线

图 2—8 表明城镇化一般要经历四个阶段：在城镇化水平不超过 10% 以前，农业在整个国民经济中占主要地位，城镇化处于准备阶段；城镇化水平在 10%～30% 时，城镇化进程相当缓慢，称为城镇化的发生阶段；在城镇化水平在 30%～75% 时，城镇化进程加快，城镇化全面展开，称为发展阶段；在城镇化水平超过 75% 以后，城镇化速度趋缓，最终大体接近 80%～90%，称为成熟阶段。这就是城镇化进程在时间上表现出来的阶段性规律。城镇化进程的阶段性规律实质上是城镇化在时序上从量变到质变过程的反映：在发生与发展阶段，城镇化主要表现为水平的提高、城市数目增多、城市规模扩大等可以用数字来表示的各种变化，是一个量变的过程；到成熟阶段之后，城镇化主要表现为城市质的提高、城市的现代化以及整个社会城市文明的普及等各种无法直接量化的现象，是城镇化内在质的提高。

还有很多国内外学者对城市发展的阶段进行了划分。[①]

在国外学者中，R. M. Northam (1979) 将世界城镇化的发展过程概括为一条被拉平的 S 形曲线（图 2—9），并将城镇化进程划分为三个阶段。初期阶段：城镇化水平低，城镇化发展速度慢，人口分布分散，经济以农业部门为主。中期阶段：人口和经济活动迅速向城市集聚，经济结构发生变化，第二、第三产业的重要性增加，投资更多地投向交通等部门，城镇化加速发展，所以此阶段也可称为

---

① 如何明俊 (1993)、叶裕民 (2002)。

加速阶段。后期阶段：城镇化水平较高（超过60%或70%），城市人口比重的增长趋缓，甚至停滞不前。例如，英国和威尔士在1900年前后城镇化水平达到80%左右时，城镇化水平曲线趋于平缓，甚至出现回落。

L. Ressman 在《城镇化进程——工业社会中的城市》一书中根据世界不同国家城镇化的进程，把世界城市进程划分为4个阶段13个时期（表2—8）。

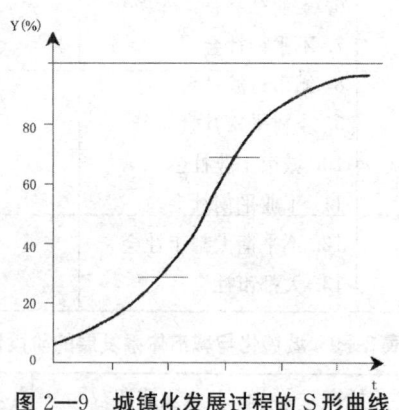

图2—9　城镇化发展过程的S形曲线

E. E. Lampard 从人口学的观点解释城镇化进程，提出了城镇化的四个主要阶段：原始阶段、有限阶段、经典阶段和工业阶段。

由上所述，不同学者对城镇化推进的阶段划分存在差异，徐刚和吴楚材曾对城镇化与城市体系发展的阶段性进行过总结①，见表2—9。

城镇化进程的阶段性规律反映了一国的城镇化与其经济发展水平是互相适应的、双向互促的关系。人为地提升或阻滞城镇化的进程，出现所谓的过度城镇化或滞后性城镇化都是不符合城镇化进程的阶段性规律的。

---

① 徐刚、吴楚材：《经济较发达地区城市化与城市体系发展模式》，见《长江三角洲地区国土与区域规划研究（理论·方法·实例)》，北京，科学出版社，1993。

表 2—8 Reissman 划分的城镇化阶段

阶段	社会状态	典型国家
第一阶段	1. 不发达社会 2. 国有化社会 3. 工业化社会 4. 城镇化社会	刚果 土耳其 印度 埃及
第二阶段	5. 过渡社会 6. 工业社会 7. 不平衡社会	墨西哥 希腊 巴拿马
第三阶段	8. 城市过渡社会 9. 乡村平衡社会 10. 城市工业社会 11. 工业平衡社会	爱尔兰 意大利 法国
第四阶段	12. 不平衡大都市社会 13. 大都市社会	智利 美国、英国

表 2—9 城镇化与城市体系发展的阶段性

城镇化阶段	起始期	加速期	稳定期
社会经济形态与发展阶段	前工业化社会：农业经济，乡村景观，社会经济联系松散	工业化社会：经济起飞阶段；工业化进程加快；第二、第三产业劳动力容量扩散；规模经济、集聚经济作用明显，城市之间的交通、通信网络发达	后工业化社会：第二产业地位相对下降；第三产业迅速发展；技术进步贡献率明显上升；区域交通、通信网络全面完善，追求更高的生活质量
典型产业结构	$I>II>III$	$I>II>III$	$I>II>III$
"推力"与"拉力"	较弱	迅速增加	相对减弱
人口分布与流动	分散，相对稳定	大量乡村人口向城市的空间迁移，人口向大城市集聚，城乡人口再分配	以城市→城市、城市→郊区、城市→乡村的人口流动为主体，出现通勤带
城镇化进程	缓慢	加速	渐趋稳定

续表

城镇化阶段	起始期	加速期	稳定期
城镇化水平		低→高	
城市体系发育特征	城市数量少，城市规模小，城市间联系不强	大城市迅速发展，地位日益突出，城市数量增加，出现城市集聚区和组合城市群，城市间联系迅速加强	大城市的产业、人口向郊区及乡村迁移和扩散，城市地区的范围迅速扩展，中小城市地位上升，出现城市绵延带

2.3.2 城镇化的聚集与扩散规律[①]

从空间维度上看，城镇化规律表现为由聚集与扩散机制所决定的聚集—扩散—再聚集的规律。聚集与扩散机制是决定城镇化地理空间分布的内在机制。聚集与扩散具有不可分割的内在联系：扩散必须以一定程度的聚集为基础，聚集到一定程度必然产生扩散，扩散又扩大了对新的经济活动的吸引力，从而创造了新的聚集条件，新的聚集又为新的扩散创造条件。

在城镇化的过程中，集聚和扩散往往同时、交互起作用，只不过在不同的阶段，二者的作用力、影响力是不同的。在城镇化的发生阶段和发展的前期阶段，经济活动处于量的扩张阶段，城镇化处于聚集生产要素的阶段，聚集是城镇化的主流；在城镇化进程发展阶段的中后期，由于聚集的负效应日益增加以及其他社会条件的改善，扩散现象开始成为主流，此时，城镇化处于量变向质变的过渡时期；扩散到一定程度后，城镇化达到成熟阶段，聚集又成为主流（与城镇化前期的聚集不同的是，后期的聚集是城市与城市之间在区域上的集中、聚集与优化组合，是提高城镇化质量的重要途径，而前期的聚集则是指生产要素向城市区域的聚集，且后期的聚集程度要远低于前期的聚集，或者说是一种"松散型的聚集"）。这是否定

---

① 参见顾朝林等：《集聚与扩散——城市空间结构新论》，南京，东南大学出版社，2000。

之否定规律、量变到质变规律在城镇化空间演变过程中的具体反映。

与此相联系，城市规模结构的演变规律是大城市人口及其比重增长速度较快，大城市率先增长[①]；之后中小城市、郊区人口的比重开始增长；最后城市带或城市群出现，即大城市—中小城市—郊区化—城市带。

2.3.3 城镇化与工业化的互动规律[②]

一个国家或地区的经济发展，在空间结构上必须经历城镇化过程，在产业结构上则必须经历工业化过程。工业革命以来的世界经济发展史表明，城镇化和工业化有着内在的联系。一方面，城镇化取决于工业化，工业化决定了城镇化，工业化必然带来城镇化的发展；另一方面，城镇化反过来又会促进工业化的进步。从世界经济的发展来看，发达国家的城镇化和工业化进程基本上是同步的，发展中国家的城镇化和工业化的关系较为复杂，有的国家城镇化超前于工业化，有的国家工业化超前于城镇化，有的国家的城镇化和工业化关系表现为同步发展的趋势。

关于城镇化与工业化一般关系的研究，最著名的是发展经济学家霍利斯·钱纳里和莫伊思·赛尔昆在1975年出版的《发展的型式：1950—1970》一书中提出的城镇化与工业化关系的一般变动模式。[③] 他们指出："在处于持续均衡的经济中，城镇化可能是一系列事态发展的结果：开始是出现需求和贸易上的变化，这种变化导致工业化，并引起劳动力从农村向城市职业的不断流动。"但是，在过去的20年间，从农村向城市定居迁移的发生早于对劳动力需求的增

[①] 这可以从前面对世界城镇化进程的概览中得到证明。在世界城镇化步伐逐渐加快的过程中，大城市扮演着"领头羊"的角色。它们无论在城市数量、规模，还是人口总量上都遥遥领先，构成了世界城镇化进程的主力军。

[②] 参见郑长德、刘晓鹰：《中国城镇化与工业化关系的实证分析》，载《西南民族大学学报（人文社科版）》，2004（4）。

[③] 霍利斯·钱纳里、莫伊思·赛尔昆：《发展的型式1950—1970》，北京，经济科学出版社，1988。

长,并越来越由期望收入所决定。因此,除了把城镇化看作是生产结构变动的结果以外,还必须把它看成某种程度上受多种原因支配的发展过程。此过程受未来收入和对就业的期望以及政府支出的分配和各种社会因素的影响。

根据他们的研究,"人均收入超过500美元(1964年美元)时,作为一种典型情况,城镇人口在总人口中占主导地位;超过700美元时,作为一种典型情况,工业中雇用的劳动力超过初级生产部门。然而,只有当收入水平超过2000美元时,这些过渡过程才告结束。从世界迄今的经验看,城镇人口达到总人口75%时趋于稳定。"

钱纳里和赛尔昆在研究各个国家经济结构转变的趋势时,概括出了城镇化与工业化关系的一般变动模式:随着人均收入水平的上升,工业化的演进导致产业结构的转变,带动了城镇化程度的提高(见表2—10)。

表2—10 城镇化与工业化关系的一般变动模式

人均GNP		生产结构(%)			劳动力配置(%)			城镇化率(%)
1964年美元	1997年美元①	工业	服务业	非农产业	工业	服务业	非农产业	
70②	350	12.5	30.0	47.8	7.8	21.0	28.8	12.8
100	500	14.9	33.8	54.8	9.1	25.1	34.2	22.0
200	1000	21.5	38.5	67.3	16.4	27.9	44.3	36.2
300	1500	25.1	40.3	73.4	20.6	30.4	51.1	43.9
400	2000	27.6	41.1	77.2	23.5	32.7	56.2	49.0
500	2500	29.4	41.5	79.8	25.8	34.7	60.5	52.7
800	4000	33.1	41.6	84.4	30.3	39.6	70.0	60.1
1000	5000	34.7	41.3	86.2	32.5	42.3	74.8	63.4
1500	7500	37.9	38.5	87.3	36.8	47.3	84.1	65.8

注:①1997年美元与1964年美元的换算,直接使用此期间美国GNP减缩指数,换算因子为5。如按钱纳里等的方法,则换算因子为6左右。

②为平均近似值(原注)。

资料来源:霍利斯·钱纳里、莫伊思·赛尔昆:《发展的型式1950—1970》,31~32页,北京,经济科学出版社,1998。

从工业化导致的产业结构转变看,工业生产比重与就业比重的上升基本同步,而非农产业就业比重与生产比重的上升则表现出阶段性差别:在人均 GNP 达到 500 美元(1964 年美元)以前,生产比重的上升较快,当人均 GNP 超过 500 美元之后,就业比重的上升明显加快。从产业结构转变对城镇化进程的作用看,城镇化率上升主要与就业结构变动相联系,而且与非农产业就业比重上升的联系更为密切。因此,如果说工业化带动了非农化,非农化带动了城镇化,那么工业化对城镇化的带动趋势是明显的。

我国学者叶裕民等构建了一个城镇化和工业化关系的逻辑框架①(图 2—10)。图 2—10 明确地反映出在工业化过程中,随着产业结构的升级,存在着两次劳动力向非农产业转移的浪潮,将一批批劳动力由农村转向城市,直至实现城市化过程,将一个国家由农村社会送达城市社会。

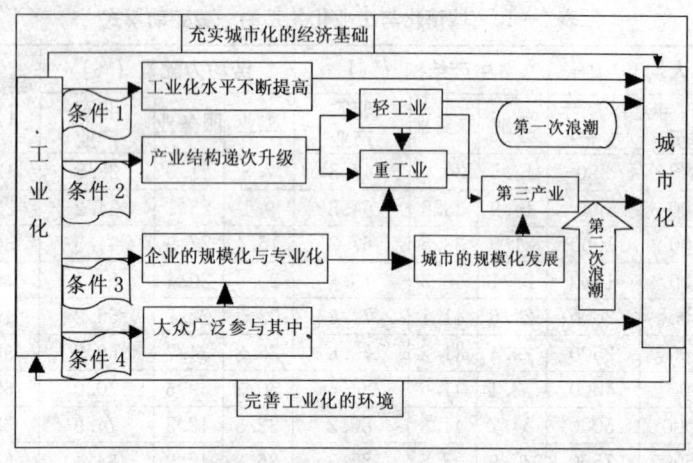

图 2—11 城市化与工业化的逻辑框架

在城市化与工业化的逻辑模型中,城市化与工业化存在良性的

---

① 叶裕民等:《中国新型工业化与城市化互动机制研究》,载《西南民族大学学报·人文社科版》,2004(6)。

互动关系：工业化为城市化提供经济支持，城市化为工业化创造良好的空间依托。在这一良性的互动关系之中，产业结构的递次升级和企业的规模化、专业化发展起着决定性作用。

在城市化过程中，第一次劳动力转移浪潮由市场条件下的轻工业大规模发展所引致，第二次劳动力转移浪潮则是伴随着重工业化的第三产业的迅速发展的结果。在非农产业中，轻工业和第三产业具有劳动密集型特性，是吸纳农村劳动力转移的主要空间。重工业具有资金密集型特征及规模化发展的要求，决定了它吸纳劳动力的能力并不十分强大。

那么，是否可以认为重工业在城市化过程中的作用就不重要了呢？完全不是。一方面，重工业自身从无到有、从小到大的发展，能够吸纳一定量的劳动力；另一方面，重工业体系的高质量发展是第三产业迅速发展的基础和前提，只有重工业化才能造就一大批需要广泛社会服务的现代化企业，以及进入中高档消费阶层的民众。对于一个发展中的大国而言，没有高质量的重工业化过程，发展第三产业如同空中楼阁，城市化同样缺乏根基。

实际上，正是重工业化过程中的企业的规模化和专业化成为现代第三产业发展的经济前提，从而构成城市化与产业结构互动关系中的关键环节（图中以粗线条表示）。

工业化过程中的规模化与专业化有两个层面的含义：一是在微观层面上，表现为企业的内部规模化和专业化，追求内部规模经济效益和专业化生产是现代化企业与传统的手工作坊相区别的本质所在；二是在中观层面上，表现为企业在城市的集聚和城市经济发展专业化。集聚是企业追求外部规模经济效益的客观结果，相关产业的集聚必然导致地区和城市生产的专业化。企业集聚的过程就是城市产生与发展的过程，也就是城市化的过程。或者反过来说，没有企业的集聚就没有城市化。不仅如此，企业集聚不仅意味着生产过程的集聚，还带来大量人口的集聚、生活服务需求的集聚、第三产业市场的集聚。因此，企业集聚又是第三产业发展的主要动力，第三产业的发展无疑又提高了城市化的加速度。

在企业和城市规模化与专业化发展的关系中，企业的规模化和专业化经营是城市集聚与专业化发展的前提。当一个企业放弃内部规模经济时，外部规模经济也就变得不重要了。因此，在发展中国家，要努力促进城市化进程，就必须培养和造就一大批富有效率的企业，它们遵循市场准则，追求规模经济效益。实际上，这也是一个国家实现经济现代化的重要前提。

2.3.4 城镇化动力演进规律

从动因维度上看，城镇化规律表现为随着产业的转换与发展，城镇化的动因也随之发生从量到质的演变与更换，不同产业顺次成为不同时期城镇化的主要动力。

城镇化是多因素综合作用的结果，其动力表现在许多方面，但产业是城市发展的基础，产业转换与发展是城镇化的重要动因。在城镇化的发生阶段，工业化是城镇化的基本动力，城市的发展主要是靠工业企业的扩大再生产所吸引的人口与资本的集中。工业化促使城市规模膨胀、数量增加，即城镇化在量上的扩张；在城镇化发展阶段，传统工业继续发展，新型工业相继登台，第三产业初露端倪，城市在扩大外延的同时也开始注重提高内涵，即城镇化既有的促进量提高的动因逐渐产生了质变的条件；在城镇化的成熟阶段，第三产业的发展促进了城市软硬件设施的完善和居民生活水平的提高，使城市职能更加复杂和多样化，并成为整个社会的经济、科技、文化、政治等活动的中心，促进了城镇化在质上的提高。同时在城镇化的全过程中，必须注重农业的发展，提高农业的现代化程度，增强农业对城镇化的推动作用；牺牲农业的城镇化，不仅不能推动经济和社会的发展，相反还会造成严重的"城市病"。

2.3.5 城市规模效益递减规律

从效益维度上看，城镇化过程是规模效益递减规律起作用的过程。农业经济学在很早以前就发现了土地报酬递减规律，微观经济学也发现了企业投入的规模效益递减规律,实际上,在城镇化的过程中也存在此规律。

在其他情况如生产技术、城市软环境等不变的条件下,城市规模扩大会带来效益的提高,但到一定程度后,再扩大城市的规模产生的边际效益会逐渐减小,直至带来负效益。

第三章 中国城镇化推进模式研究

3.1 城镇化的三种模式

城镇化模式是社会、经济结构转变过程中的城镇化发展状况及动力机制特征的总和。关于世界城镇化的模式，国际上最流行的分类方法之一是根据城镇化与经济发展水平的关系，将世界城镇化分为同步型城镇化、超前型城镇化和滞后型城镇化三种模式。一般而言，在实行市场经济体制的发达国家，城镇化与经济发展水平基本上是协调同步发展的，属于同步型城镇化类型；实行市场经济的发展中国家，由于在资本主义世界经济体系中处于边缘和外围的地区，自主的工业化迟迟未能启动，往往出现城镇化超前于工业化甚至"无工业化的城镇化"（urbanization without industrialization）的现象，大多属于超前型城镇化；实行计划经济体制的国家，由于协调社会经济活动的市场交易机制基本上被政府这一庞大的科层组织所取代，在这种体制下，城市已经失去提高交易效率和促进分工发展的优势，城市退化为工业生产基地，城镇化水平和城市发展水平往往滞后于经济发展水平，出现滞后型城镇化类型。

国内有许多学者从不同的角度对城镇化模式进行过分类比较。例如，饶会林以城镇化的阶段为依据，认为城镇化可以分为集中型城镇化和分散型城镇化①；张庭伟、辜胜阻等以城镇化的发动主体为依据，将城镇化分为"自下而上城镇化"（urbanization from above）和"自上而下城镇化"（urbanization from below）②；许学强等从人口和产业聚集以及城市性扩散的角度，将世界各国的城镇化划分为正统的城镇化类型、假城镇化类型（pseudo-urbanization）和离心型城镇化（decentralization urbanization）③。

本文基本按照国际通行的分类方法，把城镇化模式分为同步型城镇化、超前型城镇化和滞后型城镇化三种模式。④

1. 同步型城镇化模式

同步型城镇化（Synchrourbanization）表现为城镇化进程与经济发展同步协调，互相促进，城市的规模和数量适度，城镇化的速度与质量同步上升。这里的所谓"同步"并不一定意味着城镇化水平与工业化水平完全一致，主要是指城镇化与经济发展、工业化呈显著的正相关关系，城市人口的增长与人均国民收入的增长相对一致，城镇化的推进与农业提供的剩余农产品基本适应。这是一种经济发展推动型的比较合理的城镇化模式，它能够实现城镇化、工业化和社会经济的适度同步发展。这种类型的城镇化主要体现在西欧和北美发达国家，这些国家的城镇化水平与经济发展比较协调，城镇化是在农业生产率不断提高的基础上，在工业、服务业等产业的集聚发展等拉力因素的作用下，带来人口的集聚，从而使城市规模扩大、城市数量增加。而且，城市内部结构合理，城市功能完善，形成了分工协调、结构合理的城市体系，城乡一体化发展，城乡之间没有

---

① 饶会林：《城市经济理论与实践探索》，56～64页，大连，东北财经大学出版社，1998。
② 张庭伟：《对城市化动力的探讨》，载《城市规划》，1983（5）；辜胜阻等：《中国自上而下城镇化发展研究》，载《中国人口科学》，1998（3）。
③ 许学强等：《现代城市地理学》，48～49页，北京，中国建筑工业出版社，1988。
④ 关于三种城镇化模式的描述参考成德宁：《城市化与经济发展——理论、模式与政策》，132～134页，北京，科学出版社，2004。

出现二元社会结构。据测算，发达国家在整个工业化中期，工业化与城镇化的相关系数极高。1841—1931年间英国为0.985，1866—1946年间法国为0.970，1870—1940年间瑞典为0.967，整个发达国家为0.997。工业化率与城镇化率曲线几乎是两条平行上升的曲线，城镇化与经济发展呈显著的正相关关系。

值得一提的是，著名发展经济学家小岛（Kojima）1996年提出，在个别发展中国家和地区（如韩国和我国的台湾）存在着一种类似于同步城镇化的模式，但却有自己鲜明的特征，可以看作是同步城镇化模式特例的新模式——NIEs（Newly Industrialized Economies），即新工业化经济型城镇化。其特点是：首先，城镇化速度较快，并始终伴随着工业化，即城镇化是经济持续增长的结果。其次，在工业化起步后不久，农村人口的绝对数量即开始下降，这一点在发展中国家中是少见的。再次，在城市劳动力市场中非正规部门已被改造、同化，代之以政府有力的城市建设计划。最后，劳动密集型的纺织、电子行业在国家经济中占有重要位置，能够大量吸收女性移民，而大部分其他发展中国家的人口流动主要以男性移民为主。[①]

2. 超前型城镇化模式

超前型城镇化模式又称过度型城镇化（Overurbanization），是指城镇化水平明显超过工业化和经济发展水平的城镇化模式。这种城镇化不是建立在工业和农业发展的基础上，而是依靠传统的第三产业（传统的生活性、商业性服务业）来推动，甚至是"无工业化的城镇化"，从而造成大量农村人口涌入少数大中城市，城市建设的步伐赶不上人口城镇化的速度，不能为居民提供就业机会和必要的生活条件，农村人口迁移之后没有实现相应的职业转换，迁移的社会成本超过了社会效益。

---

① Kojima, R., *Introduction*: *Population Migration and Urbanization in Developing Countries*, *The developing Economies*, XXXIV－4 (December 1996)：pp 364－368.

在快速的城镇化过程中,许多迁移者缺乏工业技术和技能,难以适应现代工业发展的要求,这些人移入城市后,一部分进入内城贫民窟区,一部分居住在城市外缘的棚户区。这些居民在生活方式上具有二重性:一方面他们有限地发展了城市性格;另一方面他们继续维持了相当部分的农村规范和社群关系。这种城镇化模式主要是乡村人口迫于生计压力,到城市寻找工作机会和较佳的生存条件,故往往又被称为"生计型城镇化"(subsistence urbanization)。这是一种不仅没有带来高度工业化和经济繁荣,相反还使农业衰败、不利于经济和社会健康发展的畸形城镇化。少数发达国家城镇化初期采取了这种模式,相当数量的发展中国家如巴西、阿根廷、墨西哥等至今仍采取这种模式。在这些发展中国家,城市经济的二元性比较明显,劳动力市场中的非正规部门对城镇化进程起着重要作用,首位城市过度膨胀的同时,城市中的贫民窟普遍存在。

3. 滞后型城镇化模式

滞后型城镇化或低度城镇化(underurbanization)指的是城镇化水平落后于工业化和经济发展水平的城镇化模式。其表现为政府为了避免城乡对立和"城市病"的发生,制定了限制城镇化的种种制度安排,使城市人口的实际增长速度低于城市工业生产发展所需要的人口增长速度,大量的剩余农村劳动力没有出路,结果不仅使城市的聚集效益和规模效益得不到很好的发挥,还引发了诸如工业分散化、农业副业化、城市发展无序化等"农村病"现象,带来整个经济的低效率。

东欧、东南亚的许多发展中国家就属于滞后城镇化的模式,其中最突出的代表是中国。改革前中国实行严格的城市人口控制政策,限制了人口城镇化进程。尽管改革初期城镇化的步伐加快,但20世纪80年代中国推行的"离土不离乡,进厂不进城"的分散式农村工业化,使农村劳动力的职业转换不仅先于地域迁移,甚至没有引起相应的地域迁移,城镇化进程明显慢于工业化速度。1980年世界城镇化水平为42.2%,发达国家为70.2%,发展中国家为29.2%,而中国城镇化水平仅为19.4%。1996年我国城镇化率与工业化率（指工业增加值占GDP的比重）之比仅为0.69，远低于该比值1.4～2.5的合理范围。这是一种违背世界工业化、现代化潮流的城镇化模式。它和过度型城镇化一样，也是病态的城镇化模式。

3.2 中国城镇化与经济发展：关于中国城镇化模式的实证分析

  关于我国城镇化与工业化和经济发展的关系，学术界的看法分歧比较大：一种意见认为我国的城镇化滞后于工业化，滞后于经济发展水平，滞后于世界同水平发展中国家[1][2]；与此相反的看法是，我国的城镇化不仅不滞后于工业化和经济发展水平[3]，而且存在着隐性超城镇化[4]；还有一种看法是，我国城镇化进程没有过多偏离工业化的进程，问题在于工业化的偏差而不在于城镇化的偏差，即产出结构工业化超前与就业结构非农化滞后的较大偏差（郭克莎，2002）。究竟属于哪种情况，本节将从历史时间序列和空间序列两个方面进行实证分析，来具体回答这个问题。

  我们的基本结论是，单纯用GDP中的工业产值份额来反映我国的工业化水平，工业化对城镇化的推动作用弱于服务业对城镇化的推动作用。如果用非农产业产值衡量工业化水平的话，经济活动的非农化对我国城镇化的推动作用较强。从劳动力的配置看，第三产业的就业对我国城镇化的推动作用很强。笔者认为，我国工业的发

---

[1] 王小鲁、樊纲：《中国经济增长的可持续性——跨世纪的回顾与展望》，北京，经济科学出版社，2000。
[2] 顾朝林等：《经济全球化与中国城市发展》，北京，商务印书馆，2003。
[3] 程必定：《中国城市化的宏观审视及发展思路》，见《中国城市化：实证分析与对策研究》，厦门，厦门大学出版社，2002。
[4] 邓宇鹏：《中国的隐性超城市化》，载《当代财经》，1999（6）。

展对城镇化的推动作用不强,主要原因在于我国在 1949 年后推行重化工业优先发展的战略,结果导致工业的发展对劳动力的吸收力弱,从而城镇化水平低;1978 年后虽然发展战略有所改变,但那以后工业发展的主要贡献者是乡镇企业,而乡镇企业在空间上是相对分散的,不会对推进城镇化产生多大的作用。

3.2.1 我国城镇化与工业化关系的时间序列分析

1. 指标的选择和数据的来源

要对我国城镇化与工业化的关系进行分析,必须明确城镇化和工业化的衡量指标。

目前对我国城镇化与工业化关系的判断存在着很大差别,不同作者使用的城镇化和工业化指标间的差异是一个重要原因。对于城镇化水平,一般采用人口城镇化率,即城镇人口占总人口的百分比,这是比较一致的。而对工业化水平的衡量指标,则存在着各种各样的用法,主要有两类指标:一类是产值结构指标,如工业产值占 GDP 的比重、非农产业占 GDP 的比重;一类是就业结构指标,如工业就业比重、非农产业的就业比重等。

实际上,用什么指标来衡量工业化水平,即使在国外专门研究工业化和经济发展问题的著名经济学家或著名论著中也不是统一的。由于大多数国家的产值结构与就业结构的转变具有内在联系,工业比重与非农产业比重的变化趋势也比较一致,不同指标的使用没有产生太大的矛盾。但是,我国这几个方面的差别很大,特别是产值结构的转变和就业结构的转变偏差大,总体上就业结构的转变滞后于产值结构的转变。因此,只用产值结构指标和只用就业结构指标衡量我国的工业化水平及其与城镇化的关系,必然会得出非常不同的判断。

对于我国的城镇化和工业化的关系,如果直接用工业产值比重作为衡量工业化水平的指标与城镇化率相比较,必然会得出城镇化滞后于工业化的结论,这显然是不合理的。同时,采用非农产业占 GDP 比重的指标,也受到工业产值比重的影响,掩盖了服务业比重低给就业结构转变带来的问题。

一般来说,在工业化时期,工业化水平与经济发展水平几乎是同义语,二者之间是一致的,因而可以用反映经济发展水平的基本指标——人均 GDP,作为衡量工业化水平的指标。同时,不论是工业化还是城镇化,一般都要与人均 GDP 的上升相一致。因此,在本文的分析中,用人均 GDP 指标代表经济发展水平。

本来,工业就业比重是一个衡量工业化水平的直接指标,但这个指标同样受到我国工业化偏差的影响,不能反映服务业发展滞后产生的问题。因此,本文在使用第二产业就业比重这一指标的同时,使用了非农产业的就业比重这一指标,这个指标与人均收入(人均GDP)的变化比较一致,反映了工业化中就业结构的转变与城镇化具有直接的联系。而且,笔者认为,非农产业就业比重既能够反映工业化的进程,又能反映工业化偏差的影响,可以比较恰当地衡量我国工业化的实际水平。这样,本文使用的工业化指标既包括就业结构指标,也考虑到了产值指标的影响。

本文使用的数据来自于《中国统计年鉴》(2003)、《中国人口统计年鉴》(2001)、《新中国五十年统计资料汇编》和《中国人口年鉴》(1985)。实证分析的基础数据列于本节最后的附表 3—1 和附表 3—2 中。

2. 我国城镇化与工业化关系的时间序列分析

附表 1 给出了我国城镇化与工业化 1952—2002 年的变动趋势。根据附表 1 的数据,可以看出我国城镇化与工业化关系的变动趋势具有以下特征:

第一,中国城镇化和工业化的演进具有明显的阶段性。1949—2002 年,我国的城镇化演进大体上可分为四个时期。

1949—1957 年,城镇化恢复发展时期。党的七届二中全会上提出了"党的工作重心由农村转向城市"的主张,"第一个五年计划"

的正确制定和顺利实现，多项重大城市工业发展项目的确立以及当时推行的城市对农村开放的政策，积极吸收农民进入城市和工厂矿区就业，推动了我国的城镇化进程。到1957年，我国城市数量已从新中国成立前夕的86个增加到176个。城镇人口达到了9950万人，占全国总人口的15.4%。

1958—1965年是城镇化大起大落时期。1958年，中国开展了盲目的"超英赶美"、"跑步进入共产主义"的大跃进运动。轰轰烈烈的"全民大炼钢铁运动"，在不到一年的时间里，全国"土法上马、小高炉"畸形般地发展到60万座，两年中我国城镇人口增长了两千余万，城镇化水平由1957年的15.39%一跃上升到1960年的19.75%。但是，这种宛如在沙滩上建起的"摩天大厦"根本经不起天灾和人祸的冲击。受政策失误、中苏关系恶化和连续三年自然灾害等因素的影响，中国经济陷入全面萎缩，城镇化进程在这场危机中也不能幸免于难。1961年，国家为缓解饥荒，开始大规模地压缩城镇人口，动员在城里挨饿的工人及一切可能动员的劳动力到农村参加农业生产。到1963年，中国的城镇化水平由1960年的19.75%跌落到16.84%。

1966—1978年，城镇化停滞不前时期。"文化大革命"的"十年动乱"给中国社会经济发展带来了前所未有的灾难，工农业生产停滞不前。政治上大批城市官员、职工和知识分子上山下乡。加之国际局势日益恶化，"要准备打仗和三线建设"思想的提出，使更多的人力和物力撤离城市，转向了偏远山区投入到"三线建设"。这一时期由于政治运动、备战工作压倒一切，我国城镇化水平长期徘徊在17%的低水平。

1979年以来是高速城镇化时期。改革开放以来，中国城镇化进程彻底摆脱了长期起伏、徘徊不前的局面，城镇化水平不断上升，1978—2002年，城市数量从193个增长到660个，城镇人口从17245万人上升至50212万人，城镇人口占总人口的比率也从17.92%上升为39.09%。根据世界银行的统计资料，1970—1980年，我国的城镇人口年均增长率仅为3%，大大低于低收入国家

3.6%的平均水平;但是,从1980年至2002年,我国城镇人口的年均增长率为4.48%,高于低收入国家的平均水平4%,这标志着我国开始步入了城镇化发展的"快车道"。

纵观我国的城镇化发展历程,与世界城镇化的S形模式基本相符。世界各国城市化的历史过程表明,城市化发展大体都表现为S形,即由慢到快、由快到慢直至停滞不前的曲线发展过程,是典型的"否定之否定"三阶段(见图3—1)。

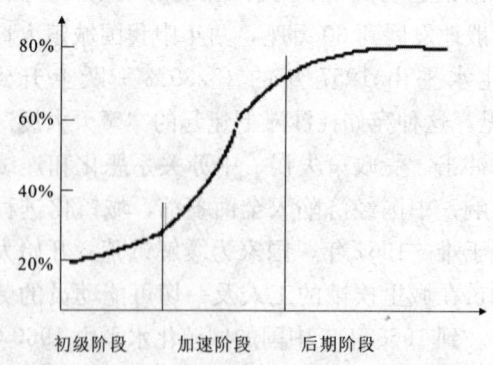

图3—1　城镇化发展的S形模型

按照美国著名经济地理学家诺瑟姆的观点,城镇化发展进程S形曲线的形成,与各国经济社会发展的水平密切相关。当一国经济处在起步阶段,一方面,农业生产率低下,需要大量的劳动力从事农业耕作;另一方面,工业发展缓慢,提供的就业机会有限,这使得该国的城市化处在初期阶段,城镇人口一般占总人口的10%左右时,这时的城市化进程是相当缓慢的。以美国为例,1790—1840年的半个世纪中,城市化水平只提高了5%。当一国经济进入高速发展时期,大量农业剩余的涌现,对农村剩余劳动力的转移形成"推动效应",与此同时,工业突飞猛进的发展提供了大量就业机会,城市丰富的物质精神生活吸引大量劳动力流入,从而形成城市化的"拉动效应",正是由于这两种力量的作用将使城市化步入一个高速发展时期。例如,1840—1970年,美国城镇人口在130年间上升到

73%。到第三个阶段,即城镇人口达到 70%以后,城市与农村的差别日趋缩小,城市化进程呈现出停滞甚至是下降的趋势。美国在本世纪 70 年代后,年均城市化速度不到 0.5%,有的年份还出现负增长。

据此来分析我国的城镇化进程,目前大致已走完了第一阶段,正处于第二阶段的初期。尽管中国人修筑城市已有四千年的历史,但是,到 1949 年新中国成立时,我国的城市化水平只有区区的 10.6%,当时世界的城市化平均水平是 29%,欧美等发达国家的城市化水平早已超过 60%。可以说,中国是在一个起点极低的基础上开展城镇化建设的。

第二,从城镇化进程与经济发展水平看,城镇化水平与经济发展水平具有高度的相关性。对 1952—2002 年我国的城镇人口占总人口的比重和人均 GDP 进行回归分析,结果表明两者呈对数线性关系:

城镇化率=4.735LN 人均 GDP-8.790　R^2=0.965

图 3—2 画出了城镇化率和人均 GDP 的关系。执行格兰杰因果检验(Pairwise Granger Causality Tests),结果表明,我国的城镇化是经济发展的结果,而不是相反。

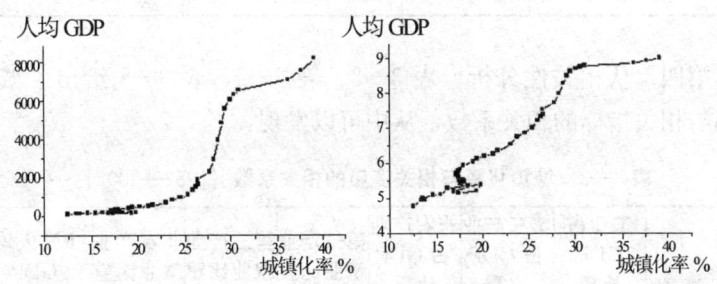

图 3—2　城镇化率与人均 GDP 间的关系

表 3—1 Granger 因果检验

零假设	F—统计量	P 值
LN 城镇化率 does not Granger Cause LNGDP	0.18617	0.83078
LNGDP does not Granger Cause LN 城镇化率	10.8464	0.00015

Lags：2

第三，我国城镇化进程具有较大的波动性。表 3—2 给出了城镇化率及其相关指标的描述性统计。统计表明，我国的工业化和城镇化进程具有较大的波动性。

表 3—2 附表 1 的描述性统计

	最小值	最大值	平均值	标准差
工业占 GDP 比重	17.60	44.40	36.4471	7.19337
第三产业占 GDP 比重	21.40	34.30	27.9824	3.98686
非农产业占 GDP 比重	49.50	84.80	69.0275	8.85883
第二产业就业比重	7.40	26.60	16.1608	6.04302
第三产业就业比重	8.20	28.60	15.0608	6.44370
非农产业就业比重	16.50	50.20	31.2216	11.98636
城镇化率	12.46	39.09	21.6433	6.45913

第四，从相关性分析，表 3—3、表 3—4、表 3—5 给出了城镇化率与相关指标的相关系数，从中可以发现：

表 3—3 城镇化率与相关变量的相关系数 (1952—2002)

	工业占 GDP 比重	第三产业占 GDP 比重	非农产业占 GDP 比重	第二产业就业比重	第三产业就业比重	非农产业就业比重	LN 人均 GDP
城镇化率	0.649*	0.572*	0.901**	0.770**	0.946**	0.897**	0.965**

**1% 显著水平。
*5% 显著水平。

表 3—4　城镇化率与相关变量的相关系数（1952—1978）

	工业占GDP比重	第三产业占GDP比重	非农产业占GDP比重	第二产业就业比重	第三产业就业比重	非农产业就业比重
城镇化率	0.749*	−0.252	0.778**	0.292	0.482*	0.386*

**1%显著水平。

*5%显著水平。

表 3—5　城镇化率与相关变量的相关系数（1979—2002）

	工业占GDP比重	第三产业占GDP比重	非农产业占GDP比重	第二产业就业比重	第三产业就业比重	非农产业就业比重
城镇化率	0.382	0.814**	0.932**	0.714**	0.938**	0.911*

**1%显著水平。

*5%显著水平。

城镇化进程与产值结构变化的相关性较弱。1952—1978 年，我国工业的产值比重在波动中大幅度上升，工业增加值在 GDP 结构中的比重由 1952 年的 17.6% 上升到 1978 年的 44.3%，提高了 26.7 个百分点，相应拉动非农产业的增加值比重由 49.5% 上升到 71.9%（工业之外的非农产业的比重在此期间不仅没有上升还下降了 4.9 个百分点），而这个时期的城镇化率由 12.5% 上升到 17.92%，仅提高了 5.4 个百分点。显然，工业产值比重的上升对城镇化率上升的带动作用较小。这一时期的第三产业对城镇化的推进几乎不起作用，而非农产业的发展在城镇化进程中作用较大。

改革开放以来，工业产值比重在已经很高的情况下表现出某种下降态势，以当年价格计算的增加值比重在 1979 年为 43.8%，到了 1990 年下降为 37%，降低了 6.8 个百分点，到 2002 年又恢复到 1979 年的水平。工业产值比重变化对非农产业比重上升的作用已大大下降。这个期间，以当年价格计算的非农产业增加值比重由 1979 年的 68.8% 上升到 2002 年的 84.6%，几乎都是建筑业和服务业的比重上升拉动的。

然而与工业化速度减缓不同的是,城镇化率的上升却比改革开放前大大加快。2002年与1978年相比,城镇化率由17.92%上升到39.09%,提高了21.17个百分点,远远超过1952—1978年的5.4个百分点,其中80年代上升7个百分点,90年代上升9.7个百分点,具有加速的趋势。从相关系数来看,1979—2002年,城镇化率和工业占GDP比重间的相关系数为0.382,远低于第三产业产值比重的相关系数0.814和非农产业产值比重的相关系数0.932。

由此可见,在改革开放前,我国的城镇化进程和工业产值比重间的相关性较高,但是,改革开放以来,城镇化率的上升与工业产值比重上升的相关性较低。可以说,改革开放以来,我国的城镇化进程与以工业产值比重上升为衡量指标的工业化进程是没有密切联系的。进一步说,城镇化率的上升与非农产业产值比重变化的联系也不密切,原因在于非农产业的比重变化受到工业比重波动的太大影响。

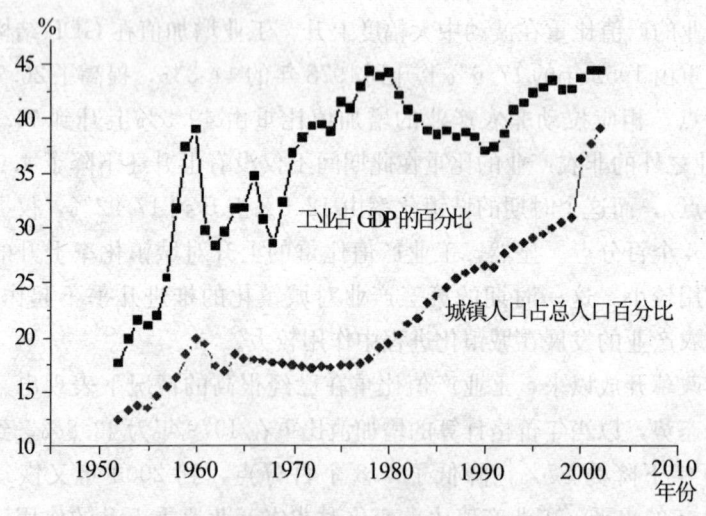

图3—3 中国工业产值比重和城镇化的关系(1952—2002)

图 3—4 中国城镇化与第三产业产值关系

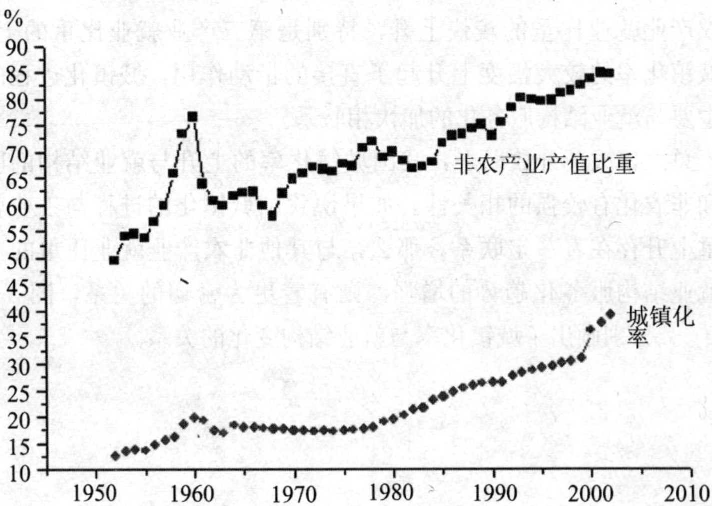

图 3—5 中国城镇化与非农产业的关系

城镇化进程与就业结构变化的相关性较强。相对于工业产值比重的变化,我国工业就业比重的上升要缓慢得多,对非农产业就业比重的拉动作用也小得多。1952—1978年,第二产业的就业比重由7.4%上升到17.3%,在波动中上升9.9个百分点,非农产业的就业比重由16.5%上升为29.5%,在更大的波动中上升13个百分点;工业之外的非农产业即建筑业和服务业对就业比重上升起到一定作用,但影响小于工业。由于这一时期工业化进程中产值结构与就业结构的偏差,城镇化进程和就业结构的变化相关性较低(见图3—5)。

从1979年到2002年,第二产业的就业比重继续上升,从17.6%上升为1990年的21.4%,此后稳定在21%~23%,非农产业的就业比重大幅度上升,从1979年的30.2%提高到2002年的50%,建筑业和服务业对非农产业就业比重上升的作用远远超过了工业。与城镇化进程相比较,改革前工业就业比重的上升和非农产业就业比重的上升都对城镇化率的上升起了带动作用,城镇化速度较低是与就业结构工业化或非农化较慢相联系的;改革开放以来,非农产业就业比重的较快上升,特别是第三产业就业比重的上升,对城镇化率的较大幅度上升起了直接的带动作用,城镇化进程的加快主要与就业结构服务化的加快相联系。

总之,改革开放以来,我国城镇化率的上升与就业结构的服务化和非农化有较强的相关性。如果说我国城镇化的进程与工业就业比重上升存在着一定联系,那么,与其他非农产业就业比重的上升即就业结构服务化趋势的增强,则有着更为密切的关系,图3—6、图3—7分别画出了城镇化率与就业结构变化的关系。

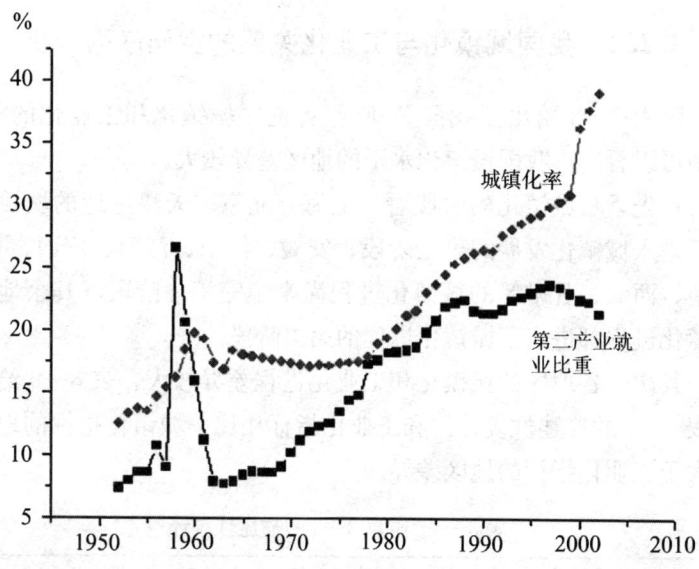

图 3—6 中国城镇化与第二产业就业比重的关系

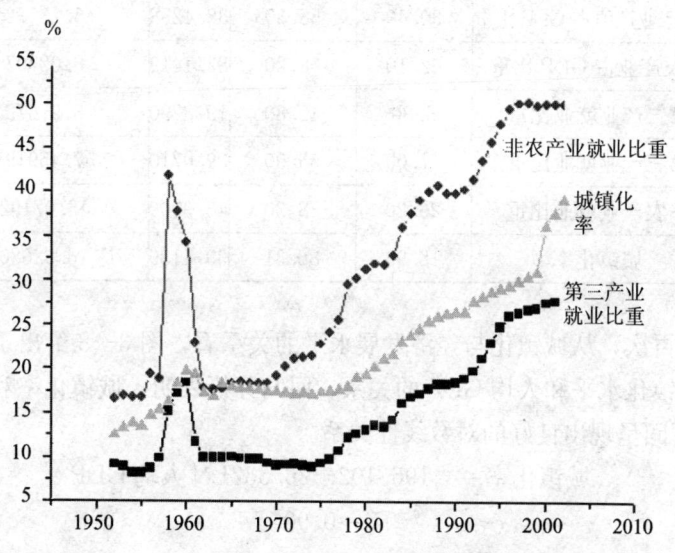

图 3—7 中国城镇化与第三产业和非农产业就业的关系

3.2.2 我国城镇化与工业化关系的空间序列分析

附表3—2给出了我国2000年各地区城镇化和工业化的模式。从中可以看出，我国城镇化水平的地区差异较大。

首先，从城镇化的阶段看，上海、北京、天津等地的城镇化水平已进入城镇化发展的第三阶段，安徽、河南、江西、广西、贵州、云南、西藏、甘肃等的城镇化进程尚未走完第一阶段，其余地区的城镇化进程都进入了城镇化进程的第二阶段。

其次，各地区的城镇化和工业化进程差异较大。表3—6给出了对表3—2的描述性统计。和工业化指标相比，城镇化指标的地区差异大于工业化指标的地区差异。

表3—6 附表3—2的描述性统计

	最小值	最大值	平均值	标准差
工业产值占GDP比重	8.60	51.20	36.0065	9.17616
第三产业产值占GDP比重	30.40	58.30	38.4258	5.73573
非农产业占GDP比重	62.10	98.20	82.1419	8.02707
第二产业就业比重	5.80	42.80	19.8290	8.97672
第三产业就业比重	17.00	55.90	29.0710	7.45919
非农产业就业比重	26.20	88.30	48.9000	15.07192
城镇化率	18.93	88.31	39.4139	16.52680

再次，从城镇化与经济发展水平的关系看，图3—8给出了各地区城镇化水平和人均GDP的关系。回归分析表明，城镇化率和人均GDP间呈现出良好的对数线性关系。

$$城镇化率 = -196.102 + 26.532 \text{LN} 人均 GDP$$
$$R^2 = 0.906$$

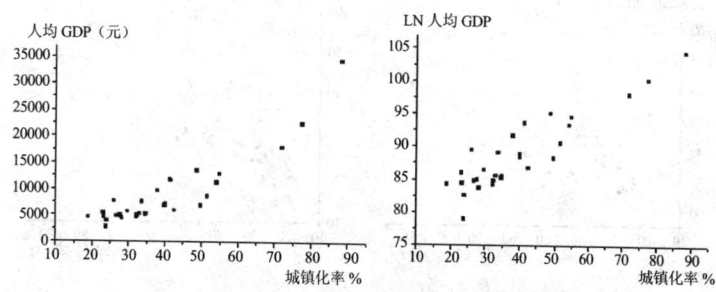

图3—8 中国各地区城镇化与经济发展的关系

最后，从城镇化率与工业化指标的相关关系看，表3—7给出了城镇化率与相关指标的相关系数。可以看出，各地区的城镇化率与用产值比例度量的工业化水平间的相关关系低于用就业比例衡量的工业化水平间的相关关系。尤其是城镇化率与工业产值占GDP比重的相关关系最低，而与非农产业就业比重的相关关系最高。

表3—7 各地区城镇化率和相关变量的相关系数

	工业增加值占GDP比重	第三产业增加值占GDP比重	非农产业增加值占GDP比重	第二产业就业比重	第三产业就业比重	非农产业就业比重	LN人均GDP
城镇化率	0.385*	0.616*	0.739**	0.837**	0.860**	0.924**	0.906**

**1%显著水平。

*5%显著水平。

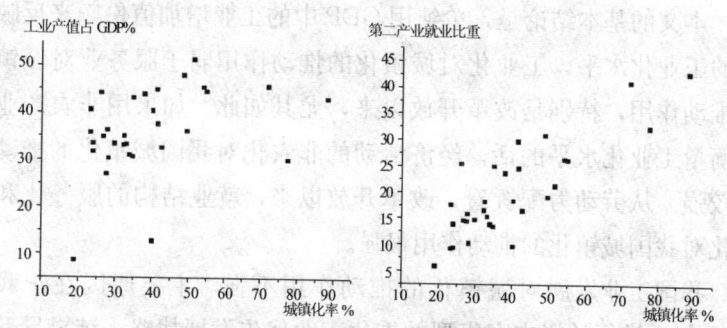

图3—9 中国各地区城镇化率与工业化的关系

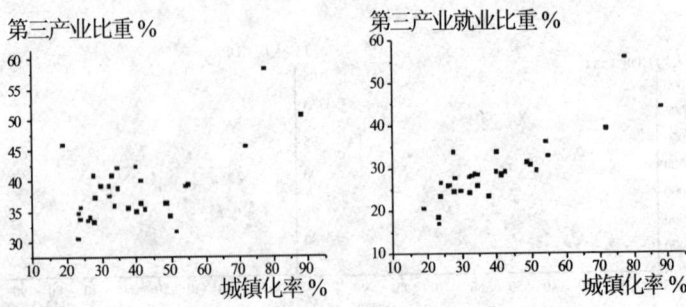

图 3—10　各地区城镇化率与第三产业比重关系

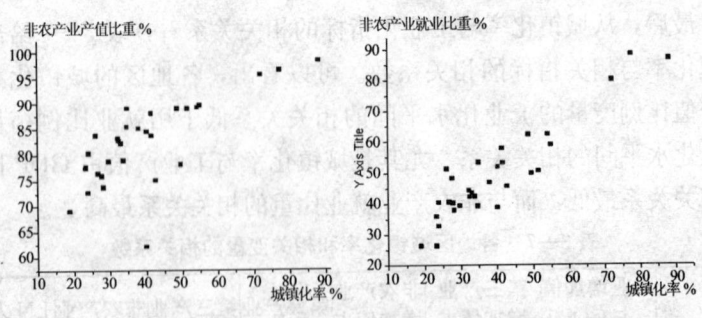

图 3—11　各地区城镇化率与非农产业关系

3.2.3　结论性评论

本文的基本结论是，单纯用 GDP 中的工业增加值份额来反映我国的工业化水平，工业化对城镇化的推动作用弱于服务业对城镇化的推动作用，特别是改革开放以来，尤其如此。如果用非农产业产值衡量工业化水平的话，经济活动的非农化对我国城镇化的推动作用较强。从劳动力配置看，改革开放以来，就业结构的服务化和非农化对我国城镇化的推动作用很强。

我国工业发展对城镇化的推动作用不强，主要原因在于我国1949年后推行的资本密集型的重化工业优先发展战略，结果导致工业发展对劳动力的吸收力减弱，从而城镇化水平较低；1978年后，虽然发展战略有所改变,但那以后工业发展的主要贡献者是乡镇企业,而乡镇企业在空间上是相对分散的,不会对推进城镇化产生多大的作用。

我国城镇化率低的基本原因是非农产业的就业比重低。与发展阶段相近的国家比,我国城镇化率与非农产业就业比重的差别不大,主要问题在于非农产业的就业比重较低,限制了城镇化率的上升。2002年,我国非农产业的就业比重只有50%,低于中下等收入国家1980年和中上等收入国家1965年的水平;与亚洲国家相比,也低于韩国、马来西亚1980年的水平和泰国、菲律宾、印尼1997年的水平。我国非农产业就业比重低是由于服务业发展滞后,制约了非农就业的增长及其比重的上升。服务业的比重远远低于同等收入国家的水平,是我国工业化过程中一个突出的结构性问题,也是导致城镇化与工业化偏差的主要原因。与工业相比,服务业具有明显较高的就业弹性,并且随着经济发展水平的提高而不断增强其对整个就业的带动效应。同时,从我国"十五"至2010年期间经济增长和产业结构变动的趋势看,工业就业比重上升的空间已经较小,非农产业就业比重的较快上升只能主要依靠服务业的迅速扩张。这是我国推进城镇化的基本途径。

服务业发展与城镇化相互依赖、相互促进。服务业发展拉动非农就业增长而带动城镇化率上升,而城镇化的加速也能够促进服务业的较快扩张。但是,从二者发展的逻辑顺序和长期进程来看,主要趋势是先有服务业的发展和就业的增加,再有农村人口的转移和城镇化率的上升。而且,未来10年我国城市服务业扩张的空间很大,而城镇人口的增长则受到城市就业增长的制约。因此,处理两者关系的基本思路应当是,主要通过加快服务业发展来带动城镇化,而不是相反,将重点放在依靠加快城镇化来促进服务业发展上。否则,就可能导致城镇化进程不能有效加快,反而使现有城市问题(尤其是城市就业问题)严重化。[①]

[①] 郭克莎:《工业化与城市化关系的经济学分析》,载《中国社会科学》,2002(2)。

附表 3—1　中国城镇化与工业化的时间模式

年份	GDP 结构（%）			劳动力配置（%）			城镇化率（%）
	工业	第三产业	非农产业	第二产业	第三产业	非农产业	
1952	17.6	28.6	49.5	7.4	9.1	16.5	12.46
1953	19.8	30.8	54.1	8.0	8.9	16.9	13.3
1954	21.5	29.7	54.4	8.6	8.2	16.8	13.7
1955	21.0	29.3	53.7	8.6	8.2	16.8	13.48
1956	21.9	29.5	56.8	10.7	8.7	19.4	14.6
1957	25.4	30.1	59.7	9.0	9.8	18.8	15.4
1958	31.7	28.9	65.9	26.6	15.2	41.8	16.2
1959	37.4	30.6	73.3	20.6	17.2	37.8	18.4
1960	39.0	32.1	76.6	15.9	18.4	34.3	19.75
1961	29.7	32.0	63.8	11.2	11.7	22.9	19.29
1962	28.3	29.3	60.6	7.9	9.9	17.8	17.33
1963	29.6	26.6	59.7	7.7	9.9	17.6	16.84
1964	31.7	26.2	61.6	7.9	9.9	17.8	18.37
1965	31.8	27.0	62.1	8.4	10.0	18.4	17.98
1966	34.7	24.4	62.4	8.7	9.8	18.5	17.86
1967	30.7	25.8	59.7	8.6	9.7	18.3	17.74
1968	28.5	26.7	57.8	8.6	9.7	18.3	17.62
1969	32.3	26.5	62.0	9.1	9.3	18.4	17.50
1970	36.8	24.3	64.8	10.2	9.0	19.2	17.38
1971	38.2	23.9	65.9	11.1	9.1	20.3	17.26
1972	39.3	24.1	67.1	11.9	9.2	21.1	17.13
1973	39.4	23.5	66.6	12.3	9.0	21.3	17.20
1974	38.8	23.4	66.1	12.6	8.9	21.5	17.16

续表

年份	GDP 结构（%）			劳动力配置（%）			城镇化率（%）
	工业	第三产业	非农产业	第二产业	第三产业	非农产业	
1975	41.5	21.9	67.6	13.5	9.3	22.8	17.34
1976	40.9	21.7	67.2	14.4	9.7	24.1	17.44
1977	42.9	23.4	70.6	14.8	10.7	25.5	17.55
1978	44.3	23.7	71.9	17.3	12.2	29.5	17.92
1979	43.8	21.4	68.8	17.6	12.6	30.2	18.96
1980	44.2	21.4	69.9	18.2	13.1	31.3	19.39
1981	42.1	21.8	68.2	18.3	13.6	31.9	20.16
1982	40.8	21.7	66.7	18.4	13.4	31.8	21.13
1983	40.0	22.4	67.0	18.7	14.2	32.9	21.62
1984	38.9	24.7	68.0	19.9	16.1	36.0	23.01
1985	38.5	28.5	71.6	20.8	16.8	37.6	23.71
1986	38.9	28.9	72.9	21.9	17.2	39.1	24.52
1987	38.3	29.3	73.2	22.2	17.8	40.0	25.32
1988	38.7	30.2	74.3	22.4	18.3	40.7	25.81
1989	38.3	32.0	75.0	21.6	18.3	39.9	26.21
1990	37.0	31.3	72.9	21.4	18.5	39.9	26.41
1991	37.4	33.4	75.5	21.4	18.9	40.3	26.37
1992	38.6	34.3	78.2	21.7	19.8	41.5	27.63
1993	40.8	32.7	80.1	22.4	21.2	43.6	28.14
1994	41.4	31.9	79.8	22.7	23.0	45.7	28.62
1995	42.3	30.7	79.5	23.0	24.8	47.8	29.04
1996	42.8	30.1	79.6	23.5	26.0	49.5	29.37
1997	43.5	30.9	80.9	23.7	26.4	50.1	29.92
1998	42.6	32.1	81.4	23.5	26.7	50.2	30.40

续表

年份	GDP 结构 (%)			劳动力配置 (%)			城镇化率 (%)
	工业	第三产业	非农产业	第二产业	第三产业	非农产业	
1999	42.7	33.0	82.4	23.0	26.9	49.9	30.90
2000	43.7	33.4	83.6	22.5	27.5	50.0	36.22
2001	44.4	33.6	84.8	22.3	27.7	50.0	37.66
2002	44.4	33.5	84.6	21.4	28.6	50.0	39.09

资料来源：根据《中国统计年鉴》(2003)、《中国人口统计年鉴》(2001)、《新中国五十年统计资料汇编》、《中国人口年鉴》(1985)等有关资料计算整理。

附表 3—2　各地区城镇化与工业化的模式（2000 年）

年份	GDP 结构 (%)			劳动力配置 (%)			城镇化率 (%)
	工业	第三产业	非农产业	第二产业	第三产业	非农产业	
北京	30.1	58.3	96.4	32.4	55.9	88.3	77.54
天津	45.6	45.5	95.5	41.0	39.1	80.1	71.99
河北	44.1	33.5	83.8	25.4	25.8	51.2	26.08
山西	43.0	38.7	89.1	24.9	28.4	53.3	34.91
内蒙古	32.5	35.3	75.0	16.5	29.1	45.6	42.68
辽宁	45.3	39.0	89.2	26.3	36.0	62.3	54.24
吉林	36.0	34.2	78.1	19.1	30.7	49.8	49.68
黑龙江	51.2	31.6	89.0	21.2	29.3	50.5	51.54
上海	43.0	50.6	98.2	42.8	44.1	86.9	88.31
江苏	44.8	36.3	88.0	29.7	28.1	57.8	41.49
浙江	47.8	36.3	88.0	30.9	31.3	62.3	48.67
安徽	36.2	33.2	75.9	15.8	24.4	40.2	27.81
福建	37.5	40.0	83.7	24.5	28.6	53.1	41.57
江西	26.9	40.8	75.8	14.4	33.7	48.1	27.67

续表

年份	GDP结构（%）			劳动力配置（%）			城镇化率（%）
	工业	第三产业	非农产业	第二产业	第三产业	非农产业	
山东	43.8	35.5	85.1	23.6	23.3	46.9	38.00
河南	40.5	30.4	77.4	17.5	18.4	35.9	23.20
湖北	40.3	34.9	84.5	18.3	33.6	51.9	40.22
湖南	33.3	39.1	78.7	14.7	24.6	39.3	29.75
广东	44.4	39.3	89.6	26.2	32.7	58.9	55.00
广西	30.2	37.2	73.7	10.2	27.6	37.8	28.15
海南	12.7	42.3	62.1	9.6	29.1	38.7	40.11
重庆	33.2	40.8	82.2	15.3	28.1	43.4	33.09
四川	34.8	34.0	76.4	14.5	25.9	40.4	26.69
贵州	31.7	33.7	72.7	9.3	23.4	32.7	23.87
云南	35.7	34.6	77.7	9.2	17.0	26.2	23.36
西藏	8.6	45.9	69.1	5.8	20.4	26.2	18.93
陕西	33.1	39.1	83.2	16.5	27.8	44.3	32.26
甘肃	33.4	35.6	80.3	13.8	26.5	40.3	24.01
青海	30.6	42.1	85.0	13.4	25.7	39.1	34.76
宁夏	35.0	37.5	82.7	18.1	24.1	42.2	32.43
新疆	30.9	35.9	78.9	13.8	28.5	42.3	33.82
全国	43.7	33.4	83.6	22.5	27.5	50.0	36.09

资料来源：《中国统计年鉴》（2001）。

3.3 中国城镇化道路选择研究

关于中国城镇化道路的选择是一个由来已久的问题。许多关于城市化的理论问题往往都是由其引发的。在本部分中，将首先对理论界关于中国城镇化道路选择的各种争论作一简要述评。然后，简要评述发达国家的城镇化道路模式，并对我国改革开放以来的城镇化道路模式进行分析。最后，对未来中国应采取何种城镇化道路模式作一分析。

3.3.1 关于中国城镇化道路选择的争论

理论界关于城镇化道路的争论非常热烈，有"规模论"、"阶段论"、"二元化论"等。

1. 规模论

持"规模论"的学者认为城市规模的大小是研究和选择城镇化模式应考虑的主要因素。根据不同学者的认识，又可以具体分为以下几种观点。

（1）大城市论

持这种观点的人认为中国的城镇化应该走大城市扩容、以发展大城市为主的模式。理由是：一是大城市的发展已表现在大城市人口占全国总人口的比例和大城市人口占城市人口的比例都在迅速增大。二是在市场经济条件下，依靠现有手段，城市规模已难以控制。三是大城市投资回报率较高，用地效率更高。四是大城市的发达与否，决定了该城市所在地区的发达与否。凡是大城市发达的地区，其农村和小城镇就比较繁荣，这之间的关系是先有大城市的聚集极化作用，发展到一定程度后，会对周边地区产生带动和扩散作用。五是世界百万人口以上城市数量近5年增加约一倍的事实说明，城市越大，经济规模效益就越好。六是有关"城市病"的指责值得商榷，城市基础设施的不足实质上是计划经济、短缺经济、"超前福利政策"及城市管理落后的产物，而非大城市自身发展的必然产物。相反，城市化滞后造成的"农村病"才是更加严重、更可怕的。支持大城市论的学者建议：重点发展100万~400万人口的城市；在特大城市周边发展城市群；在沿海地区以经济一体化推动都市带、都市圈的发展等。还有建议重点发展省会城市、副省级城市和一批条件好的地级市的。

(2) 小城镇发展论

持这种观点的学者认为,小城镇在城市化中的作用非常重大,重点发展小城镇是最符合中国实际的渐进式城镇化之路。理由是:一是农村城镇化曾是世界各国城市化起步阶段的共同选择,许多农村小城镇能在不太长的时间内较快地形成大中城市;二是以农村城镇化为主加快城市化,适合中国国土面积广大、农村人口多且分布不均衡及城市建设资金短缺等国情,能以较快的速度实现广大农民非农化,较快地进入低水平的城市化阶段;三是以小城镇为突破口,能更好地满足农业剩余劳动力转移的低成本需要;四是现有大中城市本身的就业压力已经很大,城市数量、基础设施和政府财力都难以承受农民进城的冲击;五是大力发展小城镇可提高农民素质,起到维护社会稳定和扩大内需之功效;六是我国小城镇体系已得到进一步完善,许多小城镇脱颖而出,这为小城镇的发展提供了有力的现实依据。

支持小城镇论的学者建议:"如果按 5 万个小城镇计算,只要每个城镇吸纳 2000 名农民进城,就可解决 1 亿农村劳动力的转移问题,如果单靠在城市安置,每个城市需吸纳 150 万人,显然难以办到。"相似的建议还有:使三百多个小城市平均上升 10 万人;2000 个县城的人口平均上升 5 万人;5000 个镇中选 2000 个建设小规模农民城,可以吸收 2 亿剩余劳动力。

(3) 中等城市论

中等城市论是对大城市论和小城镇发展论的折中,持这种观点的人认为中等城市是集中与分散相统一的地域结构,机动灵活,独具特点和优势。其理由是:一是中等城市集中和分散相统一的社会结构实体,是沟通大城市和小城市的桥梁;二是统计证明,城市规模过大、过小均会影响居民的生存质量,产生"城市病"或"农村病",城市规模应以 20 万~50 万人口规模的中等城市为宜;三是中等城市可以成为区域经济中心,带动区域经济协调发展;四是中国的中等城市发展仍有很大空间。支持中等城市论的一些学者建议，应严格按照 20 万～50 万人口规模建立中等城市；还有学者提出重点把 30 万～70 万人的城市发展成为 50 万～100 万人口的城市，由此减轻大城市的流动人口压力；也有建议走"集中式"城市化道路，扩建一批百万人口城市，逐步建设上千座的中等城市。

(4) 大、中、小城市并举论（或多元模式论）

持这种观点的人认为，在城镇化过程中，应该坚持大、中、小城市全面发展的观点。理由是：一是不同等级的城市有着不同的功能，大城市是一定范围的政策、经济、文化中心，中等城市往往是区域分工体系的枢纽，小城市则配合大、中城市的功能发挥，承接大、中城市在区域经济中的辐射作用；二是中国经济发展的不平衡及现有城市在地区间的分布差异使全国城市化不可能采取同一模式，走同一道路；三是由于城市化是一个社会经济综合发展的动态过程，因而，城市化道路的选择不能只限于突出某种规模的城市，而应从整个社会经济的整体去考虑，不能仅仅把城市化看作是社会经济发展的必然结果，更应把它看作是促进社会经济发展的有力措施。

支持大、中、小城市并举论的学者认为，应根据地域特征确立城市化模式。对东部地区而言，有学者建议，东部城市发展要以提高城市化的质量为主要目标，致力于形成环渤海地区、长江三角洲和珠江三角洲三个大都市带，以此作为接近和赶上世界水平、提升国际竞争力的重要手段。同时，依托中心城市走扩散型城市化道路，合理发展中等城市，积极发展小城镇。也有学者根据东部地区中型城市数量偏少，而大城市内部又存在产业老化、结构趋同的状况，提出严格控制大城市，重点发展中等城市，有选择地发展小城市的建议。对中部地区而言，有学者建议，中部应致力于扩大城市吸纳乡村人口的容量，积极引导、鼓励大、中城市的规模适度扩大，大力发展小城镇，使中部地区成为提高我国城市化水平的主战场。但也有学者反对在中部地区不加限制地发展小城市。对西部地区而言，有学者建议，西部由于受自然环境的限制，不能要求在 21 世纪初就形成规模等级齐全、职能分工合理、空间结构完善的理想城镇体系。

因此，城市化发展的中期目标就是要以大城市和小城镇为重点，形成与生态环境相适应的城市布局模式。

(5)"两头"重点论

持这种观点的人认为，在城镇化进程中，既不能单纯偏重于发展某一规模的城市，也不应齐头并进，而应当重点发展大城市和小城镇。因为大城市、特大城市是国民经济的骨干，具有比中、小城市高得多的经济效益。大城市的发展能够提高我国的国际竞争力，是从根本上提高我国城市化水平及其质量的根本途径。小城市（镇）各项经济指标的增长速度都很快，有很大的发展潜力和空间，而且又有很大的"地缘优势"，能够较快地实现非农化。因此，未来几十年，我国应逐步实施以大城市、特大城市和小城镇并举的城市化模式。

对于上述"规模论"中的各种观点，尽管其在具体观点上存在分歧，但其逻辑框架基本相似。即都是从城市规模的角度来探讨城市化模式，从城市规模来决定城市化的方向，通过支持或控制某种规模级的城市来阐明自己的城市化模式观。可以说，新中国成立以来理论界讨论的和实际工作中操作的一直是"规模化"或"规模政策"式的城市化模式。

我们并不否认这种思路曾对推动中国城市化的进程起到重要的作用，但"规模化"的思维在本质上是与计划经济相适应的，是计划经济的产物。规模之争是政府过渡干预经济、城市化受行政建制束缚的一种表现，即所谓"建制型城市化"。我们认为应摆脱城市该大该小的争论，让市场效益机制来调节城市规模和布局。我国城市化滞后是市场制度缺乏造成的，只有消除制度障碍才能使经济与城市协调发展。况且，由于不可避免的信息局限，不可能事先设计出一个所谓的最优城市规模，而事后的统计分析结论即使正确，也不足以指导进一步的实践。有效率的城市规模结构只能是通过长期市场经济规律的作用自发演化的结果。因此，人为优先发展某一规模的城市可能会阻碍城市化的正常演进。

2. 阶段论

夏振坤提出了城市化道路的"三阶段论",认为人口向城市或城镇转移具有垂直与平面两种不同的形式,应当在不同的阶段走不同的道路,即第一阶段以向小城镇转移为主,第二、三阶段则主要是向城市转移。类似的说法还有"两阶段论",即以农村城市化为主的阶段和城市化质量的提高阶段等。

3. 二元城市(镇)化战略

辜胜阻结合对中国城市化动力机制的分析,提出了"二元城镇化战略",即网络型城镇化与据点型城镇化。前者是指利用现有城市的基础,在城镇密集地区通过加强交通和通信网络的建设来形成城镇带或城镇圈;后者是指利用县城和乡村工业化基础,通过据点的新建和据点的扩充来推进城镇化的一种方式。孟晓晨的"双轨归一说"也是一种二元的思想,他认为:我们选择的城市化模式是双轨的,一轨是直接的城市化,两个转移同时完成,一轨是滞后的城市化,先职业转移后空间转移。最终必将双轨归一,实现完全的城市化。

上述各种城镇化道路选择模式的主张者都有自己的理论依据,并且随着实践的发展和研究的深入,其依据越来越充实、具体,实证依据也越来越多。

3.3.2 发达国家城市化道路选择模式及其启示

工业化和城市化是所有国家发展的必由之路。发达国家的工业化和城市化发展已经有了二三百年的历史,由于各国历史、资源、人口、经济发展模式和水平、地缘政治、文化等的差异,城市化发展模式和城镇群体结构存在一定的差别。发达国家城市化发展模式主要有两种:以大城市为主和以中小城市为主。

1. 以大城市为主的城市化发展模式

在英国、美国、日本等国，大城市、特大城市和大城市带发展快，大城市化是其城市化的主流。大城市地区是工业、商业和服务业的主要聚集地，基础设施齐全，交通便利，信息灵通，人才济济，各种服务机构健全，进行社会经济活动的条件好，市场容量大，投资效益高，加之政府和各种社会团体的首脑机关、各大企业的总部大都设在大城市，就业机会多，因而吸引了众多乡村人口进入城市。

(1) 英国

英国是世界上最早进入工业化和城市化时代的国家，也是迄今为止世界上城市化程度最高的国家之一。17世纪末发轫的工业革命推动了英国从手工工场向大机器工厂的飞跃，使英国成为"世界工厂"，吸引了大量人口向新兴工业城市集中。到1851年，英国城市人口已超过农村人口，19世纪末城市人口比例已达到72%，20世纪中叶达到80%，至今一直大体保持在这一水平上（杜建人，1996）。英国属于大城市占主导的国家，1990年50万人口以上的大城市有5座（伦敦674万、伯明翰99万、利兹71万、格拉斯哥70万、舍菲尔德53万），计967万人口，约占全国总人口的17%。伦敦、曼彻斯特、伯明翰、利物浦等城市组成了英格兰大都市带，是世界上的大都市带之一，人口1900万人，约占英格兰总人口的45%，占全国的33%。

(2) 美国

美国是城市化起步较早和城市化程度很高的国家。南北战争(1812—1814)后开始工业革命，从此开始了工业化和城市化的历程。到20世纪70年代，城市化水平已超过70%并趋于稳定，进入了逆城市化阶段，从80年代起部分大城市进入再城市化阶段（崔功豪等，1992），城乡人口迁移已不显著了。到1980年，城市数量达到8765个，平均每万平方千米8.94个。城市化水平高和大都市带发育完善是目前美国城市化的突出特点。

美国有3个大都市带（彼乌瓦洛夫，1985）。第一个是Boswash，位于东北部大西洋沿岸，由波士顿、纽约、费城、巴尔的摩、华盛顿和其他中小城市（共 40 个）组成，长达 970 多公里，宽 50～200 公里，总面积近 14 万平方公里，拥有全国总人口的 21% 左右，创造了全国近 1/4 的工业产值。这是世界上最典型的大都市带。第二个是 Chipits，位于五大湖南部沿岸，由芝加哥、底特律、克利夫兰、匹兹堡及其他 35 个城市组成，面积为 16 万平方公里，人口约 3500 万。第三个是 Sansan，位于加利福尼亚州，从旧金山经加利福尼亚谷地中心至洛杉矶，一直延伸到圣地亚哥，人口约 1800 万。

（3）日本

日本也是以发展大城市为主的国家。日本的工业化始于明治维新。其工业化进程在战争刺激和政府推动下迅速发展，使日本作为后起工业化国家在战后短短十几年内跻身于工业先进国家行列，并迅速完成了城市化进程。日本设市、町、村。设市的标准是人口在 3 万以上或不足 3 万但有意义的地方；町相当于我国的镇，村为最基层的社区组织。日本共有 663 座城市（1992 年 9 月），城市人口达 9630 万，占全国总人口的 77%，城市土地总面积为 10.4 万平方公里，约占国土总面积的 27%（杜建人，1996）。50 万人口以上的城市有 18 个，其人口约占全国总人口的 25%。其中，东京的人口近 800 万，是全国最大的城市，另有 11 个人口 90 万以上的大城市。可见，日本是大城市特别集中和发达的国家。

从地域分布上看，大城市主要分布在太平洋沿岸的三大都市圈，即东京大都市圈、大阪大都市圈、名古屋大都市圈。东京大都市圈拥有东京、横滨、川崎、千叶四大城市和其他一些中型城市，总人口三千多万；大阪大都市圈拥有大阪、京都和神户三个大城市，总人口 540 万；名古屋大都市圈只有名古屋一个大城市，但有相当多几十万人口的中、小城市，如丰桥、丰田等。这三个大都市圈一起构成了世界上人口最多的大都市带，集中了日本一半以上的人口和 2/3 的工业产值（彼乌瓦洛夫，1985）。

2. 以中、小城市为主的城市化

西欧的荷兰和中欧的德国、奥地利、瑞士等发达国家,城市化程度很高,其城市体系结构多以中、小城市为主,大城市较少。形成这种城市化特点的主要原因是其特殊的政治经济体制、自然条件、历史条件及建设布局政策等。

(1) 荷兰

荷兰是人口十分密集、城市化程度很高的国家,人口密度为413人/平方公里,超过日本;城市人口比例达83%,绝大部分城市集中在南部和中部,其中西南沿海以阿姆斯特丹、鹿特丹、海牙、乌德勒支等为主的环形城市圈面积只占全国1.5%,却集中了全国人口的28.6%,荷兰人称之为"兰斯塔德"(Randstad),意为"环形城市"。20世纪90年代以前,最大城市阿姆斯特丹的人口历史最高记录也仅为82万(1970年)(P. 霍尔,1982),鹿特丹、海牙、乌德勒支等城市人口均在20万~60万之间(曾尊固等,1991)。

(2) 德国

德国在工业化以前是个封建割据的国家,在各个狭小的诸侯领地上只能发展小规模的中心城市。1871年统一后的帝国虽然集中了国家权力,但对各地的经济增长和城镇布局仍采取平衡发展政策。在工业化和农业现代化过程中,大批农业剩余劳动力首先向邻近城镇转移,使全国各地中小城镇的数量和规模不断扩大。第二次世界大战以后的"西德"对区域发展也采取较为分散的办法,所以一些具有地方行政管理和科学研究等专门职能的中、小城市发展较好。到1996年,德国城市化水平已达94.6%,从事农林业生产的人只占总人口的2.8%,是世界上高度城市化的国家之一(王章辉、黄柯可、周以光等,1999)。目前,德国的特大城市有柏林(339万人,1999年,下同)、汉堡(170万人)、慕尼黑(119万人)、科隆(101万人),大城市主要有法兰克福(64万人)、埃森(60万人)、莱比锡(60万人)、多特蒙德(59万人)、杜塞尔多夫(57万人)、斯图加特(58万人)、不来梅(54万人)等。

3. 发达国家城镇化道路的经验教训

从国际城市化发展的历史来看，对城市化发展必须进行适当的宏观控制，保证城市化与工业化同步发展，避免过度城市化和城市化不足带来的"城市病"和"农村病"，避免过度郊区化带来的问题，促进农业的现代化和规模经营，实现城市发展质量的不断提高和城乡协调发展（汤茂林，2001）。

（1）政府对区域城市化进程要进行适当的调控

发展中国家和地区一般都存在巨大的城乡差别，城乡劳动力均过剩，尤以乡村剩余劳动力为多，农民进城的愿望极其强烈，一旦政府许可，他们便会涌向城市，特别是大城市，尽管他们不一定能在城市正规部门找到工作。政府对城市化要进行适当的调控，否则就会出现过度城市化引起的"城市病"。当然，这种调控要限定在一定的范围，即保证城市人口的增长与工业化的发展基本同步，不能再走没有城市化的工业化道路，否则因城市化不足引起的"乡村病"便不能避免。因此，在我国目前城乡经济发展和就业面临重大转折和严峻挑战的条件下，绝不应过早地取消控制城市人口增长的户籍制度，何时取消要根据社会经济形势的发展而定。

（2）高度重视农业和乡村发展在城市化进程中的重要作用

人类社会发展的历史和城市化发展的历史均表明，稳定而持续发展的农业是城市化的前提和必要的保证。发达的农业是工业化的一个必要前提。发展中国家过度城镇化的发展就是由于国家政策的城市偏向，不重视农业和乡村发展，导致城乡差别太大，大量农民盲目流向大城市。尽管这些人在城市生活可能很困难，但他们在乡村地区的境遇也并不好，在城市至少总存在改善的希望。只有扭转不重视农业的状况，采取措施，加强乡村中心的建设，满足乡村人口的基本需求（吃、穿、住、教育、卫生、基本人权、就业质量），才可能在不断城镇化的过程中仍保持农村的兴旺，城市化发展才有可靠的基础。因为发展的最终目的是在全体人民充分参与发展过程和公平分配收入的基础上，不断提高其福利；经济增长、生产性就业和社会平等都是发展不可分割的根本因素（联合国第三个十年发展战略）。

(3) 注意集中型城市化和分散型城市化的结合

集中型城市化的特点是以向心力为城市化的主要动力，在城市化过程中，人口、行政、金融、商业等向城市集中，同时伴随着城市价值观和城市生活方式向乡村地区的扩散。传统意义上的城市化就是指这类集中型城市化。分散型城市化的特点是，在城市化过程中，只有城市生活方式的扩散，这可分为两种情况：在发达国家，城市化已发展到郊区化和逆城市化阶段，由于交通通信条件的改进以及政府政策、住宅价格、中心城市环境质量下降，大城市的产业和人口分散到郊区和卫星城镇。在发展中国家，由于乡村工业化的发展，使一部分剩余劳动力就地向非农产业转移，这些人尽管没有向城市集中，但其职业和生活方式已经开始向城市型转化，这种分散型城市化又称为乡村地区的城市化。

(4) 重视市场机制在城市化中的作用，但要进行适当的引导

市场经济是城市化的推进器。许多发达国家的城镇化基本上都是在市场机制的作用下自发实现的。市场机制可以在一定程度上实现区域资源和城市资源的最优配置，也可以促进产品质量的提高，进而实现经济的区域合理化。但市场机制不是万能的，存在失效的问题，因而在城市发展和城市化进程中，必须对市场行为的主体进行适当的引导，使城市发展在优先满足长远利益和大多数人利益的条件下，协调好各利益主体之间的矛盾。在市场经济条件下，城市利益主体日益多元化，它们之间存在一定的利益冲突，如果未能建立制度化的沟通渠道，使城市社会中的各种力量，尤其是少数派和弱小派，没有参与城市发展决策的表达途径，政府的行为得不到规范，社会矛盾冲突和不满情绪将由于得不到及时的缓解和疏导而寻找制度外的非规范的方式化解，甚至引发对管理权威地位的质疑，导致安定危机（侯丽，1999）。

3.3.3 中国城镇化道路选择的反思[①]

从新中国成立后几十年城市化的实践来看，虽然各种规模等级的城市都有所发展，但实际上中国的城镇化选择的是以小城镇为主的发展道路。[②] 实施了几十年的"以小城镇为主的城市化道路"在理论界褒贬不一，在实践中的作用也是"两面"的，即小城镇在为中国的城市化（更多的学者称之为城镇化）、现代化作出巨大贡献的同时也带来了一系列严重的、不可逆转的、阻碍城镇化进程和经济发展的问题。因此，有必要对此种城镇化道路进行科学、公正的评价。

1. "以小城镇为主的城镇化模式"的绩效

第一，在中国社会、经济结构转型中的关键问题——人口转移问题上，小城镇发挥了积极的、不可替代的作用。

在中国由农业社会向工业社会、由农村社会向城市社会、由传统社会向现代社会转型的过程中，所遇到的突出而又关键的问题是如何把农业、农村中进行传统耕作的劳动力转移出去。小城镇在其中起到了很大作用。小城镇由于具有更接近农村、进入门槛较低、转移的难度和风险较小等优势，成为人们常说的"剩余劳动力的蓄水池和节流闸"。据有关部门统计，1978—1998年，小城镇共吸纳了富余劳动力近六千万人，占同期转移出的富余劳动力的40.5%，为中国富余劳动力的转移作出了贡献，从而为中国的结构转型解除了后顾之忧。

第二，小城镇的发展减轻了城市化的阻力：小城镇加强了城乡之间的联系，有力地冲击了城市化的"硬核"——城乡二元结构。

"城市社会一元、农村社会一元"、城乡分离的二元结构是中国城市化初期的一大壁垒（"硬核"）。一般而言，乡镇企业以及由其带

[①] 汪冬梅：《中国城市化问题研究》，山东农业大学博士学位论文，2002。
[②] 有很多证据证明这一点，此处不作深入论述。

动的服务业是小城镇的支柱产业，它们的发展改变了农业在大中城市之外的地域"一统天下"的局面，促进了城乡之间要素和产品的自由流转，加强了城乡之间的联系，初步启动了城乡交融的大门，有力地冲击甚至部分化解了这种"硬核"，减轻了城市化的阻力。

第三，小城镇的发展增强了城市化的推力：小城镇的发展减小了农村系统的脆弱性，加速了农业的现代化进程，增大了城市化的推力。

小城镇的发展带动了农村产业的多样化和农村市场的繁荣，使农村市场的交易对象、交易种类、交易方式、交易关系日趋复杂化、现代化，促进了农村市场网络的形成。系统论认为，结构的复杂程度决定系统的承受能力，结构越复杂，系统的承受能力越强。农村产业和市场的多样化和复杂化使农村系统日趋复杂，从而减小了农村系统的脆弱性，使农村系统日趋稳定。小城镇的发展吸纳了大量农业剩余劳动力，为农地的产权改革和土地的适度集中创造了条件，有效地推动了农业的规模化、专业化和机械化；同时小城镇的第二、三产业中有很多为农业产前、产中、产后服务的企业，有效地延长了农业的产业链，推动了农业产业化的进程，增加了农业的附加值和农民收入。而这一切有助于改变农业比较利益低下的状况，有助于提高农业劳动生产率，反过来又把更多农民推向城市，使农业人口进一步减少，增大了城市化的推力。

第四，小城镇的发展无形之中增大了城市化的引力：小城镇的崛起丰富了民众对于城市化的认识，使城市化的观念深入人心，无形之中为城市化作了宣传，增大了城市化的引力。

在小城镇发展之前，城市与农村这两个并行的体系基本互不干涉。由于信息闭塞、与城市交流较少等原因，农民对城市的了解很少。小城镇发展之后，与农村相比，它所具有的良好居住环境、交通条件和教育氛围等优势吸引了众多的人口，使人们充分感受到了先进的城市文明。小城镇利用自身向人们展示了城市化的魅力，活跃了人们关于城市化的思维，使城市化的观念深入人心，为城市化作了无声的宣传，增加了城市化的引力。同时小城镇与城市生活、生产方式的差距给人们留下了一定的想象、希望和奋斗的空间，使人们努力向更高层次的城市迁移，从而在意识、精神层面上推动着城市化的进程。

第五，小城镇的发展开拓、创立了一种新的城市化建设观：以农民为主体的自下而上的城市化建设方式。

中国城市化进程中的很多大中城市是以国家或政府为主体、依靠财政资助和政策优惠发展起来的。小城镇的崛起改变了这种单一的建设方式。小城镇的建设模式虽然多种多样，但多数小城镇建设的共性是：农民、企业成为小城镇建设的主体，资金来源中民众出资的比例较大（据国家统计局等11个部委的抽样调查，1996年，小城镇建设资金40%来源于土地收益，30%来源于农民带资进镇和社会集资，20%来源于地方财政和其他方面的投入，来源于信贷的资金占10%）。各种规章制度也是由民众制定的非正式制度逐渐过渡而形成的。也就是说，小城镇创立了一种新的城市化建设方式：采取以农民为主体的自下而上的建设方式，这是城市化进程中的一个重要里程碑。把这种建设方式推广到大、中城市的发展中，将会使城市化的成本大为降低，而这恰恰是中国城市化最严重的"瓶颈"因素，因此，小城镇开拓的这种建设方式将会大大促进中国的城市化进程。

第六，小城镇的发展为未来城市化储蓄了后备力量：许多小城镇有基础和实力向中等城市甚至大城市或其他类型的城市升级，因此，可以说小城镇的发展为未来城市化储蓄了后备力量。

2. "以小城镇为主的城镇化模式"的弊端透视

尽管"以小城镇为主的城镇化模式"为中国特色的城镇化和经济发展作出了巨大贡献，但同时也带来了决策者始料不及的各种负面作用。站在国民经济全面发展和社会整体进步的角度对其作进一步分析，可以看出小城镇的发展带来了一系列严重的问题。

第一，"以小城镇为主的城市化模式"在指导思想上具有明显的局限性，不利于彻底改变城乡二元社会结构的格局和"大农村、小城市"的局面,并派生出"准城市化"的现象。

的确,小城镇的发展对于改变城市与乡村互相独立、冲击二元社会经济结构的现状有一定积极作用。但实质上这一模式在指导思想上与以往限制农民进城的传统思想一脉相承,充其量只是在市场经济的冲击下对传统思想的一种变通而已。在这种根本思想指导下的"小城镇式城市化模式",虽然能在一定程度上冲击二元结构,但不利于彻底改变城乡分割的局面。不仅如此,还使中国的社会结构演变成目前的农村—小城镇—城市的三元结构,使部分小城镇既不像城、又不像村,生活在小城镇的农民既不像城市居民,又区别于农民,使小城镇及其居民的理论属性与实践属性不相符,这种现象实际上就是人们常说的"准城市化"现象。从更深层次上讲,这样的城市化模式将不利于"把城市化进行到底",而是"小富即安",满足于低层次的城市化。

第二,"以小城镇为主的城市化模式"忽略了城镇化进程中资源的有限性和特定承载力的逻辑前提及经验事实,使城市化的可持续能力大打折扣。

一国城市化的可持续能力是建立在该国资源基础之上的。其中自然资源构成了城市化的重要约束条件。国外的大量实例证明,集中型城市化模式对于缓和人地矛盾具有十分重要的作用。以日本为例,随着农业人口比重从1949年的47%下降到1980年的18%,耕地增加了3%。在我国,资源特别是土地资源短缺,节约耕地更应该是我国城市化的逻辑前提。而在分布上点多面广的小城镇却造成了相反的后果,占用了大量土地,造成耕地锐减。以小城镇为主的城市化模式在使城镇人口增加的同时反而加剧了人地矛盾。

据统计,1981—1990年,全国耕地平均每年减少550万亩,其中乡镇企业和小城镇的发展是造成耕地减少的主要原因。有学者估算,这种城市化模式比起正常的城市化模式,要付出8倍多的土地代价,乡镇企业职工人均用地比城市职工多出3倍以上。[1]

---

[1] 张正河:《小城镇难当城市化主角》,载《中国软科学》,1998(8)。

从生态经济学的角度看，资源和环境的承载力都是有限的，因此将城市对环境的冲击（包括资源索取和废物排放）限制在环境承载力允许的范围内也是城镇化可持续发展的一个逻辑前提。在以"以小城镇为主的城市化模式"的实施过程中，分散、落后的乡镇企业和小城镇的盲目发展带来的环境污染远高于城市。国家环保局、农业部、财政部和国家统计局在1996年初到1997年11月底进行的"全国乡镇工业污染源调查"显示，1995年中国乡镇工业所创造的工业总产值中，起码有37.6%是用环境污染的代价换来的，1995年乡镇工业的烟尘排放量和工业粉尘排放量均占全国工业同类污染物排放总量的一半以上；乡镇工业对污染的治理远不及县及县以上工业，造成了严重的环境污染和生态破坏。①

第三，"以小城镇为主的城市化模式"不利于资源的合理配置，降低了资源配置的效率，是一种成本较高的城市化模式。

城镇化过程是资源重新配置的过程，也是资源配置效率不断得到改善的过程。资源配置效率不仅来自城市化过程中资源和经济要素组合的配置效率，也来自空间结构的配置效率。"以小城镇为主的城镇化模式"强调城镇化过程中着重发展城市空间体系中的小城镇，使空间结构配置效率降低。这种配置效率的降低主要包括两个方面：

一是由于分散的空间布局，导致区位利益的损失而带来的配置效率降低。不同城市、同一城市不同区位的聚集引力和聚集利益一般不相同。在市场经济条件下，不同利益主体为追求效用或利益最大化，通过要素空间流动和竞争机制获得有利区位，最大限度地争取区位利益。众所周知，"以小城镇为主的城市化模式"的一个明显特征是在城市化过程中，要素使用、政策制定等活动的本地化或地方化倾向明显。这就使得那些内部积累能力强的小城镇能得到更快发展，而由于生产要素不能进行真正意义的区际流动，那些拥有较好区位的小城镇不能得到更多的外来要素，其发展会受到很大限制；同时限制大城市发展的思路使拥有良好区位的大中城市的发展也受

---

① 王放：《城市化与可持续发展》，202～205页，北京，科学出版社，2000。

到抑制,这样,由于城市区位效益难以充分实现,造成了资源配置效率的隐形损失。

二是城市结构效率的损失。城市结构效率是指不同规模的城市、同一规模的城市之间或某一城市内部由于功能、产业等结构合理而带来的效率。这种效率尽管难以量化,但是根据经济发展状况可以做出大致的价值判断。我国的小城镇大都走的是发展乡镇企业—满足经济指标—提高行政级别(即乡改镇、县改市)的道路。行政级别提高了,名称改变了,但其功能并没有实质性变化,企业的性质、生产方式、经营范围变化不大。对小城镇来讲,不过是把"小而全"产业变成了"大而全"产业,多数企业发展仍然乏力(小城镇中能够充当农业产业化龙头的企业较少,据有关学者推算,在我国两万多个乡镇企业中,只有五千个可以算作龙头企业),生产的非专业化倾向严重。这种现象必然导致城市空间结构效率的降低,大中城市与小城镇在资源、产业、产品上分工不明确,协调性、互补性较差,产业结构雷同的现象严重,从而造成资源的浪费,效率低下;在小城镇内部也由于生产的非专业化使产业关联度降低,产业结构的不合理使资源的利用率降低。

"以小城镇为主的城市化模式"的最初目的之一是在广阔的中国大地上形成分散于各地区、各市县,能够带动本地发展的"星罗棋布"的小城镇"增长极",使每个小城镇成为区域的发展中心,并通过小城镇的繁荣带动区域经济的发展。但是,小城镇并没有很好地完成这一历史使命。多数地区尽管集中本地的人、财、物重点发展小城镇,但由于现行财政体制约束使乡镇财力薄弱,即使做到了"集中财力",对于建立一个基础设施齐全、功能完善的城镇来说也是杯水车薪;另外,由于这种过度分散的政策造成小城镇各自为政,它们之间的过度竞争直接损伤了小城镇在城市体系中的竞争力,造成一些小城镇"半死不活"、"名存实亡"。现在许多小城镇仅仅是行政组织在基层的延伸,执行着一级政权的职能,经济功能很弱,没有成为真正的"增长极"而带动区域的经济发展。

3.3.4 未来中国城镇化道路的选择①

加快城镇化进程是以人为本的科学发展观的本质要求。在中央提出的"五个统筹"的要求中，统筹城乡发展是核心，是解决其他统筹的前提和途径。加快城镇化进程又是统筹城乡发展的关键措施，是解决长期困扰我国经济社会健康发展的"二元结构"和"三农"问题的根本手段。

1. 未来继续推进城镇化需要考虑以下新的形势和背景

一是要考虑在全球化背景下不断增强国民经济整体竞争实力。21世纪是"城市的世纪"，在这个世纪里，全球将稳定进入一半以上人口居住在城市的发展阶段（2000年第六届世界大城市首脑会议《北京宣言》）。超大城市群是一个国家参与国际竞争的主导力量，当今世界已形成美国东北部大西洋沿岸城市带、北美五大湖城市带、日本太平洋沿岸城市带、欧洲西北部城市带、英国伦敦城市带、中国长江三角洲城市带等六大城市带，这些城市带日益成为世界经济增长的核心。其中前5个发达国家的超大城市群经济实力占本国经济实力的30%～40%，我国长江三角洲城市带经济实力只有全国的18.5%（2004年南通首届世界大城市群高层论坛有关材料）。

二是要考虑在全面建设小康社会的宏伟目标中实现统筹城乡发展。城镇化是大规模提高和改善人类一般生活水平的基本途径，是统筹城乡发展的核心措施。

三是要考虑我国人口、资源和环境条件对城镇化发展的约束和影响。人口多、资源少、环境脆弱是我国的基本国情，走高度集约化的城市化发展道路是必然的选择。

四是我国新型工业化道路的确立，使我国处在工业化中期阶段

---

① 参见王梦奎主编：《中国中长期发展的重要问题 2006—2020》，246～262页，北京，中国发展出版社，2005。

的发展有了新增长动力,城镇化也已达到一定水平,具备加速城镇化的条件。当然,在推动城镇化的进程中,也要注意城镇化发展速度与经济增长速度之间的协调:短期看,要防止城市建设的盲目超前,影响整个国民经济健康发展;长期看,要防止过度城镇化,避免"孟买病"和"墨西哥城病"的出现。

五是交通通信条件的改善,使城镇布局空间更加广阔和舒展,为城市群的发展提供了更好的条件。

2. 2010 年和 2020 年城镇化具体战略目标设想

关于城镇化总体目标。从 1996 年以来,我国城镇化率每年都以提高 1.43～1.44 个百分点的速度增长,"十一五"时期和 2020 年之前是我国工业化中期阶段的重要时期,城镇化率将继续保持较高的增长速度,预计每年提高 1.1～1.2 个百分点为宜;土地城镇化的预测按照城镇人口以及 2005 年预测的城镇人均土地占有面积计算。预测结果见表 3—8。

表 3—8 2010 年和 2020 年城镇化水平预测结果

	2000 年	2003 年	2000—2003 年年均提高百分点	2005 年	2010 年	2020 年
全国(%)	36.22	40.53	1.44	43.32	49.20	60.00
东部地区(%)	45.34	48.89	1.19	51.02	56.10	66.20
东北地区(%)	52.14	53.49	0.45	54.36	56.22	64.38
中部地区(%)	29.73	35.19	1.82	38.52	47.21	58.32
西部地区(%)	28.73	31.81	1.03	34.20	40.14	52.48

注:总人口预测参考了王梦奎等主编:《中国特色城镇化道路》,中国发展出版社,2004。

城镇土地面积预测参考了王一鸣等:《关于加快城市化进程的若干问题的研究》,载《宏观经济研究》,2000(2)。

关于城市规模结构的目标。这里主要以城市市辖区非农业人口

(即按户籍的非农业人口)为依据,预测城市规模的数目结构和人口结构两个指标。根据世界城市结构演变的趋势,在城市化快速发展时期,大城市在城市数量和人口规模上都处于上升阶段,中小城市则相反,具体预测结果如表3—9。

表3—9 2010年和2020年全国城市规模的数目结构和人口结构

(城市市辖区非农业人口,%)

	2000年	2003年	2000—2003年年均提高百分点	2005年	2010年	2020年
全国(%)	36.22	40.53	1.44	43.32	49.20	60.00
东部地区(%)	45.34	48.89	1.19	51.02	56.10	66.20
东北地区(%)	52.14	53.49	0.45	54.36	56.22	64.38
中部地区(%)	29.73	35.19	1.82	38.52	47.21	58.32
西部地区(%)	28.73	31.81	1.03	34.20	40.14	52.48

注:带*的为2002年数。

资料来源:根据《2003年中国城市统计年鉴》和《2003年中国城市建设统计年报》中有关数据整理计算。

关于城市布局结构目标。目前我国东部、东北、中部和西部的城市化水平差距很大,今后,在继续实施西部开发和振兴东北老工业基地的背景下,可有两种趋势:一是中西部和东北城市化将有较快增长,总的趋势是东西部城市化的差距可能缩小;二是"长三角"、"珠三角"及环渤海地区城市带继续高速发展,东部城镇化人口占全国人口的比重继续迅速提高,虽然东部、东北、中部和西部城市化水平差距可能继续扩大,但整体资源、产业、环境布局的效益有重大改善。具体预测数据如表3—10。

表 3—10 2010 年和 2020 年我国东部、东北、中部和西部城镇化水平预测

	2000 年	2003 年	2000—2003 年 年均提高百分点	2005 年	2010 年	2020 年
全国（%）	36.22	40.53	1.44	43.32	49.20	60.00
东部地区（%）	45.34	48.89	1.19	51.02	56.10	66.20
东北地区（%）	52.14	53.49	0.45	54.36	56.22	64.38
中部地区（%）	29.73	35.19	1.82	38.52	47.21	58.32
西部地区（%）	28.73	31.81	1.03	34.20	40.14	52.48

注：各地区城镇人口未包括现役军人，全国城镇人口包含了现役军人。

东部地区包括：北京、天津、河北、上海、江苏、浙江、福建、山东、广东和海南等 10 省市。

东北地区包括：辽宁、吉林和黑龙江等 3 省。

中部地区包括：山西、安徽、江西、河南、湖北和湖南等 6 省。

西部地区包括：内蒙古、广西、重庆、四川、贵州、云南、西藏、陕西、甘肃、青海、宁夏和新疆等 12 省区市。

资料来源：《2001、2004 年中国人口统计年鉴》。

3. 城镇化道路的选择

今后我国城镇化的道路可以这样考虑：着力增加各类城市的数量，形成完整的城镇群体系；努力提高城市的人口容量，改善城市的空间布局，严格控制城镇土地的盲目扩张，实现城镇健康、有序的集约化发展。具体说来，大、中城市的发展主要是注重数量的增加，不断增强大城市创造就业机会的能力，特别是中西部地区更需要大城市起到带动区域经济快速发展的增长极的作用。

我国的国情决定了相当部分人口的城镇化要以小城镇方式实现，未来 2.5 亿农村转移的新增城镇人口中将有 1/3 要靠小城镇发展来容纳。小城镇要在稳定数量、努力提高质量、壮大人口规模的基础上，努力提升带动周边农村发展的能力，以便更好地发挥统筹城乡

发展的功能。中小城市要增加数量和提高城市功能并重,尽快形成我国制造业主要基地,发挥沟通大小城镇、协调点与面关系的重要功能与作用。要特别突出强调都市圈、城镇群和城市带的建设作用,以确保大中小城市和小城镇的协调发展。要围绕大中城市大力发展卫星城镇,鼓励近地城镇形成分工合作有序、经贸关系密切的城镇群,以增加整体区域的经济实力。

4. 加速城镇化发展中可能面临的难题

(1) 城镇用地扩展与保护耕地的难题

据预测,到 2010 年我国的城镇化将达 50% 左右,城镇人口将达 7 亿人左右。由于城镇建设用地与耕地往往紧密地分布在一起,两者容易形成直接的矛盾。但是,从统计资料看(《2003 年国土资源公报》),城镇扩张用地并不是耕地减少的主要原因。据统计,2003 年全国净减少耕地 253.74 万公顷,其中生态退耕 223.73 万公顷,是耕地面积减少的主要因素。全国新增建设用地 42.78 万公顷,其中城镇建设占用耕地只有当年耕地净减少量的 7.8%,对耕地的占用十分有限。

随着城镇化水平的提高,占用更多土地的农村集镇和农村居民点将大量减少。2003 年全国农村村民委员会减少了 15926 个,减少幅度为 2.29%。未来我国将进一步加快"撤乡并镇"的速度。

此外,在我国东部沿海城镇密集带的新兴制造业地带(如苏、锡、常和杭、嘉、湖等),按现行"占补平衡"土地管理办法,未来若干年的城镇土地可占用指标已经用尽,基本农田保护区面积红线指标受到巨大冲击,依然囿于 80% 的基本农田保护率已无实际意义,应在统筹区域发展的基础上给出特殊的制度安排。

(2) 城市就业和城市贫困难题

就业是我国经济将长期面临的重大难题。城镇化将转移大量的农村剩余劳动力,这无形中进一步增加了城市就业的压力。然而,只要掌握好城镇化健康发展的节奏,并将农村人口转移建立在坚实的工业化和第三产业发展的基础之上,城镇化与城市就业压力的关系就会得到有效缓解。分析表明,城镇化能带来工业、建筑业和第三产业对劳动力的大量需求,这些需求不仅能提供进入城镇的农村剩余劳动力对工作的需求,还能为城镇失业者带来新的就业岗位。此外,农民工与城镇居民在就业岗位需求的层次上是有明显差别的,两者不会构成直接的就业岗位竞争关系。

伴随着城镇化的加速发展,城市贫困问题将日益突出。这主要包括两种情况:一是刚进城的农民工,收入较低,容易形成城镇贫民窟;二是城镇居民中的长期失业者带来的问题。解决城市贫困问题的途径是要加大对下岗职工和农民工培训的力度,提高他们的就业竞争能力,同时也要进一步扩大基本社会保障体系的覆盖面。

(3) 巨大的城镇基础设施投资需求与有限的财政资金的难题

2003年我国城市固定资产实际投资4462.4亿元左右,占当年全社会固定资产投资、GDP和财政支出的比重分别为8.1%、3.8%和18.1%,已接近联合国推荐的投资标准。"十一五"时期,如果我国城镇基础设施固定投资比重达到当年GDP的4%左右,则每年投资总额将达4000亿元左右。如何筹措这笔城镇基础设施建设资金是一个巨大的挑战。目前,我国城市基础设施固定资产投资的多元化格局已初步形成。据统计,2003年我国城市建设财政性资金投入(包括中央财政拨款、地方财政拨款以及债券等)为869.8亿元,占20.4%,银行贷款为1435.4亿元,占33.7%,其余为社会化资金来源(包括自筹资金、利用外资和其他资金等),为1958.9亿元,占45.9%。今后,应当在稳定政府财政性资金投入的基础上,进一步拓宽城市建设投资来源渠道,特别是外资和市政债券投资渠道尚有巨大的开拓空间。

第四章　西部欠发达地区城镇化动力机制

　　城镇化是世界范围内的普遍现象和共同趋势，城镇的大量涌现与快速发展已成为现代经济的一个显著特征。城镇化是一个涉及人口、经济、社会、文化等多方面的复杂的社会经济转变过程。尽管世界各国存在着历史基础、自然条件、生产力发展水平等方面的差异，但都在经历城镇化这一过程。新中国成立五十多年和改革开放二十多年来，中国经济增长的重大影响之一就是中国城镇化（Urbanization）的兴起。特别是近二十年来，中国城镇自身的快速扩张与迅猛发展，已极大地改变了中国社会的基本经济形态，城镇一跃成为中国经济的主导和中心。城镇的发展不仅给中国的普通群众带来了种种在生活、工作、娱乐等方面的便利，极大地提高了人民的生活质量；同时，城镇的兴起也为中国经济的快速发展提供了必要的支撑，成为中国经济增长的基础平台。

　　中国政府和大多数学者认识到：中国广大农村只有加速城镇化，才有可能实现全面小康社会的目标；同时，城镇化道路也是实现产业结构升级、加快市场化进程和全面提高广大农村地区人民生活水平的客观要求。然而，中国目前不同地区的城镇化模式与水平极不相同，表现为：东南部发达地区的城镇化水平较高，经济发展的整体状况也较好；相反，西部欠发达地区的城镇化水平相对"滞后"，并且已经阻碍了西部欠发达地区经济的发展。因此，在探讨西部欠发达地区城镇化道路问题时，一个不可回避的问题就是：东西部地区的城镇化水平为什么会出现如此大的差异，或者说西部欠发达地区城镇化的水平受到了哪些因素的制约和影响？更进一步讲，西部欠发达地区城镇化的动力机制是什么？本章试图结合世界城镇化的实践，以"经济人"假说为基础，整合发展经济学、产业经济学、城市经济学、制度经济学等经济学的相关理论，提出一个系统的城镇化动力机制的分析框架。

4.1 城镇化的一般动力机制

4.1.1 城镇化的动力模式

所谓城镇化的动力机制是指推动城镇化发生和发展所必需的动力的产生机理，以及维持和改善这种作用机理的各种经济关系、组织制度等所构成的综合体系的总和。

关于城镇化的动力机制，我国著名地理学家宋家泰曾指出："影响和制约城市发展的根本因素，总的来说，是社会物质生产方式。也就是说，历史上社会生产力的发展和衰替，生产关系的交替和变革，从根本上制约着城市的发展；而具体到每一个历史发展阶段，则是一个国家（或地区）在一定时期内政治形势与国民经济发展任务对城市发展的要求。"① 具体地讲，农业是城镇化的前提和基础，工业化是城镇化的原动力，第三产业是城镇化发展的重要促进因素。普雷德曾用图4—1来说明城市增长的机制。②

世界城镇化的历史表明，城镇化是社会生产力（经济增长）发展到一定程度，由产业结构的非农化（更确切地说是工业化）而引发的生产要素发生空间流动的一种现象或实践过程。因此，在城镇

---

① 宋家泰：《城市—区域与城市区域调查研究——城市发展的区域经济基础调查研究》，载《地理学报》，1980（4）。

② Pred A. R. *City Systems in Advanced Economics*. London：Hutchinton，1977. 90.

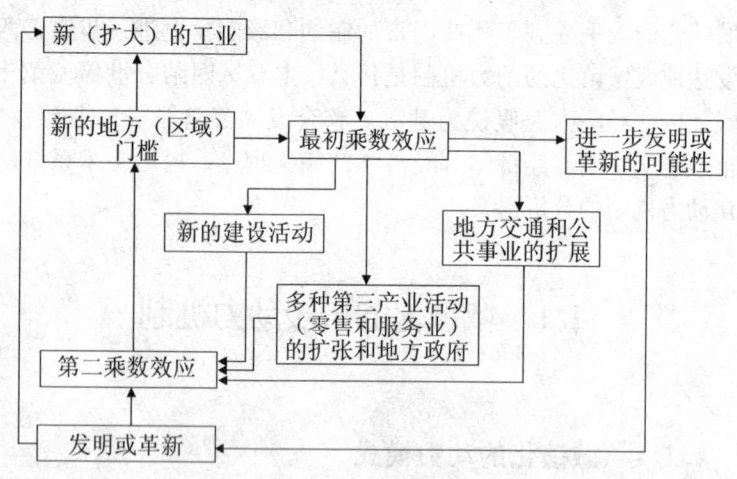

图 4-1 城市增长的循环和累积反馈过程

化过程中,经济增长、产业结构转换与发展、生产要素的流动分别从不同层次为城镇化提供了动力。同时,由于市场机制和政府行为在实际的要素流动及空间分布过程中发挥着重要作用,并且"区位资源禀赋"对要素集聚具有很强的地域指向作用,因此区位资源禀赋也是区域城镇化发生发展的重要影响因素。这样,本文的分析框架是:在西部欠发达地区的专业化分工不断加深所致的工业化过程中及由西部欠发达地区产业结构转换所导致的区域经济一体化的过程中,西部欠发达地区城镇化进程的主体(包括从事经济活动的个人、企业和政府)在追求个人效用、企业利润和社会福利最大化的激励和外在条件的约束下,寻求交易成本和生产成本最低的经济活动的地理区位,从而内生地决定了要素流动的方向、方式以及城镇化的必然性。

笔者认为,城镇化作为一个涉及人口、经济、社会、文化等多方面的复杂的社会经济转变过程,不是由单个或几个因素推动的,而是多种因素综合作用的结果(图 4-2)。这些因素,有的是区域城镇化的内生动力,有的是区域城镇化的外生动力因素。经济增长是城镇化的宏观动力,产业转换与发展是城镇化的传递性中观动力,要素流动是城镇化的现实性微观动力,市场机制是城镇化的协调动力,城市聚集效应(城市区位资源的禀赋)是城镇化的内生动力。当然,在不同地区、不同时期的城镇化进程中,占据主导地位的动力因素会有所不同。

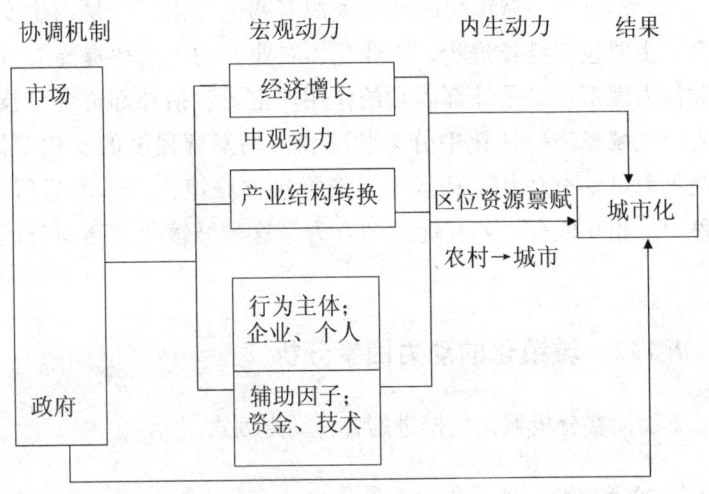

图 4-2 城镇化的动力机制:分析框架

因此,从城镇化进程中内生和外生变量所起的不同作用来看,城镇化进程可分为三种不同的模式,即内生导向型、外向刺激型和混合推进型。

内生导向型:工业化作为一种突破性的内生变量,对城镇化进程具有革命性的推进作用。这不仅表现为工业化日益成为国民经济的主要组成部分,而且还表现在随着工业化推进带来的一系列联动效应。这些效应主要表现在:第一,城镇人口和城镇数量的增长;第二,农业现代化的实现;第三,城乡社区结构的转换;第四,第三产业的迅猛发展;第五,最终导致城镇居民生活状况的改善和生产方式的转换。

外向刺激型:城镇化进程的发展根源在于外部因素的刺激,或者是由于所采取的外向型工业化发展战略。在这类城镇化进程中,外部需求、外部投资与贷款、国家的外部经济干预和政治需要等因素起到了决定性的作用。它是由外部因素所引发的外因式或依赖性的城镇化道路。外向刺激型城镇化道路所带来的可能是区域经济的外部依赖以及区域城乡二元对立矛盾的加剧。

混合推进型：城镇化的动力来源有两个方面：一是内生变量的刺激，主要包括科技进步、工业化、农业劳动生产率提高等各种推力和拉力因素；二是外部因素的作用，主要包括外部资金与技术的流入、区域经济一体化中分工状况和市场发育程度的变化等因素。这两种力量综合作用，构成了混合推进型城镇化的基本运行机制。两种力量相互依存、相互促进的合力是这种城镇化道路运行的根本动力。

4.1.2 城镇化的动力因素分析

下面简要分析城镇化推进的各种动力因素。

1. 经济增长：城镇化的宏观动力

城镇化是经济增长过程中社会结构变化的表现形式，它与经济增长之间存在着密切的关系。经济学家库兹涅茨和钱纳里认为，伴随着经济增长，社会经济结构也会出现一系列转变，其中有两个基本的结构转变最为引人注目。一是工业化即从以农业为基础的经济向以工业和服务业为基础的经济转变；二是城镇化，即人口持续不断地从农村地区向城市迁移[①]。

从根本上讲，经济增长受潜在的总供给（潜在的GNP）和总需求变化的影响和制约，从空间形式上看，经济增长表现为城市的经济增长和农村的经济增长。

首先，伴随着经济的增长，居民的收入水平会相应提高，因此，

---

① （美）西蒙·库兹涅茨：《现代经济增长：发现与思考》，见《发展经济学经典论著选》，57~74页，北京，中国经济出版社，1998。

其需求层次、消费结构将会发生变化，反映在产品结构上：需求收入弹性低的商品的消费比重在下降，而需求收入弹性高的商品如制造业商品和各种服务性商品的消费比重将会上升。需求的这种变化在诱导某些产业发展的同时，也会抑制另一些产业的发展，即促成了产业结构的演化。产业结构的演化要求生产要素的流动和集中，这一过程在空间上的表现形式就是城镇化逐渐形成的过程。即：经济增长→收入提高→需求、消费模式的变化→产业结构演化→要素流动→城镇化。

其次，经济增长的地域性从另一个侧面促进着城镇化的进程，即：城市的经济增长及大中城市发展的辐射作用，自上而下推动着乡村城镇化进程。如上海郊区的农村城镇化发展较快的一个重要原因就是城市工业向郊区的扩散，乡村的经济增长推动自下而上的城镇化[1]。

需要指出的是，经济增长对城镇化的促进作用最终要通过产业结构的转化，进而通过生产要素的流动来实现，因此，经济增长只是城镇化的宏观背景或宏观动力。

2. 产业转换和发展：城镇化的中观动力

产业结构转换与城镇化存在密切的关系。在城镇化的动力机制中，产业转换与发展发挥着"承上启下"的巨大作用：经济增长对城镇化的促进作用要部分地通过产业转换来实现；生产要素的流动实质上是要素在各产业之间的流动，即产业结构转换是要素流动的载体；协调机制和内生动力是生产要素流动的强化机制，因此，它是城镇化动力系统的重要"传递性"动力。[2]

城镇化的发生与发展受到三大力量的推动与吸引，即农业发展、工业化和第三产业崛起。其中，农业发展给城镇化提供基础动力，

---

[1] 姚士谋等：《区域与城市发展论》，合肥，中国科学技术大学出版社，2004。
[2] 杨治、杜朝晖：《经济结构的进化与城市化》，载《中国人民大学学报》，2000(6)。

工业化是城镇化的核心动力,第三产业发展给城镇化以后续动力。

(1) 产业结构转换与城镇化的关系

从产业结构的转换看,城镇化是各种非农产业发展的经济要素向城市聚集的过程,它不仅包括农村劳动力向城市第二、三产业的转移,还包括非农产业投资及其技术、生产能力在城市的积聚。其实质是由生产力变革引起的人口和其他经济要素从农村向城市转移的过程。城镇化与产业结构非农化同向发展。科林·克拉克认为,城镇化是第一产业人口不断减少,第二、三产业人口逐渐增加的过程。①

因此,城镇化首先是一种产业结构由第一产业为主逐步转变为以第二产业和第三产业为主的过程,第二产业和第三产业在整个国民经济构成中所占的比例越高,则城镇化水平越高。其次,城镇化的确是一个就业人口以农业就业为主逐步转向以非农业就业为主的转移和集中过程,其转移速度越快,转移比例越高,则城镇化水平越高。再次,城镇化是由落后的农业文明转变为以现代化城市基础设施及公共服务设施为标志的现代城市文明的过程。最后,城镇化是居民的思维方式、生活方式、行为方式、价值观念、文化素质全面改善和提高的过程,这一过程的实现是通过第三产业在全社会各领域内的全面渗透。当然,产业结构的重心将沿着第一产业、第二产业、第三产业的顺序逐步转移,这种关系背后隐含着一个条件:在产业结构高度化的过程中,必须伴有相应城镇化的发展,因为产业结构的调整和升级需要依托城镇化,城镇化是产业结构调整和升级的重要内容。城市经济理论研究表明,城镇化的发生与发展受到三大力量的推动与吸引:农业发展、工业化和第三产业崛起。随着城镇化进程的深入,这三种力量依次处于主导地位。

(2) 农业发展:城镇化的基础动力

农业是人类社会生存与发展的根本,是一个国家或地区城镇体

---

① C. G. Clark, *Conditions of Economic Progress*, Macmillan, 1957. 转引自杨治:《产业经济学导论》,北京,中国人民大学出版社,1985。

系赖以存在和发展的基础。城镇化的历史始终是由农业发展推动的：从城市的最初形成来看，只有在农业生产力发展能够提供剩余产品的前提下，使少数人完全脱离农业生产而专门从事非农活动时，才开始了人类文明和城市发展史。从城镇化的发展进程来看，它本身就是变落后的乡村社会和自然经济为先进的城市社会和商品经济的历史过程。它总是首先在那些农业生产力发展达到一定程度、农业分工完善、农村经济发达的地区兴盛起来。国内外经验表明，城镇化离不开农业的发展。从城镇化的进程来看，农业劳动生产率的提高、农业的发展和农村的繁荣是"可持续城镇化进程"的前提。可以认为，一个国家城镇化的界限，一般由该国的农业生产力决定，或者该国通过交通、政治、军事力量从国外获得粮食的能力来决定。农业给城镇化以推力，是城镇化的基础动力。

从理论层面分析，农业发展对城镇化的推进作用表现在这样五个方面[①]：

第一，"食物供给"：农业发展对农村城镇化的"食品贡献"表现为农业为城镇化提供食物产品。

第二，"劳动力供给"：这表现为农业发展为城镇化提供人力资源。

第三，"原料供给"：这表现为农业发展为城镇化提供原料产品。

第四，"资本供给"：这表现为农业发展为城镇化提供资金积累。

第五，"土地供给"：这表现为农业发展为城镇化提供土地空间。

（3）工业化：城镇化的核心动力

世界各国的城镇化实践表明，城镇化是随着生产力的发展及工业化的出现而发展的，工业化是城镇化的"发动机"，是城镇化的根本动力。正如吉斯特（Gister）和费瓦（Feiwa）指出的那样："农业革命使城市诞生于世界，工业革命则使城市主宰世界。"也就是说，尽管城市先于工业诞生，但城市的高速发展则是近代产业革命后，工业化不断推动的结果。一方面，工业革命彻底改变了农业的技术

---

① 详细论述见郑长德：《中国农业的发展与农村城镇化关系的实证分析》，西南民族大学中国西部民族地区经济发展研究中心内部讨论稿，2005。

基础，推进了机器在农业上的广泛使用，建立了"按工业方式经营的大农业"；另一方面，工业革命本身是机器生产的普及过程，使工业技术条件改善，工业向纵深发展。工业生产方式的分工和专业化，必然促使一部分人从事非生产性劳动，当工业的分工和聚集达到一定程度后，将极大地促进第三产业的发展。即工业不仅直接推动城镇化的发展，而且通过产业连锁反应间接地推动城镇化的发展。在工业革命开始之前，世界城市人口的增长是非常缓慢的，到1800年时，世界城市人口占世界总人口的比例只有3%，工业革命开始以后，世界城市人口占世界总人口的比例以每50年翻番的速度增长。

世界各国的城镇化实践表明，城镇化是随着工业化的出现而大力发展的，工业化是城镇化的"发动机"，是城镇化的根本动力。这主要因为：

第一，工业化要求生产走向集中，工业集聚产生了大规模的城市。按照规模经济和专业化的原则，如果说生产规模的扩大可以给厂商带来内部集聚效益，那么生产向城市的集中则可以使厂商得到外部集聚效益。工业发展追求规模化和专业化而产生的企业集聚过程，大大加快了城镇化的进程。

第二，工业化扩大了生产规模，小城市迅速发展为大城市。工业化实质上是一个由工业革命逐渐向其他产业领域推进的过程。一方面，工业革命彻底改变了农业的技术基础，推进了机器在农业上的应用，建立了按工业方式经营的大农业，农业劳动生产率大幅度提高，使人口分布发生根本变化，城市人口将越来越多，人口集聚为城镇化提供了主体。另一方面，工业革命本身是机器生产普遍化的过程，工业技术条件改善，工业向纵深发展。当工业的分工和集聚达到一定程度后，将极大地促进第三产业的发展。这样，工业不仅直接推动着城镇化的发展，而且通过产业连锁反应间接地推动了城市规模的扩大。

第三，工业化带来交通革命，新的交通设施使各种资源整合为一个以城市为依托的范围很宽的社会经济大系统。总之，工业由于其本身的特点，天然地承担了城镇化根本动力的使命，通过直接和间接等多种方式为城镇化输送着"血液"。

当然,在城镇化的动力系统中,工业化之所以居于核心的地位,不仅仅因为它有助于其他动力要素,如经济增长、第三产业的发展,而且因为工业的发展阶段与城市的发展阶段息息相关。

工业化是城镇化的加速器,工业化的发展速度决定了城镇化的发展速度;工业化的发展模式决定了城镇化的发展模式。美国经济学家西蒙·库兹涅茨把现代经济增长概括为工业化和城市化过程,他指出:"各国经济增长……常伴随着人口增长和结构的巨大变化。在当今时代,发生了以下这些产业结构的变化:产品的来源和资源的去处从农业活动转向非农业生产活动,即工业化过程;城市和乡村之间的人口分布发生了变化,即城镇化过程。"①

库兹涅茨还认为,在城镇化的发展速度(以城镇化水平的变动为参照物)与工业化的发展过程(以第二产业就业比重为参照物)之间,可以找到一定的相关规律。在工业化的初期(起步期),是以劳动密集型为特征的轻工业化阶段,工业化发展吸纳大量劳动力,就业结构转变,工业发展所形成的聚集效应使工业化对城镇化产生直接和较大的带动作用,此阶段国民经济实力相对较弱,城镇化率以平缓上升的态势向上发展。在工业化的中期(扩张期),是以资金资源密集型为特征的重工业化阶段和以技术密集型为特征的高度化阶段,有机构成的提高使工业就业人数随技术水平的提高出现相对甚至绝对下降,这时产业结构升级化和消费结构升级的作用超过了聚集效应的作用,城镇化的演进不再主要表现为工业比重上升的带动,而更多地表现为由工业化带动的非农产业比重上升的拉动。此阶段工业和国民经济进入加速发展、实力迅速增强的时期,城镇化水平的年增长率是工业化同期的1.5~2.5倍,城镇化率将以较快的速度向70%攀升。在工业化后期(成熟期),第二产业在国民经济中

---

① (美)西蒙·库兹涅茨:《现代经济增长:发现与思考》,见《发展经济学经典论著选》,57~74页,北京,中国经济出版社,1998。

的比重，无论从就业结构还是 GDO 结构来看，在上升到 40％左右后，将缓步下降，与此相应，城镇化的速度亦有所降低并主要依赖于第三产业的发展。

(4) 第三产业：城镇化的后续动力

随着国民收入的提高和经济的发展，第三产业在国民经济中的比重呈不断上升的态势，尤其在工业化的中后期之后，第三产业逐步成为国民经济的"顶梁柱"。据发达国家工业化过程中产业结构变动的数据分析，无论从就业结构还是从产值结构来看，第二产业在国民经济中的比重在上升到 40％左右后，将趋于停滞或缓步下降，第三产业的崛起成为城镇化持续发展的后续力量。

如果说工业化带来的是城市规模的扩张和城市数目的增多，即城镇化在量上的扩张，那么第三产业的发展则促进了城镇化软硬件设施的完善和人民生活水平的提高，即主要表现为城镇化在质上的进步。因为第三产业大多是劳动密集型和知识、技术密集型行业，不仅能够吸纳较多的劳动者就业，成为加快城镇化进程的重要因素，还将有利于提高整个国民经济的运行质量和效益。

许多发达国家的经验数据表明：随着经济水平的提高，一国城镇化进程与其第三产业的发展水平呈现出高度的正相关性。从理论上来解释，作用机制是这样的：以集聚为特征的城镇提供一定范围内相对密集的人口、相对集中的企业群和相对收入较丰的有旺盛购买力的人群→诱导第三产业发展→为城市提供更多就业岗位，促进城市软硬体设施完善，吸引人口和生产要素进一步向城镇集中→促进城镇化进程。目前世界经济发达国家已经进入第三产业主导城镇化的阶段，其第三产业的产值、就业比重均超过 60％。一些主要城市已经从工业生产中心转为第三产业的中心，彻底实现了城市职能的第三产业化，城镇化水平的提高主要表现为城市内涵的进展，即城市现代化。

总之，城镇化从空间来看是要素从农村向城市的流动，从产业来看是要素在产业间的流动，因此，产业转换与发展是城镇化的重要动力。其中，农业、工业以及传统和新兴的第三产业都在不同程度上促进了城镇化的进程。它们可以分解成两大基本力量：即以农业发展为代表的农村"推力"，和以工业化与第三产业发展为代表的城市"拉力"。但工业化与第三产业发展对城镇化的作用又有所不同。工业化带来的主要是城市规模的膨胀和城市数目的增多，即主要是城镇化在"量"上的扩张；第三产业促进的是城市软硬件设施的完善和人民生活水平的提高，即主要是城镇化在"质"上的进步。

3. 要素流动：城镇化的微观动力

在经济增长的背景下，产业转换与发展必然引起生产力地域空间布局的变化，并通过生产力要素在不同地理空间的转移与整合来实现；这种地理空间的转移主要是在农村与城市之间的转移。从这个角度来说，这一过程实质上是城镇化的过程。要素的流动是城镇化动力机制系统框架中的直接动力。

（1）劳动力的流动对城镇化的影响

工业革命以来的国际经验表明：人口的流动是各国工业化和市场经济发展的普遍现象；人口在推力和拉力的作用下，采取直接转移和间接转移的形式，按照由低收入地区向高收入地区、贫穷地区向发达地区、农村向城市流迁的规律不断地流动，促进人力资源的合理配置，推动城镇化和社会经济的发展。

从劳动力流动的过程来看，它实质上是生产要素中的主体要素与生产环境之间相互适应、相互协调的过程，是人力资源与其他资源重新优化组合创造新的生产力的过程。同时，劳动力的流动不是孤立进行的，通常会伴随、诱导着其他要素流动，即"能人带来技术"、"能人带来资金"。因此，通过劳动力的流动可以促进要素在城市空间的聚集、组合，推动城镇化的进程。

首先，劳动力的流动会增加社会对城市的需求。大量劳动力的流入需要城市提供更多的工作机会，需要新城市的建立和老城市规模的扩大和升级。其次，流动人口进入城市需要城市为其提供生活条件。流动人口本身是一个巨大的消费群体，他们进入城市后会对城市经济质量和容量提出更高的要求。他们的消费方式将会发生巨大变化:变自给自足的消费方式为商品经济的消费方式,从而会增加对商品和服务的需求,进而促进工商业以及城市住房、交通、通信、水、电、气等基础设施和医疗、卫生、文化教育事业等第三产业的发展。

再从供给来看,劳动力的流动增加了城市的供给能力。城市的供给能力由城市生产要素(资源)及其相互之间的结合方式决定。生产要素充足且相互之间能以一定的最佳比例配合,则生产要素就能得到较好利用而形成生产力,增加城市供给。随着城市居民文化素质和生活水平的提高,他们的就业观会发生变化,在职业选择上表现为宁愿失业也不到"脏、累、重"且待遇不高的行业如建筑、纺织、化工、环卫等部门工作。对于农村劳动力(主体要素)而言,他们进入城市一般会首先进入这些行业,与这些行业的既有资源相结合,从而创造出新的生产力,繁荣了城市经济,为城市的发展作出了很大贡献。

(2)资金流动对城镇化的影响

任何一个城市的产生都需要一定的最初原始资本的积累,并且在城镇化进程中,资金流入集中地容易形成新的城市,资金的充裕度在某种程度上决定了城镇化进程的快慢。在现代社会,资金作为形成工业及城市的生长源,对城市形成与发展的作用正日益增加。由资金拉动形成城市在现代城市的形成方式中占有相当的比重,例如新中国成立前的上海、天津以及现代珠江三角洲城市群的崛起都是资金催化的典型。

城镇化需要大量的资金支持,一般地,这些资金主要来自以下几种渠道:①财政无偿投资;②城市内部积累的资金;③农业剩余转化为城市建设资金;④外资介入一国的城镇化过程。[①]

4. 技术创新与扩散对城镇化的影响

科学技术是第一生产力。随着技术的进步,经济活动总体规模、

---

① 详见第六章。

就业水平和劳动生产率上升的同时,产业结构、企业空间组织形式发生变化,形成更加广泛的经济协作体系,技术"溢出"的辐射效益促进了周边地区的发展,对城镇化进程产生了深刻的影响。

(1) 对城镇化具有决定意义的主要技术

迄今为止,对城镇化最具有实质促进意义的技术主要有三类:

其一,先进的工业技术。由工业技术的巨大革新带来的工业革命是城镇化进程中的重要里程碑。先进的工业技术改变了人类的生产内容、生产方式和生产的空间组织结构,从而改变了人类的生活方式和空间聚集方式,推动人口向城市转移。

其二,便捷的运输技术。交通技术的改进、高效运输方式的应用,扩大了空间的可达性,改变了区域土地的价格和利用方式,增加了远离城市的地区利用城市土地的可能性,降低了城市内部利用土地的优势。借助先进的运输方式,居民和企业为追求舒适的生活和工作环境而向外迁移,导致空间结构的新变化,扩大了城市的空间范围。

在世界城镇化的实践中,以家庭小汽车、高速公路网和大运量城市公共运输系统为代表的运输方式,极大地改变了人们的空间概念和日常生活,对欧美发达国家城镇化进程中的"郊区化"和"城市密集带"现象起着推波助澜的作用。

其三,发达的通信技术。具有"快速、准确、安全、方便"和"高容量、高频度、高效率"特点的现代通信技术和通信方式,使生产者和消费者能以更系统、更有效的方式收集和传播信息,大大降低了信息传递和扩散的成本,从而在两方面推动着城镇化进程。一方面,近邻城市的郊区因靠近城市而得到某些好处,例如能够享受城市信息通信设施等公共服务的外溢(spill over)。企业和居民在这里既能够享受到城市聚集经济的好处(尽管这种好处随距离的增加而减少了),又能够避免城市的聚集成本。因此,这加快了城市郊区的城镇化进程。另一方面,信息流可以代替有形的物质流和人员流,减轻城市的交通压力,改善城市的环境,提升城市的档次,加快了城镇化的现代化建设;城市文明可以借助电子手段以无形的方式向更广大、更偏远的农村地区传播、扩散，有力地改变着农村的价值观念和生活方式，加快了城镇化"量"的步伐。

(2) 技术扩散的方式与城镇化进程

20世纪50年代瑞典著名学者哈格斯特朗（T. Hagerstrand）从空间角度对技术的扩散进行了研究。他认为，由于一项创新的优势，使创新者与其周围的地理空间中产生"位势差"，为了消除这种差异，一种平衡力量促使创新活动向外传播和扩散。技术的空间扩散一般以下述三种形式出现：近邻扩散、等级扩散和位移扩散，它们分别影响着城镇化的不同内容。

近邻扩散又称接触扩散，指技术以创新原地为中心向周围地域连续的扩散。它就像"一石激起千层浪"的波纹扩散形式一样，是同心圆式的扩散。"距离衰减规律"在这种扩散过程中表现得相当明显，随着离开扩散源距离的增加，扩散强度依次递减。技术的近邻扩散使城市的近郊能够迅速获得先进的技术，会同近郊的其他各种优势促进郊区的城镇化进程。

位移扩散，指技术的扩散随时间产生非均衡的位移。在这种扩散中，往往是通过传播者自身的移动将技术带到新的地方。位移扩散的典型例子是，大量的农村劳动力在城市就业后返回当地，将先进的技术和城市的生活方式带回落后的农村，从而促进当地的经济发展和城镇化进程。

等级扩散指以创新原地为起点，循着一定的等级顺序扩散。某些新思想、新技术的扩散往往由最大城市（或最发达经济地域）越过乡镇、小城市，向较远距离的规模相当或仅次于扩散源的大城市（或大的经济地域）传播，然后再跳跃式地向更小一级城市（地域）扩散。这种扩散形式在空间上是不连续的，但遵循一定的规则。等级扩散的产生，是因为许多技术的扩散需要相对类似的空间。技术的等级扩散使若干区域中心城市能够优先获得先进的技术，提升其技术含量和综合经济实力，从而提高其作为经济增长极的带动作用，增强吸引力，推进区域城镇化的进程。城镇化进程中的三种技术扩散机制如图4—3所示。

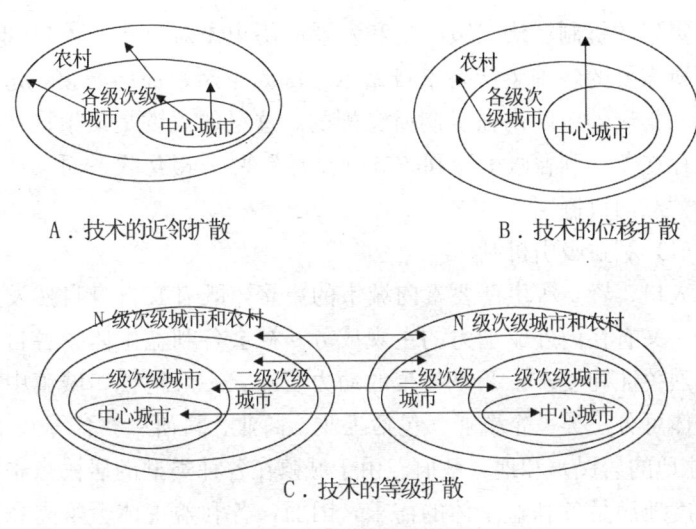

图 4—3　技术扩散

5. 城市聚集经济：城镇化的内生动力

城镇的存在基础和特征与聚集密切相关。一方面，聚集使城镇成为一个区域经济活动的中心；另一方面，聚集也使已成为经济活动中心的城镇带动整个区域的发展，在扩散的作用下实现程度更大的聚集。

众所周知，城镇是以地理上的接近、生产专业化以及财富与技术的集中为特征的。城镇具有商业、娱乐、教育、文化等多种服务职能，为周围区域的居民和居住单位提供货物和服务。城镇在空间上形成一种经济力量，这种经济力量促进区域的发展。而一个具有经济活动的区域要发展，必须拥有以自己为核心、由若干大小不同的城镇组成的体系。每个城镇大都位于它的服务区域的中央部位，故称为"中心地"。中心地的大小排列形式具有一定的规律性，某一等级城镇的数量与其规模大小成反比。等级愈低，其数量就愈多，规模则愈小；反之亦然。城镇等级规模的形成，受交通最优、市场和行政最优原则的制约。随着社会分工的加深和商品交换的扩大，城镇往往成为商业和服务业的集中地。

集聚的机制：从城镇产生和发展的历史不难看出，人口和工业生产所需要的各种生产要素自始至终源源不断地涌向城镇，这是由城镇的集聚效应的内在机制所支配的。这里的关键是集聚这一运动本身存在着"利益吸引"和"选择排斥"两个相互联系而又相互矛盾的"双向机制"。

(1) 利益吸引机制

人口、资金等生产要素向城市的集聚，既有其自身自然发生的成分，又有在内外驱动力的主观成分。社会各利益主体对各自利益的强烈关注和要求，乃是集聚的动力所在。一般地说，城镇中的利益主体可分三类：企事业（包括工业、商业、科研、教育等）、个人（原住地的居民）和地方政府。由于城镇在各种类型的居民点中能最大限度地满足各利益主体的需求，因而，各利益主体会争先恐后地涌向城镇。城镇能满足企业追求利益最大化的需求。这种满足是从两个方面实现的：一是降低企业的生产费用；二是提高企业的生产效率。关于企业生产经营费用的降低，马克思也有精辟的论述：这种节约之所以会发生，是由于劳动者的密集，是由于不同劳动过程的靠紧和生产资料的集中。

(2) 选择排斥机制

所谓选择排斥机制，是指城镇对涌入其中的人口与企事业单位等，在客观上有一种自动的选择或淘汰机制。它有选择性地吸收和容纳有能力在城镇中生存和发展下去的利益主体，排斥和淘汰没有能力在城镇激烈竞争中立足的利益主体。城镇集聚的这种选择排斥机制，实际上是优胜劣汰的竞争规律在城镇集聚中的体现。城镇这块空间地域对企事业、个人、政府等各利益主体有着极大的吸引力，原因在于城镇能最大限度地满足各利益主体的需求。但是，城镇为各利益主体提供的优越条件不是无偿的。在城镇与各利益之间，也存在着一种交换关系，因为城镇的运行是要靠高费用来维持的，所以各利益主体要进入城镇并在城镇中发展，就必须具备支付高昂费用的能力，而各利益主体的支付能力，是由其本身的实力、效益、效率所决定的。因此，对于向往城镇生活的农村人，对于希望把厂址、店址、所址、校址设置在城镇的企事业单位，不仅要分析城镇可能给它们带来的利益，还要计算它们能否支付得起在城镇中生存的高昂费用。进不进城镇、进城镇落户于什么区域，是利益主体经过计算后的选择。由此可见，城镇对各利益主体需求的满足是有条件的或有代价的，即：愿劳动者来，不愿劳动者走，有能力者来，无能力者走。

可见，城镇之所以能产生聚集效应，是因为城镇在漫长的聚集过程中，利益吸引机制和选择排斥机制自始至终地发挥着作用。优胜劣汰的市场规则使城镇聚集了先进的生产力诸要素，使城镇成为先进生产力的空间集合形式，这些要素在城镇里有机结合，使城镇的生产和其他行动发生了化学增效作用，使城镇的生产力得到极大的提高。

可见，"聚集"是城镇化进程的一个方面，也是城镇化进程的核心。城镇作为聚集的中心，在劳动技术、资金、交通运输、通信设施、市场容量、人力资源以及居住条件等方面，比周围地区拥有更多的优势，使得生产活动不断向城镇聚集，从而产生聚集的规模效应和经济效益，成为区域的增长点。

6. 市场机制：城镇化的主导动力机制

市场机制作为社会经济现象的重要协调机制，也在城镇化进程中发挥着重要的作用，甚至可以说，市场机制是城镇化的主导动力机制，是贯穿于城镇化全过程中每一环节、每一时期、每一侧面的重要调节力量。它不仅直接作用于城镇化，还通过影响经济增长、产业转换与发展、要素的流动以及城市聚集效应等其他动力因素间接地推动城镇化的进程。众所周知，没有要素在城市空间的聚集，就不可能有城镇化现象。而在一个相当长的时期内，要素向城市流动、在城市聚集是其在市场机制作用下进行区位选择的长期结果。至于在一个城市内部，各种要素的空间分布与变化更是市场力量选择的结果，即市场机制在城市经济聚合体内部结构、组合方式和外在形态的形成上起着至关重要的作用。

当然，由于市场机制本身存在着市场负效应、市场无能、市场失灵等缺陷，并且城镇化是关系经济长远发展的宏观系统工程，因此，政府在城镇化推进过程中也有着不可替代的协调作用。

4.2 西部欠发达地区城镇化滞后现状

城镇化水平和地区经济发展水平之间呈高度相关性：一方面，西部欠发达地区经济发展的滞后导致该地区城镇化水平的滞后；另一方面，该地区城镇化水平的滞后是西部欠发达地区经济发展滞后的一个重要原因。

西部欠发达地区城镇化水平的滞后，主要表现在以下几个方面：

第一，城镇不仅数量少，而且密度低。到2002年底，全国共有城镇663座，每万平方公里拥有城市0.69座。但占全国国土总面积56.8%的西部，仅拥有城镇121座，占全国城镇总数的18.3%，每万平方公里仅分布城镇0.22座；仅占全国总面积13.5%的东部，拥有城镇317座，占全国城市总数的47.8%，每万平方公里分布城镇2.31座。

第二，城镇分布极不平衡。2002年，仅占西部国土总面积16.9%的四川、贵州、陕西、宁夏四个省区，拥有大型城镇66座，占西部城镇总数的54.5%，每万平方公里分布城镇数分别为0.64座、0.74座、0.63座和0.96座，不仅远远高于西部的平均水平（0.22座/万平方公里），而且接近或超过全国平均水平（0.69座/万平方公里）。占西部国土总面积30.3%的新疆，国土面积居全国之首，仅拥有城镇19座，每万平方公里分布城镇0.12座；占西部地区总面积22.5%的西藏，仅有城镇2座，每万平方公里分布城市0.02座。这种分布上的不平衡性不仅严重影响了西部欠发达地区城镇化的整体水平，也造成了西部各省区之间城镇化的差异。

第三，城镇平均规模偏小，且规模等级结构不协调。根据各国城镇化的基本经验,随着城镇规模的逐渐增大,城镇数量在总城镇数中所占的比重依次降低,而西部欠发达地区城镇的规模等级序列却呈变态的金字塔形。西部欠发达地区的城镇规模、等级、结构均不合理,城镇体系发育很不健全,垂直联系不连续,城镇之间出现了规模等级序列断层,各级城镇在一定程度上呈分散化的自我发展,缺乏联动效应。

第四,城镇质量差,功能单一,对周围地区的辐射带动作用弱。在西部欠发达地区的城镇体系中,小城镇数量多,这使得城镇的规模效应和聚集效应无法发挥。同时,西部欠发达地区的城镇大多为资源开发型城镇,这种城镇一般功能单一,辐射带动能力弱;而且在城镇建设中,由于体制等多方面的原因,又普遍存在城镇规划滞后、基础设施建设不配套等问题,城镇呈粗放型发展。而且,由于西部欠发达地区城镇的发展主要是依赖于国家建设项目投资的推动,在中央直接投资控制下发展起来的城镇,以重工业为主的单一的产业结构特征明显,制约了第三产业的发展,严重削弱了城镇的辐射力和向心力,使其难以承担地区经济中心的职能。

第五,城镇经济实力薄弱,在地区经济中所占比重小。与发达地区相比,西部欠发达地区城镇的经济实力不强,在地区经济中的比重明显偏低。2002 年,全国地级及地级以上城镇共实现国内生产总值 36557 亿元,占全国 GDP 的 44%;西部城镇共实现国内生产总值 4620.81 亿元,占西部地区 GDP 的 40%;东部城镇实现国内生产总值 23473.69 亿元,占东部地区 GDP 的 48.8%,西部较东部低 8.8 个百分点,较全国平均水平低 4 个百分点。西部欠发达地区城镇经济的落后,导致了西部城镇化水平的滞后。城镇化的滞后不仅使工业的主导作用不能很好地发挥,而且导致社会分工不能细化,严重地阻碍了第三产业的发展,影响了就业的增加和需求的增长,而且使西部欠发达地区的城乡经济难以协调发展。

4.3 西部地区城镇化的动力机制

城镇化是指农村人口向城市的转移和集中以及由此引起的产业结构、就业结构、收入结构、消费结构等非农业化重组的一系列制度的变迁过程。加快城镇化进程已成为解决我国西部地区一系列社会经济问题，保持国民经济持续快速发展的主要途径。在政府大力倡导和推动城镇化的背景下，培育和完善城镇化的动力机制成为西部地区城镇化的关键。

4.3.1 西部地区城镇化动力机制的形成与演变

发达国家城镇化道路走过的是一条工业化水平不断提高、产业结构不断升级、城镇化进程不断推进的内生化道路，带有浓厚的自发演进色彩，建立在利益诱导机制基础上的市场化推动模式始终是城镇化的主导模式。与城镇化的一般规律截然不同，中国西部地区城镇化走过了一条曲折的道路。

我国西部地区城镇化动力机制经历了两个不同的阶段。

第一阶段，中央政府主导的自上而下的外生型城镇化阶段（1949—1978年）。这一阶段西部地区城镇化服从于当时中国宏观经济形势和社会背景，完全依靠外部力量拉动而成。新中国成立后重工业优先发展战略的确立拉开了西部地区工业化的序幕，但由于西部地区工业基础相当薄弱，自然经济占统治地位，外力的拉动成为必然。仅"三线建设"时期，国家在西部地区累计投入两千多亿元，建成一千多个大中型骨干企业、科研单位和大专院校。但依托国家投资建立的以资源开发为依托的重化工业以及军工制造业，纯属一种移植和嵌入模式，工业化与区域社会经济发展缺乏联系，形成典型的农业人口滞留农村、资本流入城市的社会经济二元结构。这种发展模式违背了城镇化的一般规律，最终形成了在广大的小农经济社会中镶嵌着"孤岛"状分布的几大中心城市和资源型中小城市的城市格局。工业化和城镇化都存在着严重的扭曲。以改革开放为界限，前一阶段为中央政府主导的强制性制度变迁过程，这种变迁服从于中国的宏观经济形势和社会背景。新中国成立后在工业基础相当薄弱的条件下采取重工业优先发展战略，必然要求农业为工业提供资本积累；工业的高积累要求工人低工资、低消费，必然造成工农产品价格的剪刀差；重工业较高的资本有机构成必然造成资本排斥劳动、农业人口滞留农村、资本流入城市的二元结构。西部大多数地区作为全国的重工业基地，依托国家投资在中心城市建立起的资源开采和重化工业以及军工制造业，与地区社会经济缺乏联系，城乡分割的二元结构由此产生，并形成了城镇化严重滞后于工业化的局面。各产业的非均衡发展也造成了产业间的严重断层，工业对农业的盘剥加上土地制度引起的激励和约束无效，农业到了几乎无法维持简单再生产的地步，第三产业发展受阻，农业和第三产业的落后以及工业结构的偏差反过来又制约了工业的发展和城镇化的推进。

第二阶段，地方政府主导型多元力量推动的城镇化阶段（1978年至今）。改革开放后，西部地区城镇化相继进入第二个发展阶段，这一阶段城镇化的动力机制呈现出中央政府和地方政府拉动、市场力量推动等多元格局，并且明显地带有对第一阶段各种扭曲行为进行矫正的特点。首先，就外部拉力来看，中央政府自上而下的力量明显减弱。20世纪80年代，国家推行区域非均衡发展战略并且战略重点东移，各项政策明显地向东部地区倾斜，区域差距开始拉大。进入90年代后，国家区域发展战略逐渐向着非均衡协调发展演进，特别是随着西部大开发战略的实施，国家加大了对西部地区基础设施建设的投资力度，为西部地区城镇化提供了十分有利的条件，但随着市场化改革的推进和政府职能的改变，政府支配的资源越来越有限，整体上自上而下的力量对西部地区城镇化的作用明显减弱。其次，地方政府成为拉动城镇化的主导力量。改革开放以来，特别是20世纪80年代中期开始的财政体制改革，使地方政府作为一级利益主体，得到了工业化、城镇化的自主权。在赶超的压力和区域利益最大化的诱导下，各地区都加大了工业化、城镇化的步伐，乡镇企业迅速崛起，撤乡并镇、兴办开发区等措施使小城镇数量猛增，不合理的城市体系结构得到了一定程度的改善。再次，推动城镇化的区域内生力量开始形成，两支新兴的市场力量逐渐显示出对城镇化的驱动力。一是以非公有制为主体的中小企业迅速兴起，成为拉动城镇化的一支十分活跃的力量。二是农民在市场力量诱导下自发地向非农产业和城市转移。始于1978年的农村体制改革使农民获得了双重解放。一方面，农业剩余的增加和农村要素市场的迅速发展，为乡村工业的发展和农村剩余劳动力的转移提供了物质基础和市场条件；另一方面，农村改革给予农民流动迁徙和重新择业的权利，被压抑的市场力量得以释放，受农村剩余劳动力绝对过剩的压力和农业比较利益低下的影响，农民迅速向非农产业转移，流动进城打工、兴办乡镇企业、从事非农产业等活动既增加了农民的收入，也极大地推动了城镇化进程。经过近二十年各种力量的推进和拉动，西部地区城镇化水平显著提高，从1978年的不足17%发展到1984的24.9%、2000年的27.7%。

改革开放后，西部地区的城镇化进入了新的发展阶段。这一阶段的制度变迁源于两种力量：一是地方政府主导的地方工业化和城镇化的大力推进。改革开放以来，特别是20世纪80年代中期开始的财政体制改革，使地方政府作为一级利益主体，得到了工业化、城镇化的自主权。为追求区域利益最大化，各地区都加大了工业化、城镇化的步伐，乡镇企业和小城镇迅速崛起，但由于体制、社会经济基础等多方面的原因，西部地区的发展规模和水平远落后于东部地区。二是农民在市场力量诱导下自发地向非农产业和城市的转移。始于1978年的农村土地产权制度变革和一系列农村体制改革给农村发展带来了巨大的变化，农民获得了剩余索取权，农业生产率的提高和农产品剩余的增加，使农村集市贸易得以恢复，农产品市场和农村要素市场迅速发展，为城镇化的推进打下了良好的基础。农村改革也给了农民流动迁徙和重新择业的权利，利益机制开始发挥作用,被压抑的市场力量得以释放,在农村剩余劳动力绝对过剩的压力和农业比较利益低下的驱动下,农民必然向收益更高的非农产业转移。但在1984年以后,西部地区城镇化陷入徘徊状态。体制的影响和各产业发展困境交织在一起,使城镇化的动力严重不足。由于城镇化和工业化的推动以地方政府为主体,地方政府的资本原始积累主要来源于耕地"农转非"的巨额增殖和农业剩余,这样稀缺的土地资源浪费严重,不合理的税费制度使农民负担不断增加,收入增长幅度呈逐年下降的趋势,农民作为市场主体的推动力量受到遏制,城镇的自我积累功能和自我发展机制没有形成;农业发展在此之后也陷入徘徊不前的局面,缺乏充足的农产品剩余以滋养乡村非农产业的发展;城乡隔离体制的存在,限制了农民向城市的集中和非农化过程,农民更多地采取了兼业化的形式,小农生产的格局不但没有打破,而且由于稀缺的土地资源的均分制有所强化;乡镇企业多以本地资源的开采为主,与城市工业结构雷同,对劳动力的吸引相当有限,其结果是西部地区城镇化严重滞后的局面并没有得到彻底改善。

4.3.2 西部地区城镇化的动力机制

由于特殊的工业化道路和城镇化模式,造成西部地区特殊的社会经济发展状况。人地关系高度紧张、农村剩余劳动力不断增加和城乡分割的二元结构成为西部地区城镇化的主要矛盾;城市工业的低水平和小农经济的低效率造成的城乡产业的双重落后成为城镇化进一步发展的制约条件,城镇化严重滞后于工业化成为西部地区城镇化的背景,也是起点。这种矛盾和背景制约下的城镇化的动力结构和动力机制也显出很强的路径依赖,很难遵循国外城镇化的一般规律。以城市工业为主的面临着严重挑战的现代部门和以农村传统农业为主的低水平的传统部门的并存,决定了西部地区的城镇化将围绕两条主线展开,即在扩大新兴产业部门的同时,必须加强对传统产业部门的改造,寻求一条城乡经济和社会逐渐融合发展的道路。

目前工业化是西部地区城镇化的根本动力,农业发展是西部地区城镇化的基础,第三产业是城市可持续发展的后续动力,三大产业的协调发展所形成的合力,将极大地推动西部地区城镇化的进程。

1. 经济增长与发展——西部欠发达地区城镇化的基本动力

城镇化是经济增长和发展过程中社会结构变化的一种重要的表现形式,一个地区的城镇化水平随着地区的经济增长不断提高,也即经济增长和发展是城镇化的基本动力。

城镇化过程的缓慢与迅速取决于社会的经济发展。从整体上来看,城镇化的进度与经济发展速度基本上是一致的。美国经济学家罗斯托关于经济发展的五个阶段的论述与经济史上城镇化的三个阶段是基本相符的。罗斯托在其所著的《经济成长阶段:非共产党宣言》一书中,从经济学角度出发,把所有社会发展过程归纳为传统社会、起飞前提、起飞、走向成熟、高消费五个阶段。在其中的起飞阶段,工业迅速发展,由此带来的大部分利润被再投资于新工厂。反过来,这些新工业迅速扩大了对工厂工人、为他们服务的服务业以及对其他制造业的需求,从而引起城镇的加速发展。同时,由于农业技术的迅猛发展,大大提高了农业的生产效率,使越来越多的农民采用新的生产方法和由此带来的新的生活方式。

在一定意义上,城镇化水平就是经济增长和发展水平的投影,经济增长和发展是中国西部欠发达地区的城镇化的基本背景或基本动力。

西部欠发达地区农业发展的滞后,使得该地区城镇化的初始动力不足。城镇化的过程首先表现为大量农村人口向城镇的转移,这些转移人口的来源以及他们在城镇中生产和生活资料的依靠归根到底取决于农业的发展。农业的发展为城镇化的进程提供了要素市场和商品市场。但西部欠发达地区由于农业生存发展条件差、农业基础设施差、农业增长缺乏稳定性、农产品及其加工产品竞争乏力等因素,导致西部欠发达地区城镇化发展所需要的劳动力、原材料、资本等要素市场供给不足和工业制成品、消费品等产品市场需求不足,削弱了西部欠发达地区城镇化的初始动力。

2. 农业经济的发展和农村社会结构的变迁——西部地区城镇化的基础动力

西部地区城镇化水平还停留在初级阶段,其城镇化进程本身,就是变落后的乡村社会和自然经济为先进的城市社会和商品经济的过程,即实现大量农村剩余人口的转移、落后的农村社会的转型和传统农业的彻底改造。西部地区由于农业的低效率和城乡二元结构的普遍存在以及由此引发的一系列社会矛盾,如失业、贫困、分配不均等问题不仅严重困扰着农村经济社会的发展,而且阻碍了城市工业化的推进。因此,农村问题的解决必须以农村为主,农业经济的发展和农村非农化的推进仍然是消除二元结构、推动西部地区城镇化的主要动力。

(1) 农业劳动生产率的提高

农业劳动生产率的提高和农业剩余的增加是西部地区农村城镇化的关键之一,因为农业不仅承担着为城市居民和非农产业发展提供粮食和原料的任务,而且是西部地区工业资本原始积累的源泉和工业产品主要的消费市场。

(2) 农村非农化的推动

扩大城市规模,推进农业剩余劳动力的大规模转移和广大农村地区经济的发展,还必须推进农村地区的非农化进程。

(3) 农村居民向城市转移

基于农村经济发展基础之上的是农村社会结构的变迁和农民的分化。城镇化的对象是农民,目前由于城乡隔离的各种体制还没有彻底废除,城市失业问题严峻,使农民的转移受阻,农村的非农活动也呈现出兼业性和季节性的特点,农民转化的力量处于压抑状态,但潜伏着很强的冲动。

3. 工业化——西部地区城镇化的根本动力

众所周知,现代城镇的蓬勃兴起与由专业化分工程度加深所导致的工业化的推行是密不可分的。从经济史的角度来考察城市化，人们可以发现，工业革命以来，几乎所有的新兴城镇都是工业城镇，如英国的曼彻斯特、美国的底特律等。在这些城镇早期的发展中，都紧密地依附于城镇中的主导工业。耶兹（1970年）对工业刺激城镇发展过程的研究表明，"在早期资本主义社会，工业化与城镇化是紧密相连的，工业发展是城镇成长和发展的最重要推动力。"马侠[①]（1987年）从人口角度所进行的数量分析则揭示了这样一条规律：工业劳动人口比重每增加1%，则有可能引起城镇人口增加1.8%，工业化与城镇成长和发展之间存在着稳定的正相关关系。

发展经济学的奠基人之一张培刚先生将工业化（industrialization）定义为："国民经济中一系列基要的生产函数（或生产要素的组合方式）连续发生由低级到高级的突破性变化（或变革）的过程。"一方面，这种变化过程必须是由低级到高级，是不断前进的，是动态的；另一方面，这种变化过程必须是突破性的，是一种社会生产力（包括一定的生产组织形式）的变革。[②]

工业化刺激城镇发展的理论有多种，如聚集经济理论、城镇发展的乘数原理、城镇发展的循环累积因果机制理论、"发展极"理论等。其中，前两种理论可以较好地说明单个城镇自身成长的规律，"发展极"理论则可以解释区域内城镇化水平提高的机制工业化之所以会带动城市发展的原因有很多。

Au和Henderson（2002年）分析了中国对劳动力迁移的限制政策所导致的产业聚集和生产效率的损失，指出中国行政辖制城市的规模比其估计的最优规模低了至少40%，这种规模偏小所导致的经济损失是巨大的，如果能将现在的农村工业聚集程度和城市规模提高一倍的话，将带来国民总产出的极大增进。

工业化的基本特征可以概括为以下几点。第一，工业化首要和

---

① 马侠：《工业人口、国民生产总值与城市发展》，载《中国社会科学》，1987（5）。

② 张培刚：《发展经济学通论（第一卷）：农业国工业化问题》，190～192页，长沙，湖南出版社，1991。

本质的特征，就是以机器生产代替手工劳动，是一场生产技术革命，从而也是社会生产力的突破性变革；同时，它还包含着生产组织和国民经济结构深层次的相应的调整和变动。第二，工业化引起且包含了整个国民经济的进步和发展。因为基要生产要素组合的变化，不仅表现为制造业及农业上机器的发明和应用，而且会引起现代工厂制度、市场结构及银行制度兴起等组织上的变革。这种变化将对农业、制造工业等生产结构产生巨大的影响。第三，规模报酬递增的产业或部门，无论是产值比重还是劳动力就业比重都将逐渐在国民经济中达到优势地位，规模报酬递减的产业或部门的地位逐渐下降。第四，工业化必须能够引起整个经济体制或社会制度的变化，以及人们的生活观念和文化素质的变化。

工业化的进程将加速西部欠发达地区的城镇化进程。因为，工业化将极大地提高其西部欠发达地区的劳动生产率，为城镇的兴起和发展提供新的生产关系和物质技术基础。而这些条件对于城镇化进程来说，形成了强大的拉力，即在"聚集"规律作用下形成对农产品和劳动力的大量需求。对于西部欠发达地区的经济来讲，这些条件又形成了一种强大的推力，即在一定时期内，农业生产率的提高，增加了农产品的供给，同时又节余了一定数量的劳动力。也即，西部欠发达地区的工业化进程将导致该地区的经济增长和发展，并对西部欠发达地区的城镇化进程起到推拉作用。简言之，经济增长对城市化的促进作用要部分地通过产业转换来实现；而生产要素的流动实质上是要素在各产业之间的流动，即产业结构转换是要素流动的载体，因此，产业转换与发展是城镇化进程的中观动力。

我国西部欠发达地区的工业化程度低，导致城镇化的根本内部动力不足。工业化的进程是人口和产业在空间上的聚集，而城镇是这种空间聚集的最佳选择。因此，工业化在客观上必然促进城镇化的发展，城镇化成为工业化的必然结果。我国西部欠发达地区工业发展滞后，工业化程度较低。1998年全国平均的工业化系数为82.92%，其中东部地区为87.02%，中部地区为77.84%，西部地区为71.21%，西部工业化系数低于全国平均水平11个百分点。西部地区内部工业化发展差异也较大,贵州、新疆、西藏三省区的工业化系数分别为 66.41%、58.68% 和 23.27%,分别低于西部平均水平 4.8、12.53 和 47.94 个百分点,低于全国平均水平 16.51、24.24 和 59.65 个百分点。西部欠发达地区工业化发展的滞后,使得这一地区不能形成空间的聚集,不能产生规模经济,必然不能对城镇化形成强大的推动力,从而影响了西部欠发达地区城镇化发展的根本内部动力。

我国西部地区工业化特殊的发展道路和畸形的工业结构使得城镇化远滞后于工业化,反过来又影响了工业化的进程。西部地区的现代工业部门经过多年的发展之后,正处于结构调整阶段,新的产业体系还未形成,以采掘业和原材料工业为主的传统行业受到国内外市场的冲击,原有的市场份额正在逐渐萎缩,为此,产业结构的调整成为经济发展的中心。其内容是:利用全国产业结构调整的契机,发展有地区特色与市场竞争力的劳动密集型产业;利用高新技术产业改造传统产业,提高其竞争力;不失时机地发展高新技术产业,参与区域分工与竞争,推动西部地区工业化进入中期阶段。工业化的中期阶段是工业结构不断完善、工业竞争力不断加强的阶段,也是城镇化加速发展的阶段。工业内部结构调整成功与否决定着西部地区城镇化的进程和经济社会的发展水平。

4. 第三产业是城镇化的后续动力

随着工业化进程的推进和生产社会化程度的提高,要求城市提供更多更好的配套服务。第三产业作为劳动密集型产业,对劳动力的吸纳能力有着很强的弹性。随着城镇化、工业化水平的提升,在国外出现了工业向城外扩散、城市成为第三产业聚集中心的趋势。西部地区第三产业有着广阔的发展空间,工业化的推进将对各项服务业特别是现代服务业产生极大的拉力。随着消费结构的升级,城镇居民对通信、教育、娱乐、旅游的消费正在兴起,将极大地拉动新兴服务业的发展,吸纳更多的劳动力。农业产业化和农产品商品化的发展对农村各项社会服务业提出了较高的要求,部分劳动力逐渐向这一领域转移。各服务行业的垄断将逐渐打破，民间资本的投资领域将进一步拓宽。随国家"西部大开发"战略的实施，加大了对基础设施建设的投资力度，为西部地区第三产业的发展和城镇化的推进提供了良好的机遇。

5. 产业结构转换与西部地区城镇化的推进

城镇是非农就业人口的聚集地，城镇化是非农产业形成和农业人口转化成非农人口的过程。所以从本质上讲，非农产业形成聚集是西部欠发达地区城镇化的动力之一。在经济增长的背景下，工业化进程导致的产业转换与发展引起生产地域空间布局的变化，而后者又进一步引致区域经济一体化，并通过生产要素在不同地理空间的转移与整合来实现。

产业类型和结构对于城镇化的影响主要体现在两个方面：一是工业的轻、重比例；二是经济的内、外向度与城镇化的差异。工业轻重比例不同对劳动力吸纳能力也不同，从而引起城镇化的水平与速度的差异；经济的外向度越高，生产要素在区际之间的流动越频繁，能吸收更多的劳动力，从而促进城镇化的进程。

这种地理空间的转移主要是在农村与城镇之间的转移。一般来说，城镇化过程有三种层次的含义：乡村人口向城镇流动的过程；城镇数目与城镇规模不断扩大的过程；城镇文化与城镇生活方式不断向农村地区扩展与影响并最终使农村地区实现城镇生活方式的过程。其中，乡村人口向城镇流动这一过程又是城镇化最基本的内涵。

配第—克拉克定律揭示出一个国家的产业结构变动与国民收入之间的内在联系和三次产业间劳动力的变动规律。即：制造业比农业进而商业比制造业能够得到更多收入，这种不同产业之间相对收入的差异将促使劳动力朝着能够获得更高收入的部门移动。从这一产业结构转换与发展的理论中，可以看到这样一个经济发展规律：随着经济的增长和产业平均利润率的不同，经济主体为追逐各自利益的最大化必然会选择在不同的产业之间流动。同时，由于各产业的特性不同，所要求的空间条件（包括区位条件、空间的聚集与集中度等）也不同。土地是农业最基本的生产要素，农业对土地的数量、质量的要求较高，因此农业倾向于以分散的方式布局在地域广大的农村。工业和服务业则由于具有消费地指向、原料指向、交通运输枢纽指向、人口聚集指向等特点，倾向于布局在人口相对密集、原料充足、区位条件较优的城镇。因此，伴随着生产要素在不同产业间的流动，城镇化的过程就应运而生了。

从城镇化的国际经验来看，城镇化进程一直伴随着产业结构的变化。因此可以说，产业结构升迁和优化以及由此而导致的区域经济一体化是城镇化进程的主线。

随着国民收入的提高，劳动力首先由第一产业向第二产业转移，当人均国民收入水平进一步提高时，劳动力便向第三产业转移。美国经济学家库兹涅茨把国民收入在三次产业分布上的变化趋势同劳动力分布的变化趋势结合起来研究，得出结论：随着国民收入的增加，农业实现的国民收入在整个国民收入中的比重不断下降，工业实现的国民收入比重不断上升，服务业实现的国民收入比重变化不明显。劳动力分布状况的变化是：农业劳动力在全部劳动力中的比重下降，工业劳动力的比重有所上升，但没有其在国民收入方面的变化那么明显和一致，服务业劳动力的比重趋于上升。

西部欠发达地区的城镇化发展必须要以产业发展和企业的聚集为支撑。这是因为一个大企业和几个中小企业的最初发展，才能带动当地就业机会、劳动收入的跨越式增加，会吸引众多劳动力到来，一些外地人直接参与到工业生产中，而更多外地人则加入到服务业行列中。同时，大企业或中小企业效益的增加，又会促使地方财政收入直线上升，财政收入又会反馈到当地基础设施的完善上。当一个区域成为越来越适合企业生活的优质土壤，受利益驱动的上下游产业和竞争对手都会来寻找更大的利益，经济中的"乘数效应"就会让当地经济如滚雪球般越做越大。由此可见，没有企业的聚集和产业支撑的城镇化，必然是经济基础脆弱、功能不健全的城镇化，必然是一个缺乏造血功能、没有发展动力的城镇化，甚至是一个渐趋衰落的城镇化。因此，西部欠发达地区城镇化进程必须先以西部欠发达地区产业的发展和企业的聚集为起点。

由于历史原因，形成了西部欠发达地区偏重型的工业结构，西部的重工业化程度远远高于全国和东部地区。此外，西部地区地处偏僻，信息闭塞，人们的思想观念落后，传统的自然经济思想根深蒂固，很少受到外部力量的冲击。由此导致了西部欠发达地区城镇对劳动力的吸纳能力弱，影响了城镇化进程。产业结构不合理，制约了西部欠发达地区城镇化的进程。城镇化的实质是生产力变革引起的人口和其他经济要素从农村向城镇转移的过程，表现在生产方式上就是产业结构的大规模调整，产业结构的变化必然体现为城镇化的加快。城镇化水平的提高主要是靠第二、三产业比重的上升，二者几乎同时进行。西部地区的第二、三产业比值较低，2000年，西部地区三次产业比例为 21.34：42.48：36.18，同年东部地区三次产业比为 14.09：48.31：37.60，西部第一产业比重比东部高 7.25 个百分点，而第二、三产业比重却分别比东部低 5.83 和 1.42 个百分点。西部第二、三产业发展滞后，必然影响到城镇化的进程。

就目前西部欠发达具体情况来说，应该是在加强第一产业的基础上，根据本地实际情况适度发展第二、三产业。对于西部落后地区的城镇化进程来说，西部的城镇化不具备东部城镇化发展时的条件，因此也不能够走东部的老路子——先过度发展乡镇企业，再自发建设城镇。而应该两者互动，同时起步，共同发展。在允许的条件下，一面发展乡镇企业，一面规划建设小城镇。然而事实是西部地区已出现了许多盲目建镇的现象，忽略了产业培育或产业培育严重滞后，导致大量出现"最初的轰轰烈烈，很快转入冷冷清清"的建镇局面，不但走了弯路，而且出现基础设施投资浪费，造成难以挽回的损失。所以注意培育发展有活力的"经济细胞"——有地方特色的产业，是西部欠发达地区城镇化进程中必须遵守的法则，不能人为地盲目建"城镇"。经济活动的聚集可以获得局部性报酬递增的收益，从而促进经济增长。

因为城镇不能只充其量是一个生产地，而不能发挥城镇的其他职能。只有把城镇建设得环境优美，生活居住条件远远优于农村，对农村人口迁移有巨大吸引力，才能形成城镇，才能有效地发展第三产业，进而更多地吸引就业，发挥出城镇的聚集功能，转移农村剩余人口和提高农民收入，城市从本质上来说是人口居住地，简单地说是"居民点"。以人为小城镇建设发展核心的理念，贯穿整个城市化过程之中。它是建立在小城镇的生活居住功能优于农村村庄的基础之上的。这就要求必须吸引周围农村剩余劳动力离开土地、离开原住地而向小城镇转移聚集。这种状况在我国东部沿海地区被充分成功地演绎着，说"小城镇建设是中国农民的伟大创造"毫不为过。然而由于是自下自发的原始驱动力的发展形成，缺乏科学的规划等，也出现了不少问题，诸如功能分区不合理，污染处理、绿地面积、公共基础设施等方面存在不合理现象。

产业递进与城镇化的关系如下：

第一，产业结构的变革会引起各种生产要素在空间上的流动和重新组合，要素配置将会从收入弹性较低的以农业为主的产业向收入弹性较高的第二和第三产业转化。这种转化促进以劳动力为主的生产要素在空间上的聚集，加速城镇化进程。

第二，产业结构递进的过程，是第二、三产业对农业剩余劳动力的吸收过程，这种过程对人的现代化有至关重要的作用，也为整个城镇化进程打下了人力资本基础。

第三，第二、三产业也需要一定的活动空间，但在一定土地面积上所能容纳的经济要素要比第一产业所能容纳的经济要素高得多，聚集成为可能，因此土地较多地表现为容纳和组合生产要素的空间；而农业及采掘业需要在大量土地上作业，土地是工作场所和劳动对象，因此在一定的土地面积上就不可能投入更多的经济要素，故第一产业导致聚集既不可能也无必要。

第四，根据世界各国城镇产业结构的演变规律，城镇产业结构的高度化主要表现在以下几个方面的演进过程中。①从三次产业方面来看，第二产业的产值和就业人数所占比重逐渐降低，第三产业的产值和就业人数所占比重逐渐下降，第一产业的产值和就业人数所占比重一直都很低，随着城镇经济的发展呈现降低的趋势。②从产业的要素密集程度来看，逐渐由以劳动密集型产业为主转向以资本密集型产业为主，再向以技术密集型产业为主演进。③在产业内部，逐渐从以轻工业为中心向以重工业为中心再向以服务业为中心。④在城镇产业的演进过程中，将逐渐由低附加值产业向具有高附加值的产业演进。

非农产业的发达程度，包括两方面：一是当地形成发展的工业生产，主要是乡镇企业和个体私营工业企业的发展程度；二是大城市工业向农村的渗透分散推进。前者的培育发展要以当地资源优势为依据，以发展污染小或无污染、投资少、见效快的加工企业为主，特别是农副产品加工、深加工工业，既可带动特色农业发展，增加农民收入，发展农村经济，又可带动农村产业结构的战略性调整。后者主要是大城市工业规模过大，人口规模过大，用地规模过大，易造成城市环境污染加剧，人们生产、工作、生活的质量下降。为避免城市环境问题恶化加剧，把一些工业适当布局到其周围的农村小城镇，这也是大城市辐射功能的表现之一，也是大城市发展的需求。这有利于资金、技术的合理流动，对增加农民收入、缩小城乡差距有重大意义。这种"以工补农"和"以工建农"的方式还能有力地支撑起当地农业的发展，反过来农业能为农村工业提供更大的支撑，提供更多的食品、副食品和工业原材料。

6. 制度创新是城镇化的保障

历史上各产业的非均衡发展影响了西部地区城镇化的推进，城镇化滞后反过来又影响了各产业的进步。因此，作为一种经济规律，各产业的协调发展和产业结构的调整将使西部地区的城镇化进入加速发展时期。制度的创新和一系列社会经济结构的变革则为城镇化的推进提供了有力的保障。如城乡土地制度改革、户籍制度改革以及社会保障等一系列城乡分割的体制将逐步打破；城镇化动力机制正向国家、内资、外资、个人等多元化转变；推动城镇化进程作为西部地区"十五"时期的重点发展战略，已成为各级政府工作的中心之一。各产业发展的推动和来自于制度创新的拉力所形成的合力，将使西部地区城镇化进入新的发展阶段。

4.3.3 西部地区城镇化动力机制的培育与重构

西部欠发达地区城镇化水平的滞后，成为西部欠发达地区经济发展的瓶颈，在推进城镇化的过程中，应不断完善和强化其动力系统中的动力来源并改善制约城市化的相关因素，针对西部欠发达地区的具体情况，做好西部城镇的功能定位和区域经济一体化。

西部地区城镇化的动力问题，从宏观层次看，由于区域市场化能力不足从而需要外部力量的拉动；从中观层次看，需要各产业均衡协调发展和产业结构、消费结构升级的推动；从微观层次看，需要城镇化动力主体的再造与培育；从制度层次看，需要尽快打破城乡隔离的二元体制，加快市场化进程。

1. 外部力量的拉动力

依靠外部力量打破区域低水平循环陷阱是发展经济学的主要观点。西部地区城镇化的内生力量正在形成和孕育阶段，自发力量显得不足，加快城镇化能力建设需要外部力量的拉动力，即中央政府政策的支持和外部要素的流入。国家区域经济政策的倾斜在过去、现在和将来都是影响西部地区城镇化的一个主要因素，这些政策包括加强基础建设，为城市发展提供"公共产品"服务，降低要素流动与聚集的自然成本；给予西部地区财税、金融、市场准入等方面更大的支持力度，提高地方的资本积累能力等，这也是中央政府西部大开发战略的主要着眼点；市场经济条件下，政府直接配置的资源是有限的，政府的拉动更多地体现为对市场的培育，即针对市场成长的不足，培育市场，推动市场成长，这一职能主要指通过制度建设、特别是产权制度、法律制度建设，为市场主体提供激励和保障，降低交易费用，提高交易效率。我国已加入WTO，西部地区对国内外的开放将进入一个新的发展阶段，通过比较优势参与国际、国内分工，吸引外部要素流入，与区域内丰富的自然资源和动力结合，将形成西部地区城镇化的新的外部拉动力。

扩大西部欠发达地区经济的外向度，促进地区区域经济一体化，最终促进城镇化的进程。经济的外向度和区域经济一体化程度与城镇化进程高度正相关，加快西部欠发达地区的城镇化进程，必须加强其经济的外向度和加快地区区域经济一体化的进程。而且，经济全球化和区域经济一体化进程从"推动"和"逼迫"两个方向促进着城镇化的进程，因此，西部欠发达地区要推进城镇化，必须扩大对外开放程度，积极参与到经济全球化和区域经济一体化进程中去。通过对外开放程度和区域经济一体化程度的提高来促进西部城镇化的进程。

2. **区域市场环境建设形成的内聚力**

外生力量作用的关键在于打破区域内部的低水平均衡，通过外力的注入激活区域内部要素，为内生力量的形成创造条件。只有区域内生力量得以形成，通过区域本身的活力吸纳人口和经济聚集，城镇化才能走上健康发展的道路。内生力量主要体现为区域市场对各种要素流动组合和优化配置的能力，即市场的活力，而这正好是西部地区缺乏的。市场环境建设首先要求地方政府转换职能，这一转换的核心是地方政府由城镇化的动力主体向为市场的发展和运作创造条件、培育城镇化的动力主体的地位转变，逐渐减轻地方政府的市场替代及其对市场的抑制。地方政府应借助于西部大开发的机遇，配合中央政府的政策倾斜搞好硬环境建设，加快改善道路、通信、电力、供水、生态环境等条件，特别是加快农村基础设施建设，为农村城镇化创造良好的条件，弥补市场力量的不足，矫正市场失败。但更主要的是地方政府应尽力营造公平的市场竞争环境，放松各种不合理的管制，消除要素在区域间和城乡间流动的制度性障碍，特别是消除二元体制障碍和农民进城的身份壁垒，加快农村以土地制度为核心的一系列制度建设，消除非公有制经济发展的体制性障碍，给予非公有制经济"国民待遇"，为城镇化市场力量扩张创造条件。

3. 经济结构调整与非农产业发展的吸引力

提高西部欠发达地区的工业化程度，就是为城镇化提供根本动力。工业化是城镇化的根本动力，西部欠发达地区至今仍处于工业化的初期阶段，因此，加快西部欠发达地区城镇化的进程，推进工业化，进行产业结构调整就成为必然选择。通过西部欠发达地区产业结构的调整，提高工业化水平，形成空间的聚集，产生规模经济，必然能对城镇化形成强大的内部推动力。

城镇化过程是农村人口向城市转移的过程。按经济学一般原理，劳动力总是由低生产率部门向高生产率部门流动转移。西部地区存在着典型的"劳动力无限供给"，农村劳动力有着强烈的进城冲动，但近年来由于工业的弱质性和结构偏差，非农产业对劳动力的需求减缓，抑制了城镇化的进程。现阶段西部地区传统工业陷于困境，为此有必要对工业发展的技术和行业选择进一步定位，即遵循比较优势原则，根据要素禀赋条件参与市场竞争。西部地区传统的资源原材料行业优势正在逐渐丧失，资源品位越来越低，开采成本逐渐提高，传统产业的根本出路在于提高技术水平和加工增值水平，除此别无他路。西部地区资本对劳动力很高的替代成本性决定了其工业更应该因地制宜地发展一些有优势、有市场、有特色的加工工业和劳动密集型工业，实现资源开发和产品深加工并举，一方面提高产品的附加值、增加经济效益；另一方面扩大对劳动力的吸纳能力，在发展中实现资源禀赋结构的提升。工业化是非农化的基础，工业化纵深的推进过程是专业化、社会化、规模化的过程，也是农村剩余劳动力转移和农业专业化、规模化、商品化发展的过程。只有在工农业协调发展的基础上，才能推动服务业的快速发展。

4. 农村内部扩张的推动力

西部欠发达地区要提高城镇化水平必须首先发展农业，为城镇化提供初始根本动力。通过农业发展，提供原材料，完成资金积累，释放更多的劳动力和开辟广阔的商品市场，以加快西部欠发达地区城镇化的发展。

西部地区农村内部有着很强的城镇化扩张冲动,其一是大量农村剩余劳动力的存在及其快速增长,超出了耕地的有效承载能力;其二是城乡差距特别是收入差距的拉大刺激劳动力向非农产业和城镇流动。但如托达罗模型所述,由于城市失业人口的大量存在,将这种冲动转化为城镇化的现实推动力不可能完全由城市现代部门的扩张来实现,还必须大力推进农村非农化和小城镇建设,在发展中实现城乡经济的接轨和融合。

农村工业化是缓解高度紧张的人地关系、提高农业劳动生产率的重要手段;也是改善农民收入结构、增加农民收入的主要途径;更是加快自给自足的小农经济瓦解,推动农村社会结构转型的主要力量。

西部地区农村非农产业发展相对于农村庞大的剩余劳动力来说其规模水平还很低,这意味着西部地区不仅要加快乡镇企业结构调整和改革的步伐,还必须在二元结构条件下进行较大规模的农村地区初始工业化过程。农业产业化发展和建立在区域特色资源基础上的农产品加工业成为西部地区农村工业化新的突破口。西部地区工业化水平还比较低,农业不仅承担着为城市人口提供食品的任务,而且还承担着为工业化特别是为农村工业化提供产品贡献、资本贡献、市场贡献甚至外汇贡献的任务,这些贡献均来源于农业剩余的增加。因此,加快农业发展成为区域经济发展和城镇化的必然。近年受多方面因素的影响,农业发展出现了徘徊的局面,农业的低效率和农民收入水平增长幅度的下降严重影响了工业化和城镇化进程,农业基础地位的重要性再次显现。面对全国范围内普通农产品相对过剩的局面,调整和优化农业结构,发展具有区域比较优势的特色农业,提高市场竞争力,是西部地区农业发展的根本出路。

在促进西部欠发达地区农业发展、工业化进程和区域经济一体化的进程中,还应该实施"科技"战略,为西部欠发达地区城镇化提供持续动力,加快传统产业的技术改造,提高传统产业的科技含量，促进产业结构升级换代，以实现西部城镇化的跳跃式发展。同时，还应该注意作好西部欠发达地区城镇功能的定位。一个城镇必须要有吸收外来要素的功能，而开放式的结构能聚集人气，否则，城镇发展起来也是有城无镇，城镇的功能定位、城镇的产业重点没有一个固定的模式，应当按照各个城镇的具体条件来确定。还应注意政府在西部欠发达地区城镇化中的职能定位，在加快西部欠发达地区城镇化的进程中，政府应加快城镇化的制度创新，尽快建立起一种使西部欠发达地区城镇化进程能随着工业化和区域经济一体化进程而相应推进的机制。

第五章 我国城镇化进程及东、中、西部地区的比较研究

5.1 我国的城镇化进程

5.1.1 中国城镇化的起源

前工业社会城市是政治中心或军事重镇,是消费中心,但不是生产中心。随着生产力的发展和经济水平的提高,城市与经济的联系日益密切,新兴城市逐渐变成为商品经济发展的产物,现代城市不仅是工业生产的基地,也是贸易中心、金融中心、交通枢纽、信息中心,有的城市还是科学、文化教育的中心,城市的工作和各项经济活动不仅局限于为本城市服务,更重要的是还辐射整个经济区域。城市所发挥的功能远远超出我们的期望。追逐城镇化发展的历史对于认识城市,更好地发挥城市的功能,为现代化建设服务是很有必要的。

根据考古资料,我国在四千年前的夏代初期或夏代以前已出现了城市或城堡。大约在公元前700—前400年间,我国部分地区农业劳动生产率就已经达到较高水平,能够生产出大量的剩余产品。公元前400年,农业中脱壳黍子的平均产量大约为每公顷1000公斤,

而欧洲在18世纪农业革命以前小麦每公顷平均产量只有600～800公斤（肖勤福，1991）。较高的农业劳动生产率，使一部分人从农业中分离出来从事其他社会活动，从而使这一时期的城镇化成为可能。根据当时城墙长度所围成的城镇面积及西欧城市人口密度推算，我国当时大城镇的人口数量约为9万人左右。

唐代时，我国城市人口已占全国总人口的10%左右，拥有百万人口的大城市有三座，当时世界城市人口只占总人口的3%左右。一千多年后的1949年，当世界城市人口占总人口的28.8%时，中国的城市人口却仍然只占全国总人口的10%左右。我国古代城镇的设立主要是为满足统治者建立官府的政治需要，唐代以后城镇发展有停滞和倒退现象，城市化程度较低。自唐、宋以后，我国城市的形态和功能呈现出不同的发展面貌，城市的经济职能大大提升，有的甚至远远超出其原来的政治功能。这些城市有：唐代的扬州城，宋代的饶州城（今江西波阳）、真州城（今江苏仪征）、华亭县城（今江苏松江），以及宋以后的苏州城、杭州城、湖州城等。随着商品经济的活跃，唐、宋以后各地涌现出众多的工商业镇市，这些镇市大都濒临水陆交通要道，或者靠近某些重要的商品或原料产地。这些城镇的兴建，主要是由于商品交换的发展，聚集了众多的工商业者和一部分从农村中脱离出来的农业人口。这些镇市的外部形态、居民成分、管理体制，乃至其生产、流通、消费等内部结构，更有别于封建郡县城市。五代、宋、元、明、清时期，作为地方政治中心的州县一度趋于衰败，而有些镇市，如芜湖附近的黄池镇，太湖附近的乌青镇、南浔市，松江入海口处的青龙镇，杭州湾北岸的澉浦镇，长江中游的鄂州南市等，其工商业相当繁荣，足以与发达的州县相比。

我国真正具有现代意义的城市行政区的建制制度（即行政区划制度）的产生，只有八十余年历史。城市化作为一种世界性的普遍现象开始于18世纪60年代英国产业革命。我国是在帝国主义列强用坚船利炮打开国门的鸦片战争后，随着资本主义世界工业革命的兴起，在工业新技术和大机械生产浪潮的冲击下逐步开始城镇化的。

我国城镇化的历史起点,学术界通常以城市化持续较快发展的19世纪40年代为界。1843年我国城市人口占总人口的5.1%,高于世界城镇化起点时3%的水平。新中国成立以后,城镇化发展经历了不平凡的历史进程。

5.1.2 中国近代城镇化的发展

鸦片战争后,帝国主义列强大举入侵,并迫使清政府签订了一系列不平等的条约和协议,中国丧失了大片领土和众多权益。从1842年签订《中英南京条约》到1935年的《秦土协定》,五十多个屈辱、不平等的条约,就像一道道枷锁套在中国人民的脖子上,逼迫我们割地、赔款、开放通商口岸等。中国被迫先后开放的通商口岸有:广州、厦门、福州、宁波、上海、牛庄(后改为营口)、登州(后改为烟台)、台湾(台南)、淡水、潮州(后改为汕头)、琼州、汉口、九江、南京、镇江、云南边境、广西边境、沙市、重庆、苏州、杭州等,形成了以上海为中心、从南到北沿海、从东到西沿江的纵横交错的贸易口岸和城镇密集的地区。外资的侵入不仅对中国封建经济基础起到了解体作用,同时也使中国资本主义生产的发展有了某些客观条件和可能。随着资本主义世界工业革命的兴起,工业新技术和大机械生产的浪潮也波及我国,我国城市的发展速度大大加快,远远超过以往各个时期,从此我国进入近代城市化阶段。

1. 中国近代城镇化发展的主要状况

第一,城镇化程度缓慢提高,东部地区城镇化发展快于中西部,城市整体规模较小,城市功能逐步健全。

中国城镇化起步用了一百年左右的时间——从1840年到1949年,城镇化率从5.10%上升到1949年的10.64%。在这漫长的一百年中,城镇化率仅提高了5.54个百分点,发展非常缓慢,因此与世界城镇化的差距也越来越大(见表5-1)。

表 5-1　中国近代人口及城镇化率的变化

年度（年）	总人口（万人）	城镇人口（万人）	人口城镇化率（%）	世界人口城镇化率（年度%）
1843	40588	2070	5.10	1850　6.40
1893	39167	2350	6.00	1900　13.60
1936	48300	3415	7.07	
1949	54200	5765	10.64	1950　28.2

资料来源：胡顺延等：《中国城镇化发展战略》，中共中央党校出版社，2002。

从表 5—1 可见，1893 年比 1843 年全国总人口减少了 1421 万人，年均减少 28.42 万人，年均增长率为 -0.07%，但这期间，城市人口却增加了 280 万人，年均增加 5.6 万人，年均增长率为 0.27%；1936 年比 1893 年总人口增加了 9133 万人，年均增加 212.40 万人，年均增长率为 0.54%，其间，城市人口增加了 1065 万人，年均增加 24.77 万人，年均增长率为 1.05%；1949 年比 1936 年总人口增加了 5900 万人，年均增加 453.85 万人，年均增长率为 0.94%，其间，城市人口增加了 2350 万人，年均增加 180.77 万人，年均增长率为 5.29%。可见 20 世纪三四十年代，我国城市人口增长的步伐逐渐加快，但世界城镇化率更快，我国与世界的差距越来越大。1850 年左右，差距不到 1 个百分点，到 1900 年差距约为 6 个百分点，到 1950 年，差距达到 17.56 个百分点。

近代城镇的发展主要由沿海向内地扩展，各地区之间的发展速度参差不齐。东部地区（大兴安岭、太行山、河南、湖北、湖南、广西壮族自治区西界以东的地区）城镇化程度较高。1933—1936 年间，东部地区共拥有 147 个城市，占城市总量 193 个的 76.2%，城市密度为 4.96 个/10 万平方公里，中、西部地区的城镇化程度相对低得多。全国各地城镇规模不大，主要以小城镇为主。占城镇总量85.2%的小城镇人口在5万～20万人之间，大城镇人口在50万人以上，占城镇总量的5.3%（见表5-2）。

表5-2 1933—1936年我国城镇规模结构

	人口数量划分标准	城市数量（个）	占城市总量（%）	城市人口总量（万人）	占城市人口总数%
小城市	5万～20万人	161	85.2	1480	45.9
中等城市	20万～50万人	18	9.5	598	18.6
大城市	50万人以上	10	5.3	1145	35.5

资料来源：胡顺延等：《中国城镇化发展战略》，中共中央党校出版社，2002。

近代城市人口增加除了自然增长外，主要来源于进城的农村人口，人口从农村流向城市从事工商业或其他行业的生产服务活动。20世纪初到20世纪30年代末，城镇特别是大城市人口增长比较快，约为总人口增长率的两倍左右。20世纪初，人口在5万以上的城市大约共有1680万居民，占4.3亿总人口的4%～5%，到1938年，这些城市总人口增长到2730万居民，占5亿总人口的5%～6%，城市人口的年增长率大约是1.4%。我国最大的六个城市——上海、北京、天津、广州、南京、汉口在30年代平均每年的增长率为2%～7%，远远超过一般城市的增长率。

近代城市功能逐渐健全。城市中工商、金融、科学、文化、教育、新闻等机构逐渐形成，如各种政治团体、工商学会、银行、科研院所、大中小学、报社等，这些机构使封建都市突破了仅为政治、军事、文化、宗教中心的局限，而发展成为政治、经济、文化、科学、教育、信息和服务的多功能市镇中心。在近代城市的劳动者有了较细的专业分工和较高的知识水平及专业技能。

第二，城市中资本主义经济兴起，民族资本主义工商业有较快的发展，官僚资本逐步垄断国民经济。

19世纪60年代初，清政府中的洋务派依靠政府拨款创办军事工业,如兴办"洋炮局"、"工厂"等。政府通过财政拨款和对外借款筹措资金,创办了一批民用工业,如纺织厂、煤矿、铁矿、电报局、轮船招商局等,许多城市第二、三产业产值逐步提高。近代企业发展促进了中国近代城镇的产生和扩大。

随着外资的入侵,一部分商人、地主和官僚开始投资兴办缫丝、纺织、轮船修理、煤矿等工矿企业,民族资本兴起。第一次世界大战期间,我国民族资本主义工商业发展比较迅速,之后,由于西方列强的入侵、外资的重压,民族资本跌入低谷。到20世纪30年代,民族资本创办的工业交通企业的净资产约为13亿元。

在民族资本曲折向前发展的同时,官僚资本逐渐兴起并控制了国民经济。1927年国民党执政后,以蒋、宋、孔、陈"四大家族"为代表的官僚资本渐渐掌控了国家的经济命脉。1949年,官僚资本占全国工业交通企业固定资产的比重达到80%,控制钢铁产量的90%,煤产量的33%,纺织机械的60%,发电量的67%,并控制了全国的铁路、公路、航空运输和44%的轮船吨位,拥有全国最大的银行和十几家垄断性贸易公司。①

2. 中国近代城镇化发展的主要原因

第一,西方资本主义的影响客观上对我国近代城镇化发展起到了推动作用。

当西方国家在进行着轰轰烈烈的工业革命时,旧中国还处于闭关锁国的封建统治之下,还没开始现代城镇化建设。西方资本主义列强对中国的侵略,把我国变成为殖民地,客观上加速了我国封建自然经济的解体,而现代资本主义在中国的萌芽,客观上促成了我国近代城镇化发展的进程。

第二,交通运输的发展成为促进我国近代城镇化发展的另一直接因素。

---

① 中国大百科全书编辑部:《中国大百科全书·经济学》,北京,中国大百科全书出版社,1998。

城镇化必然引起农村人口不断向城镇转移,第二、三产业向城镇聚集,城镇人口数量增加,人们生产活动范围也逐渐扩大,交通运输已经成为人们生产、生活的基本需求。作为人员和货物集散地的城镇,交通业的发展既是城镇发展的必然前提,同时也是城镇化发展的必然结果。在近代,部分城市就是因为铁路、航运等现代交通业的兴起而发展起来的。因此,交通运输的发展和兴旺对于城镇化的发展起着举足轻重的作用。1899年俄国在我国东北三省修建铁路,开原城西南的小孙家台屯设立火车站,宣统以后这里逐渐成为聚集数百商家的集镇。

第三,民族工商业的发展促进我国城镇化的发展。

中国的民族资本是相对于官僚资本而言的由民间投资经营的资本主义经济。从19世纪70年代开始到1894年民族资本投资700万元左右,甲午战争后,民族资本主义工商业发展较快,1895—1913年间投资约1.5亿元。到20世纪30年代,民族资本兴办的工业交通企业净资产达到十多亿元。城市化发展的根本动力是工业革命,我国虽未经过完整意义上的工业革命,但近代民族工商业的发展无疑对近代城镇化发展有巨大的推动作用。随着民族资本主义工商业的兴起,城市中聚集的人口逐渐增加,城市中第三产业也逐渐兴起和完善,城镇化向前推进。

3. 新中国成立后到改革开放前城镇化的曲折发展进程

中华人民共和国成立后的五十余年里,中国人民奋发图强,取得了社会经济的巨大进步,特别是1978年经济体制改革后,城镇化发展突飞猛进。五十多年来,城市在国民经济和社会发展中的中心地位日益突出,城镇经济的飞速发展和城市功能的不断完善,对周围地区社会和经济产生了强大的辐射力和示范效应,促进了整个地区的经济繁荣。五十多年来,城镇化在我国发展迅猛,自1949年到2002年,我国的城镇数量已由132个增加到660个,其中市区非农业人口在50万以上的大城市由12个增加到81个,全部城镇人口占总人口的比重由12.5%上升到39.09%。五十多年来,城镇化的发展经历了从低速、动荡、停滞走向稳定、快速发展的过程。

(1) 这期间中国城镇化发展的三个阶段

第一阶段：(1949—1957年) 城镇化低速发展阶段。

1949—1952年，国家对过去半殖民地半封建社会条件下形成的城市进行了改造，城市经济发展的重点是变消费城市为生产城市，强化了城市生产功能，城镇吸纳的劳动力在经济生产恢复、发展的基础上逐渐增加，城市人口逐渐增多。在第一个五年计划期间，由于156项重点工程在各大中城市的布点和实施，出现了一批新兴的工矿业城市。如纺织机械工业城市榆次，煤炭城市鸡西、双鸭山、焦作、平顶山、鹤壁等，钢铁新城市马鞍山、石油新城市玉门等。与此同时，对一些老城市进行了扩建和改造，包括武汉、成都、太原、西安、洛阳、兰州等老工业城市。加强发展了鞍山、本溪、哈尔滨、齐齐哈尔、长春等大、中城市。一大批新建扩建工业项目在全国许多城市兴起，对土地、劳动力的需求和对城市建设、经济发展以及有限的服务业的兴起都起到了有力的推动作用。1949年，我国城市数量为132个，城市非农业人口2740万人，城市化水平（以城市非农业人口占总人口的比重计算）为5.1%，到1957年，城市数量增加到178个，城市化水平上升到8.4%。随着国家政治的稳定和经济建设的稳步发展，1953—1957年，全国工农业总产值平均年增长率为18.3%，城市人口年均增长16.0%。这些数据说明"一五"时期的城镇化发展及城市人口增长与国民经济的发展是基本适应的。

第二阶段：(1958—1965年) 城镇化的动荡阶段。

由于国家对经济形势估计的错误，导致生产上盲目追求高标准，提出"超英赶美"的不切实际的口号，城镇化发展也从急于求成的盲目过热到"天灾人祸"引发的紧缩萧条。从1958年的"大跃进"狂潮开始，特别是"大炼钢铁"的进一步推进，全民大办工业，导致城镇化过度发展，城镇人口从1957年9949万人增加到1960年的13073万人，年均增加1041万人；城市数量也从1957年的176个增长到1961年208个，年均增加8个；建制镇由1956年的3672个增加到1961年4429个，年均增加151个；人口城镇化率从1957年的

15.4%猛增到1960年的19.7%,提高了4.3个百分点,年均提高1.43个百分点,比普通年份高出一倍多;城市非农业人口所占比重由8.4%上升到10.5%。由于城镇的过度膨胀,超过了城市基础设施的承受能力,城市的供电、供水、住房、交通、教育、卫生、安全等频频告急,严重影响了城市人民的生产和生活。从1961年开始,国家采取大规模压缩城市人口,提高市镇设立标准,撤销部分市镇建制等应急措施。在压缩城市人口方面,动员部分职工家属返乡务农,把已经流入城市的一些人口疏散回农村,城市精简职工等。由于城市社会经济出现萎缩,产生了大量剩余劳动力,加上生活水平的无保障,出现了"工人老大哥,不如回家种萝卜"的民谣。到1962年底,共减少城市人口1414万人,人口城镇化率从1960的19.7%下降到1962年的17.3%,下降了2.4个百分点,年均下降1.2个百分点。从1961年到1965年,城市数由208座下降到171座(见表5—3和图5—1),全国共撤销了1527个镇,使建制镇减少到2902个。一部分新设置的市恢复到县建制,如榆次、侯马、朝阳、公主岭、嘉兴、柳城、平顶山、岳阳等;另一部分地级市实行降级,成为县级市,如石家庄、保定、唐山、三明、咸阳、玉门、安阳、焦作等。1961—1962年,是逆城镇化发展时期。1963年后,城镇人口逐渐恢复性增长,到1965年,城市人口达到13045万人,接近1960年13073万人的水平,城镇化率也提高到18.0%,比1960年低1.7个百分点,比1962年上升0.7个百分点。

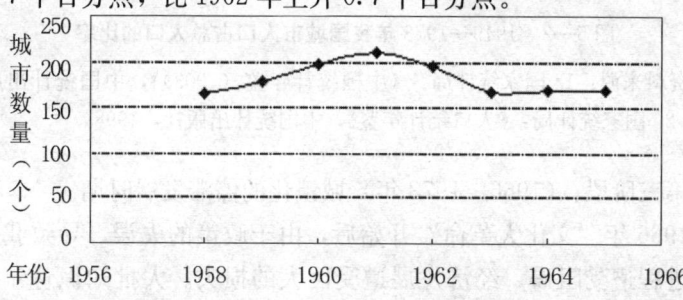

图5—1　1958—1965年我国城市数量变化

表 5—3　1949—1978 我国城镇化变化情况　　（年末数）

起止年份	起止年份的城镇人口（万人）	城镇人口增加/万人	城镇年均增加/万人	起止年份的城镇化率%	城镇化率年均提高百分点	城镇人口年均增长率（%）	总人口年均增长率（%）
1949—1952	7163	1398	466.0	12.5	0.61	7.51	2.00
1952—1957	9949	2786	557.2	15.4	0.58	7.78	2.38
1957—1960	13073	3124	1041.3	19.7	1.43	10.47	—
1960—1962	11659	−1414	−707	17.3	−1.2	−2.7	
1962—1965	13045	1386	462	18.0	0.23	3.96	2.41
1965—1970	14424	1379	275.8	17.4	−0.12	2.11	2.52
1970—1975	16030	1606	321.2	17.3	−0.02	2.10	1.62
1975—1978	17245	1215	405	17.9	0.2	2.53	—

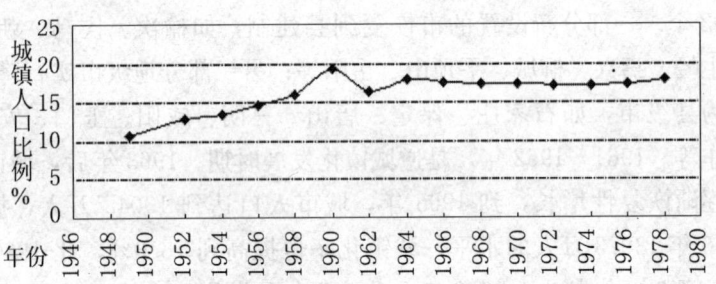

图 5—2　1949—1978 年我国城市人口占总人口的比率

资料来源：1. 国家统计局：《中国统计年鉴（2003）》，中国统计出版社，2003。2. 国家统计局：《人口统计年鉴》，中国统计出版社，1998。

第三阶段：（1966—1978 年）城镇化的停滞发展时期。

1966 年"文化大革命"开始后，由于政策的失误，导致我国城镇化进程遭受阻碍，经济发展遭受巨大的损失。大批知识青年上山下乡，不少干部被下放到农村，城市经济明显衰退，城市人口增长率已成负值，出现第二次逆城镇化现象。据统计，"文化大革命"期间动员到农村去的知识青年约有两千万人，加上下放的城镇干部、职工及其家属，下放到农村的城镇居民共有三千余万人。1970年城镇人口占总人口的比例从1965年的18.0%下降到17.4%，并且该项指标一直在17.2%左右徘徊近十年，到1975年该项比例仍只有17.3%，十年之间城镇化率没有提高，反而倒退了0.7个百分点，到1978年城镇人口占总人口的比例只有17.9%，还达不到1965年的水平。整整13年间，城市只增加了25个，城市非农业人口长期停滞在6000万～7000万人之间，城市化水平在8.5%上下徘徊。从图5—2可见，从1964年到1978年，城市人口占总人口的比例没有什么变化。在农村人民公社成立前后，城市人民公社也开始萌芽，这种从形式上强行推行经济体制城市化的做法，既不是城市经济发展的要求，也不是城市居民社会生活的要求，其结果不但不能促进城镇化的发展，反而延迟了城镇化的进程，在这个时期，城镇化几乎处于停滞不前的状态（见表5—3）。此外，由于"三五"、"四五"时期（1966—1975年），国家大搞"山、散、洞"式的三线建设，投入三线的基本建设投资比例分别为52.7%和41.2%，这样使西南、西北、豫西、鄂西、湘西和晋西等一系列新兴工业基地逐步形成，这对西南、西北以后的经济建设和城市建设发挥了重要的作用，但由于当时大量工业内迁，对沿海城市的发展不利。

(2) 新中国成立到改革开放前城镇化发展的特征

这段时期我国城镇化从发展速度来看是相当缓慢的，但还是有所发展，中间有城镇化发展倒退现象出现，城镇发展的经济动力不足，对城镇化发展起着决定性作用的主要是政策因素。从发展水平看，城镇化发展落后于工业化发展和现代化进程。其主要特征有：

第一，政治因素决定城镇化发展，1957—1978年错误的政治决策使这阶段的城镇化发展遭受了严重的挫折。

城市发端于产业革命，产业革命提高了劳动生产率，为城市化的兴起和发展提供了新的生产关系和物质技术基础。城市中资本的聚集效益规律，形成对农产品和劳动力不断增长的需求，这对城镇化的发展形成了一股强大的动力。农村中由于劳动生产率的提高，既提供了更加丰富的农产品，还提供了更多剩余的劳动力，这对城镇的发展也产生了更高的要求。两股力的作用共同推动着城镇化的进程。

但我国城镇化发展的动力主要是政治性和社会性的，而非经济性。政府成为了城镇发展的动力主体。政府有其政治目标，一旦政治目标决策失误，城镇化发展也必然会走弯路。从1957年的"左"倾错误开始，1958年的"大跃进"，1964年大搞"山、散、洞"的三线建设，1966年开始的"文化大革命"，1968年的知识青年上山下乡等，政治运动一个接着一个。这些大规模的政治运动，使城镇化建设没有按其自然规律和经济规律健康发展，而是由急于求成的盲目过热到"天灾人祸"引发的紧缩萧条，城镇化发展呈现出由扩大到紧缩的变化，其发展道路跌宕起伏，相当艰辛，特别是知识青年下放农村和城镇人口的下放政策，使城镇化发展出现倒退。所以，由于政治因素的作用，使这段时期我国的城镇化发展遭受到严重的挫折。

第二，城镇化发展中政府偏重于城市利益，往往忽视农村、农民的利益。

政府在实现其政治目标的同时，更多地代表了城市居民的利益，这就造成城市政策的偏向。在工业化发展过程中牺牲农业，价格长期剪刀差就是典型表现。这样的结果是不但工业化难以实现，同时导致国民经济走到了崩溃的边缘，物质贫乏，城市居民生活必需品都要依靠各种票证才能购买。城市的发展不但无法吸收农村中的剩余劳动力，而且城市自身增加的劳动力人口也只好下放农村，把包袱甩到农村。城市的发展以牺牲农业、农村的劳动生产率为代价完成。下放到农村中的城市知识青年，未能给农村带去多少农业生产的先进知识和技术，相反由于农村人口大量增加，使土地人均拥有量减少，在单产量并未提高的情况下，人均拥有的劳动成果更少。

第三，全国城市数和全国总人口数不相称，城市数量太少。

1978年全国人口共96259万，但设市建制的城市只有193个，平均每499万人才拥有一座城市。1980年时日本拥有3万人口以上的城市647座,平均每18万人就拥有一座城市,苏联拥有5万人口以上的城市462座,平均每55万人拥有一座5万人口以上的城市。1981年时印度拥有2万人口以上的城市730座,全国人口为6.8亿人,每82万人拥有一座城市。旧中国1936年每242万人拥有一座城市。在1978年以前,我国历年都是三百多万人才拥有一座城市,1977年和1974年更是高达五百万人才拥有一座城市(见表5—4)。

表5—4 1949—1978年中国城市数量与全国人口对照表

年份	城市数(个)	总人口(万人)	城市分担全国总人口数(万人/座)
1949	136	54167	398
1952	160	57482	359
1954	166	60266	363
1956	186	65994	355
1958	199	66207	333
1960	175	62828	359
1962	194	67295	347
1964	169	70499	417
1966	172	74542	433
1968	172	78534	457
1970	176	82992	472
1972	181	87177	482
1974	181	90859	502
1976	188	93717	499
1977	188	94974	505
1978	193	96259	499

资料来源:1. 国家统计局人口和社会科技统计司:《中国人口统计年鉴2003》,中国统计出版社,2003。2. 国家统计局城市社会经济调查总队:各年《中国城市统计年鉴》,中国统计出版社。

4. 改革开放以来（1978—2002 年）城镇化快速发展

(1) 改革开放以来我国城镇化发展历程

第一阶段：(1979—1984 年) 城镇化发展的恢复时期。

1978 年，党的十一届三中全会做出了全党工作重心转移到社会主义现代化建设上来的战略决策。1979 年前后，国家制定并落实了一系列政策，上山下乡的知识青年以及下放到农村的干部、职工逐渐返城，城镇人口特别是大城市的人口增长较快。随着农村改革的逐步推进，乡镇企业开始活跃起来并推动了城镇化的发展。城市改革也开始起步，国民经济得以恢复和发展。1978 年，城镇人口为 17245 万人，占总人口的 17.9%，到 1984 年，城镇人口达 24017 万人，占总人口的比例为 23.0%，城镇人口增加了 6772 万人，比例上升了 5.1 个百分点。在这 6 年间，城镇人口占总人口比例提高的百分点相当于从 1952 年的 12.5% 提高到 1977 年 17.6% 长达 25 年的水平（见表 5—3 和表 5—5）。

第二阶段：(1984—1991 年) 小城镇的高速发展时期。

1984 年党的十二届三中全会以后，到 1992 年党的十四大召开以前，以城市改革为重点的经济体制改革推动着城镇化的发展。1984 年迎来了小城镇发展的春天，这年 1 月和 10 月分别颁布了《中共中央关于 1984 年农村工作的通知》和《国务院关于农民进集镇落户的通知》。党和国家第一次明确肯定并支持小城镇的发展，允许农民自带口粮进城务工、经商并进城落户。政策的贯彻落实，给第三产业和乡镇企业的发展注入了活力。国家民政部于 1984 年调整了 60 年代以来的城镇建制标准，1986 年又调整了设市标准，全国城市数量迅猛增长。全国建制镇的数量由 1983 年底的 2968 个增加到 1984 年底的 7186 个，一年间增加了 4218 个，增长了 142%，到 1991 年底更上升到 12455 个，8 年间增加了 9487 个，增加的数量是 1983 年的 3.2 倍。全国设市城市数量由 1983 年的 300 个增加到 1991 年的 475 个，增加了 175 个，增长了 58.3%。市镇人口 1991 年时为 22274 万人，2002 年增加到 31203 万人，增加了 8929 万人，城镇人口占总人口的比例从 21.6% 提高到 26.9%，提高了 5.3 个百分点（见表 5—5、图 5—3）。

第三阶段：（1992 年以来）城镇迅速发展时期。

1992 年春，邓小平南巡讲话和中共十四大召开，我国确立了建立社会主义市场机制的总目标和社会主义市场经济体制的基本框架。1998 年 10 月，党的十五届三中全会通过了《关于农业和农村工作若干重大问题的决定》，决定中第一次提出了"小城镇大战略"问题，并在《中共中央、国务院关于促进小城镇健康发展的通知》中对该"战略"进一步具体化。党的十五届五中全会进一步提出了积极稳妥推进城镇化的战略目标，指出发展小城镇是推进我国城镇化的重要途径，之后颁发了《中共中央、国务院关于促进小城镇发展的意见》。政府把积极稳妥地推进城镇化列为"十五"期间必须重点研究的问题。2001 年九届人大四次会议通过的《国民经济和社会发展第 10 个五年计划纲要》，把城镇化战略提升到与科技兴国战略、可持续发展战略、西部大开发战略同等重要的地位上，使中国的城镇化发展进入了一个新的阶段。

这段时期城镇化发展空气活跃，不同地区、不同层次的城镇都有较快的发展，城镇数量快速增加。全国建制镇的数量由 1991 年底的 12455 个增加到 2000 年底的 20312 个，增加了 7857 个，增长了 63.08%。全国设市城市数量由 1991 年的 475 个增加到 2000 年的 663 个，增加了 188 个，增长了 39.58%。市镇人口在 1991 年时为 31203 万人，到 2002 年达到 50212 万人，增加了 19009 万人，增长率为 60.92%，城镇人口占总人口的比例从 26.9% 提高到 39.09%，提高了 12.19 个百分点（见表 5—5 和图 5—3）。

表5—5 1978—2002年全国总人口、市镇人口和市镇个数

年度	总人口			市（个）	镇（个）
	全国（万人）	市镇（万人）	市镇人口占全国人口的比例（％）		
1978	96259	17245	17.9	193	2173
1979	97542	18495	19.0	216	2361
1980	98705	19140	19.4	217	
1981	100072	20171	20.2	229	2678
1982	101654	21480	21.1	239	2664
1983	103008	22274	21.6	289	2968
1984	104357	24017	23.0	300	7186
1985	105851	25094	23.7	324	9140
1986	107507	26366	24.5	347	10718
1987	109300	27647	25.3	381	11103
1988	111026	28661	25.8	434	11481
1989	112704	29540	26.2	446	11873
1990	114333	30195	26.4	467	12084
1991	115823	31203	26.9	475	12455
1992	117171	32175	27.5	517	14539
1993	118517	33177	28.0	570	15805
1994	119850	34169	28.5	622	16702
1995	121121	35174	29.0	640	17532
1996	122389	37304	30.5		18171
1997	123626	39449	31.9	668	18260
1998	124761	41608	33.4	668	19216
1999	125786	43748	34.8	667	19756

续表

年度	总人口		市镇人口占全国人口的比例（%）	市（个）	镇（个）
	全国（万人）	市镇（万人）			
2000	126743	45906	36.2	663	20312
2001	127627	48064	37.7		
2002	128453	50212	39.09	660	

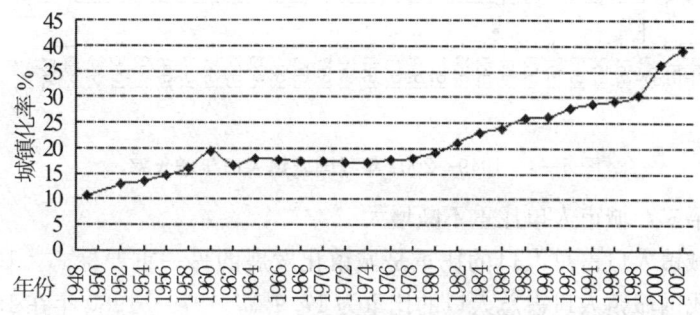

图 5—3 城镇人口占总人口的比例变化

资料来源：1. 国家统计局：各年《中国统计年鉴》，中国统计出版社。2. 国家统计局城市社会经济调查总队：各年《中国城市统计年鉴》，中国统计出版社。

（2）改革开放以来我国城镇化发展的特征

改革开放以来，我国城镇发展取得了辉煌的成就，这个阶段城镇化发展的主要特征有：

第一，城镇人口数不断增长。

城镇化发展主要表现为城镇人口的增长。由于乡村向城镇的转变，乡村人口逐渐向城镇迁移，以及城镇自身人口的增长，城市人口数量将不断上升。从 1978 年到 2002 年，这种趋势表现得非常突出。在这 26 年间，尽管国家长期实行的是控制城市人口规模的政策，但我国城镇非农业人口仍然从 17245 万人增加到 50212 万人，增长了 32967 万人，2002 年非农业人口是 1978 年的 2.91 倍（见表 5—5）。

从图 5—4 可见，除了 20 世纪 60 年代我国城镇人口呈负增长外，其他年份城镇人口的增长都是正向发展的。

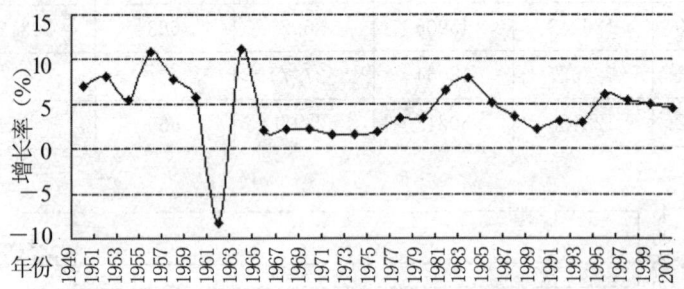

图 5—4　1949—2002 年我国城镇人口年增长率

第二，城市人口比重不断增大。

城镇人口占总人口的比重是城镇化发展的另一重要标志。1978 年，我国城镇人口占总人口的比重为 17.9%，1979—1980 年在 19% 左右，1981—1995 年从 20% 向 30% 稳步上升，到 1996 年后超过 30%，2002 年达到 39.09%（见表 5—5 和图 5—3）。

第三，城市数量不断增长，中小城市增长迅速。

城镇化进程的加速也表现为城市数量的增长加快。由于社会、经济不断发展，许多乡村、集镇逐步向城市转化，使得城市数量不断增加。1978 年我国城市总数为 193 个，到 2002 年已经上升为 660 个，增加了 467 个，增长率为 242%。在城镇数量不断增长的背景下，不同规模城市数量的增长有较大的差异。1978 年后，人口在 20 万以下的小城市和人口在 20 万~50 万的中等城市的数量增长非常迅速，但人口在 50 万~100 万的大城市和人口超过 100 万的特大城市增长缓慢，尤其是大城市数量增长最为缓慢（见图 5—5）。特大城市 1980 年时有 15 座，2000 年时有 40 座，增加了 25 座，增长率为 166.67%；大城市 1980 年时有 30 座，2000 年时有 53 座，增加了 23 座，增长率为 76.67%；中等城市 1980 年时有 69 座，2000 年时有218座，增加了149座，增长率为215.9%；小城市1980年时有109座，2000年时有663座，增加了554座，增长率为508.3%（见表5—6）。

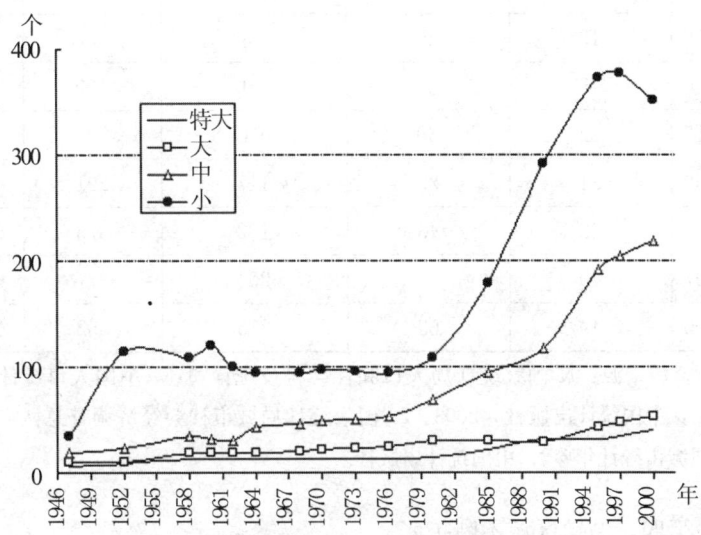

图5—5 我国不同规模城镇数量变化

之所以会出现这种情况，主要存在以下几方面的原因：一是农村的经济体制改革提高了农业的劳动生产率，特别是沿海地区农村经济逐年增长。作为地区性生产、贸易、服务集聚地的镇，必然会随着基础设施建设的日益完善和经济发展的加快而向城市发展。二是城市行政体制改革，特别是实现市管县的行政管理体制后，城市的发展有所加快。城市的数量由1978年的193个发展到2002年的660个。三是多年来一直贯彻"严格控制大城市规模，合理发展中等城市和小城市"的城市发展政策，使中小城市发展迅速。

表5—6　我国不同规模城镇数量变化　　　　　单位：个

年份	人口在100万以上特大城市	人口在50万~100万的大城市	人口在20万~50万的中等城市	人口在20万以下小城市	总计
1976	13	25	53	95	186
1980	15	30	69	109	223
1985	22	30	94	178	324
1990	31	28	117	291	467
1995	32	43	192	373	640
1997	40	47	204	377	668
2000	40	53	218	352	663

资料来源：1. 国家统计局人口和社会科技统计司：《中国人口统计年鉴2003》，中国统计出版社，2003。2. 国家统计局城市社会经济调查总队：各年《中国城市统计年鉴》，中国统计出版社。

第四，城镇区域不断扩张。

在城镇化发展过程中，城镇自身规模也在不断扩大。近年来，城市市区的扩张非常快，特别是1992年后，城镇建设的发展速度更是日新月异。伴随着经济体制改革和市场经济的建立，共增加了467个城市。中小城市规模扩大，大城市的城区面积也呈现扩大趋势。据统计，1984年全国295个城市市区土地面积占全国面积的7.6%，由于城市数量和规模的扩张，1996年城市市区土地面积已占全国的面积的18%。许多大城市还建起了自己的新区，如北京、上海、天津、哈尔滨、南京、武汉、广州等特大城市，周围有许多县区成为城市新区。一些城市人口不断上升，发展为人口超过200万的超大城市。2000年我国拥有超大城市13个，其中除北京、天津、上海、重庆外，吉林、黑龙江、江苏、湖北、广东、四川、陕西各拥有一座超大城市，辽宁拥有两座超大城市。

第五，地级以上城市的地位更加重要，城镇基础设施、公用设施等发展迅速，城市功能日趋完善。

2002年底，地级以上城市面积达54.3万平方公里，占全国总面积的5.66%；拥有人口32924万人，占总人口的25.63%；这些城市创造的国民生产总值达64292.4亿元，占全国总量的61.35%；其固定资产投资总额占全国总量的53.04%；其实现的财政收入达5119.8亿元，占总量的60.13%；进出口总额达3967.5亿美元，占总量的63.91%；实际利用外商直接投资达484.7亿美元，占全国总量的91.91%。

改革开放以来，我国城镇基础设施、公用设施和住宅建设占基本建设投资的比例均有较大的提高，城市功能得以完善。据有关资料统计，1990年全国人均年生活用水67.9吨，2002年为77.8吨，同期用水普及率由48.0%上升到77.9%；家庭用人工煤气、天然气，1990年全国共39亿立方米，2002年为84亿多立方米，增长率为115.4%，同期家庭用液化石油气年供应量从142.8万吨上升到656.2万吨；出租汽车由11.1万辆上升到88.4万辆；人均公共绿地面积由1.8平方米上升到5.4平方米。

5.2 中国的城镇化与经济发展

城市化与经济发展之间关系十分密切，经济越发达的国家或地区，其城市化程度也越高。收入最高的国家（人均国民生产总值为17000美元）已经达到了80%的城市化，美国城市化已经高达90%以上。而在中等收入的国家（人均国民生产总值为3240美元），60%以上的人口居住在城市。城市在工业和商业生产中拥有较高的生产力，城市能够吸收和雇佣年轻和成长的人口。城市也是国家和国际的市场中心地。城市提供满足人们需要的专门服务，促进城市和区域经济发展。由于地理优势，城市成为经济发展的中心，为产品和服务提供市场，为不断增加的人口提供就业和住房。

5.2.1 城镇化对经济发展的作用

1. 城镇化发展促进经济增长

以罗默、卢卡斯、杨小凯为代表的经济学家其新经济理论认为,创新和知识外溢是促进经济增长的新动力。研究表明,知识的外溢受到地理区位的限制,区位距离越远,知识和创新的外溢影响力越小,难度越大。随着人口的聚集,城镇的兴起和发展,城市拥有了更好的交通条件和基础设施,有更加完善的生产、流通、金融和服务体系,城市的市场也更加广阔。这些对技术、知识和人力资本的外溢产生了良好的作用,知识、技术的交流更加容易,成本更低,从而创造出新的产品和新的生产方式,对城市经济产生递增收益的效应。

城市的聚集产生的效应在经济学中实际上就是规模效应和外部效应,包括企业内部层面上的效应和企业外部层面上的效应。企业内部产生的规模经济效应是指：一个企业在既定技术和要素价格下,产出增长率大于各种要素的投入增长率,单位产品的平均成本随着产量的增加而下降,企业的平均成本递减。城市的发展、人口的聚集,使企业有信心在扩大生产规模时有良好的市场前景,从而提高生产产量,实现更低的平均成本。由于对市场有着良好预期,企业也敢于投资采用更加先进的、更大的机器设备,并将生产效率与自动化程度更高的技术引入工厂。在企业外部、行业内部产生的规模经济效应包括同一行业的企业或一组密切相关的产业,聚集在一个特定的地区,通过产业功能联系所获得的外部经济效应。这种外部效应使同一产业的企业能共享特定的劳动力市场、信息和产业内部的联系等资源。同行业企业的集中能强化同一产业内部企业之间的竞争,能加强那些具有相同目标并具有相似能力的个人和企业之间的交往和联系,从而提高地区生产率,推动经济增长。城市的劳动分工优势还使人们可以专心于各自从事的领域,更有效率地从事知识生产和技术创新。外部效应还包括在整个城市范围内产生的规模效应。主要是多个行业向城市聚集，通过产业之间前向与后向的联系，厂商从城市规模和多样性中获益，使多个行业的成本降低。

中国在过去的25年中，经济发生了翻天覆地的变化，人均GDP从1978年的379元上升到2002的8184元，2002年的水平是1978的21.6倍。在此期间我国大规模的农村人口进入城市和城镇，我国成为世界上城镇人口增长率最快的国家之一。沿海地区已经成为中国吸纳农业剩余劳动力和农村人口的主要地区，中西部人口大省和人均耕地水平较低的地区是农村人口的主要迁出地。随着中国城镇化的加速发展，有效地促进了城乡间劳动力的流动，这给中国经济注入了巨大的动力。

城镇化是中国经济增长的重要原动力之一。据王小鲁等（2000年）预测，在未来10年城市化加速条件下，城市化对经济增长的贡献率为5.0%，其中劳动力转移贡献率为2.0%，规模优化贡献为2.40%。白南生（2003年）综合多种研究估计，"十五"时期城市化率每提高一个百分点，对经济增长的直接和间接贡献为三个百分点左右。哈佛大学德怀特·铂金斯（Dwight Perkins）估计，未来二三十年内，如果中国像亚洲其他长期高速发展的国家那样，则将会有两亿至三亿人、最多至六亿人放弃农业，转向城市。Johson认为，今后30年，如果逐渐取消转移障碍，城乡居民人均收入在人力资本可比的条件下达到几乎相等，平均每年至少创造1500万个非农工作岗位，劳动力部门间转移的作用对经济增长率贡献2～3个百分点。[①]

2. 我国城镇化发展对经济增长的现实效应分析

（1）城镇化发展产生巨大需求，促进国内市场延伸，从而推动经济增长

我国城镇化的发展产生的需求增长分两种情况，即外延式的增

[①] 胡鞍钢：《城市化是今后中国经济发展的主要推动力》，载《中国人口科学》，2003（6）。

长和内涵式的增长（成德宁，2003年）。所谓外延式的增长是指：随着人口的增长、消费数量上升，对产品的需求必然增加。这种需求的增长导致市场扩展，从而影响经济总量规模的扩大，但对人们生活水平的改善没有多少影响。内涵式的市场扩展指随着人均收入的增长，消费者的购买力提高，对产品的需求增加，这是社会经济发展进步的表现。工业企业在城镇集中，有利于生产的专业化和各企业间的协作，提高劳动生产率，降低生产成本，产生经济效益；商业企业在城镇聚集，有利于商品信息的交流和商品交换的扩大，降低了流通费用，增加了商业利润。

城镇化发展所产生的外延式增长和内涵式的增长，在我国目前以及今后一段时期主要表现为：一是对住房消费需求以及相关需求的增长从而推动经济总量增长。根据哈佛大学德怀特·铂金斯的估计，未来二三十年内，中国将会有两亿至三亿人、最多至六亿农民进城，按每人20平方米居住面积计算，就会产生40亿~120亿平方米的潜在住房需求。对住房的需求又将派生出对住房装修以及家具、家电等消费品的需求。二是对公共设施的需求。城市人口大规模的增加，将对文化、教育、体育、卫生、服务业以及各种市政设施产生需求，其总规模与住房需求相当。如此巨大的潜在需求，在正确的政策引导下，对整个国民经济所产生的巨大推动作用将难以预料。

(2) 城镇化可以消除城乡二元经济结构，提高全社会经济福利

目前以及相当长的一段时期内，解决"三农"问题将是我国面临的一项战略任务。农民是我国的弱势群体，需要采取各种措施，对其积极扶助。从发达国家的农业发展历史来看，随着城镇化的发展，工业对农业的发展有着反哺作用，即城镇工业部门对农业部门进行大量的资金、技术以及现代化设备的投入，所以推进城镇化可以促进我国农业健康发展，消除城乡二元经济结构。

(3) 城镇化可以促进农业规模化经营，推进农业产业化

我国农村人均耕地面积和拥有的其他生产资料较少，不利于规模经营和机械化操作，目前农业生产多数以家庭为单位进行手工劳动，生产率低。我国每个农业劳动力年生产粮食1450公斤，肉类

70~80公斤，发达国家则为粮食2万~10万公斤，肉类3000~4000公斤。我国粮食每亩单产326公斤，发达国家为413公斤（卢良恕，2003年）。2000年北京地区农村人均谷物产量为9.2吨，仅相当于美国人均产量的2.84%，日本的41.63%。农业生产率的提高，需要农业的规模经营，而发展适度规模的家庭农场，必然会使大批农民离开土地。土地不仅是农户的收入来源，也是他们的最后保障，只有在家庭主要劳动力都稳定地转入城镇非农业部门就业，并获得稳定可靠的收入后，农民才有可能退出农业。所以，只有当城镇化顺利推进后，才能使农民安全地离开土地，土地才可能自由流动，从而使土地向部分种植能手集中，留在农村的农民的生产资料增加，集约化经营才能实现。

长期以来，我国农业产业结构不合理，第一产业无论在产值还是在就业方面所占比重居高不下，有限的土地上聚集的人口越来越多，农业生产中一家一户分散经营，社会化分工很有限，生产效率低，严重阻碍了农业和农村经济的发展。农业产业化经营是通过完善社会化服务体系，将农户生产过程中产前、产后的环节分化出来，将农户无法承担的一些生产和经营职能由社会化服务体系承担，以形成专业化规模经营。这样可以解决分散的、信息缺乏、能力有限的千千万万小农和变化多端的市场之间的矛盾，从而延长农业产业链，使农业逐步向工业、商业和服务业延伸、扩展，为农业劳动力向非农业产业转移提供便利的条件，提高农产品附加值，增加农民收益。推动农业产业化过程的关键是要有上连接市场、下连接农户的龙头企业。目前许多龙头企业由于没有城镇作依托，很难带动农业产业化的发展。因为城镇使龙头企业更有效地获得资金、技术、信息，是龙头企业的可靠依托和载体。因此，要积极推动农业产业化，必须加快城镇化建设，并注重引导龙头企业向小城镇集中，这样既有利于农民获得生产技术和市场信息，又有利于农业社会效益的增长。

推进城镇化建设，完善社会保障体系，加上采取其他配套措施，可以提高农民收入水平，缩小城乡收入差距，消除城乡二元经济结构,促进城乡教育、文化、卫生等各项事业的发展,提高社会精神文明水平,实现经济与社会全面协调的发展。

3. 城镇化可以节约农业土地资源,保护环境,实现可持续发展

目前我国农村宅基面积户均高达 2.42 亩,人均约 180 平方米,是城镇人均占地面积的两倍多。如果每年从农村转移出 2000 万人口,可为国家节约 1800 平方公里土地,当全国城镇化率达到 45%时,将比现在少占用 1.97 万平方公里的土地。另外分散的乡镇企业使土地资源的利用效率很低。据统计,90.2%的乡镇企业分布在自然村,7%分布在建制镇,仅有 1%分布在县或县以上城市。分散的乡镇企业使占地规模增加了约 30%左右。我国人均国土面积只有世界平均水平的 1/3,节约土地、保护耕地是我国经济发展和基本建设的重要方针,加快城镇化进程,可以使这一方针落到实处。

随着工业化的推进,城市的污染越来越严重,人们往往将环境的恶化与城镇化相联系。实际上,由于城市的文化教育水平更高,人们保护环境的意识更浓,以及城市中企业的工艺一般更先进,对环境的污染往往小于工艺落后、布局分散的农村乡镇企业。乡镇企业中过度分散的小造纸厂、化肥厂、水泥厂等,是造成我国环境恶化的主要污染源。全国乡镇工业污染源调查显示:1995 年全国乡镇工业污染源为 121.6 万个,乡镇工业废水排放量 59.1 亿吨,占当年全国工业废水排放量的 21.0%;烟尘排放量 849.5 万吨,占全国工业排放总量的 50.3%;固定废弃物排放量 1.8 亿吨,占全国工业固体废弃物排放总量的 88.7%。乡镇企业分散布局,三废处理成本很高,环境质量难以控制,乡镇工业污染物的排放量已成为影响环境保护的突出问题,是影响和危害人体健康的主要因素。乡镇企业的分散布局还使能源利用率降低了 34%,资金利用率降低了 20%左右,行政管理费用增加了 80%。城镇化的发展,可以使乡镇企业尽可能地集中布局,真正做到节约资源,保护环境,促进社会经济持续发展。

4. 城镇化的推进可以促进金融业的发展

城镇化离不开金融业的支持,同时,城镇化也给各类金融机构提供了巨大的商机。城镇化的发展必将使金融企业在城镇集中,这有利于金融企业加强与工业企业、商业企业、股民、储户的联系,开展多种多样的金融服务,降低融资成本,提高融资效益。当前我国城市的普遍特点是基础设施薄弱。加强基础设施建设有多种资金来源渠道:例如可以发行债券,可以考虑搞特许经营权转让,可以实行 BOT 方式,可以引进外部资金,对民间资本开放等。随着城市数量的增多,城市规模的扩大,一方面更适合于大型商业银行的集约化经营,另一方面为银行和其他金融机构创造出新的服务需求,例如工商信贷需求、消费信贷需求、财产保险需求、寿险需求,这些必然推进金融业的发展。

5.2.2 我国经济增长和城镇化发展呈正相关:模型及相关预测

1. 我国经济增长和城镇化发展密切相关

表 5-7 反映了 1978—2002 年中国城市化和经济发展过程中的一些主要指标,从中可以直观地看出,经济增长和城镇化是呈正相关的。在此期间,全国城市人口绝对数量以及比重的增加是前所未有的,城市人口的增长率是全国总人口增长率的 3 倍。城市化水平在 24 年中从 1978 年的 17.9% 上升到 2002 年的 39.1%,上升了 21.2 个百分点,城市人口每年以超过 1000 万的数量增长,1995 年后,每年的增长额均超过 2000 万人,24 年中城市人口总数增加了 32194 万。1978—2002 年,全国人均 GDP 以年平均 8.08% 的速度增长,从 1978 年的 379 元上升到 2002 的 8184 元,2002 年是 1978 的 21.6 倍。

表 5—7 中国城市化和经济发展 (1978—2002)

年份	总人口（万）	城市人口（万）	城市人口占总人口的比例（%）	人均 GDP（以当年价格计算：元）	人均国内生产总值实值指标（1978=100）
1978	96259	17245	17.9	379	100
1979	97542	18495	19.0	417	106.1
1980	98705	19140	19.4	460	113.0
1981	100072	20171	20.2	480	117.5
1982	101654	21480	21.1	525	126.2
1983	103008	22274	21.6	580	137.9
1984	104357	24017	23.0	692	156.8
1985	105851	25094	23.7	853	175.5
1986	107507	26366	24.5	956	188.2
1987	109300	27647	25.3	1104	206.6
1988	111026	28661	25.8	1355	226.6
1989	112704	29540	26.2	1512	231.9
1990	114333	30195	26.4	1634	237.3
1991	115823	31203	26.9	1879	255.6
1992	117171	32175	27.5	2287	288.4
1993	118517	33177	28.0	2939	323.6
1994	119850	34169	28.5	3923	360.4
1995	121121	35174	29.0	4854	394.0
1996	122389	37304	30.5	5576	427.1
1997	123626	39449	31.9	6054	460.3
1998	124761	41608	33.4	6308	491.5
1999	125786	43748	34.8	6551	521.8
2000	126743	45906	36.2	7086	559.2
2001	127627	48064	37.7	7651	596.7
2002	128453	50212	39.09	8184	639.7
1978—1988（年平均增长率和增长量）	1.44（%）	5.22（%）	3.73（%）	13.59（%）	8.56（%）
1988—2002（年平均增长率和增长量）	1.16（%）	4.36（%）	3.16（%）	13.71（%）	8.43（%）
1978—2002（年平均增长率和增长量）	1.21%	4.56（%）	3.32（%）	13.66（%）	8.08（%）

资料来源：1. 国家统计局：各年《中国统计年鉴》，中国统计出版社。2. 国家统计局城市社会经济调查总队：各年《中国城市统计年鉴》，中国统计出版社。

2. 模型、数据和城镇化预测分析

城镇化发展水平与人均GDP之间呈正向关联。如图5—6所示，随着城镇化率的提高，人均GDP也逐渐上升。1978年后，城镇化率从低于20%逐渐上升，到1992年达到27%，年均增长率为3.11%，14年间人均GDP（以1978年为100计算）从100增长到288，增长了1.88倍，年增长率为7.85%，以当年价格计算，人均GDP从1978年的379元上升到1992年2287元，增长了5倍多。1992年后城镇化进程加快，城镇化率从27.5%上升到2002年的39.09%，年均增长3.58%；人均GDP的增长也呈相应增长势头，且速度更快，人均GDP从288.4上升到639.7，增长了1.22倍，年均增长率为8.29%，以当年价格计算，人均GDP从2287元上升到了8184元，增长了2.58倍。截至2002年，后10年的年城镇化率比前14年的年城镇化率高出0.47个百分点，人均GDP年增长率高出0.44个百分点。

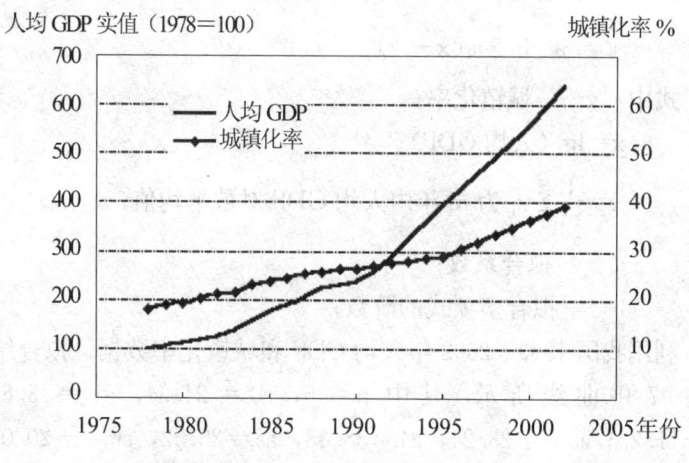

图5—6 我国城镇化率与人均GDP

资料来源：1. 国家统计局：各年《中国统计年鉴》，中国统计出版社。2. 国家统计局城市社会经济调查总队：各年《中国城市统计年鉴》，中国统计出版社。

根据中国 1952—2002 年城镇化率和人均 GDP 的实际数据,对经济发展与城市化率之间的作用关系进行了拟合,得到图 5—7。

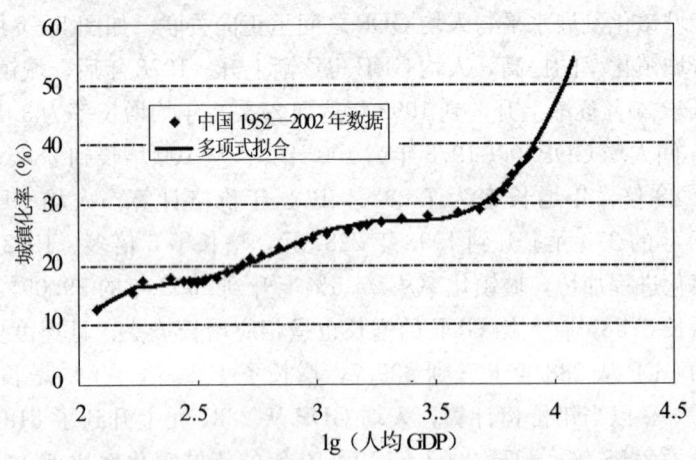

图 5—7　1952—2002 年人均 GDP 和城镇化率的关系及拟合图

该拟合的假设可以用如下多项式函数形式来表示:

$$y = a_0 + \sum_{i=1}^{n} a_i(x - \bar{x})^i$$

式中:y——城镇化率;

$x = \lg$(人均 GDP);

$\bar{x} = \dfrac{1}{m}\sum_{j=1}^{m} x_j$ 为 m 年内人均 GDP 对数平均值;

a_i——拟合系数;

n——拟合多项式的阶数;

利用我国 1952—2002 年人均 GDP 和城镇化率数据,拟合结果如图 5—7 中曲线所示,其中 n = 6,a0 = 24.64,a1 = 13.82,a2 = −17.25,a3 = −23.24,a4 = 38.35,a5 = 28.52,a6 = −20.05。从图 5.7 和表 5—8 中可见,无论是拟合的曲线或数值,与实际数据吻合性非常好。如 1952 年人均 GDP 为 119 元,实际城镇化率为 12.5%,拟合的值为 12.53%,相差 0.03 个百分点;1979 年人均 GDP 值为 417 元,实际城镇化率为 17.4%,拟合城镇化率为 17.64%,两值相差

0.24个百分点；1985年人均GDP值为853元，实际城镇化率为23.7%，拟合城镇化率为23.88%，两值相差0.18个百分点；2002年拟合值与实际值相差0.37个百分点。由此可以相信，根据拟合曲线可以对我国城镇化率作出相应的推测（见表5—8）。

表5—8 人均GDP和城镇化率以及预测

年　份（年）	人均GDP（元）	城镇化率（%）	城镇化率拟合值（%）
1952	119	12.5	12.53
1971	288	17.3	17.36
1976	316	17.4	17.64
1979	417	19	18.91
1985	853	23.7	23.88
1989	1512	26.2	26.58
1992	2287	27.5	27.09
1994	3923	28.5	28.08
1998	6308	33.4	33.26
2001	7651	37.7	37.58
2002	8184	39.09	39.46
当人均GDP达到某一水平时对城镇化率的预测结果	10000		46.31
	12000		54.22
	15000		65.98

资料来源：1.国家统计局：各年《中国统计年鉴》，中国统计出版社。2.国家统计局城市社会经济调查总队：各年《中国城市统计年鉴》，中国统计出版社。

由图5—7和表5—8可以看到，中国经济增长与城市化率在长达50年的发展历程中，呈现一种半对数的高阶多项式函数关系。根据模型我们预测，当人均GDP达到10000元时，城镇化率将达到46.31%，当人均GDP达到12000元时，城镇化率将达到54.22%，人均GDP达到15000元时，城镇化率将达到65.98%。根据发达国家实际统计资料显示，在20世纪50年代，当人均GDP达到1125美元（约10000元人民币）时，其城镇化率为47%，到60年代，人均 GDP 为 1515 美元（约 12000 元人民币）时，其城镇化率为 54%，到上个世纪 80 年代，人均 GDP 为 2920 美元（约 24000 元人民币）时，其城镇化率为 64%。预测是根据拟合模型推测的结果，我们相信人均 GDP 在 12000 元以内，预测的城镇化率将比较准确。但由于预测仅仅是纯粹数学的拟合，难免会在预测范围过大（人均 GDP 超过 20000 元）时有较大差异。因为中国的城市化进程非常复杂，既受到经济发展阶段的制约，又受到城乡二元结构固有惯性的羁绊；既受到传统文化、思想意识长期积淀的不利影响，又受到制度、体制因素的束缚。但城镇化率与经济发展之间存在的内在关系值得我们关注和研究。

5.2.3　我国城镇化发展落后于经济发展水平

1. 城镇化进程落后于经济发展进程

一般而言，经济发展水平与城市化水平是相匹配的，美国著名经济学家 H. 钱纳里（1988）曾对 101 个国家进行过经济发展与城市化关系的研究，发现当人均 GNP 超过 500 美元（1964 年的物价指数），城市人口在总人口中占主导地位，超过 700 美元时，工业中雇佣的劳动力超过初级生产部门。根据钱纳里标准，夏永祥、余其刚（2002 年）进行过换算，发现我国城镇化水平落后于经济发展水平，这同世界银行的结论相同。

根据表 5—9 可知，42 个低收入国家在人均 GNP 为 200 美元时，其城市化率达到 36.2%，我国 1992 年人均 GNP 为 200.1 美元，城市化率为 27.6%，低于世界 4.6 个百分点；当世界人均 GNP 为 250 美元时，其城市化率为 39.3%，我国 1994 年人均 GNP249.1 美元时，城市化率只有 28.6%，滞后世界平均水平 10.7 个百分点；1995 年更是滞后 14.5 个百分点。根据世界银行统计资料，1992、1995、1997，这三年里中国人均 GNP 分别为 470 美元、620 美元、820 美元，同期中国城镇化水平比世界平均水平分别低 15、12、11 个百分点。

表5—9　中国城市化水平与钱纳里标准型对照表

标准结构（1964年美元）		中国（换算为1964年美元）			中国滞后程度
人均GNP	城市化率（%）	年份（年）	人均GNP	城市化率（%）	
小于100	12.8	1978	70.6	17.9	−5.1
100	22.0	1983	96.3	21.6	0.4
200	36.2	1992	200.1	27.6	8.6
250	39.3	1994	249.1	28.6	10.7
300	43.9	1995	268.6	29.4	14.5

资料来源：夏永祥、余其刚：《世界城市化进程的一般规律和中国的实践》，见《中国城市化：实证分析与对策研究》，厦门大学出版社，2002。

2. 城镇化进程落后于工业化发展水平进程

从世界城市化发展历程看，城市化率普遍高于工业化率。美国1870年城市化率为26%，比工业化率15.9%高出近10个百分点，1940年其城市化率为56%，比工业化率30.3%更是高出25.7个百分点，1970年，城市化率为70%，比工业化率26%高出44个百分点。但中国的情况却与世界普遍性相悖，中国的工业化率高于城市化率。1978年高出26.4个百分点，1988年高出12.9个百分点，1998年后指标在10个百分点之内，到2002年工业化仍然高于城市化5.3个百分点。由此可见，中国的城市化发展远远低于工业化进程。虽然近十年来城市化发展已经提速，但与世界的平均水平还是相去甚远（见表5—10）。

表5—10　中国工业化率和城市化率比较表

年份（年）	1978	1980	1984	1988	1992	1996	1998	2000	2002
城市化率（%）	17.9	19.4	23.0	25.8	27.5	30.5	33.4	36.2	39.1
工业化率（%）	44.3	44.2	38.9	38.7	38.6	42.8	42.6	43.6	44.4
工业化率与城市化率的差值	26.4	24.8	15.9	12.9	11.1	12.3	9.2	7.4	5.3

资料来源：1. 国家统计局：各年《中国统计年鉴》，中国统计出版社，2003。2. 国家统计局城市社会经济调查总队：各年《中国城市统计年鉴》，中国统计出版社。

导致中国城镇化滞后的因素是多方面的，主要有以下几方面的原因：

第一，中国城镇化起步晚，基础较差。中国城镇化起步于19世纪40年代的鸦片战争，比世界其他国家晚了40~80年。加上近代工业发展缓慢，依托于近代工业的城镇化更是处于蹒跚学步阶段。

第二，新中国成立后长期重视重工业，包括中国农业在内的其他行业发展滞后，农业现代化水平低。重工业的发展对劳动力的接纳能力低，城市人口反而下放农村，城镇化非但不能提高，反而下降。

第三，城乡二元结构以及严格的城市户籍管理制度，严重地限制了农民转为城市人口。滞后的城市化不仅不利于工业现代化的发展，同时也阻碍工业现代化和居民生活现代化。

5.2.4 城镇化与经济发展协调并进，防止片面城镇化

一方面经济发展影响城镇化的进程，另一方面城市化发展速度也会对经济增长、就业机会的增加以及人民生活水平的提高起着反作用。城市是财富高度集中、消费人口集中、信息密集的场所，往往是区域经济增长的爆发点，利用其扩散和波及效应对区域施加有利或不利的影响。在经济发展的初期阶段，城市化发展的进程较为缓慢，同时对经济的作用较弱，而达到一定程度后，城市化进入快速增长时期，同时对经济的增长作用加大，此时城市化和经济增长呈现出正反两个方面的作用。

自1995年小城镇改革开始，到2000年中央首次提出推进城镇化战略设想以来，我国城镇化进程不断提速，取得了丰硕成果。但从目前来看也存在着很多问题，并且这些问题有加剧发展的趋势，如"城镇化建设"在一些地方变成了"城镇建设"，有的直接表现为各地政府新一轮的"圈地运动"。我们在城镇化的理解上也存在一些误区，如认为只要加快城镇化就会带来经济发展，过分强调城镇化对拉动经济的作用；过分看重城镇化率的数字；一些中小城市不切

实际地提出建设国际化大都市的目标等。实际上城镇化要解决的首先是就业、环境、社会保障、产业发展等问题，而不仅仅是城市基础设施建设问题。根据统计资料显示，我国的城镇人口由1995年的29.04%上升到了2002年的39.04%，有超过1亿的农民成为城市居民，被城镇化了。根据其人均收入在相关调查资料中显示，这批失地的新型城镇化人口的月收入在500元左右。他们的这些收入要赡养老人、抚育后代，在教育和医疗费用不断上涨的今天，其境况与我们所设想的城镇化的蓝图可能还有一定的差距。假设2010年城镇化达到50%，就将会有3.5亿人口甚至更多的人进城，要解决新增的几亿人的就业问题，这恐怕是我们从未面临的一项巨大的挑战，我们有这样的能力吗？

因此，城镇化的发展一定要同经济发展相适应，不能片面强调发展城镇化。从世界城镇化进程来看，城镇化率从36%提高到60%属于加速期。我国的城镇化率2003年已经达到40%，处于这个阶段。笔者提出城镇化发展滞后于经济发展，是就我国的整体而言，而并非每个城镇、城市都如此，一些城市的冒进式的城镇发展会适得其反，这样的发展没有经济的支撑，建设的只是城市的外貌，而没有提升城市的核心竞争力，同时将使失地农民游离在城市和农村之间，沦为新的社会救济对象，增加社会的负担和不稳定因素。城镇化率不宜作为各地发展指标互相攀比，城镇化率的数字并非越高越好，一些发展中国家存在虚涨城镇化指标的现象，大量贫穷的农村人口盲目流入大城市，虽然城镇化率很高，但国家经济发展水平低，加剧了城市的社会问题。

5.3 中国城镇化的地区差异研究

在城镇化发展进程中我国区域间的差异非常显著，探究其存在的差异及产生的原因，对于缩小地区差异，提高整体发展水平，全面实现小康和共同富裕无疑都是非常必要的。

5.3.1 中国城镇化地区差异表现

我们在分析城镇化区域差异时,采用的是按地理位置分组方式,其中东部地区包括辽宁、北京、天津、上海、河北、山东、江苏、浙江、福建、广东、海南和广西等12个省、市、自治区;中部地区包括黑龙江、吉林、山西、内蒙古、安徽、江西、河南、湖南和湖北等9个省、自治区;西部地区包括四川、重庆、云南、贵州、西藏、陕西、甘肃、青海、宁夏和新疆等10个省、市、自治区。

1. 各区域的城镇数量大幅度上升,城市发展与国家宏观政策密切相关,东多西少的区域结构差异有一定的缩小

表5—11反映了我国城市从1949到2002年城市数量的变化以及城市在地域上分布情况的变化。从总体上看,我国城市数量变化经历了曲折发展的过程(见图5—8)。1949到1957年左右,城市数量缓慢上升,60年代到70年代末期处于停滞阶段,1978年后处于快速发展的阶段,1995年后速度放慢。从区域来看,近二十年发展较快的是东部地区和中部地区,西部城市数量增长最慢。具体来看,1949年我国城市只有143个,到2002年已达660个,增加了517个,是过去的4.62倍,其中东部地区从76个增加到278个,增加了202个,是过去的3.66倍,中部地区从54个增加到247个,是过去的4.57倍,西部地区的城市数从13个增加到113个,是过去的8.69倍。从1949—2002年,城市数量发生了很大的变化,但大幅度上升还是改革开放以后。1978年全国城市数为191,比1949年的143个增加了48个,增加幅度为33.57%,1978年到2002年城市数增加了469个,增加了245.55%。

表5—11 中国城市不同区域的分布以及三大区域城市密度变化表

年份	区域	全国	东部	中部	西部
1949	城市数（个）	143	76	54	13
	百分比（%）		53.1	37.8	9.1
	城市密度	0.15	0.57	0.2	0.02
1957	城市数（个）	186	85	69	32
	百分比（%）		45.7	37.1	17.2
	城市密度	0.20	0.64	0.26	0.05
	城市数目的增长（%）	30.0	11.8	27.8	146.2
1965	城市数（个）	181	79	72	30
	百分比（%）		43.6	39.8	16.6
	城市密度	0.19	0.59	0.27	0.05
	城市数目的增长（%）	−2.7	−7.1	4.3	−6.3
1976	城市数（个）	209	88	83	38
	百分比（%）		42.1	39.7	18.2
	城市密度	0.22	0.66	0.31	0.06
	城市数目的增长（%）	15.5	11.4	15.3	26.7
1985	城市数（个）	324	113	133	78
	百分比（%）		34.9	41.2	24.1
	城市密度	0.34	0.85	0.49	0.12
	城市数目的增长（%）	55.0	284	60.2	105.3
1995	城市数（个）	640	290	234	116
	百分比（%）		45.3	36.6	18.1
	城市密度	0.67	2.18	0.87	0.18
	城市数目的增长（%）	97.5	156.6	75.9	48.7
1999	城市数（个）	667	300	247	120
	百分比（%）		45.0	37.0	18.0
	城市密度	0.70	2.25	0.91	0.18
	城市数目的增长（%）	4.2	3.4	5.6	3.4
2002	城市数（个）	660	287	247	126
	百分比（%）		43.5	37.4	19.1
	城市密度	0.69	2.16	0.91	0.19
	城市数目的增长（%）	−1	−4.3	0	5

注：（1）城市密度单位为每万平方公里的城市数。

资料来源：1. 文玫：《中国工业和城市的地理分布：工业与城镇发展的协调性研究》，见《中国城市化：实证分析与对策研究》，厦门大学出版社，2002。2. 国家统计局：各年《中国统计年鉴》，中国统计出版社，2003。3. 国家统计局城市社会经济调查总队：各年《中国城市统计年鉴》，中国统计出版社。

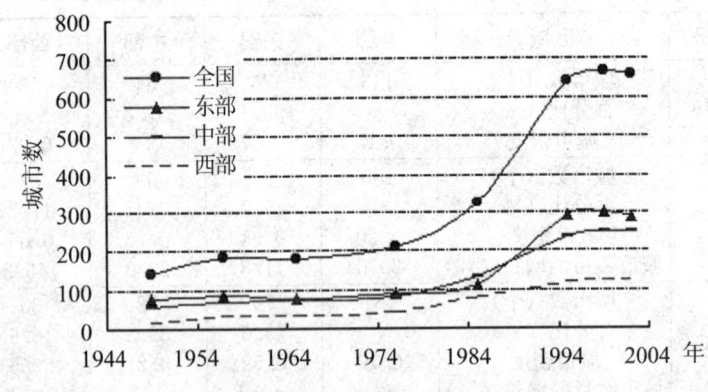

图 5—8　中国不同区域城市数量变化图

从图 5—9 可见，我国西部地区城市数量占全国的比例一直处于较低水平，长期在 20% 以下徘徊，而东、中部城市占全国的比例随国家宏观政策的改变交替占优，一直在 40% 上下变动。20 世纪 80 年代中期以前，尽管东部地区的城市数量在增加，从 1949 年的 76 个增加到 1985 年的 113 个，但其比例却一直在下降，1985 年占全国的比重只有 34.9%，比 1949 年下降 18.2 个百分点。而中、西部尤其是中部地区城市发展最为迅速。中部地区城市数量从 1949 年的 54 个，占全国 37.8%，上升到 1980 年的 78 个，占全国总量的 52.9%，上升了 15.1 个百分点。这样的发展与当时的宏观经济政策密切相关。随着国家宏观区域发展战略的调整，东部沿海地区首先对外开放，东部地区城市又得到较快的发展，其城市数量及其比重与中、西部地区尤其是西部地区又拉开了差距。

1949 年东部地区的城市数量占到总数的一半以上，达 53.1%，西部地区的城市总数不到 10%，仅为 9.1%。到 2002 年，东部城市数量占全国的比例比 1949 年下降了近 10 个百分点，占总数的 43.5%，西部地区的城市数从 1949 年的 13 个上升到 126 个，是过去的 9.7 倍，占全国总数的 19.1%，比 1949 年上升了 10 个百分点。中部地区城市数量占全国的比例几乎没有改变。

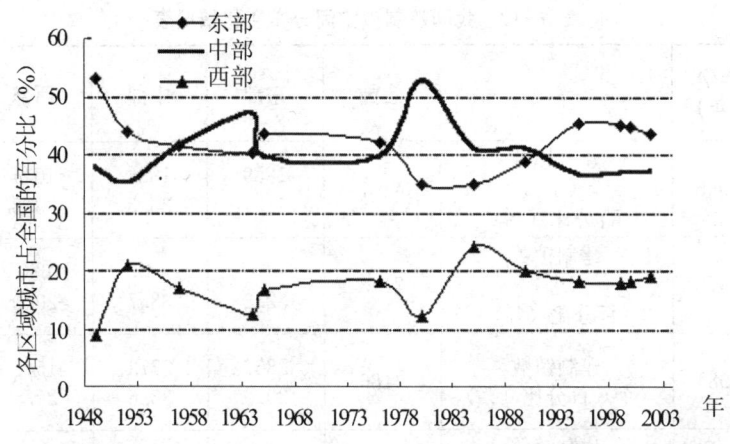

图 5—9 中国不同区域城市数占全国的百分比变化图

2000年全国建制镇数为19780个,其中东部有8617个,中部有6070个,西部有5093个。东部建制镇数量的增长速度明显高于中部、西部地区(见图5—10)。由于东部、中部、西部建制镇不同的发展速率,从1982年到2000年,东部地区建制镇数量占全国建制镇总数的比例从34.44%上升到43.6%,中部地区建制镇数量所占比例则从37.52%下降到30.7%,西部地区从28.05%下降到25.7%。建制镇布局的重心明显东移(见表5—12)。

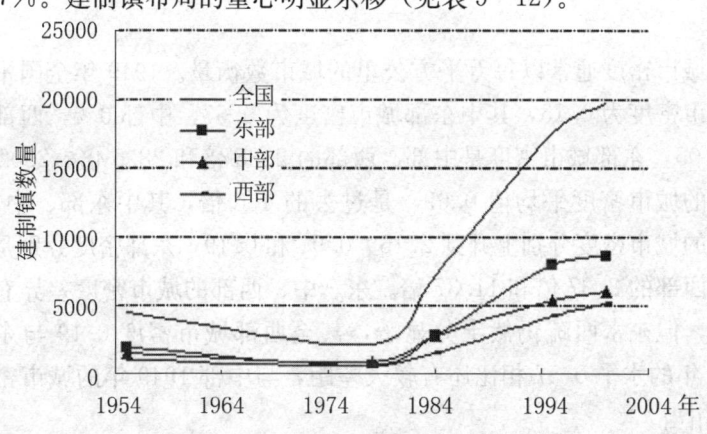

图 5—10 中国不同区域建制镇数量变化图

表 5—12　我国建制镇空间分布变化情况表

年份(年)		全国	东部	中部	西部
1955	建制镇数（个） 百分比（%）	4487	1859 41.4	1584 35.3	1044 23.3
1978	建制镇数（个） 百分比（%）	2173	701 32.3	842 38.7	630 29.0
1984	建制镇数（个）百分比（%）	7186	2867 39.9	2773 38.6	1546 21.5
1995	建制镇数（个） 百分比（%）	17532	7902 45.1	5432 31.0	4198 23.9
2000	建制镇数（个） 百分比（%）	19780	8614 43.5	6070 30.7	5093 25.8

资料来源：胡顺延、周明祖、水延凯：《中国城镇化发展战略》，中共中央党校出版社，2002。

2. 各区域的城市密度都大幅度上升，城镇东密西疏仍然表现突出

城市密度通常以每万平方公里的城市数衡量。1949 年全国平均的城市密度为 0.15，其中东部城市密度为 0.57，中部 0.2，西部仅为 0.05，东部城市密度是中部、西部的 2.85 倍和 28.5 倍。2002 年全国的城市密度平均值 0.69，是过去的 4.6 倍，其中东部、中部、西部的城市密度分别上升到 2.16、0.91 和 0.19，东部密度分别是中部、西部的 2.37 倍和 11.37 倍。东、中、西部的城市密度差异有所下降，但东密西疏仍然十分显著，甚至西部城市密度 0.19 与东部 1949 年的水平 0.57 相比还有较大差距，与中部 1949 年的城市密度 0.2 相当。

从 1949 年到 2002 年，城市密度有所上升，但幅度不大。东、中、西部分别从0.57、0.2、0.05上升到0.66、0.31、0.06,上升幅度分别为15.79%、55%和20%。城市密度大幅度上升还是改革开放以后的事。2002年,东、中、西部的城市密度上升后与1976年相比,上升幅度分别为227.27%、193.55%和216.67%。

建制镇分布密度的变化也反映出不同区域建制镇发展程度的不同。从1953年到2000年,全国平均每万平方公里建制镇的数量从5.6个增加到20.6个,同期东部、中部和西部分别增加了49个、14个和7个。2000年,东、中、西三个地带建制镇密度之比为6.9:2:1,与1953年的情况非常类似,说明经过几十年的发展,我国建制镇西疏东密的状况并未改善。小城镇区域发展的非均衡是与我国区域经济发展的非均衡相适应,这也反映了区域经济发展对小城镇形成的影响。

3. 不同规模城市在全国不同区域分布各异

2001年,我国共有城市662座,东、中、西部地区分别占总量的44.3%、37.3%和18.4%。东多西少的局面,在各种规模城市中都有不同程度的表现。表5—13、图5—11、图5—12、图5—13直观地反映了其构成分布。东部地区在人口达200万以上的超大城市、人口达100万～200万的特大城市和人口达50万～100万的大城市中所占比例均超过50%以上。中部地区各种规模的城市占全国的比例在30%左右,其中大城市数量23座,占全国61座大城市的44.3%,这项指标是中部地区的优势指标,而超大城市数量较少,只有3座,占全国总量13座的23.1%。西部地区的城市总量少,特别是大城市数量少,只有3座,占全国大城市61座的4.9%;西部地区有3座超大城市,占全国的23.1%,与东部相同;西部地区人口在20万以下的小城市有75座,相对于其他规模城市,小城市占全国的比例较大,占全国343座的21.9%。20万～50万人口的中等城市,其分布与全国城市的平均分布相一致。

表 5—13　2001 年按城市非农业人口和地区分组的城市数及构成（%）

	全国	东部	中部	西部
合计	662	293	247	122
百分比（%）	100	44.3	37.3	18.4
超大城市	13	7	3	3
百分比（%）	100	53.6	23.1	23.1
特大城市	28	15	9	4
百分比（%）	100	50.8	32.1	14.3
大城市	61	31	27	3
百分比（%）	100	53.6	44.3	4.9
中等城市	217	102	78	37
百分比（%）	100	47.0	35.9	17.1
小城市	343	138	130	75
百分比（%）	100	40.2	37.9	21.9

资料来源：国家统计局城市社会经济调查总队：《中国城市统计年鉴》，中国统计出版社，2002。

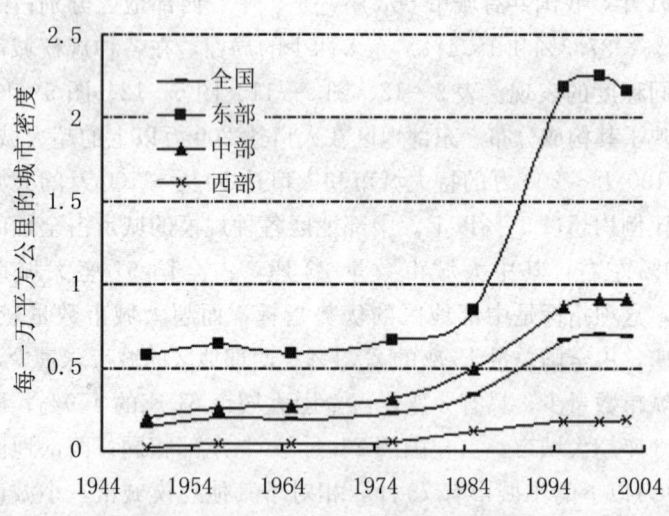

图 5—11　中国不同区域城市密度变化图

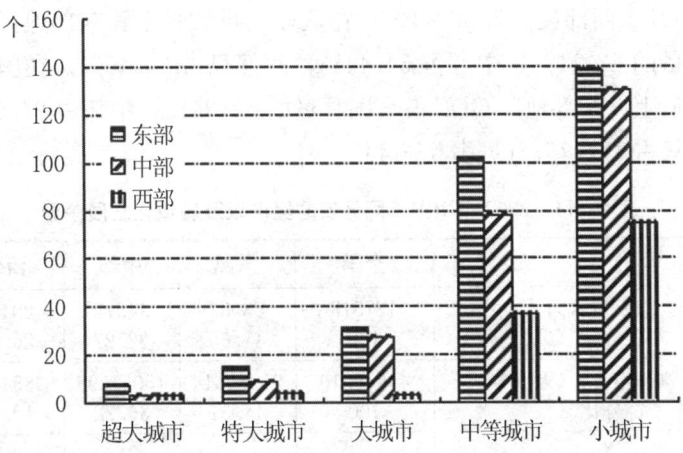

图 5—12 2001 年按城市非农人口和地区分组的城市数及构成（个）

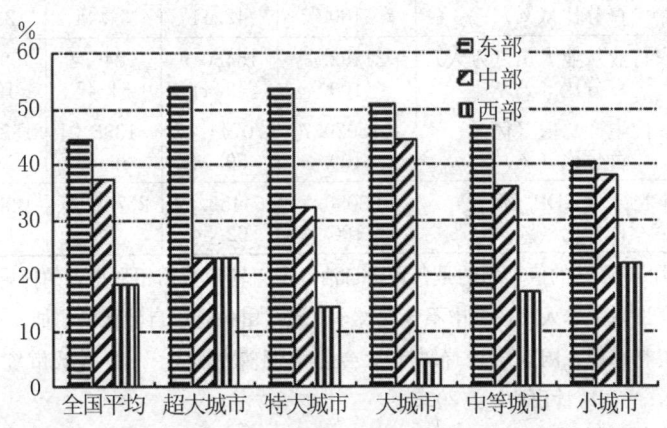

图 5—13 2001 年按城市非农人口和地区分组的城市构成（%）

4. 我国不同区域经济及城镇化发展存在较大差异

我国城镇化区域发展的速度也直接影响各个区域在经济上的发展速度。东部地区城镇化率高，其从业人员数量、国内生产总值和非农行业 GDP 产值在全国的比率都远高于中部地区和西部地区。2002 年，东部地区人口城镇化率为 41.36%，中部地区次之为

40.14%，西部最低为 33.41%；在从业人员数量上，东部地区占全国总量的 42.11%，中部占 34.44%，西部只占 23.45%。在国内生产总值上，东部地区 GDP 占全国总量的 59.94%，中部占 26.59%，西部只占 13.47%（见表 5—14）。

表 5—14　2002 年中国不同区域的经济以及城镇化发展差异

	全国	东部	中部	西部
总人口（万人） 百分比（%）	127518 100	53053 41.60	44975 32.27	29490 26.13
城镇人口（万人） 百分比（%）	49846.19 100	21940.14 44.01	18051.98 36.22	9854.07 19.77
人口城镇化率（%）	39.09	41.36	40.14	33.41
从业人员（万人） 百分比（%）	63779.6 100	26854.8 42.11	21966.3 34.44	14958.5 23.45
非农行业从业人员（万人） 百分比（%）	31292.4 100	15460.9 49.41	9846.4 31.47	5985.1 19.12
国内生产总值（亿元） 百分比（%）	118020.7 100	70744.42 59.94	31385.01 26.59	15891.26 13.47
非农行业 GDP（亿元） 百分比（%）	103056.7 100	64452.59 62.54	25768.21 25	12835.87 12.46

注：GDP 的值采用的是各省、自治区、直辖市数据相加得到的值，与全国总计有出入。总人口数据中不含现役军人数，由各省市自治区值相加。

资料来源：国家统计局城市社会经济调查总队：《中国城市统计年鉴 2002》，中国统计出版社，2003。

5. 不同区域的乡镇企业发展各异

不同地区乡镇企业的发展速度是不同的，这也从另一方面反映了我国城镇化在区域间的发展动态。如表 5—15 所示，2002 年我国东部地区乡镇企业只是在企业数量上与中部地区差异不大，而在就业人员、创造产值、实现的营业收入和上缴税金各方面在全国所占比例都远远超过中部和西部地区。东部地区乡镇企业创造的所得税和上缴税金占全国的 3/4 左右，在总产值和营业收入以及创造增加值上占全国的 2/3 左右，乡镇企业吸纳的就业人员达 1/2。乡镇企业发展较慢的地区也是城镇化发展速度最慢的西部地区。该地区的乡镇企业只在企业数和就业人员这两项指标上占全国 10%～15%，而在企业创造的产值、增加值、营业收入、利润和税收等方面只占全国的 5%～8%，特别是所得税，还不到 5%。中部地区乡镇企业在创造的产值、增加值、营业收入、上缴税金等方面约占总量的 1/5 到 1/4 左右。

表 5—15　2002 年我国不同区域乡镇企业发展情况统计

地区	东部		中部		西部		全国	
数量及占全国比例	数量	(%)	数量	(%)	数量	(%)	数量	(%)
企业数（个）	9036779	42.37	8961674	42.02	3328404	15.61	21326857	100
从业人员（人）	69580120	51.65	51030654	37.88	14102449	10.47	132877100	100
增加值（万元）	219046864	65.03	98253970	29.17	19519644	5.80	323857988	100
总产值	942708343	67.13	381716243	27.18	79920430	5.69	1404345016	100
营业收入	891888119	66.47	359626324	26.80	90220004	6.72	1297596264	100
利润总额	49113708	64.98	20490519	27.11	5973685	7.90	75577912	100
上缴税金	19835190	71.18	6049247	21.71	1981003	7.11	26935358	100
所得税	4733098	78.13	1080743	17.84	244345	4.03	5951319	100

资料来源：中国乡镇区域年鉴编辑委员会：《中国乡镇企业年鉴 2003》，中国农业出版社，2003。

6. 不同区域城市公用事业差距显著

全国东、中、西部地区的城市公用事业的差距，也反映了城市化进程的发展状况。如表5—16和图5—14所示，东部地区的城市公用事业发展普遍高于全国平均水平，中部绝大多数指标接近于全国平均水平，西部地区的多数指标落后于中部地区（见表5—16）。

表5—16 2002年不同区域城市公用事业基本情况

	全国	东部	中部	西部
人均住宅建筑面积（平方米） 与全国平均值的对比	22.04 100	24.47 111.06	20.56 93.29	21.08 95.64
城市用水普及率（％） 与全国平均值的对比	80.06 100	88.41 110.43	77.87 97.26	73.9 92.31
城市燃气普及率（％） 与全国平均值的对比	65.04 100	84.13 129.35	59.64 91.70	51.33 78.92
每万人拥有的公共交通车辆（标台） 与全国平均值的对比	7.56 100	8.97 118.65	5.53 73.15	8.18 108.20
人均拥有的道路面积（平方米） 与全国平均值的对比	7.80 100	9.63 123.46	7 89.74	6.76 86.67
人均公共绿地面积（平方米） 与全国平均值的对比	5.20 100	6.52 125.38	4.94 95.00	2.68 80.72
每万人拥有的公共场所（座） 与全国平均值的对比	3.32 100	3.28 98.80	4.0 120.48	2.68 80.72

注：各项数据是由各省、市、自治区数据处理得出。
资料来源：国家统计局城市社会经济调查总队：《中国城市统计年鉴2002》，中国统计出版社，2003。

在表5—16所反映的七项指标中，东部地区只有每万人拥有的公共厕所数量低于全国平均水平1.2个百分点，其他指标均高出10～30个百分点。东部地区城市的燃气普及率高于全国平均水平29.35个百分点，人均绿地面积比平均值高出25.38个百分点，人均拥有的道路也高于平均值 23.46 个百分点,每万人拥有的城市交通车辆、人均住宅面积和城市用水普及率高于全国平均水平 10~18 个百分点。西部地区只有每万人拥有的公共交通车辆这项指标高于全国平均水平,主要由于西藏、青海和新疆这三个地方的指标较高,提升了西部地区的该项指标,该区域中的四川、甘肃、宁夏这项指标非常低,每万人拥有的数量不及全国平均水平的一半。西部地区另外六项指标均低于全国平均水平,其中城市燃气普及率低于平均水平 21.08 个百分点,人均绿地面积和厕所数量低于全国平均值 20 个百分点,西部地区与全国差距最小的是人均居住面积,相差 4.36 个百分点。中部地区城市公用事业建设比较好的是人均拥有的厕所数量比全国平均水平高出 20 个百分点,远高于东、西部。其原因是东部地区土地少,大城市寸土寸金,厕所数量少,而西部地区经济落后,资金少,故建设数量少。中部地区与全国平均水平相比,在人均住宅建筑面积、城市用水普及率、城市燃气普及率、人均拥有的道路和公共绿地面积方面均低于全国平均水平 3~10 个百分点。

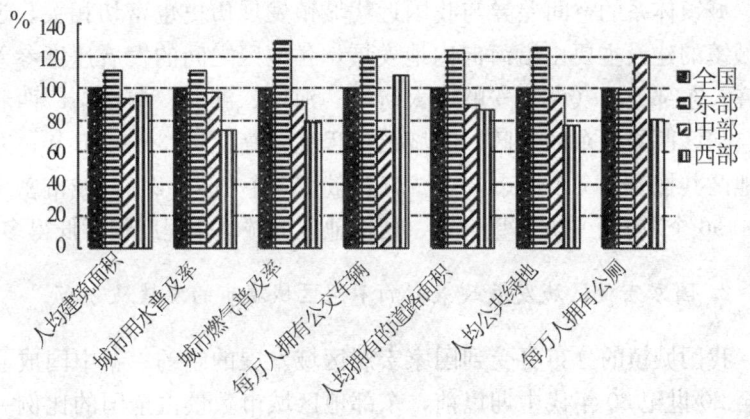

图 5—14 2002 年全国不同区域城市公用事业状况图

5.3.2 中国城镇化地区差异形成原因分析

城镇化地区差异分布受多种因素影响,既有自然和历史原因,也有经济发展水平、人口分布和交通条件等多方面因素。

1. 自然因素和历史因素影响城镇化的区域差异

城镇体系空间的分布状态与多种因素有关,首先受到自然地理条件尤其是地形条件的影响。我国由于地势西高东低,西部多山地高原,东部多低丘、河盆地带和沿海的三角洲、平原,从而形成了沿海与内地以及东西部之间在城镇分布上的差异,人口向地理位置有利的区域聚集,城镇化水平由西向东逐渐提升,东部城镇化水平较高,达41%,中部次之,达40%,西部最低,为33%。但我国北方有的自治区其自然条件差、气候恶劣,但城镇化率却出乎意料的高(见表5—17)。这实际上是人们对自然条件的理性反应。因为北方少数地区沙漠面积大,干旱地较多,水资源严重缺乏,人们的居住成本高,生存条件恶劣,所以纷纷聚集到资源条件相对优越的城市居住,所以新疆、宁夏、内蒙古等我国北方几个省、自治区,其城镇化水平比人们想像的高出许多。

城镇体系的空间差异与我国近代城镇发展历史也密切相关。近代城镇的建设主要由沿海向内地发展,各地区之间的发展速度参差不齐。东部地区(大兴安岭、太行山、河南、湖北、湖南、广西壮族自治区西界以东的地区)的城镇化程度较高。1933—1936年,东部地区共拥有147个城市,占城市总量193个的76.2%,城市密度为4.96个/10万平方公里,中、西部地区的城镇化程度相对低得多。

2. 国家宏观区域发展政策影响不同区域城市的发展及分布

我国城镇的分布更受到国家宏观区域发展的制约。新中国成立后至20世纪80年代中期以前,东部地区城市数量占全国的比例一直下降,从1949年的53.1%下降到1985年的34.9%,其变化与当时的宏观经济区域发展政策密切相关。新中国成立前,城市多集中在沿海区域,1949年,全国多一半城市聚集在占国土面积只有14.2%的东部,而占国土面积75%左右的西部只稀疏地分布着10%的城市。新中国成立后,为了改变这种不合理的状况,又基于国防安全考虑，以及配合资源的分布，我国在近三十年间将经济和城市发展的重点放在中、西部地区，这使得我国中、西部地区的城市发展较快，占全国的比例逐步提高。随着国家宏观区域发展战略的调整，东部沿海地区首先对外开放，东部地区城市得到较快的发展，其城市数量及其比重与中、西部地区尤其是中部地区又拉开了差距。

我国地域差异加大，各省、市、自治区的城镇化水平相差更大（见表5—17）。北京、天津、上海目前的城市化水平已经达到70%～85%左右，而云南、贵州、西藏等地只有20%左右，差距在50个百分点左右。三个直辖市一直受到国家宏观政策方面的优厚待遇，在财政资金拨付、城市建设投资、税收优惠等方面都是得天独厚的。这些城市的就业、福利待遇、工资收入、文化氛围、城市公共事业水平等各方面都比其他地方优越，难怪人口会往这些地方聚集。从我国目前的情况看，劳动力和资本流向沿海地区，一些高级人才流向北京、上海等地。这样的移民模式并未反映出有效的市场力量，而是存在相关政策所致。

3. 经济因素是决定城市兴起和空间布局的决定力量

影响城镇发展、兴起以及功能、形态的变化的另一关键因素仍然是整个社会经济形态的变化。

2002年，全国城镇化率为39.09%，其中东部地区的城镇化率最高，为41.36%，西部地区的城镇化率只有33.41%。同年东部地区的人均GDP为13334.67元，中部为6978.32元，西部地区只有5388.69元，东部地区高出西部地区7945.98元。我们在前面已经介绍了经济对城镇化的影响，在此不再重复。我国的东三省黑龙江、辽宁、吉林的城镇化水平很高（见表5—17）。根据张宏霖（2002年）的分析：1998年黑龙江的城镇化率已达到53.72%，在全国排在各省、市、自治区的第五位，辽宁更是达到55.13%，排第四位，吉林城镇化率位52.24%，排第六位。这看似与其现在的经济发展水平不相一致，实际上正是其经济发展的结果。

表 5—17 各地城镇化水平

地方	城镇化率（%）		地方	城镇化率（%）	
	1978年	1998年		1978年	1998年
上海	66.39	80.12	海南	16.54	30.40
北京	60.52	72.43	陕西	16.58	26.82
天津	55.93	67.01	江西	16.31	26.05
辽宁	35.87	55.13	浙江	12.92	25.04
黑龙江	39.86	53.72	福建	15.48	24.13
吉林	34.67	52.24	湖南	12.08	23.61
新疆	30.51	43.40	安徽	12.08	23.19
内蒙古	28.67	41.58	甘肃	15.09	22.95
广东	18.37	38.21	河北	12.36	22.88
宁夏	19.38	34.80	四川	9.13	22.08
湖北	16.54	33.85	河南	9.11	21.71
江苏	14.10	33.06	广西	11.96	21.13
青海	27.09	32.61	云南	11.84	17.98
山东	9.90	31.95	贵州	12.87	17.27
山西	18.37	31.91	西藏	16.36	16.59
全国	7.92	30.40			

资料来源：张宏霖：《中国城市化与经济发展》，见《中国城市化：实证分析与对策研究》，厦门大学出版社，2002。

我国东三省在20世纪30年代其工业化发展水平在国内相对领先，五六十年代国家重视重工业的发展，聚集了众多重工业生产厂家的东三省，其工业化水平进一步提高，从而提升了该地区的城镇化进程。八九十年代，随着国家宏观优惠政策向东南沿海转移，加上国有企业发展速度放缓，东三省的城镇化进程放慢。

第六章 西部地区城镇发展现状及城镇化进程

6.1 西部地区城镇发展的现状与问题

6.1.1 城镇发展现状

1. 西部地区城镇发展演变的历程

新中国成立以来随着"西部大开发"几次大的起伏,西部地区城镇发展也走过了一个艰难的历程。在"经济恢复"和"一五"期间,以工矿业发展为主要动力,西部城市数量快速增长,由 1949 年的 13 座城市迅速增加到 1952 年的 32 座,城区非农人口由 1949 年的 281.80 万人增加到 1952 年的 452.97 万人,之后,又增加到 1957 年的 737.76 万人。在"大跃进"和经济调整时期的 8 年中,西部城市市区非农人口平均增长率仅 3.2%,远低于上一个时期的发展速度。"文化大革命"时期,城市建设体系遭到破坏,西部以"三线"建设为依据,建设了一批工业基地或工业点。这一时期城市数量仅增加了 6 座,达 38 座城市,市区非农人口的年均增长率仅为 1.9%。从 1978 年改革开放以后的二十多年,西部城镇化开始进入逐步与经济发展水平相适应的合理增长的轨道;这一时期西部地区的城市数量和规模不断扩张,由 1978 年的 40 座增加到 1999 年 120 座,年均增加近 4 座,远高于改革开放以前的增长水平,西部城市非农业人口由 1978 年的 1303.84 万人增加到 1998 年的 3233.63 万人,年均增加 4.6%,比改革开放前快了 1 个百分点(见图 6—1、6—2)。"西部大开发"使西部城镇化得到快速发展。2003 年底,西部地区共有城市 170 个,其中超大城市 4 座,特大城市 28 个,大城市 46 个,中等城市 63 个,小城市 29 个,建制镇 7088 个(见表 6—1)。

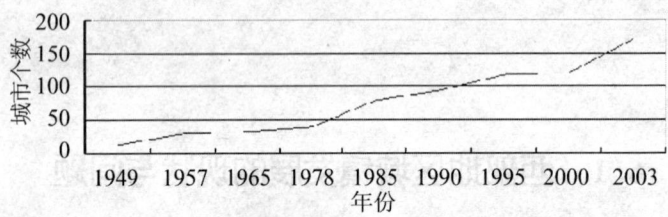

图 6—1 西部地区城市数量增长(1949—2003)

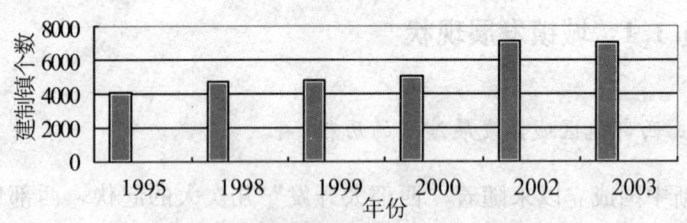

图 6—2 西部地区建制镇数量增长(1995—2003)

表 6—1 西部地区城镇概况

年份(年)	城市数(个)	建制镇(个)	市区非农人口(万人)
1949	13		281.80
1952	32		452.97
1957	30		737.76
1958	39		887.6
1960	44		—

续表

年份（年）	城市数（个）	建制镇（个）	市区非农人口（万人）
1965	32		947.6
1966	34		—
1976	38		—
1978	40		1303.8
1985	78		1969.1
1990	93		2302.7
1995	116	4102	2938.9
2000	120	5093	10208
2002	170	7119	11022
2003	170	7088	11367

资料来源：根据《新中国50年》和历年《中国统计年鉴》中相关数据整理。

2. 西部地区城镇体系概况

从发展动态来看，改革开放二十多年来，西部地区城镇数量不断增加。从1991年至1992年"城市50强"排序来看，东部地区由36个减少到34个，西部地区由6个增加到7个。国家统计局有关资料显示，西部地区的城市数量由1980年的45个增加到2003年的170个，2002年底，我国共有设市城市660座，其中东部地区256个，中部地区234个，西部地区170个。以每千万人口拥有的城市数量计算，全国平均为5.13个，东、中、西部地区分别为5.51个、5.21个和4.55个。即全国平均195万人口有一个城市，而西部地区220万人口才有一个城市，东部则是181万人口有一个城市。如表6—2所示，按每万平方公里拥有的城镇数量来说，全国平均为21.75个，东、中、西部地区分别为61.84个、42.41个、10.58个。西部地区的城镇密度低于全国平均11.17个百分点，低于东部51.26个百分点，低于中部31.83个百分点。

表6—2 西部地区城镇密度与东中部及全国的比较（2003年）

地区	土地面积	城镇合计		城市		建制镇	
		个数	密度	个数	密度	个数	密度
西部地区	686.7	7258	10.58	170	0.25	7088	10.32
中部地区	153.15	6496	42.41	234	1.52	5693	37.17
东部地区	120.15	7431	61.84	256	2.13	7175	59.71
全国	960	20886	21.75	660	0.69	20226	21.07

1. 数据来源：根据《中国统计年鉴（2004年）》相关数据整理而成。
2. 注：土地面积单位为万平方公里，密度为个/平方公里。

从西部地区的城市体系等级结构比例来看，中小城市占54.11%，高于全国平均水平近20个百分点；但拥有作为区域经济中心或二级中心的特大城市、大城市比例偏小。如表6—3所示，2003年底，全国城市总量为660个，城市密度是1：1.45万平方公里，西部地区的城市总量是170个，城市密度是1：4.05万平方公里，大约是全国平均城市密度的1/3。在西部地区的城市总量中，大中城市比例更小，从各级别城市数量的比例来看，按超大城市、特大城市、大城市、中等城市、小城市的顺序，西部地区的比例为1：7：11.5：15.75：7.25，全国的比例为1：4.2：8.3：5.21：1.2，东、中部合计的等级城市数量比例为1：3.89：7.86：3.30：0.33。很显然，在城市体系中大中城市比例偏低，难以承担起带动西部地区经济发展增长极的作用。按各城市市辖区人口统计，西部地区100万人口以上的特大城市有32个，约占西部城市总数的18%，50万~100万人口的大城市46个，约占西部城市总数的27%，50万人口以下的中小城市为92个，约占西部城市总数的55%。东部地区100万人口以上的特大城市有94个，约占东部城市总数的36%，50万~100万人口的大城市124个，约占东部城市总数的48%，50万人口以下的城市为23个，约占东部城市总数的16%。中部地区100万人口以上的特大城市有42个，约占中部城市总数的18%，50

万~100万人口的大等城市104个,约占中部城市总数的44%,50万人口以下的中小城市为72个,约占中部城市总数的31%。因此,和东、中部相比,西部地区无论在城镇数量、密度、体系、布局等方面还是有很大的差距。

表6—3 西部地区城市规模与东中部及全国的比较(2003年)

西部地区城市规模与东、中部及全国的比较(2004年)							
城区	城市个数及比重	超大城市	特大城市	大城市	中等城市	小城市	合计
西部地区	城市数(个)	4	28	46	63	29	170
	占全国的比例(%)	12	20	17	37	73	26
中部地区	城市数(个)	6	42	104	72	10	234
	占全国的比例(%)	18	30	38	42	25	35
东部地区	城市数(个)	23	71	124	37	1	256
	占全国的比例(%)	70	50	45	21	2	39
全国	城市数(个)	33	141	274	172	40	660
	占全国的比例(%)	5	21	42	26	6	100

资料来源:根据《中国统计年鉴(2004年)》相关数据整理计算。

3. 空间分布与聚集特征

一是从城市空间分布形态来看,西部地区的城市发展呈现出较大的不均衡性。受自然和人文条件的影响,西南地区城市密度明显高于西北地区。其中西陇海铁路、南昆铁路、成渝铁路、长江水道等交通枢纽沿线,构成了西部的城市密集区和密集带,尤以成都平原最为密集。在省(市)区内部,又形成了以省会城市为中心的省会邻近地区城镇密集区。总体看来,西部地区的城市分布特点是东部密集、西部稀少,北线和南线密集而中线稀少。西部地区的城市密集地区主要在东经100°~110°之间,这一区间的城市数超过130个,占西部地区城市总数的80%以上,而在东经100°以西的广阔地区仅有30个城市,尤其是在东经90°~100°之间,仅有10个城市,占整个西部地区城市总量的15%左右。从南到北看,西部地区的城市主要集中在两大区域,即成(成都)渝(重庆)—贯(贵州)昆

(昆明)地区和亚欧大陆桥沿线地区。2001年,西部共有161个城市,而这两大区域的城市数多达133个,占整个西部地区城市总数的84%(见表6—4),而在青藏高原、新疆高原的沙漠地区,城市十分稀少,其密度分别是1:39万平方公里和1:8.68万平方公里,大大低于西部地区的平均城市密度。

表6—4 西部地区城镇密度分布(2001年)

地区	土地面积	城镇合计		城市		建制镇	
		个数	密度	个数	密度	个数	密度
西部地区	545.2	4209	7.9	120	0.22	4189	7.68
四川盆地	56.9	2375	41.74	36	0.63	2339	41.11
黄土高原	71.0	1145	16.13	32	0.45	1113	15.68
云贵高原	56.8	1129	19.88	28	0.49	1101	19.38
青藏高原	195.0	142	0.73	5	0.03	137	0.70
新疆高原	165.0	155	0.94	19	0.12	136	0.82

数据来源:根据《中国统计年鉴(2002年)》相关数据整理而成。

注:土地面积单位为万平方公里,密度为个/平方公里。

二是城镇规模、等级序列不完整,结构失衡。从城市地理学的角度来看,西部地区城市等级结构的一个显著特点是城市首位度远远高于东部(城市首位度也称首位度,是一个地区首位城市与第二位城市人口之比,用以反映城市分布的集散程度)。以1998年为例,甘肃和云南的四城市指数分别为100、20、18和100、16、13,而东部的河北和广东的指数分别为100、82、75和100、56、25。首位城市过高,反映出城市体系上出现了断层现象,等级结构不完善,次级城市薄弱,发展不协调,远远没有形成完整的城市结构和体系,也就是说,西部各省区的首位城市与其他城市的规模差距大。截至2003年底,西部地区170个城市中,有200万人口以上的超大城市4个,100万~200万人口的特大城市28个,50万~100万人口的大城市46个,20万~50万人口的中等城市63个,20万以下人口的小城市29个,建制镇7088

个。如表6—5所示,在西部地区建制市中,大城市数目少,分布零散,宁夏、青海和西藏三个地区只有2座大城市,50万~100万人口的大城市出现断缺。城市数量也偏少,平均每227万人、4.36万平方公里才有一座城市,而全国平均每189万人、1.44万平方公里就有一座城市。另外,小城镇规模较小,以四川为例,平均每个建制镇(含城关镇)非农业人口约4700人,只有全国平均水平的一半,有322个建制镇仅500~1000人,292个建制镇不足500人。

表6—5 西部各省区建制城镇分布(2003年)

项目	合计	按辖区非农人口计算				
		特大城市	大城市	中等城市	小城市	建制镇
全国	660	174	274	172	40	20226
西部地区	170	32	46	63	29	7088
重庆	5	4	1	—	—	648
四川	32	12	15	5	—	1934
贵州	13	2	4	7	—	693
云南	17	2	4	8	3	580
陕西	13	1	—	8	4	919
甘肃	15	2	1	8	4	463
宁夏	7	—	1	6	—	92
青海	3	—	1	—	2	115
新疆	22	1	1	12	8	229
内蒙古	20	3	2	8	7	748
广西	21	5	8	5	3	527
西藏	2	—	—	—	2	140
西部占全国(%)	25.76	18.39	16.78	36.62	72.5	35.0

数据来源:根据《中国统计年鉴2004》和《中国城市统计年鉴(2004)》相关数据整理而成。

三是城市数量增加缓慢。1978—2000年,全国城市数量增加了470座,其中东部地区增加了226座,中部地区增加了163座,西部地区只增加了81座,只占同期全国城市增加数的17%。从表6—6可以看出,新中国成立初期,西部地区拥有城市仅占全国的9.6%,从1949年到1976年,这一比重上升到20.2%。但改革开放以后,东部地区得到了重点发展,西部地区发展相对滞后,东西部差距越拉越大,西部城市数量占全国的比重也随之下降,到2000年底,西部拥有城市120个,仅占全国的13%。西部大开发,虽然西部地区城市数量得到较快的增长,但比起东、中部,增长速度比较缓慢,到2003年底,城市比重仅为全国的25.8%。

表6—6 我国三大地带城市数目增长变化情况

年份	地区	东部地区	中部地区	西部地区	全国
1949	城市个数	68	55	13	136
1949	占全国百分比(%)	50	40.4	9.6	100
1965	城市个数	67	72	30	169
1965	占全国百分比(%)	39.6	42.6	17.8	100
1976	城市个数	67	83	38	188
1976	占全国百分比(%)	35.6	44.2	20.2	100
1985	城市个数	113	133	78	324
1985	占全国百分比(%)	34.9	41	24.1	100
2000	城市个数	300	247	120	667
2000	占全国百分比(%)	50	37	13.0	100
2003	城市个数	256	234	170	660
2003	占全国百分比(%)	38.7	35.5	25.8	100

数据来源:根据历年《中国统计年鉴》有关数据整理所得。

6.1.2 城镇发展中的问题

城镇发展中有以下三个问题。

一是城市平均规模偏小,集聚和扩散的功能弱。自改革开放以来,我国各地掀起了一股撤地区建市、撤县建市的热潮,城镇化的水分很大。表现在:许多地方的城镇化不是人口的城镇化,而是地名的城镇化,城市数量大大增加,但城市市区非农业人口增长却不快,城市建成区规模小,非农业人口少,无强大的产业支撑,集聚和扩散的功能弱,难以带动整个区域经济的发展。西部地区更加突出,2000年西部地区的城市经济规模和城市人均GDP约为东部地区城市的一半。

二是城市发展和建设水平低,城市综合竞争力弱。目前我国西部地区的城市发展水平和建设质量的各个指标均不同程度地低于东部地区,由于城市发展和建设水平低,因此导致城市集聚人口和产业的功能弱,城市发展的后劲严重不足,城市竞争力弱。

表6—7 我国西部城市建设质量与东、中部的比较(1997年)

项 目	西 部	中 部	东 部	全 国
建成区面积(平方公里)	1966.0	13613.0	4532.0	7115.0
市区人口密度(人/平方公里)	501.0	509.0	1025.0	684.0
建成区绿化覆盖率(%)	22.1	30.7	30.4	29.3
市区每百人公共图书馆藏(册、件)	81.0	75.0	133.0	106.0
市区每百人拥有电话机数(部)	12.0	16.0	26.0	21.0
市区人均生活用水量(吨)	74.1	82.4	92.1	86.5
市区人均生活用电量(千瓦小时)	189.3	215.8	285.1	247.0
人均铺装道路面积(平方米)	3.2	3.8	5.4	4.5
每万人拥有公共汽车(辆)	5.4	5.0	6.2	5.6

资料来源:王洛林、魏后凯:《未来50年中国西部大开发战略》,北京出版社,2002。

西部地区城市竞争力总体而言十分低下,西部大部分城市远远落后于东部的许多新兴城市。据倪鹏飞主编的《中国城市竞争力报告 No.1》(2002 年),在中国 200 座城市竞争力排名中,西部只有重庆、成都、西安和昆明四城市排名前 50 位,其他包括若干省会在内的城市,排名均靠后,如乌鲁木齐排在 69 位,呼和浩特排在 74 位,兰州排在 75 位,贵阳排在 87 位,包头排在 100 位,银川排在 135 名,西宁排在 140 名。西部地区的许多大中城市的城市竞争力不断下降,在知识经济和全球化发展潮流中,极有可能被边沿化。

表 6—8　西部地区城市在中国 200 座城市竞争力 (2002 年) 中的前 20 名

城市名称	城市综合竞争力	排名	城市名称	城市综合竞争力	排名
重庆	46.58	18	柳州	−9.66	82
成都	44.36	22	贵阳	−11.83	87
西安	14.68	37	北海	−12.73	90
昆明	9.67	48	泸州	−15.64	99
咸阳	−2.10	64	包头	−15.86	100
乌鲁木齐	−4.84	69	攀枝花	−22.96	122
桂林	−5.12	71	自贡	−23.19	126
玉溪	−5.32	73	宝鸡	−23.52	128
呼和浩特	−6.33	74	银川	−25.39	135
兰州	−6.45	75	西宁	−26.41	140

资料来源:倪鹏飞:《中国城市竞争力报告 No.1》,社会科学文献出版社,2003。

注:城市综合竞争力=F(综合市场占有率,综合长期经济增长率,综合地均 GDP,综合居民人均收入水平)。

三是城镇体系发育不完全,城镇功能不完善。与东部、中部地区相比,目前我国西部地区城市发展比较普遍地存在"两头大中间小"即呈现出特大、超大城市和小城镇两极分化的状况。省、区(市)的中心城市多为特大城市、超大城市,但大城市空缺,中等城市也严重不足。中等城市不仅地区分布过于集中,且分布极不平衡,多数中等城市人口在20万~30万人,40万~50万人口的中等城市很少。2001年,西部地区共有132个城市,其中100万人口以上的特大城市有7个,占城市总数的5.3%,50万人口以上的大城市6个,占城市总数的4.5%,20万~50万人口的中等城市45个,占城市总数的34.1%,20万人口以下的小城市74个,占城市总数的56.1%。除四川省外,其他省区都出现了城市断层,有的是缺乏大城市,有的是缺乏中等城市。即使是四川省,如按美国城市经济学家贝克曼的理想城市等级,每一级城市服务的人口都应是上一级城市的一半,按城市的等级规模分布,四川省应有6个或7个大城市,而不是1个。

由于西部地区严重缺乏大城市作为区域性中心城市,以对上承接特大城市的经济辐射,对下带动中小城市的发展,因此区域城市和经济的发展呈现出严重的两极分化状况。目前西部地区的城镇功能也不完善,除少数大中城市外,大多数城镇缺乏特色产业支撑,城市特色功能不明显,城市之间经济联系不强,缺乏密切的分工和合作关系。

6.2 西部地区的城镇化进程

6.2.1 城镇化的现状

城市化发展水平与经济发展水平密切相关,经济发展可分为初期阶段、加速阶段和后期阶段等三个阶段,在不同的阶段,城市化的进程呈现不同的特点。初期阶段:城市化水平低于30%,城镇人口增长缓慢,发展埋藏漫长。区域经济以第一产业为主导。加速阶段:人口和经济活动迅速向城镇集聚;城市化水平迅速提高,大约每年提高1个百分点;城市数量迅速增加,城市地域大幅度拓展,并出现城市密集地区和大城市连绵区。区域经济以第二产业为主导，第三产业的比重逐步上升，第一产业的比重持续下降。我国目前正在步入城市化的加速阶段。后期阶段：城市化水平达到60%～70%以后，城镇人口比重的增长又趋缓慢甚至停滞，城乡差别几乎消除，区域空间一体化，并出现郊区化和逆城市化，第三产业逐步占居主导地位。我国城市化正处于加速阶段，但西部地区的城镇化水平仅为24.6%，是即将走向加速阶段。

我国的西部地区包括重庆、四川、贵州、云南、西藏、甘肃、青海、宁夏、新疆、内蒙古、广西、陕西等12个省（自治区、直辖市）。西部地区土地面积686.7万平方公里，占全国国土面积的71.5%，耕地面积占全国耕地面积的38%；2002年底，总人口3.6亿人，占全国总人口的28.5%。新中国成立后特别是改革开放以来，西部地区城市化有了长足发展，重庆、成都、西安、昆明、兰州、贵阳、乌鲁木齐、西宁、银川、拉萨、南宁等直辖市和省会城市发展很快，城市面貌发生了很大变化，小城镇建设也有了很大进展。其中，重庆、成都、西安已进入特大城市行列，昆明、乌鲁木齐作为边疆中心城市，对外开放程度大大提高。此外，西部还出现了若干个具有一定规模的城市群，如在四川盆地，出现了以重庆和成都为核心的沿长江分布的线状城镇带，它集中了宜宾、泸州、绵阳、自贡、南充、乐山、内江、广安、遂宁等众多相距不远、相互交往频繁的城市。又如在黄土高原地区，形成了以西安、兰州为核心的沿陇海线分布的线状城镇带，集中了咸阳、宝鸡、渭南、天水、陇西等城市。

改革开放以来，随着"西部大开发"的实施，西部地区城镇化进程加快，城镇体系面貌发生了很大变化，为西部地区经济社会发展作出了很大贡献。

从城镇数目来看，2000—2003年，西部地区各类城镇逐步增加，截至2003年底，共有各类城镇7258个。其中，城市市辖区总人口在400万以上的城市有3个（重庆、成都、西安），总人口在200万～400万的城市有1个（昆明），总人口在100万～200万的城市有28个（即特大城市），总人口在50万～100万的城市有46个（即大城市），总人口在20万～50万的城市有63个（中等城市），总人口在20万以下城市有29个（小城市），建制镇有7088个。图6—3显示了西部地区各类城镇的增长情况。

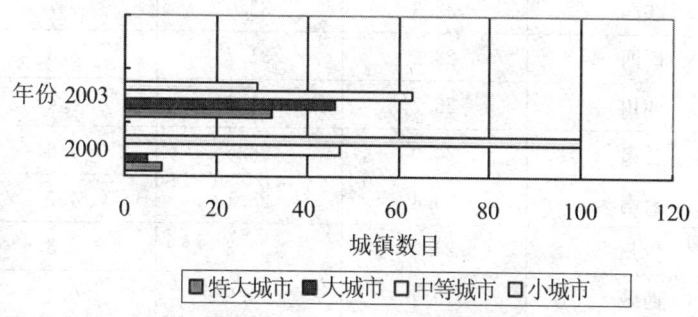

图6—3 西部地区各类城镇数量增长

从城镇化率来看，如表6—9所示，2000—2004年，西部地区城镇化水平呈不同程度的增长态势，大部分都进入了加速发展阶段，其中重庆的增长率提高了7.9个百分点，内蒙古、重庆、宁夏的城镇化率达到40%以上，西部地区平均城镇化率由2000年的27.9%提高到2004年的33.44%，提高了5.5个百分点，超过了全国的增长速度。

表6—9 西部省、市、区城镇化率变化比较表　　　（%）

地　区	城镇化率		
	2000年	2004年	增减百分点
全国	36.9	41.8	4.9
内蒙古	42.7	45.7	3.0
重庆	35.6	43.5	7.9
宁夏	32.4	40.6	8.2
青海	32.3	38.5	6.2

续表

地 区	城镇化率		
	2000 年	2004 年	增减百分点
新疆	33.8	34.4	0.6
陕西	32.3	33.0	0.7
广西	28.2	31.7	3.5
四川	26.7	31.1	4.4
甘肃	24.0	28.6	4.6
云南	23.4	28.1	4.7
贵州	24.0	26.3	2.3
西藏	19.4	19.8	0.4

资料来源：《五大原因促使近年来川渝城镇化水平差距加大》，国家统计局网，2005 年 4 月 6 日。

总体看来，西部城镇化水平虽然有了很大提高，但依然存在很多问题。

6.2.2 城镇化进程中的主要问题

城镇化进程中的主要问题有三个方面。

一是城镇化水平滞后于经济发展水平和全国平均水平。从城市化水平看，1982—2000 年，东部城镇化率上升了 22 个百分点，西部只上升了 12 个百分点，东部 50 万人口以上的城市 42 座，这些城市的人口之和占东部人口的 13.3%，而西部只有 14 座 50 万人口以上的城市，这些城市的人口之和只占西部人口的 5.6%。从表 6—10 中，西部地区市镇非农人口占总人口的 17.9%，与东部地区和全国平均水平相比，分别低近 10 个百分点和 5 个百分点；按第四次人口普查的城镇人口计算，西部地区城镇人口占西部总人口的 23.4%，分别低于东部和全国平均水平 12 个百分点和 7 个百分点。在西部地区全部从业人员中，从事农业的人口比重高达 63.7%，高于全国平均水平 14 个百分点，高于东部地区 22.3 个百分点；从事工业和建筑业的人口比重只有 13.4%，低于全国平均水平 10.1 个百分点和东部地区 13.1 个百分点。因此，不论工业化水平和城市化水平，西部地区均明显滞后于东部地区及全国的平均水平。

表 6—10 1998 年工业化、城市化与区域差异

地区	城市化水平		从业人员就业结构（%）		
	按市镇非农人口计算	按普查城镇人口计算	第一产业	第二产业	第三产业
全国平均	23.9	30.4	49.8	23.5	26.7
东部平均	27.4	35.4	41.4	26.5	32.4
中部平均	23.7	29.1	54.8	18.4	26.9
西部平均	17.9	23.4	63.7	13.4	22.9

资料来源：《中国城市统计年鉴 1999》和《2000 年中国区域发展报告》。

2003 年全国城市化水平为 39.6%，其中广东、江苏、浙江、山东等沿海发达省区的城市化水平在 40% 以上。西部地区城市数量仅占全国的 25.57%，城市化水平为 30.98%，低于全国平均水平 8.62 个百分点，低于东部地区近 10 个百分点。

二是城市基础设施水平低。西部地区城市基础设施水平低，表现在：大城市交通拥挤，居民居住条件差，环境和噪声污染严重，水资源短缺等；中小城市自来水、天然气普及率低，废物处理设施缺乏等（见表 6—11）。

表 6—11 全国和 31 个省、直辖市、自治区城市基础设施发展水平（2002 年）

地区	人均住宅建筑面积（平方米）	城市用水普及率（%）	城市燃气普及率（%）	人均拥有道路面积（平方米）	人均公共绿地面积（平方米）
全国	22.8	77.9	67.2	7.9	5.4
北京	26.4	100.0	99.6	8.1	10.1
天津	22.2	100.0	95.1	8.5	5.6

续表

地区	人均住宅建筑面积（平方米）	城市用水普及率（%）	城市燃气普及率（%）	人均拥有道路面积（平方米）	人均公共绿地面积（平方米）
河北	22.0	99.8	89.7	10.7	5.7
山西	22.0	82.9	59.3	6.2	3.2
内蒙古	19.3	77.2	51.9	7.6	5.6
辽宁	19.4	87.1	82.0	7.1	5.7
吉林	19.8	76.3	66.9	5.9	5.1
黑龙江	18.1	80.5	66.7	7.4	6.1
上海	28.0	100	100	11.6	6.1
江苏	23.6	89.0	85.2	11.7	7.1
浙江	30.3	96.6	94.6	10.9	6.5
安徽	20.2	79.7	62.4	8.8	4.5
福建	29.2	82.9	82.7	7.5	5.0
江西	22.2	84	65.8	6.5	4.9
山东	22.7	64.2	60.9	8.9	5.0
河南	19.2	73.2	49.3	6.4	5.7
湖北	22.2	66.3	54.8	7.6	4.7
湖南	22.5	80.7	59.7	6.6	4.7
广东	25.8	91.8	88.3	10.3	7.9
广西	21.9	63.9	52.4	6.6	4.4
海南	22.1	85.6	79.3	13.7	9.1
重庆	23.9	62.6	46.6	4.4	2.2
四川	24.9	43.5	30.5	3.9	2.6
贵州	18.2	74.8	54.2	3.9	5.3
云南	24.0	77.9	62.9	5.9	7.8
西藏	18.8	87.6	46.9	13.8	1.6

续表

地区	人均住宅建筑面积（平方米）	城市用水普及率（％）	城市燃气普及率（％）	人均拥有道路面积（平方米）	人均公共绿地面积（平方米）
陕西	21.0	76.9	59.2	5.6	4.0
甘肃	21.1	57.4	26.1	6.1	2.3
青海	18.1	100.0	48.9	7.8	5.9
宁夏	20.8	62.5	50.7	6.9	2.9
新疆	20.0	98.8	87.2	9.3	6.7

资料来源：《中国统计年鉴2003》。

从表6—11可看出，西部地区城市的人均住宅建筑面积，除重庆、四川、云南高于全国平均水平外，其余9个省区均低于全国平均水平，其中最低的青海（18.1平方米）与全国最高的浙江（30.3平方米）相差12.2平方米；城市用水普及率除青海、新疆、西藏高于全国平均水平，云南等于全国平均水平外，其余8个省市区均低于全国平均水平，其中最低的四川（43.5％）与全国最高的北京、天津、上海和青海（100％）相差56.5个百分点；西部地区的燃气普及率除新疆高于全国平均水平外，其余11个省市区均低于全国平均水平，其中最低的甘肃（26.1％）与最高的上海（100％）相差73.9个百分点；西部地区人均拥有道路面积除西藏和新疆高于全国平均水平外，其余10个省市区均低于全国平均水平，其中最低的四川和贵州（均为3.9平方米）与全国最高的西藏（13.8平方米）相差9.9平方米；西部地区城市人均绿地面积除内蒙古、云南、青海和新疆高于全国平均水平外，其余皆低于全国平均水平。

三是中心城市综合实力差。西部地区中心城市数量较少，比重较低，极化效应不足，这严重影响了区域经济的整体增长。中心城市综合实力主要表现在各项经济指标上。西部与内地、沿海省市比较相差甚远。如《中国城市发展报告（2003—2004）》首次发布的根据全国有代表性的50个城市一年的发展进程做出的排名，综合实力前10名是上海、北京、广州、深圳、天津、杭州、武汉、南京、成都和沈阳,西部地区只有成都榜上有名,且排名靠后。从表6—12中国城市综合竞争力排名来看,进入前50强的城市中,西部地区只有成都(综合竞争力28名)、呼和浩特(综合竞争力33名)、重庆(综合竞争力34名)、西安(综合竞争力35名)、和昆明(综合竞争力42名)5个城市,其余则排名比较靠后。

表6—12 中国城市竞争力排名

城市	综合竞争力	排名	综合GDP增长	排名	综合收入水平	排名
上 海	0.83685	1	0.7394	5	0.71026	2
广 州	0.53949	3	0.80556	2	0.59353	3
北 京	0.53243	4	0.58448	19	0.52152	4
杭 州	0.51766	5	0.70037	7	0.46595	7
天 津	0.42653	10	0.64564	13	0.29508	24
长 春	0.39182	13	0.5585	20	0.1911	57
南 京	0.38046	16	0.52901	24	0.35871	15
济 南	0.37062	18	0.4621	35	0.32871	20
沈 阳	0.35714	23	0.65315	12	0.22363	44
武 汉	0.34994	24	0.51515	26	0.18919	59
成 都	0.32446	28	0.55566	21	0.2393	42
南 昌	0.30901	30	0.54231	22	0.19868	55
石家庄	0.30509	31	0.41536	40	0.20525	50
福 州	0.303	32	0.2076	110	0.3745	11
呼和浩特	0.29777	33	0.70835	6	0.21678	46
重 庆	0.29675	34	0.53055	23	0.16464	73
西 安	0.29012	35	0.45019	37	0.18175	65
合 肥	0.2885	36	0.50999	27	0.24067	41
哈尔滨	0.28686	37	0.50869	28	0.25093	39
昆 明	0.26961	42	0.27468	86	0.2773	29

续表

城市	综合竞争力	排名	综合GDP增长	排名	综合收入水平	排名
海　口	0.24623	46	0.3692	52	0.17105	71
郑　州	0.24181	50	0.35709	54	0.2684	33
乌鲁木齐	0.24093	52	0.29209	77	0.30465	23
太　原	0.2104	63	0.41907	39	0.20028	52
兰　州	0.17877	83	0.2492	94	0.14714	89
贵　阳	0.17774	85	0.33728	61	0.18577	62
银　川	0.16057	100	0.19906	117	0.18811	61
西　宁	0.1029	181	0.16609	136	0.11756	117

资料来源：http://www.enorth.com.cn

第七章 西部地区城镇化发展的总体思路

7.1 关于城镇化道路

城镇化是与工业化相伴随的农村劳动力向非农产业转移、乡村人口向城市人口转化，从而使城市的数量增加、规模扩大，更多的人享受到城市的物质文明和精神文明的过程。从空间角度看，城镇化是乡村分散的人口、劳动力和非农经济活动不断地进行空间上的集聚而逐渐转化为城市经济要素，城市地域成为国民经济主要活动空间的过程。简言之，城镇化是乡村的人口、资源要素向城市地域的集中过程。因此，所谓城镇化道路即指乡村的人口、资源要素向城市地域集中的途径或模式，更确切地说是乡村的人口、资源要素向什么样的城市地域集中。由于城市地域的空间形态最直接地表现为超大城市、特大城市、大城市、中等城市、小城市以及小城镇的城市规模等级系列，因此，选择什么样的城镇化道路就转化为乡村人口与社会生产要素应向哪一类城市集中。这一命题进而演化为在推进城镇化的进程中应当重点发展哪一类城市。

1980年，国务院批转《全国城市规划工作会议纪要》，制定出"控制大城市规模，合理发展中等城市，积极发展小城市"的方针；1990年4月1日开始实施的《城市规划法》中，提出"严格控制大城市规模，合理发展中等城市和小城市"的方针；1998年中央又提出"小城镇,大战略";2000年10月,在中共中央关于"十五"计划的《建议》中,把"积极稳妥地推进城镇化"作为必须着重研究和解决的重大政策性问题之一。文件中提出要不失时机地实施城镇化战略,同时指出要走大中小城市和小城镇协调发展的道路;由国家发展计划委员会等十部委根据《中共中央关于制定国民经济和社会发展第十个五年计划的建议》以及《中华人民共和国国民经济和社会发展第十个五年计划纲要》关于实施城镇化战略的精神而共同编制的《"十五"城镇化发展重点专项规划》中,明确提出推进中国的城镇化要"走符合我国国情、大中小城市和小城镇协调发展的多样化城镇化道路"。

然而,多年来学术界对有关中国城镇化道路的争论一直没有停止,反而随着我国城镇化进程的不断推进而更加热烈,并形成了以下几种代表性的观点:

第一,大城市模式。这种观点源于对日本和拉美国家城镇化经验的借鉴,强调大城市的规模效益以及吸纳农村剩余劳动力的能力。为其提供支持的是国外有关城市模型的分析证明:人口规模在100万~400万之间的城市,其成本收益最合理。

第二,中小城市模式。其理由是小城镇集聚效应极差,服务业达不到分工的起始条件,工业形不成产业链和行业群,基础建设和环境保护的投资效益过低。应当优先发展人口少于30万的中小城市,因为人口少于30万的城市基础设施投入产出比不合理。要重点把30万~70万人口的城市发展成50万~100万人口以上的城市,由此形成稳定的生产力,减轻大城市流动人口压力。

第三,小城镇模式。这种观点在我国出现较早,至今仍有较大影响。其理由很大程度上是以我国国情为依据,认为近年来我国小城镇发展迅猛,小城镇是农村经济、政治、文化的中心,其发展可以把城乡两个市场较好、较快地连接起来,迅速地促进农村第二、三产业的发展,由此大量吸纳农村剩余劳动力,缓解农村人多地少的矛盾,进而促进农业规模效益的提高和农民收入的增长,同时又可以缓解大中城市人口膨胀的压力。同时,由于地缘关系紧密,农民进入小城镇比进入大中城市付出的心理成本要低一些。

第四，多元化模式。其理由是中国人多地广，东、中、西部的经济发展水平和地域差异性比较大，面临的主要矛盾也不大相同，不能采取单一战略模式去解决城镇化问题。应当从实际出发，根据地域特征确立城镇化模式，采取"多元化、非均衡、逐渐递进、综合发展"的战略。具体建议是东部以提高城镇化质量为目标，发展三大都市带。中部致力于扩大吸纳农村人口，适度扩大大、中型城市规模，大力发展小城镇。西部地区的中期目标定位于"大城市，小城镇"，与生态环境相适应。

在上述有关城镇化的几种代表性观点中，应当说大中小城市和小城镇协调发展的多样化城镇化道路或者说走集中型与分散型相结合的城镇化道路更具有共识性，也符合中央政府的战略设想。但究竟如何具体实现大中小城市与小城镇的协调发展还缺乏现实的思考，或者说，大中小城市和小城镇协调发展的多样化城镇化道路还缺乏具体的实践模式。

城镇化是工业化的产物。因此，工业化如何引致城镇化自然成为研究城镇化道路的逻辑起点。产业革命造就了机器大工业的生产体系，以专业化分工协作为特征的生产组织形式，使企业之间形成一种紧密联系、相互依赖、相互制约的生产链条，导致企业向一定空间地域的集中，以获得集聚经济效应。工业企业的地域集中，带动和促进了商业、金融、交通、通信等服务业的发展，由此形成了更大规模的产业空间集聚。产业的空间集聚促进了人口的集中。城市则成为产业集聚与人口集中的理想空间地域。这一过程在工业化的中后期表现得更为突出，因为这一时期第三产业的比重迅速上升并在国民经济中逐步居于主导和支配地位，而以服务业、信息通信业为代表的第三产业具有更强的城市指向性和更高的空间集聚性要求。产业与人口向城市地域的集中，促使城市数量增加，城市规模不断扩大，城市的空间分布由独立形态向集聚程度更高的空间组织形态演进。因此，从历史演变的逻辑来说，以工业为主体的现代产业在城市地域的空间集聚，推动了乡村人口向城市地域的集中，引发了城镇化过程，而城镇化又进一步推动了产业的空间集聚与人口的地域集中。

然而，产业与人口向城市地域的空间集聚过程并非均衡地发生在一切城市地域。或者说，并非一切业已存在的城市都会成为现代产业与人口理想的空间集聚地。现代交通工具和通信手段的发展与变革，改变了物质与非物质流态集聚与扩散的方向。现代产业特别是高科技、信息通信、金融保险等产业对资本、技术、信息、人才以及市场的依赖性越来越强，使得那些区位条件优越、空间可达性强、基础设施好、适宜居住、城镇空间聚合程度高、城市功能相对完善、社会经济发展水平较高的城市地域成为最能吸引产业集聚与人口集中的空间场所。在这样的强势地域内，最容易诞生新的城市；城市能够获得更大的发展空间，城市规模扩张迅速；城市之间形成密切的社会经济联系，大、中、小城市协调发展；原来单个孤立的城市被都市圈、城市带、城市群等新的城市空间组织形态所取代，城镇化由传统的以单个城市为核心的"点"的集聚模式演变为以都市圈、城市带、城市群等新的城市空间组织形态为中心的"面"或"群"的集聚模式，更多的乡村地域转化为城镇化地域。

西方发达国家城镇化与城市发展的经验为上述观点提供了佐证。日本的城市及城市人口高度集中在东京、大阪、名古屋和福冈四大城市圈，尤其集中在四大城市圈临海部的所谓四大临海工业地带。其中日本中部太平洋沿岸，从东京到神户五百多公里（直线距离）海岸带的东京都、神奈川县、静冈县、爱知县、大阪府和兵库县6地，分布着147个不同规模的城市，占日本城市总数的22.1%。城市人口合计4112万人，占日本城市人口的42.0%。1995年日本100万人口以上的城市有11个，这一带有6个，200万人口以上的城市有4个，全部分布在这一地域。日本GDP的80%来自于这四大城市圈。今天的美国，50%的人口集中在东北部波士华海岸城市带、东北部五大湖沿岸城市圈、西南部加利福尼亚海岸城市带。这二带一圈的国土面积仅有十多万平方公里，却至少集中了美国国民生产总值的80%。

因此，城镇化过程不仅仅是一般意义上的乡村人口与社会生产要素向城市地域的集中过程，确切地说是乡村人口与社会生产要素向区位条件优越、空间可达性强、适宜居住、产业集聚程度与城镇聚合程度较高的大中城市密集地域的集中过程。在这样的城市地域内，城市及城镇之间的分工代替了传统的城市与乡村之间的分工，大、中、小城市以及小城镇之间的一体化程度增强，城市的聚合程度更高，都市圈、城市带、城市群一类新的城市空间组织形态代替了传统的孤立、单一的城市空间形态，城市与乡村的差别逐渐弱化，乡村地域转化为城市地域，城镇化水平迅速提高。因此，城镇化道路并非单纯地促进或发展哪一类城市，而是应当重点发展那些对现代产业具有更强的吸聚能力、空间可达性强、适宜居住、产业集聚程度高、人口与城镇密度大的区域内的城市与城镇，提高城市与城镇的空间聚合程度，促使其向新的城市空间组织形态发展，形成更为广阔的城镇化地区。

7.2 西部地区城镇化发展的总体思路

西部地区地处内陆，幅员辽阔，地形地貌多样化，自然条件差异明显，各地区经济社会发展的条件极不平衡。西部地区现有167个城市，但相对于广阔的区域面积而言，城市密度很低，每万平方公里仅有城市0.24座，不仅远远低于东中部地区，也低于全国平均水平（见表7—1）。城市的规模、空间分布与空间聚合形态表现出很大的差异性，呈现出以下两个基本特征：

第一，从区域空间结构演进的历程来看，西部地区整体上还处于极核式的空间结构。西部各省区大中城市其社会经济发展水平远远高于区域内的其他点和域面，成为区域经济发展的极核，并对区域社会经济发展产生主导作用。尤其是宁夏、青海、西藏等省区，为数不多的几个城市成为区域发展的中心。

表 7—1　西部地区城市数 (2003)

地区	合计	按城市市辖区总人口分组（单位：万人）					
		400以上	200~400	100~200	50~100	20~50	20以下
全国	660	11	22	141	274	172	40
内蒙古	20			3	2	8	7
广西	21			5	8	5	3
重庆	5	1		3	1		
四川	32	1		11	15	5	
贵州	13			2	4	7	
云南	17		1		4	8	3
西藏	2						2
陕西	13	1			8	4	
甘肃	15			2	1		4
青海	3				1		2
宁夏	7				1	6	
新疆	22			1		12	8

资源来源：《中国统计年鉴2004》。

第二，西部地区的地形地貌、气候等自然因素以及社会经济条件使得以工业为代表的现代产业与人口不断向少数区位条件优越、空间可达性强、产业集聚与城镇聚合程度较高的城市地域集中，从而在西部形成了一定的以大中城市为中心的城镇与产业密集区。如成渝、关中平原、滇中、桂南、呼包等地区城镇密集，其城市数量及密度虽不及东部地区，但已逐步形成了有较高群聚性和一定空间形态特征的城市群雏形，它们以特大、大城市为中心，在城市之间、城市与区域之间形成了较为密切的社会经济联系，为现代产业的集聚和发展提供了良好的条件，成为西部最具经济活力和增长潜力的区域和社会财富主要的创造地与集聚地。

以四川为例,成都市的国土面积仅占全省国土面积的2.56%,却占有全省GDP的1/3,第三产业增加值占全省的四成以上(见表7—2、表7—3)。川西北丘状高原山地和川西高原山地国土面积占全省的一半以上,GDP却不到全省的1.5%。成都平原(5.1万平方公里)仅占全省国土面积的10.5%,就拥有不同规模的城市12个,占全省城市总数的38.7%,城市密度达每万平方公里2.4个,已超过全国平均水平并达到东部地区的城市密度。

表7—2 成渝经济区的城镇密度(2002)

城市密度	成渝经济区	东部	中部	西部	全国
万人/城市	283	181	188	220	195
城市/万平方公里	1.73	2.5	1.39	0.24	0.69
建制镇/万平方公里	109.12				21.46
城镇/万平方公里	110.85				22.15

表7—3 2003年成都市主要经济指标及在全省的比例

	四川	成都市	成都占全省的比例(%)
国土面积(万平方公里)	48.5	1.24	2.56
人口(万人)	8529.39	1044.3	12.24
国内生产总值(亿元)	5497.37	1870.89	34.03
二产业增加值(亿元)	2266.06	859.05	37.91
工业增加值(亿元)	1771.41	670.43	37.85
三产业增加值(亿元)	2061.65	862.27	41.82
固定资产总投资(亿元)	2158.2	818.15	37.91

资料来源:《四川省统计年鉴2004》。

再以成渝地区为例,成渝经济区国土面积仅为重庆、四川的1/3,人口却占了85.39%,GDP占了91.98%。成渝经济区国土面积仅为西部地区的2.95%,所聚集的人口却占西部地区的1/4强,

GDP 的近 1/3（见表 7—4）。

表 7—4 2003 年成渝经济区主要经济指标及在不同区域中的比例

地区及比重	面　积 （万平方公里）	年末总人口 （万人）	GDP （亿元）
成渝经济区	56.74	11659.5	7706.88
成渝经济区占川渝比例（%）	35.75	85.39	91.98
成渝经济区占西部比例（%）	2.95	26.96	30.88
成渝经济区占全国比例（%）	2.11	7.7	6.05

资料来源：国家发改委"十一五"规划招标课题《成渝经济区发展思路研究》。

由此可见，成渝、关中平原、滇中、桂南、呼包等地区是西部产业空间集聚、城镇区域集聚以及城镇化水平最高的区域，自然地理条件较为优越，资源、环境承载力强，因而也是西部国民经济最为主要的活动空间。由于上述地域城市密度大、空间聚合程度高，城市空间组合形态发育良好，近期内有可能形成都市圈、城市带、城市群这类更高层次的城市空间组织形态，成为西部产业、人口与城镇最主要的集聚地，因而也是西部推进城镇化最为有利的空间地域。西部社会经济的发展不在于从一般意义上依托于各个大中城市，而将在很大程度上依赖于这些以大中城市为中心的城市群体。"西部大开发"以来，如何进一步把"西部大开发"战略引向深入，是国家"十一五"规划乃至今后一段时期内需要深入研究和考虑的战略性、全局性问题。实施非均衡发展战略，有步骤地推进重点地区的经济发展，加快培育区域经济增长极，增强西部地区可持续的经济增长能力是继续推进"西部大开发"战略的关键和着力点，也是中央将"西部大开发"引向深入的基本战略思路之一。中科院陆大道先生等从"以线串点，以点带面"的角度出发，提出了建设西陇海—兰新线经济带、长江上游成渝经济带、南贵昆经济区、呼包—包兰—兰青线经济带四个重点经济带（区）。西部城镇化的推进应当实施空间集中化的非均衡发展战略,以特大及大城市为中心,在城镇密集区培育和发展城市群,以城市群为空间载体进行基础设施建设和产业布局规划,强化中心城市对周边中小城市的辐射能力,推进城市之间的交通基础设施建设、产业间的分工和协作以及一体化发展进程,提高城市的群聚效应和产业集聚规模,形成不同规模、不同层次、不同功能、不同空间组合形态的城市群,才能真正发挥西部大中城市的作用,培育出引领西部社会经济发展的增长极,带动和促进西部社会经济的全面发展。

至于上述城镇密集区以外的其他城市,尽管其中一些已具有相当的历史和城市规模,产业集聚与人口集聚也达到一定水平,成为当地社会经济的中心。但由于其地理区位偏远,空间形态孤立单一,产业多为能源、原材料、资源加工型的传统产业,城市规模偏小,综合功能弱,因而城市自身的吸聚能力和自我扩张能力不足。从发展趋势上看,这些城市可能发展成为省域内的区域性中心城市。

西部各省区工业化水平不同,产业的空间集聚与城镇的区域集聚程度不同,从而导致各地城镇化的条件不同,城镇化水平以及城镇化所处的阶段不同,现有各个城市在推进西部城镇化过程中所能起到的作用也不同。因而西部的城镇化进程不是在其省域内的全部国土面积上呈平面状地均衡推进。要实现西部的跨越式发展,加快推进西部的城镇化进程,在较短的时间内迅速提高西部的城镇化水平,就应当采取空间集中化战略,重点发展产业空间集聚与城镇区域集聚程度高的地域内的城市与城镇。今后一个时期内,西部的城镇化道路既不是单纯地发展大、中、小哪一类城市,也不是一般地将现有的中、小城市规划建设为大城市、中等城市。西部城镇化道路的基本思路应当是:实施空间集中化和重点推进战略,大力促进乡村人口与社会生产要素向区位条件优越、空间可达性强、产业集聚程度与城镇聚合程度较高的重点区域集中,优先发展重点区域内的城市,扩大其城市规模,强化城市之间、城市与城镇之间的分工协作和经济一体化程度,提高城市的空间聚合能力,促使其向都市圈、城市带、城市群等新的城市空间形态发展,在新的城市空间形态中形成大、中、小城市及小城镇的有机结合,扩展城镇化地区,使西部若干重点区域的城镇化率先达到全国先进水平,进而带动整个西部地区城镇化水平的提高。

其具体构想是:

第一,优先发展发展四大重点区域内的大中城市。进一步强化重庆、成都、西安作为西部地区最大的、具有跨省影响的区域性中心城市的功能,更好地发挥其经济、金融、信息、贸易、科教和文化中心的作用,发挥其在西部社会经济发展中的服务、辐射和带动作用,使重庆、成都、西安成为西部地区现代产业集聚和人口集聚的核心和战略支撑点;加速重点区域内大中城市的发展,使其率先跨入特大、大城市的行列,从放松人口迁移限制、合理扩张规模、改造传统产业、培育新的支柱产业、加强基础建设、强化现代城市功能等方面入手加快城市发展,使其成为西部现代产业与人口的主要集聚地。

第二,促进城市的集群化发展,提高城市的空间聚合度,促进都市圈、城市带、城市群等新的城市空间组织形态的形成,使城镇化由传统的以单个城市为核心的"点"的集聚模式向以都市圈、城市带、城市群等新的城市空间组织形态为中心的"面"或"群"的集聚模式转化,形成更为广阔的城镇化地区。强化重点区域内大中城市与小城市、小城镇的经济一体化,促进大、中、小城市及小城镇的协调发展,扩展城镇化地域。在提高强势地域内大中城市集聚能力的同时,通过其产生的外部需求以及产业、资本、技术的向外辐射扩散,加速大中城市与周边城镇的经济一体化程度,将工业化、城镇化的影响传递到周边小城镇,使周边小城镇以组团式布局形态与中心城市、大城市形成合理的功能分工,形成一体化的城市空间结构体系,扩展城镇化地区。

第三,培育和发展省(自治区)域、区域中心城市。促进省(自治区)域、区域中心城市的形成,有条件地分步发展为大中城市。通过调整和优化产业结构,增强城市综合功能,提高城市的集聚能力以及对周边地区的辐射能力,以充分发挥这些城市在区域经济发展中的主导作用，使其成为省（自治区）域内的区域性中心城市和面向省际边界地区的经济中心。

第四，积极扶持发展小城市，有选择地重点发展一批小城镇。通过强化城市功能，扩大规模，加强与大中城市的社会经济联系，积极扶持现有小城市向中等城市迈进。小城镇发展应改变过度分散和低水平发展的状况，加快实现从数量扩张到质量提高、从分散建设到集中建设的转变。提高产业与人口的集聚规模，逐步推进小城镇升级，使部分小城镇成长为小城市。积极引导和推进小城镇与大中城市的经济一体化进程，使其成为大中城市产业扩散的主要吸纳地。引导边远地落后地区的人口向中心城镇集中。重点发展三类小城镇：大中城市影响力范围内的小城镇，特别是大中城市周边的小城镇；都市圈、城市带、城市群等新的城市空间组合形态内的小城镇；县城所在地或达到一定规模和经济实力、具有区域增长点意义的小城镇。

第八章 西部地区城市集群化发展与城镇化

8.1 集群化是城市发展的一般趋势

8.1.1 城市集群化发展的内涵

城镇化进入加速发展阶段的特征之一：城市空间形态由单体城市向组合城市演变，城市出现集群化发展的态势。所谓城市集群化发展即区域内的若干城镇以一个或几个大中城市为中心，以交通轴线为依托，呈现集聚式的发展，是城市由单个形态向组合形态的演变过程。

城市的集群化发展呈现出三个基本特征：

第一，地域性与群聚性。在一定空间地理范围内的城镇迅速发展和扩张，从而在有限的地域范围内形成聚集了一定数量和规模的城市，或者说城市分布达到较高的密度。

第二，中心性。一个或几个大中城市处于该区域社会经济活动的集聚中心和扩散源，对整个区域的社会经济发展起着组织和主导作用。

第三，联系性。大中城市之间以及其与周边城镇之间的社会经济联系不断得以强化，并逐步向一体化方向发展。

由于我国实行的市管县体制，因此对于城市概念而言，老百姓更多的是把它认同为一个行政区划和地域范围的概念，而不是西方国家的那种城市概念。实际上我国城市群是由若干特大城市或大城市的大都市区、中等城市的都市区和外围县（市）的小城市和小城镇建成区共同构成的。以特大或大城市的大都市区，包括若干外围县，也可能包括一两个一般都市区，共同构成大城市区域；中等城市都市区加上其外围县，构成中等城市区域；以县级市的建成区或县的城关镇为核心，包括若干周围的小城镇，一起构成小城市区域。

城市集群化发展实质上就是依托交通路网等发展轴线，小城市建成区往都市区方向发展，都市区往大都市区方向发展，若干都市区、小城市和小城镇围绕大都市区的集聚发展过程。大都市区、都市区加上其外围县（市）、小城镇形成一个相互嵌套、多层次、开放的、互动的区域，这就是城市空间集聚发展过程。

从以上分析，城市集群化发展中两个概念需要判定：一是都市区，二是外围县（市）。周一星、史育龙经过对西方国家都市区的全面借鉴比较和实证分析，在《中国沿海城镇密集地区空间集聚与扩散研究》一书中提出了都市区和外围县的界定指标和标准。第一，都市区由中心市和外围非农化水平较高、与中心市存在着密切社会经济联系的邻接县（市）两部分组成。第二，凡城市实体地域内非农业人口在20万人以上的地级市可视为中心市，有资格设立都市区。第三，都市区的外围地域以县级区域为基本单位，外围地区必须同时满足以下条件：①全县（或县级市）的GDP中来自非农产业的部分在75%以上；②全县社会劳动力总量中从事非农业经济活动的占60%以上；③与中心市或与划入都市区的县（市）直接毗邻。第四，当中心市为小郊区城市时（一般为"切块设市"的市），中心市的非农化水平一定能满足第3条规定的非农化指标，当中心市为大郊区市时（一般为"整县设市"的市），整个市域还需满足第3条规定的非农化水平指标，方可设立都市区。第五，如果一县（市）能同时划入两个都市区则确定其归属的主要依据是行政原则（视其行政归属而定），在行政原则存在明显不合理现象时（如舍近求远），采用联系强度原则(即依据到各个中心市的客流量取最大者而定)。笔者认为周一星、史育龙对都市区和外围县的界定指标和标准比较科学,因此在本文研究中引用了该研究成果。

如同"城镇化、工业化"一样,城市集群化发展重在阐述区域城市的发展过程。一般而言,城市集群化发展遵循单个城市—单个城市集合体(城市群)—多个城市群(城市集群)的发展趋势。某些区域由于自然地理、人口和经济发展的局限,其城市集群化发展最终只能停留在第二阶段,即形成单个城市群,而发展不成城市集群,如我国西部地区的一些省份。而某些区域由于地域广阔、人口众多、经济较为发达等原因,其城市集群化最终会发展为城市集群,如我国东部长三角地区。

8.1.2 城市集群化发展的空间载体是城市群

城市群是城市集群化发展的产物。自20世纪90年代以来,我国开始进入城镇化的加速发展阶段。与城镇化进程的加速推进相适应,近年来我国的人口和经济活动以更大的规模、更快的速度向城市集聚,城市空间形态开始由单体型城市向都市圈、城市带等城市群形态转换。

1. 城市群概念和特征

从地理学意义上说,城市群是指一定地域内城市分布较为密集的地区。即在有限的空间地域内,城市的分布达到较高的密度即可称为城市群。与城市群概念相近的是城镇密集区,前者更突出城市,后者更强调其所在的区域。现代意义上的城市群实际上是一个城市经济区,即以一个或数个不同规模的城市及其周围的乡村地域共同构成的在地理位置上连接的经济区域。

随着我国经济的发展和城镇化进程的加快,城市群在区域发展中的作用越来越受到人们的重视,并从早期对城市群的理论探讨和应用研究逐步转入城市群的规划与构建。城市群概念被越来越广泛地使用,与城市群相关的概念、术语也大量出现,如都市圈、城市带、城镇密集区、都市连绵区等,有关城市群及其相关概念的讨论异常热烈,称谓和译名不统一、概念之间相互混用的现象时有出现。国内学者对城市群的概念定义最为全面的是姚士谋先生,他认为:"城市群是在地域范围内具有相当数量的不同性质、类型和等级规模的城市,依托一定的自然环境条件,以一个或两个超大或特大城市作为地区经济的核心,借助现代化的交通工具和综合运输网的通达性,以及高度发达的信息网络,发生与发展着城市个体之间的内在联系,共同构成一个相对完整的城市'集合体'。"①

2. 城市群的具体类型和特征

受城市的空间分布特性、社会经济发展水平以及由交通条件决定的空间可达性的影响,在城市群的形成过程中,其空间要素的发育程度、空间聚合特征、经济活动的空间集聚与空间扩散方式存在差异,从而形成了不同类型的城市群。按其空间形态特征是否典型,城市群可以分为典型形态城市群与非典型形态城市群(戴宾,2003年)。典型形态的城市群其空间聚合程度较好,形态特征较为显著,经济活动的空间运行方式呈现出较强的规律性,城市群的发育程度较为成熟。都市圈、城市带、多中心城市群即属于典型形态的城市群。非典型形态的城市群其空间要素的发育程度及其空间组合状态尚处于发育过程中,形态特征不太明显,城市密集区又可称为准城市群,即属于非典型的城市群。

城市群的具体类型及其基本特征如下:

(1) 城市密集区(准城市群)

城市密集区即城市密集、人口众多的区域。城市密集区概念与城市群概念相近,前者强调其所在的区域,后者更突出城市。从地理学意义上说,只要在一定空间范围内城市数量达到一定的密度即可称为城市群。从经济意义上来,则必须考虑城市之间可能的社会

---

① 姚士谋等:《中国城市群》,合肥,中国科技大学出版社,2006。

经济联系、空间可达性。即要考虑经济活动的实际空间过程，两个城市即使相距很近（四五十公里），但其经济联系可能非常弱，则该区域城市构成的并不是真正意义上的城市群，而只能称之为城市密集区，是准城市群，必须经过若干年的发展方可成为真正意义上的城市群。

20世纪初期，由于工业的聚集和经济规模的扩大，一些地区的城市发展显著集中，如英国的西密特兰、兰开夏、中苏格兰，德国的鲁尔矿区等，英国城市学家盖迪斯（Patrick Geddes）称其为城市组群（Conurbation）。随着城镇化的进一步发展，城市区域联系加强，人们又提出特大城市（Megolopolis）和大城市地区（Metropolitian Region）的概念。联合国人类聚落中心也开始使用城市聚集区（Urban Agglomeration）作为衡量城市规模的标准，它是指一群密集、连续的城镇所形成的人口居住区，现在城市群的英文名称就来源于此。

城市密集区具有如下特征：区域内城市较为密集，集聚的人口相对众多；区域城市有较强的经济联系；区域经济发展水平相对较高；相对于标准的城市群而言，其在区域经济发展水平、城市数量、非农业人口数量、城市发展质量等方面有较大差距，因此城市密集区是非典型的城市群或称之为准城市群。笔者认为我国西部地区如新疆天山北坡、兰州—西宁、内蒙古中部等地区就属于典型的城市密集区。

（2）城市群

这里的城市群笔者认为是狭义的城市群。姚士谋在《中国城市群》一书中提出了城市群（Urban Agglomeration）概念，他认为城市群应具有三个条件：具有相当数量的功能不同、性质不同的城市；有一个以上特大或超大城市作为区域性中心城市；城市之间存在着密切的经济、科技、文化等方面的联系。姚士谋等人对我国四个城市群（长三角、珠三角、京津塘、辽中南）进行了较为系统的研究。

笔者认为与姚士谋所称的中国城市群不同的是，构成城市群基本空间构架的也可能是若干规模相近的大中城市，形成多中心的城市群,多中心城市群是指由一组规模相近、地域相邻、相对独立而相互联系的城市共同组成的城市群,如川南城市群等。这一类型的城市群具有如下特征:各个城市规模相近,处于同一或相邻的城市等级系列,共同组成区域的中心;每个城市都有自己相对独立的影响力范围;各个城市之间存在相互作用关系,并由此形成共享的经济腹地;城市群形态呈组团式或块状分布。

(3) 都市圈(城市圈)

都市圈也称城市圈,它是以一个或两三个中心城市为核心,与周边城镇连同这些城镇覆盖的空间地域形成密切社会经济联系,呈圈层状布局的空间组织形式。与传统的单体城市相区别,都市圈是一种组合城市,它以高密度的城市和人口以及巨大的城市体系规模区别于其他地区和其他城市类型。目前在世界范围内典型的都市圈是东京都市圈,我国有上海都市圈、南京都市圈、成都都市圈等。

根据国外发达国家的经验,都市经济圈一般具有以下特征。①中心性。由一个或两三个200万以上人口的高能级特大、超大城市构成都市圈域的中心,中心城市的国内生产总值一般可占到圈域的1/3到一半以上,成为整个圈域经济的中心与枢纽。②趋圆性。都市圈域内有较高的城镇密集度,各类城镇环绕中心城市,基本形成呈圈层状结构布局,城镇等级规模体系相对合理。③一体化。都市圈域内中心城市与各类城镇之间分工与合作密切,在经济和社会文化活动上相互融合和互补,形成经济上的一体化关系。④通勤性。都市圈内具有密集的交通基础设施网络,且以中心城市为核心向外延伸,将中心城市与都市圈周边地区紧密联系起来,形成密集的物流、人流、经济流、信息流,圈域内中心城市到各个城镇保持较高的通勤率。

(4) 城市带

城市带是由一组规模较大、地域相邻、彼此关联的城市沿交通干线分布而形成的带状城市群。城市带以交通干线为轴线、以城市为结点,形成一个有机联系的城市群体,在空间上呈带形扩展。经济活动的空间集聚与空间扩散也主要沿交通干线展开,形成产业带。

城市带一般具有如下特征：以某一交通干线为轴线，呈带状形态；城市沿交通干线分布，地域相近，联系密切；经济活动以城市为中心沿轴线两侧集聚，形成产业密集带。当沿线的大中城市进一步发展，城市空间地域不断扩张，相邻城市实体空间地域相互连接，城市带就发展成为高级形态的城市连绵带或都市连绵带。

(5) 城市连绵区（大都市带）

城市连绵区，又称为都市连绵区或大都市带，法国城市地理学家戈特曼（J. Gottman）在研究美国东北海岸城市这一发展现状时提出了大都市带（Megalopolis）理论（国内译作"城市连绵区"、"大城市带"）。所谓大都市带就是在具备特定条件的地区出现的沿着特定交通、能源、通信等轴线发展的巨大的多核心城市系统。戈德曼规定大都市区标准为：人口规模在2500万，人口密度为250人/平方公里以上。按此划分，除美国东北海岸外，他还提出了欧洲西北部、英格兰中部、美国加拿大五大湖地区、日本东海道太平洋地区和中国的长江三角洲地区六大世界级的都市带。国内，周一星、胡序威、顾朝林等学者借鉴戈德曼的大都市带理论对我国沿海地区长三角、珠三角、京津唐、辽中南等区域城市发展现状进行研究，周一星、胡序威、顾朝林等学者认为我国目前形成了长三角、珠三角、京津唐、辽中南四大都市连绵区。在其出版的《中国沿海城镇密集地区空间集聚与扩散研究》一书中提出了都市连绵区（Metropolitan Interlocking Region，MIR）概念，并提出了其形成和判定指标，对我国城市群的理论研究界产生了较大影响。

概括讲大都市带具有两大功能。一是枢纽功能。它把人口、物资、资金、技术、人才、信息、思想等各种有形或无形的要素汇聚在一起。大都市主宰着国家经济、文化、科技、贸易等方面的主要活动，决定着国家发展政策的制定，甚至影响全球经济活动。二是"孵化器"功能。由于多种要素的高度集聚，它们之间高强度的相互作用，导致各种新思想、新技术创新不断涌现，从而长久保持大都市区的强大活力。

8.1.3 城市集群的概念和特征

1. 城市集群的概念的提出和定义

学术界对我国大区域如长三角、京津唐、珠三角和西部的成渝地区城市群的发展形态和类型，究竟该界定为城市群、都市圈、城市带、城镇密集区、都市连绵区中的哪一类，争议非常大。笔者认为对大区域的城市群的发展形态和类型的界定，应紧紧抓住城市群是城市"集合体"这一本质，将不同发展阶段和发展水平的城市群体——狭义的城市群、都市圈、城市带、城镇密集区等形态和类型包括进去，以适应该大区域内经济发展水平和城市群发展存在巨大差异的现状，对区域经济发展和城市群发展进行分类和综合研究。

从区域城市的空间结构演变规律来看，大区域的城市发展通常遵循单个城市发展—多个城市共同发展—城市群发展—多个城市群共同发展的规律，我国东部地区的长三角城市群发展、西部地区的成渝地区城市群发展就是如此。如何来探讨和定义多个城市群的共同发展状况，笔者认为可以运用数学中"集合论"的概念，在上述大区域内，若干城市群依托发达的道路交通轴线网络而共同发展，它们构成了一个由若干城市群组成的集合体，笔者将其定义为城市集群（Clustering Urban Agglomeration）。

所谓城市集群，就是由若干大都市区、都市区和外围县组成的大中小城市和小城镇，依托发达的交通、能源、通信等轴线发展而形成的呈不规则集合状布局的多中心的城镇群体系统，即若干城市群的集合。城市集群不是一般的城市群，它包含狭义的城市群、都市圈、城市带、城市密集区等诸种城市群体形态，是城市群发展的高级和特殊形态，其在空间结构形态等方面与戈德曼等人所称的大都市带或城市连绵区很相似，见图8—1。

第八章　西部地区城市集群化发展与城镇化 · 241 ·

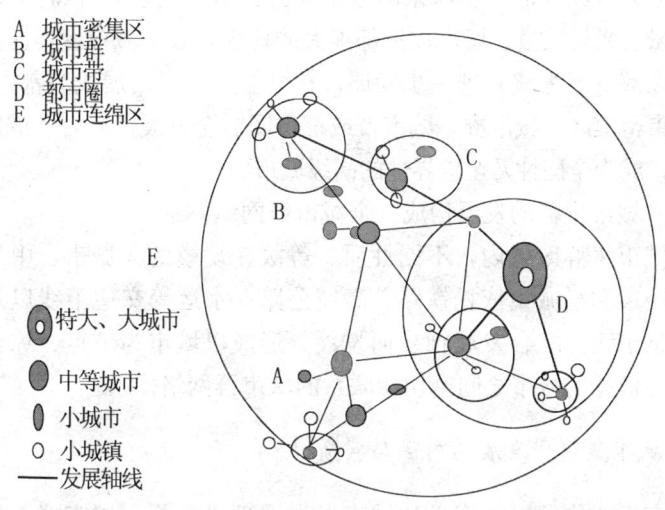

图 8—1　城市群和城市集群图示

2. 城市集群的特征

（1）城市集群具有诸种城市群类型

城市集群区域是一个区域—城市地域空间结构。城市集群区域由若干个都市区和外围县共同组成。各大城市区域、中等城市和区域小城市区域形成以城市建成区为节点，以交通轴线网络连接的相互嵌套、多层次、开放的、互动的区域——城市空间发展结构。如成渝城市集群包括成都平原都市带、重庆城市群、川南城市群和川东城市密集区。

（2）城市集群内城市群的发展呈由低级向高级形态发展态势

城市集群化发展遵循点—轴—网络—域面的城市空间结构发展规律，呈现从城市密集区—城市群—城市带—都市圈—都市连绵区的动态发展过程。区域内的城市，先从分散的点（增长极）发展起，再发展为相对集中的城市组团，然后各城市组团进一步发展为多个城市组团共同组成的城市密集区，城市密集区内的点状城市、城市组团经过发展,成为区域性的密切联系的城市群。在某些地理条件特别优越,经济总量、人口数量、城市数量都很大的地区,数个城市密集区和城市群以大都市区为核心进一步发展,有可能进一步发展成为都市圈。多个城市密集区、城市群、城市带或都市圈综合发展,最后形成都市连绵区,成为全国性乃至世界性的高级城市群。

(3) 城市集群的发展构成一个城市群网络体系

在城市集群区域内,不同性质、等级、规模的大城市、中等城市、小城市和小城镇依托铁路、高速公路、水运等交通干线以及能源、通讯干线为综合发展轴线而发展,形成以城市为节点、综合发展轴线为依托的城市之间密切相联系的城市群网络体系。

3. 城市集群化发展的内涵与实质

城市集群化发展是广义的城市群发展理论,包含城市群、都市圈、城市带、城市密集区等诸种城市群体的发展理论,具体体现在以下方面:

(1) 区域城市多样化发展

区域内有重点地发展小城镇,合理布局、科学规划、注重实效,重点发展县城和部分基础条件好、发展潜力大的建制镇;小城镇建设要规模适度、增强特色、强化功能。积极发展中小城市,优先发展区位优势明显、交通便利、发展潜力大的中小城市,各地区要有选择地将基础条件好、发展潜力大的中小城市按大中城市进行规划发展,把功能单一、具备条件的中小城市发展成为综合性城市。完善区域性中心城市功能,调整结构,改善环境,提高质量,适度扩大规模,更好地发挥区域性中心城市的经济、金融、信息、贸易、科教和文化中心的作用,发挥在区域和省域经济社会发展中的服务、辐射和带动作用。引导城镇密集区有序发展,走多样化的城镇化道路,形成城市等级分明、性质明确、规模合理、功能合理的城镇网络结构和体系,实现区域与城市的协调发展。

(2) 区域内城市整合发展

合理规划区域内各城市的农业、工业、市场、生态、旅游等各类功能区,优化区域产业布局;进一步明确区域内各类城镇的功能定位,优化城镇规模结构和布局;统一规划和建设区域内的高速公路、快速轨道交通、机场、港口、信息网络、供应能源和治理污染等的大型基础设施,实现基础设施共建共享,提高利用率。

(3) 区域经济一体化发展

城市集群化发展通过区域内企业等经济主体的经济活动,区域内省(区)、市、县政府及大、中、小城市和小城镇各级城镇政府制定区域经济和城镇协同发展政策,消除地方保护主义,运用市场机制和行政手段等,促进区域分工与合作,加快实现区域城镇化进程,推动区域经济一体化发展。

城市集群化发展理论借鉴西方发达国家的城市群、城市带、都市圈等城市发展理论的基础和国内城市群理论的研究成果,旨在针对中国广袤区域内,巨大的自然地理条件差异、经济社会发展极不平衡、城镇化水平不高的国情特别是中西部经济发展相对滞后,而人口众多、城市密集而城镇化水平总体较低的实际情况,并与我国市管县体制相适应,探索适合中国区域——城市良性互动、协调发展的城镇化道路理论,因此它实质上是具有中国自身特色的区域城镇化(Regional Urbanization)理论。

由于城镇化集群化发展理论是西方发达国家的城市群、城市带、都市圈等的城市发展理论的创新,因此我国的城镇化集群发展道路从本质上看,走的不是西方发达国家的城市群、城市带、都市圈等城镇化发展道路,而是结合中国发展实际,走具有中国特色的区域城镇化道路。

8.1.4 城市集群化发展的机理与作用

1. 城市集群发展的机理

城市集群化发展根源于区域生产力水平的提高和经济的发展。区域城市发展为了获得集聚效益、组合效益、相邻效益和规模效益;

在城市的集聚和扩散功能作用之下会自觉形成集群化发展趋势。

所谓集聚效益，是指各经济要素在一定的城市与区域空间集聚，达到相当的密度，从而使得各要素相互作用、互相组合，产生单个经济要素无法取得的经济效益。集聚效益具体体现在城市供给的多样化，生产协作和专业分工的组织，科技教育等公共资源和基础设施的共同利用，经济管理效能的提高等方面。组合效益是指各城市及其各经济要素在组合的方向、结构上处于最佳状态而产生的效益，如垂直组合、互补组合、网络组合等。相邻效益表示为在一定的空间范围内某一要素产生或变动作用于相邻要素所产生的效益，如产业集群的崛起。规模经济效益是指区域城市总体的人口、城市用地、资产和市场规模及经济当量的扩大带来规模效益。

所谓聚集功能是指大中城市由于规模经济效益等原因，吸引着区域内外的资金、技术、劳动力、信息等经济要素加速向其集中，促使城市集聚的人口和产业越来越多，发展规模越来越大。所谓扩散功能是指大中城市由于产业和人口的过度集中，城市规模过大，产生集聚不经济，严重影响其社会效益和环境效益，城市向外辐射，输出资本、技术、人才、信息等经济要素，实现大城市人口、产业的向外转移，从而促进区域内其他地区城市的兴起。大中城市的社会经济活动无时无刻都处在集聚和扩散两种作用力之下，不停地推动着区域与城市之间的互动与协调发展。

在城市的集聚和扩散功能的作用下，城市集群区域的空间发展结构不停地发生变化。各城市、各区域之间，特别是城市与区域之间经济要素交流的深度与广度，促进城市集群区域内城市的一体化发展，实现区域城镇化。从区域—城市发展过程看，经济中心总是首先集中在少数条件较好的区位，成斑点状分布。一个经济区域总存在一个或两个核心城市（经济中心），作为增长极核。大多数情况下，经济增长都发端于增长极，然后辐射到整个区域。这种核心城市既是区域的增长极，也是点轴开发模式的点。随着经济的发展，经济中心逐渐增加点与点之间由于生产要素交换而产生的需要，交通线路以至动力供应线、水源供应线等相互连接起来，于是便形成了发展轴线。轴线一旦形成，对人口产业具有强大的吸引力，吸引人口、产业向轴线两侧聚集，促进轴线上的小城市和小城镇的发展，形成新的增长极，形成区域城市的点轴发展系统。若干点与轴相互贯通最终形成网络扩散模式，构造出现代城市群空间结构。整个区域—城市的发展从点轴开发模式演化为网络开发模式。

2. 城市集群化发展的作用

城市集群化发展对于促进区域与城市的发展具有十分重大的作用和意义，具体表现在以下方面：

(1) 推动区域—城市良性互动发展

在城市集群区域内，不同性质、等级、规模的大城市、中等城市、小城市、小城镇相互嵌套形成大城市区域、中等城市区域、小城市区域相结合的多层次、开放的、有机联系的城市群网络体系；城市群体之间相互分工与合作，因此能够很好地发挥出集聚效益、组合效益、相邻效益和规模经济效益，增强城市群整体的集聚和辐射功能，从而推动城市群体与周边地区经济的良性互动发展。

(2) 推动城市集群化和可持续发展

城市集群化发展，以大城市为核心，带动中小城市发展，有利于城市功能的完善，加强城市群体间的分工、合作；有利于城市群体间基础设施的共享，发挥更大的使用效率；有利于节约有限的土地、水资源；有利于协同解决日益严重的城市环境保护问题。通过大中小城市区域的产业分工，构建产业集群，促进城市群结构调整与区域产业结构调整结合，发挥出城市群的整体优势和规模效应，实现城市的集群化和可持续发展。

(3) 有效地促进和实现大、中、小城市协调发展

在城市集群区域内，城市通过点状城市—城市组团—初级城市群—中级城市群—高级城市群的发展过程，充分发挥城市密集区、城市群、城市带、都市圈等诸种形态的发展优势，大城市充分发挥管理功能、枢纽功能、"孵化器"功能、"整合"功能。中小城市充分发挥承接大城市、特大城市外溢产业的功能，小城镇则充分发展

劳动密集型产业,吸纳农村人口。因此说它非常能够实现区域内大、中、小各个级别的城市协调发展的大格局。

(4) 顺应知识经济、经济全球化时代城市空间发展的新趋势

知识经济与经济全球化时代,社会信息技术的广泛应用和传输,经济要素在全球范围内的加速流动,使得制造业从城市中分离出来,而高层管理机构则加速向中心城市集中。城市集群发展有助于大城市加强其经济、教育、科技、文化、信息中心的建设,增强其服务中小城市的功能,加快城市的现代化、国际化发展步伐;有助于区域内中小城市与大城市接轨,接受大城市的经济、科技、文化、信息的辐射,从而使城市集群区域内大、中、小城市发展成为具有高度创新能力的网络化构造的城市群。

8.2 西部地区城市集群化发展的必要性、可能性与迫切性

西部地区城市集群化发展的必要性与可能性体现于西部地区区域经济发展与城镇化的发展现状和发展的矛盾问题之中,西部地区城市集群化发展的可能性集中体现于西部地区城市群的发展基础,西部地区城市集群化发展的迫切性集中体现于西部地区城市群与东部地区城市群发展的差距之中。

8.2.1 西部局部地区的城市群发展基础

西部地区城市集群化发展的可能性集中体现于我国西部地区局部区域相对良好的自然地理条件、众多的人口、相对发达的经济和城市发展基础。我国西部地区城市发展目前已进入集聚发展阶段。虽然我国广大的西部地区地广人稀、自然条件恶劣、经济发展基础薄弱,城镇化水平总体上处于城镇化的初级阶段,但是西部地区也有若干区位优越,地势较为平坦,土地肥沃,资源丰富,人口众多,

经济相对发达的区域如西部最富饶的地区——成都平原,共 5.1 万平方公里,占四川省国土面积的 10.5%,但拥有不同规模的城市 12 个,占全省城市总数的 38.7%,城市密度达每万平方公里 2.4 个,已超过全国平均水平并达到东部水平。西北地区号称"八百里秦川"的关中平原,面积 5.52 万平方公里,城市 11 座,占全省城市总数的 73.3%,城市密度达每万平方公里 1.99 个,接近东部水平。这些区域的城市集群化发展已初步形成了诸多城市密集区、狭义城市群、城市带、都市圈等城市群发展形态。

我国西部地区城市经过多年的集聚发展,现在基本上形成了八大城市群体,具体情况如下:

1. 四川省和重庆市

四川是西部地区人口最多、经济最发达的省,城市也是西部最多的,目前形成了成都平原都市带(包括成都都市圈、成德绵城市带)、川南城市群和川中城市密集区多种城市群体发展模式。成都都市圈和成德绵城市带以成都市为核心,城市群体基本呈南北向,拥有德阳、绵阳、乐山、雅安、眉山、资阳、都江堰、绵竹、江油等一批大中小城市,已发展成为西部地区产业最集中、人口最稠密、城市数量最多的发达都市带;川南都市群,以自贡、内江、泸州、宜宾四个中等城市为中心,周边十多个城关镇集聚,形成了一个多核心的新兴城市群;川中城市密集区,以遂宁、南充、广安三个城市为中心,集聚着十多个小城市或城关镇。

重庆作为直辖市,本身已经具有庞大的人口和经济实力,以重庆市发达都市圈为核心,加上周边合川、永川、南川、江津等县级市和长寿、涪陵区等,已成为西部地区经济最具实力、城市最密集的城市群之一。重庆城市群与四川的三大城市群体通过发达的交通网络轴线共同构成一个大城市群,其人口和城市规模可以与东部的几大城市群相提并论。

2. 陕西省

在关中平原地区，以西安市为核心，现已经拥有了咸阳、渭南、宝鸡、铜川等四个较大的城市，另有武功、泾阳、长安、临潼等县级城市，正在形成以西安都市圈为核心的关中平原城市带。

3. 云南省

在云南中部地区，以昆明市为核心，周边有玉溪、曲靖、安宁等若干中小城市和禄丰、呈贡、陆良等一批城关镇，形成了一个人口、产业、城镇集聚发展的滇中城市群。

4. 广西壮族自治区

在广西南部靠近北部湾地区，集聚了南宁、北海、钦州、防城港四个地级城市，以及宾阳县、扶绥县、合浦县等一批城关镇，形成了南—北—钦—防城市群。

5. 内蒙古自治区

在内蒙古中部地区以呼和浩特—包头为双核心城市，周边包括鄂尔多斯、集宁、丰镇等中小城市和土默特左旗、土默特右旗、固阳县等一批城关镇，初步形成了一个长方形的城市密集区。

6. 贵州省

在贵州中部地区，以贵阳市为核心，沿铁路线分布了遵义、息烽、安顺、都匀、凯里、福泉、清镇等一批中小城市，形成了一个"丁"字型布局的城市密集区。

7. 甘肃和青海省

在两省相连的地区，以兰州市和西宁市为核心，包括白银市和沿黄河的近20个县，沿湟水谷地和黄河及包兰、青藏铁路，形成西北地区重要的水电、有色金属工业基地和人口最稠密、城镇最集中的城市密集区。

8. 新疆维吾尔自治区

在新疆天山北坡，以乌鲁木齐市为核心，沿铁路线兴起了昌吉、奎屯、石河子等一批中小城市，形成了一条新兴带状城市密集区。

8.2.2 西部地区城市集群化发展的迫切性

目前，我国西部地区城市群发展与东部地区城市群发展的巨大差异，西部大开发、西部经济和城市发展出现新的要求和新的发展趋势，使西部地区城市的集群化发展显得尤为迫切。

1. 西部地区城市群与东部地区城市群的发展差距

目前，我国西部地区城市群的整体发展水平远远落后于东部地区城市群发展，其发展差距主要表现在以下几个方面：

（1）城市群区域经济整体发展水平远远落后于东部城市群

2001年东部地区辽中南城市群人口为2700万人，GDP为3642亿元；京津唐城市群人口为3512万人，GDP为5001亿元；长三角城市群人口为7534万人，GDP为16981亿元；珠三角城市群人口为2300万人，GDP为8200亿元。

相比之下，大多数西部地区城市群集聚的人口数量少，如上述6个处于初级发展阶段的城市集群除外，新疆天山北坡、内蒙古中部地区、兰州—西宁地区、广西南部地区的城市群集聚的人口数量均少于一千万人，贵州中部地区和云南中部地区集聚的人口不足两千万人。城市群区域的经济总量低，6个城市群区域GDP总量除成渝城市群、关中都市带和云南中部城市群外，其他5个城市群区域的GDP总量均少于1000亿元。多数城市群的城市数量少，城市发展的质量差，城市的整体竞争力弱。2002年中国200城市竞争力排名中，西部只有重庆、成都、西安和昆明四城市排名前50位，其他包括若干省会在内的城市的排名均十分靠后，如乌鲁木齐排在69位，呼和浩特排在 74 位，兰州排在 75 位，贵阳排在 87 位，昆明排在 100 位，银川排在 135 位，西宁排在 140 位。

（2）城市群内特大、大城市与周边城市缺乏密切分工与合作

东部地区城市群的城市等级规模结构合理，大中小城市和小城市的分工与合作较为明显，区域内的各级城市形成了协调发展和共同繁荣的发展局面。但由于西部地区城市集群的城市等级规模结构极不合理，因此人口和产业不断向区域内的首位城市、特大城市如成都市、重庆市、昆明市、兰州市等集聚，导致其城市"摊大饼"式地无限发展，导致污染问题和交通拥挤、住房紧张等问题十分严重，而周边城镇缺乏资本、技术、人才、信息的支撑，集聚人口和产业的功能弱，发展严重不足。

（3）城市群区域的道路等基础设施建设严重不足

西部城市群内，连接城市之间的高速公路、机场、铁路等大型区域基础设施建设虽然在"西部大开发"中有很大投入，但与东部地区的差距仍然很大，道路密度低、等级低。如兰州至西宁，贵州中部地区的道路交通情况就较差，城市的可达性差，严重影响着城市的发育。此外，西部地区城市群内部城市之间在基础教育、科技创新能力等方面与东部地区城市群的差距也非常大。

（4）城市群区域协调发展远远落后

东部地区城市群之间经济协调发展的自组织机制十分完善，且区域政府协调发展机制也在加快建立。如京津唐城市群已完成了"大北京"规划，长三角城市群的各城市政府联合出台了许多政策措施，大力推动区域经济一体化发展。西部地区城市集群的区域经济协调发展的自组织机制较弱，大部分相邻城市间的经济协作与分工并不密切。因此西部地区许多城市集群虽然从地理角度上构成了城市群形态，但从经济联系角度来说并没有形成城市群。西部地区城市集群内城市政府间协调机制的建立也远远落后于东部城市群。城市之间存在着较为严重的行政区经济分割现象。城市群内部产业缺乏分工与协作，产业结构雷同的现象严重。如成渝地区超大城市集群内成都和重庆两个城市都定位于"三中心、两枢纽"，城市的产业

结构同构性十分严重,城市之间矛盾很大,导致成渝经济从实质上联合、协调发展十分困难。

2. 城市集群化发展是"西部大开发"和城市发展的迫切选择

(1) 西部城市集群化发展是"西部大开发"的迫切选择

"西部大开发"2000—2002年,中央加大了对西部地区建设资金投入的力度,用于基础设施的投资约2000亿元,生态环境投资500多亿元,社会事业投资100多亿元,共2600多亿元。长期建设国债资金1/3以上用于西部开发,达1600亿元。中央财政对西部地区转移支付约3000亿元,国家三年来在西部地区投资总规模达6000多亿元,建设开工了青藏铁路、西气东输、西电东送、水利枢纽、公路干线等关系西部地区发展全局的一大批重大项目,西部地区基础设施和生态环境建设取得突破性进展,科技教育、特色经济、优势产业有较大发展,西部地区经济发展质量和水平有了较大提高,三年西部地区国内生产总值年均增长8.6%,与东部地区的经济发展差距在缩小。但"西部大开发"也存在许多问题,其中最大的问题是国家投入了巨额国债资金,但并未收到非常理想的成效,其中最主要的原因是资金投入的低效率。东部地区一些学者鉴于西部地区资金使用的低效率等问题,认为"西部大开发"应当慎行,甚至应当"反开发",将投入"西部大开发"的资金用于东部城市群、大都市圈的建设和发展,以迎接西部的大规模移民。

"西部大开发"是一项宏大的系统工程和艰巨的历史任务,因此必须坚持从实际出发,积极进取,量力而行,统筹规划,科学论证,突出重点,分步实施。目前"西部大开发"中国债资金推动的战略正在逐渐退出,加之国家振兴东北老工业基地的战略出台,故"西部大开发"目前正处在一个新阶段,必须采取新的战略举措。

"西部大开发"能否真正取得成功,关键在于能否造就若干具有较强经济竞争力的城市群区域。"西部大开发"必须采取非均衡的发展战略,应实行重点区域发展战略,实行西部地区城市集群化发展战略。西部地区城市集群化发展,就是要依托亚欧大陆桥、长江黄金水道、西南出海通道等交通干线，发挥中心城市的辐射和带动作用，培育西陇海兰新线经济带、长江上游经济带、南（宁）贵（阳）昆（明）经济区，有重点地推进"西部大开发"。通过城市集群化发展，在"西电东送"的同时加大"西电西用"的力度，将"西部大开发"的重点从作为东部地区的能源、原材料基地进行开发建设逐步向作为加工产业基地转变，培育出有竞争力、有效益的产品和产业，逐步提高西部地区的自我发展能力。

(2) 城市集群化发展是西部地区"五个统筹"发展的迫切选择

党的十六届三中全会提出了树立科学的发展观，实现"五个统筹发展"，即统筹城乡发展，统筹区域发展，统筹经济社会发展，统筹人与自然和谐发展，统筹国内发展和对外开放。具体到西部地区，城市集群化发展是树立科学的发展观，实现五个统筹发展的最佳实现途径。

广大的西部地区地广人稀，自然条件恶劣，经济发展基础薄弱，城市和区域经济发展极不均衡。由于城市发展比较普遍地存在"两头大中间小"的两极分化状况，不能形成合理的区域城市和城镇网络，特大、超大城市对区域内的中小城市和城市对整个区域经济、对地区发展的辐射和带动作用弱小，城市首位度不断升高，城市呈高度集中分布发展状态，区域内一个或几个大城市畸形发展，整个区域的其他城市发展活力严重不足，无法带动整个区域经济发展，使得西部地区庞大的农村人口无法就近转移，严重的城乡二元经济结构问题不仅没有减轻，反而更为加重。

城市集群化发展的区域内不同性质、等级、规模的大城市、中等城市、小城市、小城镇相互嵌套形成大城市区域、中等城市区域、小城市区域相结合的多层次、开放的、有机联系的城市群网络体系；城市群体之间相互分工与合作，因此能够有效地增强城市群整体的集聚和辐射功能，带动整个区域和城市的发展。因此在成渝地区、滇中地区、关中平原、天山北麓地区、兰州—西宁地区等这些人口稠密、自然地理条件较好、经济相对发达、城市发展基础较好的地区实行城市集群化发展战略，实现城市群区域的率先发展，是带动整个西部不发达、欠发达地区的发展,实现"五个统筹",从不均衡发展到区域协调均衡发展的最有效的途径。

(3) 城市集群化发展是西部地区城市集约化发展的迫切选择

由于上述西部地区城市发展的问题与矛盾,因此西部地区城市发展必须创造条件,降低城市发展、建设的成本,降低不确定性和风险性,提高城市发展质量和发展水平,加快从城市粗放式发展模式向集约化发展模式的转变,实现城市的可持续发展。依照城镇化"成本—收益"模型分析,每有一个人进入城市,需要"个人支付成本"1.45万元/人,"公共支付成本"1.05万元/人,总计每转变一个农民成为城市居民,平均需要支付社会总成本2.5万元/人(2000年不变价格)。计算机模型的演算结果指出,超过100万人口的城市综合发展成本是人口在10万以下小城市的1/6到1/8,即小城市每吸纳一个人(必须符合城市质量的基本标准)所付出的成本,如果同样投入到人口达100万以上的大城市,则可以吸纳6~8个人。

西部地区城市集群化发展能够有效地改变分散的小城市、小城镇发展模式,激励大中城市的发展,因此能够较好地降低城镇化的成本,吸纳更多的农村剩余劳动力。西部地区城市发展城市集群化发展模式,以大城市为核心,带动中小城市和小城镇协调发展,能够很好地发挥集聚效益、组合效益、相邻效益和规模经济效益,有利于西部城市功能的完善、城市基础设施共享,节约有限的城市土地、水资源,协同解决日益严重的城市环境保护等问题,通过大、中、小城市的产业分工,构建区域产业集群,从而实现西部地区城市的集约化和可持续发展。

(4) 城市集群化发展是西部地区大、中、小城市协调发展的迫切选择

目前我国西部地区城市发展比较普遍地存在"两头大中间小"的状况,即特大、超大城市和小城镇两极分化的,严重缺乏大中城市,尤其是具有区域性中心城市作用的大中城市,区域城镇体系存在严重断层现象,城市的功能也不完善,城市之间经济联系不强,

缺乏密切的分工和合作关系,因此很难实现大、中、小城市和小城镇的协调发展。

西部地区实行城市集群化发展战略,充分发挥城市集群区域内各城市的发展特色和功能,大城市充分发挥管理功能、枢纽功能、"孵化器"功能、"整合"功能,中小城市充分发挥承接大城市、特大城市外溢产业的功能,小城镇则充分发展劳动密集型产业,吸纳农村人口,通过城市密集区、城市群、城市带、都市圈等诸种形态的发展,实现西部地区区域内大、中、小各个级别的城市协调发展。

(5) 城市集群化发展是西部城市顺应知识经济、经济全球化的迫切选择

当今的城市群体空间关系正在由网络取代传统城镇体系的等级概念,城市在群体空间中的等级与作用不仅取决于其规模和经济功能,而且也取决于其作为复合网络连接点的作用。知识经济与经济全球化时代,大城市迫切需要加快城市的现代化、国际化发展步伐,不断进行产业结构的升级,将一般制造业从大城市中不断分离出来,集中发展现代服务业和高新技术产业,以巩固其区域中心地位,加强其辐射带动中小城市的功能;区域内中小城市迫切需要与大城市接轨,接受大城市的经济、科技、文化、信息的辐射,大力发展制造业等。

目前我国西部城市发展与东部地区的城市相比,城市的知识经济发展水平低,城市综合竞争力低下,不能很好地适应经济全球化的大趋势,城市的发展有被边沿化的危险。由于城市集群化发展的特征和作用,它能使整个区域内的大、中、小城市协调发展,成为具有高度创新能力的网络化构造的城市群体,因此说它是西部地区城市顺应知识经济、经济全球化发展大趋势的迫切选择。

8.3 西部地区城市群分类及其发展调控策略

8.3.1 西部地区城市群分类研究

根据区域—城市的发展规律、城市集群化发展从低级向高级的发展规律，通过对西部城市群区域的城市数量、人口、城镇化率、GDP等多指标进行分析，对区域城市的综合实力进行对比研究和聚类分析，将西部城市群所处阶段分为三类：初级阶段、中级阶段和高级阶段。

1. 城市群发展分类研究的方法原则

（1）强势城市地域和区域性中心城市原则

西方发达国家城镇化与城市发展规律和世界城市群的发展经验表明，产业与人口向城市地域的空间集聚过程，并非均衡地发生在一切城市地域。随着区域经济的发展，特别是在经济全球化和知识经济时代，资本、技术、信息、人才等经济要素正在以越来越快的速度和规模向那些区位条件优越、空间可达性强、基础设施好、城镇空间聚合程度高、城市功能相对完善、社会经济发展水平较高的区域集聚。这种最能吸引产业集聚与人口集中的空间场所，一些学者称之为强势城市地域。在强势城市地域这样的城市地域内，最容易产生新兴的城市；城市能够获得更大的发展空间，城市规模扩张迅速；城市之间形成密切的社会经济联系，大、中、小城市以及小城镇在新的城市空间组织形态中加速结合，原来一个个孤立的城市被都市圈、城市带、城市群等新的城市空间组织形态所取代，城镇化和整个区域经济社会发展达到较高的水平。

顺应城市—区域发展规律，加快西部地区的城镇化过程，不能在全部国土面积上呈平面状地均衡推进，相反必须加快城市或城市人口向特定的强势区域集聚发展的步伐。根据这一观点，西部城市集群区域必须有一个或两个特大或超大城市作为区域性中心城市，辐射带动区域内的中小城市和小城镇发展。因此所选择的指标突出反映区域性中心城市的集聚与扩散强度和区域内的大、中、小城市的综合实力和发展水平。按此原则，西藏没有城市群，不在研究之列；宁夏平原虽然有几个城市，但由于其首位城市银川的集聚和辐射功能较弱，城镇的空间聚合度、区域的人口数量和经济发展水平并不高，因此也不属于城市群区域。

(2) 区域半径为100～200公里和通达强性原则

城市集群化发展理论要解决的一个大问题是必须明确城市群是如何聚集和构造的，必须要对城市群的规模边界进行界定。一般而言，学者都以城市间的相互作用为分析工具，应用断裂点理论和重力定律来分析城市引力场的范围，来确立城市群的规模边界。但其研究有许多局限。国内外文献中有关城市群的研究表明，城市群的形态与其所处地区的地理环境、经济发展水平以及历史等因素密切相关，随着交通轴线的延伸与分叉，城市群的规模和边界处于不断扩张中，因而对于城市群的规模和边界如何确定，至今没有较为精确的模型。由于西部地区自然地理条件和经济社会发展水平的巨大差异，而且"西部大开发"后，随着城市间的铁路、高速公路网的修建，区域性中心城市的集聚和辐射功能迅速提升，故用断裂点理论和重力定律来分析城市群的规模边界具有很大局限性。笔者认为应该从区域城市发展战略的高度和动态发展的角度来分析区域城市群的发展趋势，结合当地经济社会发展水平、交通网络和自然地理条件进行界定。

笔者对西部地区8大城市群的研究发现，城市群区域范围基本是以区域地理中心为圆心、半径为100～200公里的区域，区域面积基本为1万～4万平方公里；城市群以一个或两个区域性中心城市为核心，包括若干大、中、小城市和城关镇；通过发达的交通、能源、通信网络，构成一个联系紧密的经济体。西南地区和关中平原城市集群区域（广西南—北—钦—防城市群除外）的聚集人口均在1000

万~2000万左右；由于自然地理、经济社会发展水平等因素的制约，新疆天山北坡、宁夏平原、呼和浩特—包头、兰州—西宁城市群聚集的人口相对少得多，呼和浩特—包头、新疆天山北坡和兰州—西宁城市群在1000万以下，但是其区域内城镇化水平很高，如天山北坡超过60%，呼和浩特—包头、兰州—西宁都接近50%，产业集中度也很高，城市群区域经济总量均占当地省市区经济总量的一半左右。这些城市群在各省、市、区的经济社会发展中起着绝对的主导作用，整个西部地区各省市区的经济发展取决于这些城市群区域的发展状况。以区域半径100~200公里为原则来界定城市群区域边界也便于西部城市群发展各项指标的比较，从而进行聚类分析研究。

（3）地区行政辖区和市区两组数据指标分析原则

根据城市核心—边缘理论，城市群区域由城市市区和外围县（市）两部分构成。在西方国家，城市实行的是城市自治体制，县与市没有行政隶属关系，而我国的城市行政区划体制不同于西方国家，我国通过原来的地区改为地级市（"地改市"）和原来的县级市升格为地级市，从而形成了市管县体制，即地级市下面管辖若干个区、县、县级市、自治县或自治旗。《中国城市统计年鉴》中的市区并不是人们通常所说的城市建成区，而是一个与县同级的行政区，包括城市建城区和同属一个行政区划下的大片郊区。

市区数据指标是反映城市核心区的数据指标，该数据有助于分析城市群中心城市的经济集聚和扩散能力以及城市发展总体水平。地区行政辖区数据指标有助于分析该城市群区域经济总量、综合实力以及城市群的经济腹地等。

2. 西部地区城市群的分类

按上述城市群分类研究的理论与方法，得出西部地区共有8个城市群，对8大城市群的基本数据进行汇总分析，根据城市群从初级阶段向高级阶段发展的规律，将其划分三类：初级发展阶段城市群、中级发展阶段城市群和高级发展阶段城市群。

(1) 初级发展阶段的城市群

西部地区处于初级发展阶段的城市群有 5 个：内蒙古中部城市密集区、新疆天山北坡城市密集区、兰州—西宁城市密集区、贵州中部城市密集区、广西南—北—钦—防城市群和云南中部城市群。该类城市群的显著特点是城市建成区面积、地区和市区的人口总数、非农业人口总数、GDP 总值、规模以上工业产值都明显低于关中平原城市带和成渝地区城市群。（虽然云南中部城市群的地区人口数量较多，GDP 总值、规模以上工业产值较高，但其城镇化水平太低，城市的等级规模秩序严重呈现两极分化，因此也属于城市群发展的初级阶段。）

(2) 中级发展阶段的城市群

西部地区处于中级发展阶段的城市群有 1 个：关中平原城市带。该城市群的城市建成区面积、地区和市区的人口总数、非农业人口总数、GDP 总值、规模以上工业产值都大大高于处于初级发展阶段的 6 个城市群，但又明显小于成渝地区城市群。

(3) 高级发展阶段的城市群

西部地区处于高级发展阶段的城市群有 1 个：成渝城市集群。成渝城市集群由成都平原都市带（由成都都市圈和成德绵城市带组成）、重庆城市群、川南城市群和川中城市密集区四个城市群组成，因此说是一个城市集群，而且是西部地区唯一的城市集群。该城市集群的城市建成区面积、地区和市区的人口总数、非农业人口总数、GDP 总值、规模以上工业产值极大地超过西部地区其他任何城市群，其人口数量、城市个数、经济总量甚至可以与东部地区的四大城市群相比（见表 8—1）。

表 8—1 西部地区 8 大城市群基本数据

指标		新疆天山北坡城市密集区	兰州—西宁地区城市密集区	内蒙古中部城市密集区	关中平原城市带	成渝地区城市集群	云南中部城市密集区	贵州中部城市密集区	广西南北钦防城市群
土地面积（平方公里）	地区	—	72402	77399	54867	169988.47	94566	100087	30390
	市区	—	5460	9978	5058	27939.73	18161	11579	10385
	建成区	210	245	328	319	958	184	172	225
人口万人	地区	615	817.6	735.03	2150.9	8241.58	1492.79	2081.2	846.87
	市区	402.76	328.76	323.43	673.16	2316.14	519.81	500.2	355.54
非农业人口（万人）	地区	—	296.28	263.51	602.57	1834.5	296.59	295.77	217.47
	市区	294.16	244.16	246.1	407.84	—	229.84	239.19	156.28
GDP（亿元）	地区	687.5	576.35	712.55	1368	5131.35	1332.7	774.94	654.97
	市区	615.42	433.54	431.92	892.46	2300.28	914.61	441.76	427.12
工业（亿元）	地区	528.28	540.19	502.76	976.82	—	800.6	432.19	219.6
	市区	527.78	438.92	398.19	740.52	—	572.66	296.57	164.54

根据西部地区 8 个城市集群基本数据汇总。

资料来源：国家统计局城市经济社会调查总队：《中国城市统计年鉴 2002》，中国统计出版社，2003。

8.3.2 西部地区不同类型城市群的发展调控策略

城市群发展调控策略主要是从更大的空间范围来整合区域经济资源，加强区域内部的分工、协作，协调各个行政区之间、城市与城市之间、城市与乡村之间的发展，协调城乡建设与人口分布、资源开发、环境整治和基础设施建设布局的关系，促进区域基础设施、公共设施共建共享。由于不同类型的城市集群具有不同的发展形式、特点和面临的任务,因此应相应采取不同的发展调控对策,以加快城市群的培育和发展。一般而言,城市群的发展策略可以分为培育、发展、协调三个不同阶段的相互联系、有不同侧重点的发展策略。从城市集群发展三个阶段来看,培育是发展的基础与源泉,发展是协调的主题与目的,协调是培育与发展的手段,在城市群的每一个发展阶段都有培育、发展、协调的重要内容,基于每一个城市群不同的发展现状、目标,每一类城市群的发展调控策略也不一样,或采取以培育为主,或采取以发展为主,或采取以协调发展为主的城市群发展策略。

1. 初级发展阶段的城市群发展调控策略

该类城市群有六个,即新疆天山北坡城市密集区、兰州—西宁城市密集区、内蒙古中部密集区、广西南—北—钦—防城市群、贵州中部城市集群和云南中部城市群。

处于城市群初级发展阶段的该类城市群,连接城市之间的高速公路、机场、铁路、通信等大型区域基础设施建设落后,文化、科技、基础教育等方面的发展严重不足;区域城市的规模、等级、性质、功能网络很不完善;区域性中心城市如昆明市、乌鲁木齐市、贵阳市、兰州市、呼和浩特、包头市等城市从 GDP、工业产值、科技创新能力等方面与东部许多新兴中等城市有差距,城市的综合实力和辐射带动能力不强,是制约整个城市集群发展的非常严重的问题。

因此其发展调控的重点是以培育城市群为主要目的,重点是加快城市之间、城市内部的道路基础设施建设,迫切需要充分利用西部大开发的资金和政策倾斜的历史机遇,通过政府主导来进行大量投资,给予重点扶持发展,发挥政府推动作用,协调城市基础设施建设和区域经济的发展,为促进城市群成长创造优良的环境。

在城市群发展的过程中,既要考虑大、中、小城市的协调发展,完善城市的规模、等级、性质、功能等网络结构,更要强调以增强核心城市综合实力和辐射带动能力为核心,扶持社会公共事业,扶持重点领域及优势领域产业，引导区域内的其他城市主动与首位城市或区域性中心城市加强联系，实现城镇化的集聚发展；协调区域内部及区际之间的区域性基础设施建设、区域性公共设施建设、生态环境保护等。

2. 中级发展阶段的城市群发展调控策略

中级发展阶段的城市群只有一个：陕西关中平原城市带。

该城市群的基础设施较为发达、基础产业发展较好；区域城市已有了一定的分工协作，呈共同发展态势；区域性中心城市综合实力强大，具有较强的聚集和辐射功能；首位城市西安市已经很好地发挥了带动整个区域和城市经济发展的作用；区域内形成了较为完善的城市规模等级和网络体系。

针对该类城市群的发展调控策略以发展为主，即发挥市场主导作用，促进城市群区域一体化发展。通过城市群区域内一体化基础设施网络的建设，引导城乡建设、产业布局、要素流动；打破区域人为壁垒和行政界限壁垒，建立一体化的市场机制；推进城市群区域内人才、资金、技术、信息等生产要素以及各种有形商品在区域内部的高效流动，建设城市群区域共同的资本市场、消费品市场、技术市场、劳动力市场、产权市场、旅游市场；联合发展产业集群、现代服务业，形成有竞争力和带动力的产业；协调区域内部及区际之间的区域性基础设施建设、跨区域基础设施建设、区域性公共设施建设、生态环境保护等，增强区域整体竞争优势。

3. 高级发展阶段的城市群发展调控策略

该类城市集群只有一个：成渝城市集群（包括成都平原城市带、重庆城市群、川南城市群和川中城市密集区）。

该城市集群与前两类城市群有很大不同，表现在：城市数量众多，城市人口数量巨大；在城市集群里又包含若干个次级城市群；形成了较为完善的城市网络体系；整个城市集群的经济实力十分强大，整个城市集群处于快速发展过程中；城市集群内各城市有着较强的经济协作分工,同时在发展中又存在着基础设施重复建设、产业结构雷同、行政区经济分割等问题。

该城市集群发展策略以协调发展为主,解决城市集群快速发展中的矛盾,实现各城市群和各城市的协调发展,提升整个城市集群的发展水平,以此顺应知识经济和经济全球化的发展大趋势。

处于高级发展阶段的城市集群发展调控策略一个非常重要的方面是建立完善权威的政府组织机构,建立完善城市—区域空间管治协调机制,实施共同政策措施推动城市集群区域的发展与城市一体化发展;对整个区域空间范围的产业发展、城市空间组织、基础设施建设、生态建设与环境保护等方面进行统一规划,协调区域内部产业空间、区域性及跨区域基础设施建设、区域性公共设施建设、生态环境保护等;整合区域整体优势,提升整个城市集群的发展质量和竞争力;促进城市—区域空间形成更加完善的城市网络结构;促进城乡统筹,协调发展。

8.3.3 西部地区初级发展阶段的城市群

1. 新疆天山北坡城市密集区

新疆天山北坡城市密集区包括乌鲁木齐市、昌吉回族自治州、克拉玛依市、石河子市四个地级行政辖区以及塔城地区的乌苏市、沙湾县和伊犁哈萨克自治州的奎屯市。该城市群区域属于天山北坡经济带的重要区域,2001年天山北坡经济带区域总人口为615万人。

整个城市群以特大城市乌鲁木齐为中心,欧亚大陆桥为纽带,北疆经济带为腹地,联结克拉玛依、石河子、米泉、阜康等中小城市,构成了城市带状的发展形态。全疆22座城市中,天山北坡城市密集区包含了10个,占城市总数的45%,城市平均间距50公里。城市规模结构为:特大城市1个——乌鲁木齐市;中等城市4个——石河子、克拉玛依、昌吉和奎屯;小城市5个——吐鲁番市、阜康市、米泉市、乌苏市和五家渠市(2002年成立)。此外,有城关镇4个：沙湾县、玛纳斯县、呼图壁县和托克逊县。该城市带内的城市发展呈两头大、中间小的发展格局，2001年城市首位度高达4.5，第二大城市石河子市2001年非农业人口为29.9万人，缺乏大城市作为承上启下的次级区域性中心城市。见图8—2。

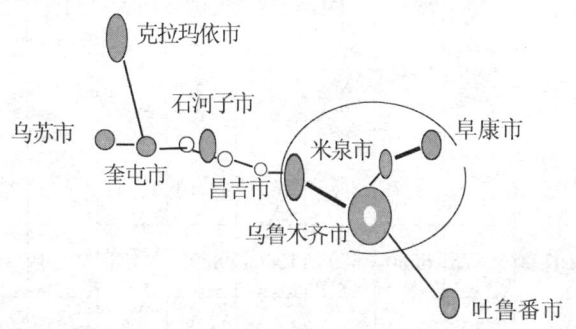

图8—2 新疆天山北坡城市密集区

该城市密集区处于沙漠边上的绿洲地带，人口、城市和经济发展高度集中于的面积狭小的绿洲地带，其相对于地广人稀的新疆来说是高度集聚发展。从2001年天山北坡城市带9城市的数据来分析，9城市市区集聚的人口总数为402.76万人，非农业人口为294.16万人，GDP为615.42亿元，虽然其市区城镇化率高达73%，人均GDP高达15276元，但绝对数值与戈德曼等人的城市带的标准相差很远，不能称其为真正的城市带，因此该城市带属于非典型城市群，属于带状的城市密集区，归类于初级发展阶段的城市群（见表8—2）。

表8—2 新疆天山北坡9城市（市区）基本数据（2001年）

指标	乌鲁木齐市	克拉玛依市	吐鲁番市	昌吉市	阜康市	米泉市	奎屯市	石河子市	乌苏市	总计
土地面积（平方公里）	10800	9500	13589	8251	8535	3789	1036	500	7430	63430
人口（万人）	159.13	28.43	24.8	38.7	15.5	17.5	27.8	59	31.9	402.76

续表

指标	乌鲁木齐市	克拉玛依市	吐鲁番市	昌吉市	阜康市	米泉市	奎屯市	石河子市	乌苏市	总计
人口密度（人/平方公里）	147	30	18	47	18	46	268	1180	43	64
非农业人口（万人）	135.9	23.56	8.6	28.9	9.6	8	27.7	29.9	22	294.16
GDP（亿元）	310.48	167.55	13.79	26.7	18.7	14.51	12.47	25.29	25.93	615.42
人均GDP（元）	19793	59776	5560	6899	12064	8291	4486	4286	8129	15276
一、二、三产业比重（％）	0.69；36.60；62.72	0.30；84.96；14.74	23.4；30.1；46.5	23.7；45.6；30.7	15.4；64.5；20.1	18.8；50.4；30.8	7.2；45.4；47.4	—	40.1；27.6；32.3	

资料来源：国家统计局城市经济社会调查总队：《中国城市统计年鉴2002》，中国统计出版社，2003。

  天山北坡城市带聚集了全疆20％的人口和全区40％以上的经济和科技力量，有四大优质高效农业产业基地：棉花、葡萄酒、番茄酱和畜产品基地，是西北地区重要的石油化工、纺织工业和商贸、物流基地。

  乌鲁木齐市是该区域唯一的特大城市，是新亚欧大陆桥上我国连接中亚诸国的国际性商贸城市，是新疆区域经济发展的中心城市。2001年其市区非农业人口达135.9万人，GDP为310.48亿元，第三产业的比值高达62.72％。石河子市是该区域的第二大城市，经济以农业、农产品加工业和第三产业为主。昌吉市以机电制造业、农产品加工业、建材业为主导产业。克拉玛依市则是石油化工城市。米泉市以建材、化工、制造业为主，区内有乌鲁木齐机场。阜康市以煤炭业、石油天然气业和旅游业为主导产业。五家渠市以农业和农产品加工产业为主。吐鲁番市以农业和旅游业为主导产业。为加强区域城市协作，2003年6月乌鲁木齐市、昌吉市、阜康市、米泉市、石河子市、吐鲁番市、五家渠市七城市成立了新疆第一个经济合作圈，成立了乌鲁木齐城市经济圈协作委员会。

天山北坡城市密集区的发展调控策略有以下三点：

(1) 加强城市基础设施建设

在城市集群发展的初级阶段，尤其需要加强城市基础设施建设。天山北坡城市集群应加快与现有国道、省道主干线的连接，加快市郊铁路建设，形成便捷通达的综合交通运输网。

(2) 建设乌鲁木齐都市圈

乌鲁木齐市由于土地、水资源的短缺，城市集聚的不经济，因此其城市的发展应向外转移低端产业，如棉纺织产业、建材产业等，而集中力量发展商品贸易、资本、信息等第三产业和高科技产业，增强服务、辐射周边城市的能力。因此乌鲁木齐市区应当凭借其强大的经济辐射力，通过城市快速通道的建设，将周边城市昌吉、阜康、米泉发展成为乌鲁木齐的卫星城，加快工业的外迁，使部分科技教育产业、住宅业、会展业等功能向卫星城转移，建设乌鲁木齐都市圈，从而大大增强其带动整个天山北坡经济区和新疆经济发展的能力。

(3) 加强乌鲁木齐城市经济圈协作委员会的作用

将乌鲁木齐城市经济圈协作委员会成员扩大到整个天山北坡城市密集区的成员，充分发挥其城市协调发展功能，打破行政界限的束缚，变天山北坡城市密集区的"行政区经济"为"经济区经济"。

2. 兰州—西宁城市密集区

兰州—西宁城市密集区包括青海省的西宁市、海东地区，甘肃省的兰州市、白银市，共4个地级行政辖区，区域土地面积72402万平方公里，2001年时区域人口817.6万人。该城市区域位于我国东部地区、蒙新高原和青藏高原三大自然区的交会处，也是中原农耕文化、草原游牧文化、藏文化的主要融合地区和关陇文化的主要形成区域之一。2001年该区域土地面积占青海和甘肃两省土地面积的6%，区域人口总数占两省人口总数的26.4%。非农业人口为296.28万人，市区非农业人口数量为244.16万人。

该区域城镇发展形成了西宁市、兰州市、白银市三个大、中城市和大通、湟源等12个城关镇及众多小城镇，构成了倒L形的城市密集区发展形态。

该城市密集区城市发展呈现出极为严重的两极分化。该城市集群区域内，除了一个特大城市兰州、一个大城市西宁、一个中等城市白银市，其余都是建制镇，而且城市规模很小，城市的规模等级两极分化极为严重。靖远、榆中、乐都县、大通县、湟中县等县的总人口和非农业人口数量都很小。大多数城关镇的职能单一，聚集辐射能力有限，仅作为县域行政区划的中心、周围乡镇的集市贸易中心。该区域是非典型的城市群，属于城市密集区，处于城市集群的初级发展阶段。见图8—3。

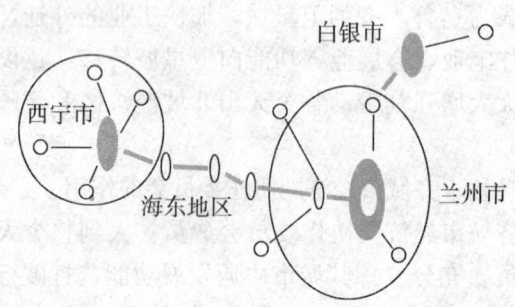

图8—3 兰州—西宁城市密集区

该区域是西北地区主要的制造业基地、商贸物流中心和黄河上游多民族经济区的核心区域，2001年该区域的GDP为576.35亿元，占两省总量的42%。

区内的兰州市是甘肃省的中心城市，是西陇海—兰新线经济带上经济实力和城市综合竞争力仅次于西安的第二大城市，是西北地区的交通枢纽、重要石化工业基地，是重要的机电、纺织工业基地和金融、商贸、科技教育中心。西宁市作为青海省省会重点发展了一批有色金属冶炼及加工、中藏药、盐化工、皮革加工等优势产业,商贸、科技教育等第三产业发展较快。白银市又称"铜城",是从工矿区发展起来的新兴工业城市,是国家重要的有色工业基地和甘肃省重要的能源基地。青海海东地区的产业主要以农牧业为主。目前,青海、甘肃两省已形成了较为密切的经济联系,青海省建成了柴达木—涩北—西宁—兰州天然气输气管道,加强电网建设,为兰州石油化工产业提供原料。为提供丰富的电力能源,兰州市利用地域资源优势及现实生产能力,建成西北乃至全国重要的综合性石化基地。兰州—西宁高速公路通车后,来往两地只需 2 小时,从社会经济、人民生活的实际状况看,西宁市和海东地区不同程度上受到兰州特大城市聚集和辐射的影响。

表8—3 兰州—西宁城市密集区基本数据

指标		兰州市	西宁市	白银市	海东地区	总计
土地面积 (平方公里)	地区	13086	21158	21158	17000	72402
	市区	1632	350	3478	—	5460
人口 (万人)	地区	296.51	200.2	172.89	148	817.6
	市区	187.06	95.89	46.02	—	328.97
人口密度 (人/平方公里)	地区	227	261	82	87	112.93
	市区	1146	2740	132	—	602.51
非农业人口 (万人)	地区	164.87	78.13	37.28	16	296.28
	市区	152.74	63.93	27.49	—	244.16
GDP (亿元)	地区	348.75	104.49	84.18	38.93	576.35
	市区	306.49	70.66	56.39	—	433.54
人均GDP (元)	地区	11879	5257	4881	2630	7049
	市区	16630	7262	20809	—	13179

续表

指标		兰州市	西宁市	白银市	海东地区	总计
一、二、三产业比重（%）	地区	4.84；51.99；43.17	8.24；42.07；49.69	15.51；51.10；33.38	—	
	市区	2.60；52.36；45.04	1.99；36.38；61.63	3.90；66.20；29.90	—	

资料来源：《中国城市统计年鉴 2002》，临夏、海东、定西的地区资料来源于《中国县市经济社会发展统计年鉴 2001》。

除三个大、中城市外，其余城镇地区处于经济发展的凹地。在以往长期的发展过程中，两个省会城市形成了各自为中心、辐射本省区域发展的格局，整个城市集群的发展呈现东西分离的局面，导致三个大中城市之间的城镇区域，特别是青海海东地区的发展十分落后，成为整个区域经济发展的凹地，整个城市集群区域经济没有形成有机联系、互动发展的局面。2000 年海东地区的人口规模为 148 万人，但其非农业人口 16 万人，人口城镇化率为 10.8%，GDP 总值 38.93 亿元，人均 GDP 仅为 2630 元。

城市密集区的发展调控策略：

（1）采取带状、多中心组团的城市空间发展战略

该区域城市是典型的河谷盆地型城市。影响河谷盆地型城市发展的两个关键问题。一是城市环境与土地问题。河谷盆地可供城市用的土地资源总量非常有限，特别是大块的集中成片土地少，周围山地对气流的阻挡作用容易造成严重的大气污染。二是自然灾害问题，区域内地震、滑坡、泥石流、洪水等自然灾害较多。因存在这两个问题，故该区域内城市的发展应大力加强道路交通基础设施建设，沿黄河、湟水谷地，采取带状、多中心组团的城市空间发展战略，加快兰州、西宁、白银三大城市的组团式发展，加快海东地区的城镇化进程，扩大城市的规模数量，提升城市发展质量，以吸纳河西走廊等生态环境恶化地区更多的人口和产业向该区域的转移。

(2) 建设大兰州

兰州市应加大城市的中心工业外迁的力度,加快对老工业基地的改造,加快兰州郊区的城镇化进程,大力发展商贸、金融、科技、教育等第三产业和高新技术产业,将其发展为西北地区最重要的制造业基地,商贸、物流、金融中心和亚欧大陆桥上最重要的开放城市和内陆口岸中心城市。兰州市应继续沿湟水、黄河谷地的城市组团式发展,同时向榆中、定西方向发展,力争早日成为市区人口超200万的超大城市,以吸纳河西走廊的产业和人口,实现整个甘肃的快速和可持续发展。积极促进兰州市的资金、技术、人才、信息等生产要素向外扩散,增强对西宁市、白银市、定西市等城市的辐射、带动作用。

(3) 加强兰州、西宁两大城市的协作

该城市密集区的发展迫切需要加强道路基础设施建设,青海省和西宁市都应转变城市发展观念,主动对接甘肃省和兰州市的发展,向东发展;兰州市则应加快向西发展的步伐,两省和两市应主动打破行政区划的界线,建立省际产业互补、经济互惠、协同发展的经济格局,以带动整个城市集群区域和两省经济的发展。

3. 内蒙古中部城市密集区

该城市群区域包括包头市、呼和浩特市、鄂尔多斯市和乌兰察布盟四个行政辖区。2001年区域行政辖区土地面积约186244万平方公里,人口823.69万人。

该区域的城镇发展以内蒙古土默川平原为中心,形成一个以包头、集宁市、鄂尔多斯、丰镇为四个顶点的长方形的城市集群发展区域。见图8—4。

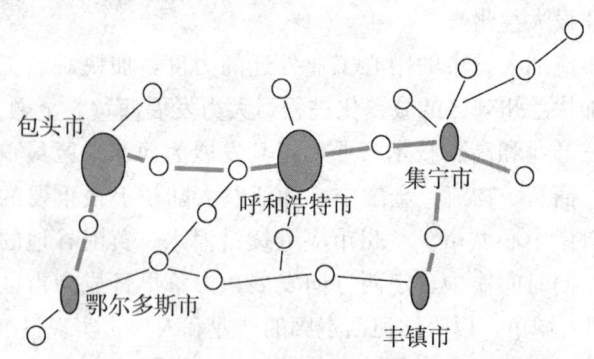

图 8—4 内蒙古中部城市集群

该城市密集区域不包括处于戈壁沙漠地带的鄂托克前旗等 7 个旗（2001 年，鄂托克前旗、鄂托克旗、杭锦旗、乌审旗、伊金霍洛旗、达尔罕茂明安联合旗、四子王旗的土地面积总和为 11 万平方公里，人口仅为 84 万人），该城市密集区域实际包括呼和浩特市、包头市、集宁市三个都市区和 18 个县、旗、市，2001 年其土地面积为 77399 平方公里，占全区的 6%；人口总数为 735.03 万人，占全区人口的 30.9%；GDP 为 712.55 亿元，占全区的 46.1%。

该区域有特大城市（2 个）：呼和浩特市、包头市；中等城市 2 个：集宁市（乌兰察布盟的首府）、鄂尔多斯市；县级市 1 个：丰镇市；县城（城关镇）17 个：托克托县、和林格尔县、清水河县等。该区域形成了大城市—中等城市—小城市—小城镇四级城镇体系。虽然其人口密度、城市数目、经济总量相对于东部地区和四川盆地来说，数值较小，但相对整个内蒙古地广人稀、城市稀疏的状况而言，其人口、城市的密度已达到相当的集聚程度。因此从区域经济发展的角度来说，该区域构成了非典型的城市群—城市密集区的发展形态。

该区域是内蒙古人口最为密集、经济最发达的区域，2001 年，包头市、呼和浩特市、鄂尔多斯市和乌兰察布盟的 GDP 总值为 712.55 亿元，占全区的 46.1%。

表8—4 内蒙古中部城市密集区地区基本数据（2001年）

指标	呼和浩特市	包头市	鄂尔多斯市	乌兰察布盟	总计
土地面积（平方公里）	17224	27768	86752	54500	186244
人口（万人）	211.83	206.16	132.83	272.87	823.69
人口密度（人/平方公里）	123	74	15	50	44
非农业人口（万人）	95.92	127.31	40.28	—	263.51
GDP（亿元）	211.12	248.57	171.84	81.02	712.55
人均GDP	10029	12111	13014	2969	8650
一、二、三产业比重（%）	11.95：45.17：42.88	7.52：59.70：32.78	14.19：59.71：26.10	3.7：27.1：69.2	—

资料来源：国家统计局城市经济社会调查总队：《中国城市统计年鉴2002》，中国统计出版社，2003。

表8—5 内蒙古中部城市密集区5城市（市区）发展基本数据（2001年）

指标	呼和浩特市	包头市	鄂尔多斯市	集宁市	丰镇市	总计
土地面积（平方公里）	2054	2969	2137	114	2704	9978
人口（万人）	108.38	138.93	19.72	25	31.4	323.43
人口密度（人/平方公里）	528	468	92	2193	116	324
非农业人口（万人）	81.75	114.65	13.6	23	13.1	246.1
GDP（亿元）	147.46	208.74	39.67	21.37	14.68	431.92
人均GDP（元）	13738	15120	20470	8548	4675	13354
一、二、三产业比重（%）	3.52：45.17：51.31	2.84：62.94：34.22	1.10：68.45：29.75	3.7：27.1：69.2	21.3：55.5：23.2	—

资料来源：国家统计局城市经济社会调查总队：《中国城市统计年鉴2002》，中国统计出版社，2003。

区域内的主要城市有以下一些。呼和浩特作为内蒙古自治区的重要工业城市，现已形成了以乳品加工、电子信息、生物制药、纺织服装、石化、贵金属冶炼、电力工业、烟草、机械行业为主的工业格局。包头市是以钢铁、稀土、化工为主的内蒙古地区最大的工业城市，近年来服装、食品工业发展也很快。鄂尔多斯市的地上、地下资源极为丰富：煤炭已探明储量 1496 亿吨，约占全国已探明储量的 1/6；天然气已探明储量 7504 亿立方米，其中苏里格气田储量规模已达到 5000 亿立方米，是我国特大型气田。以鄂尔多斯市为中心的区域被称为"中国 21 世纪能源接续地"，近年来，该市充分发挥资源优势，抓住国家能源开发战略西移和实施中西部开发的契机，构筑起了化工、煤炭、电力、建材、农畜产品加工、药材等几大支柱的产业，工业经济增长速度和效益综合指数连续几年居自治区前列。鄂尔多斯市目前已成为我国"西煤东运"、"西气东输"、"西电东送"的重要基地，据统计，2003 年原煤产量达到 8103 万吨，首次超越多年雄踞全国第一的山西省大同市，跃居全国地级市产煤大市之首。乌兰察布盟的经济主要以农牧业和相关的农产品加工业为主，属于经济欠发达地区。

该区域城市发展除了需要解决典型的企业老化、效益下降等问题外，迫切需要解决水资源紧张和生态环境恶化问题。目前呼和浩特市需要从黄河大规模调水，以解决城市生产和生活用水紧张问题。该区域是我国生态环境脆弱区和生态重点治理区。我国境内三大主要沙尘暴起源区之一在该地带内，沙尘暴向京津及内地移动的三条路径大多经过这里。日益加剧的土地沙化、草原退化和水土流失对当地城市的生态环境和可持续发展构成极大的威胁。其中，鄂尔多斯市的土地沙化面积达 7.4 万平方公里，另有 1.1 万平方公里具有沙化的潜在可能。包头市、呼和浩特市和乌兰察布盟的北部区域由于过度开垦和放牧，土地沙化、草原退化问题也较为严重。

内蒙古城市密集区的发展调控策略有以下几点：

(1) 城市网络化发展

该城市集群应大力向城市网络化方向发展。该城市集群的北边发展轴线：集宁—呼和浩特—包头是主要发展轴线，包头—鄂尔多斯是副发展轴；丰镇—准格尔—鄂尔多斯的发展轴线是该区域另一条东西向的发展轴线，但目前还存在很多不足，今后应重点发展；另外，该区域还应大力发展呼和浩特—克托克—准格尔轴线和沿黄河发展轴线。通过区域城市的网络化发展，可以大大加强整个内蒙古中部地区的产业和人口的集聚水平，从而吸引更多的农牧民和产业向该区域集中，加快内蒙古经济的发展和城镇化进程，并有效地改善整个区域的自然生态环境。

(2) 加强城市的协作与分工

该城市集群是典型的双星子城市群发展模式，呼和浩特和包头两个城市的协作与分工决定了整个区域经济的发展走势。呼和浩特和包头应加强两个城市的协作与分工。呼和浩特市作为自治区的首府，市区应当以商贸、金融、科技教育等第三产业的发展为主，集中力量发展乳品加工、电子信息、生物制药、纺织服装、机械制造产业。由于市区离黄河较远，水资源的短缺和环境污染治理困难，故在今后的发展中，应当限制石化、贵金属冶炼、电力工业等高耗水、高污染产业的发展。包头市应大力发展冶金工业，利用高新技术加快对传统产业的改造，有重点地发展高新技术产业，建成世界上重要的稀土新材料基地，同时积极发展第三产业，将城市发展成为综合性特大城市，辐射带动整个内蒙古西部地区经济的发展。集宁市则应大力发展农畜产品等绿色食品加工、纺织服装等轻工业。鄂尔多斯市则充分利用自身优势，发展大煤田，延伸产业链条，发展大煤电、大化工、高能耗的工业，同时极大地带动交通运输、服务业等第三产业的发展。

(3) 建设"三区"

该区域经济发展具有特色农业和能源矿产资源两大优势，其经济发展的中心目标是建设"三区"：即将该区域建设成我国重要的农畜产品和绿色产业开发区，能源和原材料重型装备产业开发区，稀土科研和生产开发区。通过"三区"建设，实现内蒙古中部地区的资源转换、结构优化、产业升级、技术创新，将当地建设成为我国重要的"绿色之乡"、"能源之谷"、"稀土之都"。

4. 贵州中部城市密集区

该城市集群区域涉及贵阳市、遵义市、安顺市、黔南布依族苗族自治州（下辖都匀市、福泉市）、黔东南苗族侗族自治州（下辖凯里市）五个地级行政辖区，行政区域土地面积约10万平方公里，2001年时人口超过2000万人。

该区域城镇以特大城市贵阳市为中心，中等城市遵义市、安顺市和福泉市、清镇市等县级市和息烽、平坝等城关镇，沿川黔、湘黔—贵昆铁路和与其相平行的高速公路、国道发展，形成为丁字形的非典型城市群——城市密集区。见图8—5。

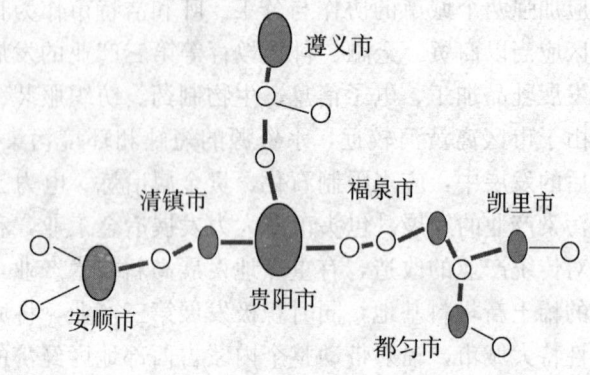

图8—5 贵州中部城市密集区

该区域有特大城市1个：贵阳市；中等城市2个：遵义市、安顺市；县级市4个：清镇市、福泉市、都匀市和凯里市；县城（城关镇）9个：息烽县、开阳县、修文县等。贵阳市、清镇市等7城市构成该区域的城市发展主体。2001年，贵阳市、遵义市、安顺市的市区面积加上其13个外围县（市）的土地面积为27277平方公里，占贵州全省的15%，人口为721万人，约占全省的19%。

该区域属于贵州人口、城市最为密集、经济最为发达的区域，属于国家区域经济规划重点发展的"贵阳—遵义—安顺"黔中产业带。2001年五市州的GDP总值为774.94亿元，占贵州全省的71.4%。该城市密集区区域内，贵阳市、遵义市和安顺市的市区GDP总值为356.36亿元，占贵州全省的32.8%（见表8—6）。

表8—6 贵州中部五市（州）地区基本数据（2001年）

指标	贵阳市	遵义市	安顺市	黔东南州	黔南州	总计
土地面积（平方公里）	8034	30762	9264	30330	21697	100087
人口（万人）	335.81	697.41	246.67	431.29	370	2081.18
人口密度（人/平方公里）	418	227	266	142.2	171	208
GDP（亿元）	302.75	252.57	63.5	65.28	90.84	774.94

资料来源：三城市数据来源于《中国城市统计年鉴2002》，两州数据来源于州政府网站。

表8—7 贵州中部7城市基本数据（2001年）

指标	贵阳市	清镇市	遵义市	安顺市	凯里市	都匀市	福泉市	总计
土地面积（平方公里）	2403	1492	706	1710	1306	2274	1688	11579
人口（万人）	191.05	50.3	60.01	77.44	44.8	46.5	30.1	500.2
人口密度（人/平方公里）	795	337	850	453	346	204	178	432
非农业人口（万人）	134.12	11.3	35.25	21.42	17.2	16.3	3.6	239.19
GDP（亿元）	249	28.65	79.08	28.28	23.43	18.61	14.71	441.76
人均GDP（元）	13176	5696	13302	3668	5230	4002	4887	8831
一、二、三产业比重（%）	4.35：51.34：44.31	14.5：60.3：25.2	4.93：40.31：54.76	18.58：29.26：52.16	16.8：44.6：38.6	18.0：33.2：48.8	31.3：37.4：31.3	—

资料来源：国家统计局城市经济社会调查总队：《中国城市统计年鉴2002》，中国统计出版社，2003。

该区域内，贵阳、遵义、安顺三市的乌江等河流水量丰沛，落差集中，便于多级连续开发，且境内磷矿、铝矿以及煤炭等资源储量非常丰富，旅游资源优势得天独厚；在产业方面，具有一定的军工和机械工业及冶金工业发展优势。20世纪六七十年代三线建设起，国家在贵阳市投资兴建了一批大、中型企业，经过近五十年的发展壮大，现已成为贵阳的经济支柱。贵阳是全国最大的铝工业生产基地，全国的三大磷化工生产基地之一，全国三大精密光学仪器生产基地之一，全国五大电工仪器仪表生产基地之一，全国磨具、卷烟、轮胎、汽车配件的重点生产基地。安顺是发展潜力较大的新兴工业城市，拥有一批人员、技术、设备力量较强的航天、电子仪表等军工企业。安顺素有"西部之秀"的称谓，是世界喀斯特风光旅游中心和中国六大黄金旅游热线之一。境内有世界规模最大、形态最美的瀑布群——黄果树瀑布风景群景区，旅游业发展十分迅速。遵义市是川黔线上的工业重镇，酿酒工业发达，机械、冶金、电器和纺织工业有较好的发展基础。黔南布依族苗族自治州经过多年发展，现在基本上建立了以磷化工、烟草、医药、种养业、建材、冶金、旅游等七大支柱产业为主体的国民经济体系。黔东南苗族侗族自治州是重要的农畜产品主产地和各类中草药材的生产及加工基地。

虽然该区域经济相对于省内其他地区来说发达得多，但与其他省区特别是东部地区的城市发展差距很大。该区域的城市发展存在的问题主要有：

第一，经济和城镇化整体发展水平低，发展活力不足。2001年五市州的地区城镇化率仅为14.21%，人均GDP仅为3742元。

第二，区域城市市区的人口和产业集聚度不高。2001年统计数值表明，贵阳等七城市的市区土地面积为五市州的11.6%，七城市的市区人口为五市州总人口的24%，七城市的市区非农业人口为五市州总人口11.5%，七城市的GDP为五市州的57%。该区域城市市区的人口和产业集聚度不高，是导致该区域经济和城市发展水平低的一个重要原因。

第三，该区域城市体系结构极不合理，除贵阳市是特大城市外，中间缺少大城市,第二大城市遵义市2001年城市非农业人口只有35.25万人,离大城市的人口标准还很远;中等城市也只有两个,其余都是小城市和建制镇。

第四,大多数城镇基础设施建设差,城市整体发展质量不高,经济发展后劲不足。如贵阳市2001年时虽然非农业人口达到了134万,但其GDP总值仅为302亿元,低于四川省的德阳市、绵阳市。

以下是该区域城市群发展调控建议:

(1) 城市发展方面

该城市集群区域处于城镇化发展的初级阶段,因此城镇化首要的特征是加快城市间的道路交通等基础设施建设,加快城市的集聚发展进程。对贵阳市而言,迫切任务是进一步扩大城市规模,增强集聚人口和产业的功能。贵阳市的城市建设与发展坚持人口、经济、社会、环境和资源相协调的可持续发展战略,完善城市功能。由于地形多山,城市发展必须采取组团式发展模式。该城市应控制中心区开发强度,应加强城市的道路、交通等城市基础设施建设,加快城市新区的建设,通过新区开发促进中心区改造,中心区改造推动新区开发,使人口和产业达到合理布局,积极发展清镇市、修文县等卫星城。

该城市集群区域内的各中小城市发展应结合产业空间布局,应主动以贵阳大都市区为核心,沿贵黄、贵遵高等级公路和湘黔—贵昆、川黔铁路走廊,发展成为层次分明、规模适当、功能合理的区域城镇体系。将安顺市、遵义市发展成为黔中、黔北的区域性中心大城市;将都匀市、凯里市发展成为黔东、黔南的区域性中等城市。

(2) 产业整合方面

贵阳、遵义、安顺三市在产业方面,具有一定的军工和机械工业和冶金工业发展优势,属于国家区域经济规划重点发展的"贵阳—遵义—安顺"黔中产业带,应抓住国家振兴装备工业的机遇,加快用高新技术改造传统制造业,加快航天航空、汽车、机械、精密仪器、电器等产业发展,大力发展煤、电、冶一体化工业,大力发展旅游业。该区域应建设成为大西南南下出海通道和陆路交通的枢纽,成为长江、珠江上游的重要生态屏障,成为南方重要的能源、原材料基地,建成以航天航空、电子信息、生物技术为代表的高新技术产业基地,建成自然风光与民族文化相结合的旅游强区。都匀市、凯里市应充分发挥当地资源优势,大力发展农畜产品加工、磷化工业、水电能源产业。通过资源开发,促进少数民族地区经济发展,加快少数民族地区的城镇化进程。

(3) 大力加强城市之间的道路交通等基础设施建设

该城市集群区域处于城镇化发展的初级阶段,因此城市间协作的重要任务是加强道路、交通、通信等基础设施建设方面的合作,加快城市之间的高等级公路建设,形成完善、便捷、发达的交通路网。

5. 云南中部城市群

该城市集群区域包括昆明市、玉溪市、曲靖市、楚雄彝族自治州(首府:楚雄市)4个地级行政辖区,见图8—6。2001年,该城市群的四个市(州)行政辖区的土地面积为94566平方公里,约占全省的24%,人口为1492.79万人,占云南全省的35%。

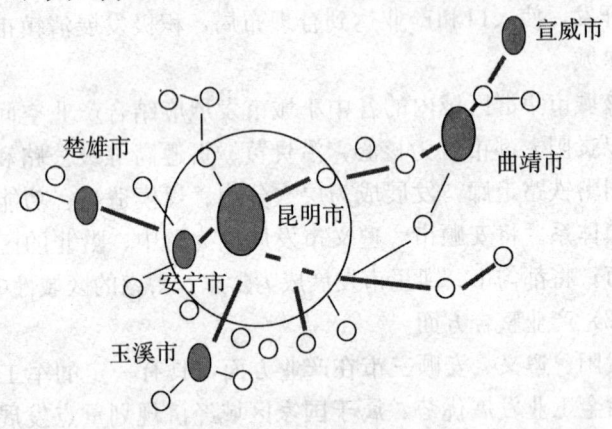

图8—6 云南中部城市群

区域城镇发展形成了以昆明都市圈为中心,包括1个特大城市——昆明、1个中等城市——曲靖市及三十余个小城市,包括1个地级市——玉溪市,3个县级市——楚雄市、安宁市、宣威市以及禄丰县等三十余个城关镇。

该区域由昆明、曲靖、玉溪、楚雄等大中小城市和小城镇一起构成了滇中城市群,但由于城市发育极不均衡,城市的规模等级严重两极分化,城市的断层现象尤其严重。城市群区域内,昆明市属于特大城市,下面缺乏大城市,居第二位的曲靖市市区非农业人口只有22.58万人。该城市群区域,由于自然地理的限制,区内城市多集中于山间的平坝上,许多城市发展受到限制,城市基础设施落后,发展后劲严重不足。农村人口和少数民族人口众多,整个地区的人口城镇化率低,2001年整个地区的城镇化率约为16%。因此说该城市群属于城市集群发展的初级阶段。

在该城市群构成中,2001年昆明市建成区面积148平方公里,市区非农业人口154.96万人;曲靖市建成区面积24万平方公里,市区非农业人口22.58万人;玉溪市虽然是地级市,但其市区建成区面积为14平方公里,市区非农业人口12.4万人,还达不到中等城市的标准;另外三个县级市也都是小城市。2001年,安宁市的市区非农业人口为14.5万人,宣威市的市区非农业人口为13万人,楚雄市的非农业人口为12.4万人。五个城市的市区非农业人口总和为229.84万人,占整个四市州人口的15%。

该区域经济在西部地区来说,总体属于发达地区,云南90%以上的大中型企业集中在这一区域。2001年,该城市群区域四市州的GDP为1332.7亿元,约占全省的64%。

表8—8 云南中部4市州地区发展基本数据

指标	昆明市	曲靖市	玉溪市	楚雄州	总计
土地面积（平方公里）	21111	28870	15285	29300	94566
人口（万人）	487.52	550.96	203.41	250.9	1492.79
人口密度（人/平方公里）	231	191	133	86	158

续表

指标	昆明市	曲靖市	玉溪市	楚雄州	总计
GDP（亿元）	673.06	231.85	271.39	156.4	1332.7
一、二、三产业比重（%）	8.02：46.46：45.52	23.49：44.09：32.42	10.36：66.95：22.69	—	—

数据来源：国家统计局城市经济社会调查总队：《中国城市统计年鉴2002》，中国统计出版社，2003；云南省统计局：《云南统计年鉴2002》，中国统计出版社，2002。

表8—9　云南中部城市群6城市市区发展基本数据（2001年）

指标	昆明市	安宁市	曲靖市	宣威市	玉溪市	楚雄市	总计
土地面积（平方公里）	3740	1321	1553	6061	1004	4482	18161
人口（万人）	215.2	25.8	61.86	130.7	38.25	48	519.81
人口密度（人/平方公里）	575	195	398	216	381	107	286
非农业人口（万人）	154.96	14.5	22.58	13	12.4	12.4	229.84
GDP（亿元）	523	39.48	80.97	31.64	196.54	42.98	914.61
人均GDP（元）	24554	15302	13219	2421	51735	8954	17595
一、二、三产业比重（%）	2.90：48.24：48.86	7.9：62.5：29.6	7.06：55.28：37.66	33.9：33.8：32.3	1.58：80.59：17.83	14.8：55.4：29.8	—

资料来源：国家统计局城市经济社会调查总队：《中国城市统计年鉴2002》，中国统计出版社，2003。

该区域城市群的发展以昆明市为核心。昆明市是一个综合性特大城市，在西部城市中，其城市综合实力仅次于重庆、成都和西安市，位居第四。2001年昆明市的GDP总值为673亿元，占整个云南中部城市群的50%，占全省的32%，规模以上工业总产值达411亿元，占全省的57%。昆明市的工业主要有机械、冶金、电力、化工、纺织、电子、仪表、食品等工业，旅游业、商品贸易等第三产业的发展十分迅速，教育、科技事业也比较发达。昆明市南郊滇池边的安宁市是云南最大的冶金、化工基地，呈贡县是全国有名的花卉基地。目前昆明的人口和产业过分集中于中心城区，城市功能分区不合理，因此迫切需要向外转移人口和产业。由于现有地理地形的限制，昆明城市发展正在向南往滇池等方向发展。

玉溪市以烟草工业为支柱，是云南财政收入的主要来源地，当地以烟草工业为龙头，大力发展机械、生物资源等产业。曲靖市是新兴工业城市，是云南的第二大城市，是国家重要的能源电力建设基地。楚雄市以生物制药和烟草工业为支柱。

云南中部城市群的发展调控策略有以下几点：

该城市集群区域迫切需要加强道路等基础设施建设，扶持中小城市的发展，改善城市的等级规模结构。

(1) 建设昆明都市圈

昆明应大力发展旅游、商贸、金融等第三产业，充分发挥联系东南亚和南亚的区位优势，成为面向东南亚和南亚的战略开放基地。昆明的人口和产业过分集中于中心城区，城市的功能分区很不合理，迫切需要向外转移人口和产业，向南往滇池方向发展，建设安宁市、晋宁县、呈贡县城等卫星城，形成昆明都市圈，充分发挥强大的经济辐射功能，从而带动整个云南中部城市群和云南城镇化发展。

(2) 发展曲靖、楚雄两个区域性中心城市

滇中重镇楚雄，依托烟草、生化、生物药物、建筑业及民族旅游等产业对滇西地区经济发展起到带动作用，通过中心城市的辐射作用，使姚安、禄丰、元谋等地的小城镇建设长足发展。滇东的曲靖市是云南第二大城市，应充分发展当地资源优势，大力发展煤电冶产业链，同时积极发展商贸等第三产业，加快城市基础设施建设，加快城镇化进程，使其发展成为大城市，成为辐射带动云南东部地区经济发展的区域性中心城市。

(3) 加强城市之间的协作与分工

加强城市之间道路基础设施建设，各城市充分发挥自身的比较优势，发展特色产业，尽量避免同质竞争，形成烟草、生物资源开发创新、旅游、矿产、电力五大特色产业构成的支柱产业群，有选择地重点发展光电机、现代生物技术和医药、新材料、新能源等高新技术产

业，将本城市群区域建设成为中国最大的生物资源开发创新基地、中国最大的安全型烟草科技开发生产基地、中国重要的磷化工基地、中国重要的有色金属工业基地和中国重要的西电东送能源基地。

6. 广西南—北—钦—防城市群

该城市群区域是我国仅有的两片兼具沿海、沿边条件的区域之一，处于我国华南与西南的结合部、中国和东盟的结合部地区，具有极其重要的战略区位优势，因此是广西以及大西南经济发展极为重要的战略区域。该城市群区域包括南宁市、防城港市、钦州市、北海市4个地级行政辖区。2001年，该区域的土地面积为3万余平方公里，人口近850万，城镇化率约为26%。

南—北—钦—防城市群在空间的特征是多中心城市城市群。区域有1个特大城市、2个中等城市（其中钦州市2001年市区非农业人口18.6万人，加上其城市外来常住人口，实际已成为一个中等城市）、8个小城市、1个地级市（防城港市2001年市区非农业人口为12.85万人）、1个县级市（东兴市和合浦等6个城关镇）、128个建制镇，形成了特大城市—中等城市—小城市—小城镇四级城镇规模等级体系结构。该区域的城镇空间结构呈带状分布，主要集中在南防、钦北铁路和南北公路周围，因此构成了多中心的城市群发展形态，见图8—7。

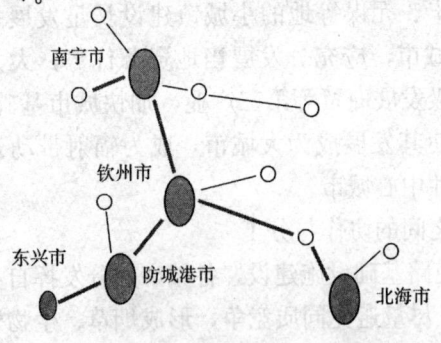

图8—7　广西南—北—钦—防

从该城市群的城市数量、城镇等级规模结构、集聚的人口数量、市区非农业人口和 GDP 总量来分析,该区域处于城市集群的初级发展阶段。

广西将全区划分为桂南、桂中、桂北、桂东、桂西五大经济区,该城市集群区域属于人口最稠密、城镇最密集、经济最发达同时也最具发展潜力的桂南经济区。统计表明,2001 年该城市群区域的人口达 846.87 万人,约占全区的 17.7%,GDP 为 654.97 亿元,约占全区的 29.4%。该城市群经济发展存在的主要问题是并未充分发挥出该区域的优良港口群,沿海、沿边,华南与西南、中国和东盟的结合部地区的巨大区位优势,工业发展相对缓慢,集聚的人口和经济总量相对过小,其经济发展水平在我国沿海开放地区中处于低水平,见表 8—10。

表 8—10 南—北—钦—防城市群发展基本数据(2001 年)

指标		南宁市	防城港市	钦州市	北海市	总计
土地面积 (平方公里)	地区	10029	6181	10843	3337	30390
	市区	1834	2822	4772	957	10385
	建成区	116	17	60	32	225
人口 (万人)	地区	294.56	77.75	329.85	144.71	846.87
	市区	137.85	47.23	118.07	52.39	355.54
人口密度 (人/平方公里)	地区	294	126	304	434	278.67
	市区	752	167	247	547	342.36
非农业人口 (万人)	地区	122.31	19.26	34.7	41.2	217.47
	市区	101.61	12.85	18.6	23.22	156.28
GDP (亿元)	地区	324.79	62.65	144.09	123.44	654.97
	市区	242.26	41.81	69.27	73.78	427.12
工业 (亿元)	地区	133.78	16.89	21.28	47.65	219.6
	市区	109.39	10.37	11.67	33.11	164.54

续表

指标		南宁市	防城港市	钦州市	北海市	总计
人均GDP（元）	地区	11086	8133	4388	8579	32186
	市区	17715	8976	5892	13519	46102
一、二、三产业比重（%）	地区	15.25：28.77：55.98	32.15：28.41：39.44	50.38：19.19：30.43	30.29：27.44：42.27	—
	市区	3.31：28.16：67.53	28.38：28.49：43.13	49.00：17.34：33.66	22.26：27.14：50.60	—

数据来源：国家统计局城市经济社会调查总队：《中国城市统计年鉴2002》，中国统计出版社，2003。

  该城市群区域内，南宁市是核心城市。南宁市2001年GDP为324.79亿元，约占整个城市群的一半，商品贸易、科技教育、金融等第三产业发展十分迅速。工业以轻工业为主，形成了食品、轻纺、机械、电子、冶金、化工、建材等门类的工业体系，第三产业在整个城市经济总量中的比重很大，2001年第三产业占GDP的比重为67.53%，而工业较为落后，2001年第二产业的比重仅为28.16%。钦州市、防城港市、北海市是广西北部湾沿海的三大港口城市，目前防城港、钦州港、北海港已形成900多万吨的吞吐能力，远景可开发的能力达2亿吨。三个城市的经济以港口物流运输为主，工业比较落后，2001年防城港市的规模以上工业产值为16.89亿元，钦州市为21.28亿元，北海市为47.65亿元。目前钦州市的工业支柱是造纸，正大力发展林纸浆一体化产业；北海市是我国新兴的重点海滨旅游城市，工业有食品、纺织、造纸、化工、冶金等。

  南宁与北海、钦州、防城港三市的职能差异和互补关系较明显，但北海、钦州、防城港都是港口城市，三个城市的规模小、经济实力较弱，都没有发挥经济中心的作用。三城市的职能存在趋同性，发展方向与分工不明确，港口腹地狭小，存在较为严重的港口基础设施重复建设问题，相互之间的非良性竞争多于协调合作。

城市群的发展调控策略有以下几点：

(1) 发挥资源与区位优势，大力发展商贸物流产业和临海型工业

该城市群区域是我国仅有的两片兼具沿海、沿边条件的区域之一，随着广西开放型经济发展和区域发展重点向沿海地区转移，整个南一北一钦一防城市群应当充分发挥其独特的资源、区位和政策优势。南宁市应重点发展商品贸易、金融、会展、物流等第三产业，发展成为中国西南地区与东南地区、中国一东盟自由贸易区结合部的国际贸易和运输中心以及商业、信息中心。三个港口城市应充分利用国内外两个市场、两种资源，大力发展以重化工、冶金、电子信息技术、铝材加工、修造船、新型建材等为重点的临海型工业，将自己建设成为服务整个大西南的外向型加工工业基地。

(2) 加强城市协作

加快与位于广西中部城市密集区的柳州、玉林、贵港、来宾等城市之间的道路交通、能源交通运输、通讯等基础设施建设，形成完善的城市发展轴线网络。针对目前钦州、防城港和北海三城市都存在较为严重的同质和恶性竞争情况，城市之间应成立一个联合协调机构，加强城市间的协调磋商，在基础设施建设、产业发展、科技教育等方面进行统一规划和协作。在港口服务方面进行分工合作，钦州、防城港应以服务南宁市和大西南地区为主；北海市应以服务广西中部、北部地区为主。产业分工方面，北海市应从造纸等行业退出，重点发展冶金产业、制药产业和旅游产业等；钦州市重点发展造纸等行业；防城港市重点发展能源电力等产业。

8.3.4 西部地区中级发展阶段的城市群——陕西关中平原城市带

该城市集群区域包括西安市、渭南市、铜川市、咸阳市、宝鸡市5个地级行政辖区。2001年，行政区域土地面积为54867平方公里，人口达2150.91万人，非农业人口602.57万人，GDP总值为1368.01亿元。

1. 关中平原城市带的界定及其构成

从城市的数量、规模等级分布、集聚的人口规模、非农业人口数量、GDP 总值来看，该区域城市的发展属于中级发展阶段的城市集群。整个关中地区城市集群可分两个层次：一是西安—咸阳都市圈，圈内两座城市西安和咸阳精确对接，共辖 11 个区 14 个县 1 个县级市，面积 20102 平方公里，人口 1200 余万人；二是陇海沿线城镇带，以西安—咸阳都市圈为中心沿陇海铁路向东西延伸，东至潼关西到宝鸡市区，以陇海铁路和 310 国道为一线，分布着 5 个中心城市和 250 多个小城镇，总人口 2100 多万。北边的铜川市和东边的渭南市与西安的距离皆在 100 公里以内，相互影响较大。目前该区域城市群的发展呈现出以大西安都市圈为中心，带动整个区域大中小城市的协调发展，有形成以陇海铁路关中段为主轴线的关中平原都市带的态势，因此说该区域属于中级发展阶段的城市集群，见图 8—8。

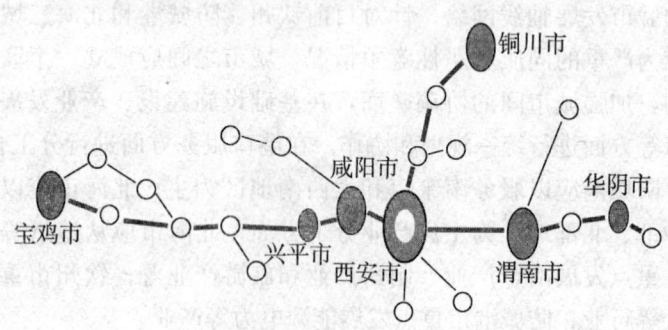

图 8—8　陕西关中平原城市带

该区域城市发展形成了特大城市—大城市—小城市—小城镇四级城镇体系。区域城市构成中，有 1 个特大城市：西安市，2001 年城市建成区面积 187 平方公里，市区非农业人口达 258.9 万人；4 个大城市：2001 年宝鸡市城市建成区面积 36 平方公里，市区非农业人口达 48.74 万人，咸阳市城市建成区面积 45 平方公里，市区非农业人口 46.58 万人，铜川市城市建成区面积 20 平方公里，市区非农业人口为 30.96 万人，渭南市城市建成区面积 31 平方公里，市区非农业人口 22.66 万人；县级市 3 个：华阴市、兴平市和韩城市；城关镇 34 个，有三原县城、潼关县城等。

2. 关中平原城市带的发展现状

该区域是我国西北地区经济发展水平最高的地区。统计资料显示，2001 年关中平原 5 城市的土地面积为 54867 平方公里，约占全省土地面积的 21%，人口为 2150.91 万人，约占全省的 59%，GDP 总值为 1368.01 亿元，占陕西全省 GDP 的 74%。

新中国成立后，国家不同时期大型工业项目的建设极大地推动该区域城市群的发展和形成。"一五"时期，二十余项重点项目，包括飞机制造（西安、阎良）、兵器工业（西安）、电子工业（西安、咸阳、宝鸡）、电力机械（西安）、电站设备（西安）和煤炭工业（铜川、韩城）以及大批配套项目，如仪表（西安）、纺织（西安、咸阳、渭南）等一并建设。同时，地方也安排了一批较大的项目，如电力（宝鸡）、纺织（西安）、机械（西安）等，大型项目推动了西安、咸阳和宝鸡的发展，也形成了兴平、蔡家坡、铜川、余下和虎镇等一批新城（市）镇。"二五"和经济建设调整时期，国家在陕项目和地方项目主要在西安、咸阳、宝鸡、兴平、铜川、韩城、澄合和蒲白矿区，这使关中地区各城市规模扩大，城镇化水平有较大提高。"三五"和"四五"时期，陕西地处内地，成为三线建设的重点，国家在陕安排项目四百多个，累计投资 126.5 亿元，这些项目以西安为中心，形成包括咸阳、宝鸡、渭南、韩城和铜川等城市为主的机械、纺织和动力工业基地。

目前在整个关中平原城市集群区域中，西安市是西部的经济、金融、科教和商贸中心，与成都市、重庆市一道成为带动"西部大开发"的三大增长极。2001 年西安市的经济、科技力量占了该城市带区域的一半以上，其中西安市 GDP 总值 733.85 亿元，2001 年三大产业比重为：2.85∶45.50∶51.65。目前，西安市以发展第三产业和高新技术产业为主，西安市的商贸、金融、信息服务、科技教育产业十分发达，第二产业中，电子工业、机械制造等十分发达。咸阳市积极发展纺织工业，承接西安市机械等工业的转移。渭南市的纺织业、食品加工业比较发达。宝鸡市形成了机械、电子、食品、有色金属四大优势产业体系。铜川形成了以煤炭、建材、陶瓷、铝冶炼为骨干的产业体系，其原煤产量约占全省原煤总产量的三成。

该区域的科技教育力量十分强大，高新技术产业在西部地区乃至全国都占有重要地位。目前该区域有三个国家级高新技术产业开发区：宝鸡国家级高新技术产业开发区，西安国家级高新技术产业开发区、高新区，杨凌国家级农业高新技术产业开发区、高新区，一个国家级经济技术开发区：西安经济技术开发区。

随着西安—咸阳都市圈的建设加快，该区域城市出现了一体化发展倾向。2002年12月28日，西安、咸阳两市签订《西安—咸阳经济一体化》协定，宣布实施"规划同筹、交通同网、信息同享、市场同体、产业同布、科教同兴、旅游同线、环境同治"，率先实现经济一体化。其发展战略构思是：沿西安—咸阳—杨陵、西安—临潼—渭南、西安—三原—铜川三条经济走廊发展，加快郊区城镇化发展，形成以西安市区为中心，东到临潼、西到咸阳、南到长安、北到三原的大西安都市圈。两城市既求"共同"，又"错位"发展。西安市以计算机软件、通信设备、航空航天、自动控制与智能设备、新型生物医药与食品等为重点，积极发展高技术产业，大力培植信息、旅游、咨询等新兴产业，加快发展科技、教育、金融和商贸，推进传统产业向以高技术为主导的现代工业和新型服务业转移，把西安建设为具有国际影响的高技术产业化基地、国际旅游大都市、全国科教中心、西北地区最大的技术装备基地和信息、商贸、金融中心。咸阳市主动承接西安市区工业的向外转移，大力发展纺织、机械制造业和高新技术等产业。按照建立都市圈的战略要求，西安、咸阳两城市要跨越行政界限，统筹建设基础设施，统一规划城市功能区，综合规划产业发展，构筑西部科技、人才、产业的高地。

表 8—11　关中平原城市带发展基本数据

指标		西安市	铜川市	宝鸡市	咸阳市	渭南市	总计
土地面积 （平方公里）	地区	9983	3382	18172	10196	13134	54867
	市区	1964	792	555	526	1221	5058
	建成区	187	20	36	45	31	319
人口 （万人）	地区	694.84	83.5	364.46	477.32	530.79	2150.91
	市区	400.08	44.7	59.5	79.89	88.99	673.16
人口密度 （人/平方公里）	地区	696	215	201	468	404	392
	市区	2037	564	1072	1519	729	1330
非农业人口 （万人）	地区	292.62	38.69	85.66	92.79	92.81	602.57
	市区	258.9	30.96	48.74	46.58	22.66	407.84
GDP （亿元）	地区	733.85	37.08	195.08	231.91	170.09	1368.01
	市区	634.94	25.76	96.36	102.48	32.92	892.46
工业 （亿元）	地区	482.61	30.1	151.22	209.71	103.14	976.78
	市区	449.14	21.51	99.33	158.92	11.62	740.52
人均GDP （元）	地区	10614	4448	5361	4873	3210	6360
	市区	16002	5775	16405	12930	3710	13258
一、二、三产业比重%	地区	6.25： 44.48： 49.27	10.38： 44.28： 45.24	13.13： 47.12： 39.75	23.12： 41.50： 35.38	24.06： 36.97： 38.97	—
	市区	2.85： 45.50： 51.65	4.20： 47.64： 48.16	0.81： 57.04： 42.15	1.40： 53.64： 44.96	24.03： 32.27： 47.30	—

数据来源：国家统计局城市经济社会调查总队：《中国城市统计年鉴2002》，中国统计出版社，2003。

目前该区域其他城市发展呈现出主动融入西安都市圈、加快自身经济发展的大趋势。区域内的其他城市依托西安密集的智力资本，在西安高新区、杨凌高新区和西安经济技术开发区的综合带动下，强化产业分工与合作，改造传统产业，培植壮大新兴产业。宝鸡市加快用高新技术改造传统产业,加快发展第三产业,发展成为综合性大城市,成为辐射带动陕西西部地区和陇南地区经济发展的增长极。渭南市加快建立和完善现代化的基础设施体系,以果品加工、纺织、机械、旅游、商贸、教育和新兴第三产业为重点,提升渭南作为陕西东部中心城市的信息、商贸、金融中心的综合服务功能。铜川市发展成为承接陕北地区与关中平原地区发展的重要纽带。处于区域中间地带的杨凌、兴平、眉县等城镇加快成为中小城市,与西安、咸阳、宝鸡、铜川、渭南等城市一起形成关中平原都市连绵带发展态势。

3. 关中平原城市带的发展调控策略

(1) 建设西安—咸阳都市圈

该区域城市集群发展的首要任务是建设西安都市圈。在西部三个最重要的城市中,西安的城市规模和经济实力等指标都名列重庆、成都之后,反映工业化水平的人均工业总产值高于重庆、成都,但经济总量却大大低于重庆、成都,其原因是重庆直辖后人口超过三千万;成都市人口超过一千万,而目前西安市人口不足七百万。西安要成为西部的经济、金融、科教和商贸中心,与成都、重庆一道成为带动西部大开发的三大极,必须要借鉴大重庆、大成都的思路,大力进行道路交通基础设施建设,沿西安—咸阳—杨陵、西安—临潼—渭南、西安—三原—铜川三条经济走廊发展,加快郊区城镇化发展,形成以西安市区为中心,东到临潼、西到咸阳、南到长安、北到三原的大西安都市圈。

(2) 区域其他城市融入西安—咸阳都市圈的发展

宝鸡市应加快用高新技术改造传统产业,加快发展第三产业,发展成为综合性大城市,成为辐射带动陕西西部地区和陇南地区经济发展的增长极。渭南市应加快建立和完善现代化的基础设施体系,以果品加工、纺织、机械、旅游、商贸、教育和新兴第三产业为重点,提升渭南作为陕西东部中心城市的信息、商贸、金融中心的综合服务功能。铜川市应发展成为承接陕北地区与关中平原地区发展的重要中介城市。加快发展中间的杨凌、兴平、眉县等城镇，使其成为中小城市，整个区域的城市以大西安都市圈为中心，沿陇海铁路最终建成关中平原都市连绵带。

（3）建立区域城市发展的协调组织机构，强化城市间的分工与合作

区域内各城市应以西安—咸阳都市圈的建设为载体，强化城市的分工与合作，推动区域经济一体化发展步伐，为此，关中平原各城市政府应建立区域城市发展的协调组织机构，以促进区域城市的分工合作和协调发展。

8.3.5 西部地区高级发展阶段的城市群——成渝城市集群

成渝城市集群是我国西部地区人口最多、经济最发达、城市最密集的城市群区域，是西部地区目前唯一的城市集群。该城市群区域以成都和重庆两个超大城市为核心，在自然地理上与成都和重庆之间的四川盆地大体一致。

整个成渝城市群是由成都平原都市带、重庆非典型城市群、川南多中心城市群、川中城市密集区四个城市群区域共同构成一个超大城市群。该区域是我国重要的重型机械制造、电站设备制造、军用飞机设计制造、电子信息科研和设备制造、汽车制造、水能资源开发、天然气资源开发、天然气化工、核工业和其他军事工业基地，该区域同时也是我国农业最发达的地区之一。2001 年，成渝超大城市群内各个地级城市的行政区域土地面积约为 17 万平方公里，占西部地区 686.7 万平方公里土地面积的 2.5%；人口 8241 万人，约占西部地区总人口 36447 万人的 24.3%；GDP 总量为 5131 亿元，占西部地区 GDP 总量 18245 亿元的 28.1%。

成渝城市集群区域内有特大城市 2 个：成都市和重庆市，2001 年成都市城市建成区面积 228 平方公里，市区非农业人口为 234.11 万人；重庆市城市建成区面积为 268 平方公里，市区非农业人口为 393.42 万人。中等城市 11 个，其中的绵阳市、乐山市、自贡市和南

充市 2001 年市区非农业人口均超过了 40 万人，即将迈入大城市行列。属于地级市的小城市有 4 个：雅安、眉山、资阳和广安市，属于县级市的小城市有绵竹市、江油市等 16 个，此外还有 60 余个城关镇。区域城市群以成渝铁路、达成铁路、内昆铁路、襄渝铁路、宝成铁路和与之相平行的高速公路、国道以及岷江、长江航道等构成综合交通轴线，形成一个巨大的城市群网络。

成渝城市集群从城市数量、人口规模和 GDP 总量来看，远远超过西部地区其他任何一个城市群，其城市数量、人口规模甚至是 GDP 总量都可以与东部地区的珠三角、长三角、京津唐和辽中南四个城市群相提并论。

第九章 西部地区城镇化发展的"三分"构想

中国若以人均GDP论，只是世界的小国、穷国，其最重要的原因之一就是区域经济较弱。尽管近年来经济增长较快，但实际仍然是地区经济，既各地、各城市自行封闭发展的经济。这种小而全、大而全的经济发展模式，既不利于国家经济的加快发展，也不利于地区经济的做大、做强，甚至会形成互相割据的"诸侯"经济，其后果必然会导致重复建设、资源浪费，制约中国经济的发展。这对于广袤的西部而言，体现得更为明显，在经济全球一体化和经济区域化已形成当今世界经济发展大势的背景下，西部区域经济之所以发展不利，根本原因是区域经济理论陈旧落后，缺乏创新的区域发展思维。这些深层次的问题得不到解决，西部的城镇化水平和区域经济就难以得到快速发展。本章从"胡焕庸人口分布线（爱辉—腾冲线）"、"昆仑山系地势走向"的角度出发，结合西部地区独特的民族风俗和地理格局，提出了西部城镇化发展的区域"三分"的发展构想。

从自然地理学的角度看，第四纪以来阿尔卑斯—喜马拉雅造山运动在我国形成了世界上的"第三极"——青藏高原。青藏高原及其向东部延伸的山地决定了中国的地势西高东低，它不仅规定了东亚季风的形成和地理范围，而且规定了我国雨热同季的气候特性和降水量自从东南向西北递减的特性。高高隆起的青藏高原彻底阻碍了印度洋湿润气流对我国西北地区的影响，使那里形成了干旱、半干旱气候，并在这种气候条件下形成了相当脆弱的生态环境；与构造隆起过程相复合，第四纪以来的全球气候变暖、亚洲大陆中心地带的荒漠化，使其与青藏高原交界的边缘地带沉积了厚重的黄土，形成了环境同样十分脆弱的黄土高原。农业文明的地理扩散从黄河流域到长江流域，时代经济中心南移，直至青藏高原边缘开始停顿，这个在自然地理环境的规定下所形成的农业文明的地理格局奠定了以后中国工业化和城市化的基本格局。从近代工业化和城市化发展来看，中国政治经济文化的重心多局限在中国的"沿海一弧"、"长江一线"。虽然人类进入工业时代以后，科技越发进步，但大自然自身的规律是无法改变的。即使拥有了现代科技，地形和水分条件的地理格局依然是约束人类生产力布局的基本因素。区域性的地理环境在某种程度上就限定了一个地区的城市和产业发展的规模；因此，自然与人文的影响都极大地延缓了西部的发展。

9.1 西部城镇化发展的分区研究

胡焕庸线（爱辉—腾冲线，既中国人口分布线）是著名地理学家胡焕庸先生20世纪30年代提出来的，它显示了中国东西部人口分布的巨大差异。但中国第五次人口普查仍显示，人口分布情况为东部4.9亿人、中部4.2亿人、西部3.6亿人，可见人口分布东多西少的格局没有明显变化，同时东西部之间、西部地区内部的城市化与经济发展水平和这条人口分布的直线也有着相似的分布。昆仑山系（这里主要指昆仑山脉、祁连山和阿尔金山脉）以南的地区，平均海拔4000米以上，长年霜冻，土地垦殖率低，自然条件恶劣，历史上均属于地广人稀的地区，不利于城镇化的形成和发展。通过对西部城市的聚类分析和对比研究，以城市化、人口、地缘格局为主线，参照GDP、城市数量、经济发展速度、民族人文风俗等多个指标和以上两个考虑，将西部分为三个经济区域（胡线右区、左上区、左下区），如图9—1。

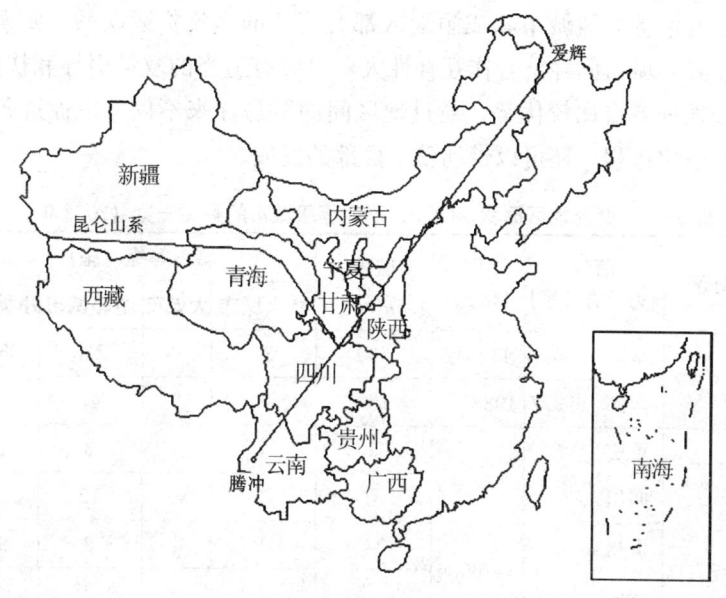

图 9—1 西部城镇化区域三分图

1. 右区

右区（省份范围如表 9—1）的显著特征是人口稠密，交通发达，拥有在全国排名靠前的大城市，中小城镇数量相对较多，公路密度高于全国平均值（14.66 公里/百平方公里），劳动力资源丰富，城市建设基础良好，自然人文景观丰富多样，为该区的城镇建设和主导产业发展提供了丰厚的物质基础。右区与西部其他地区相比有着明显的先天优势，将是西部未来 30 年城镇化发展最快的地区之一。不同于常规分法，将位于西北的陕西省首次与西南五省区划在一起，其原因是：西部的城镇化发展是一个全局性的战略选择，必须充分考虑南北差距和东西异同，沟通西部地区南北往来的需要。陕西与成渝地区刚好是中国西部南北经济的交界带，西安历史上曾是西北地区的经济、文化、政治中心，城市各项发展指标居于西北各大中城市前列，又是西陇海—兰新线经济发展的龙头，与兰州、银川及周围地区基本属于一个明确的空间单元。从与西南地区的联系来看，关中五市等多数城市和成渝地区都有密切的客流货运联系,要素禀赋差异和城市间经济合作互补性大,只要有适当的政策引导和扶持,充分发挥各自比较优势,通过地区间的贸易往来不仅可以促进各自的城镇化进程,还可以带动整个西部的发展。

表9—1 西部地区面积、GDP、不同等级城市的数量一览(2002年)

分区		面积(万平方公里)	GDP(亿元)	城市合计	城市等级(座)			
					特大城市	大城市	中等城市	小城市
	全国	960	117442	660	37	53	218	352
	西部	692.7	19885.4	160	8	5	47	100
胡线右区	重庆	56.9	14730.6	5	1	—	3	1
	四川			31	1	—	12	18
	贵州			14	1	—	3	9
	云南			15	1	—	2	12
	陕西			13	1	—	5	7
	广西			19	—	2	4	13
左上区	甘肃(含西宁地区)	41.8	4813.8	15	1	1	2	11
	内蒙古			20	1	1	7	11
	宁夏			5	—	2	3	—
	新疆			19	1	7	11	—
右下区	青海(除西宁地区)	94	341	2	—	—	—	2
	西藏			2	—	—	—	2

资料来源:国家统计局城市社会经济调查总队:《中国城市统计年鉴2002》,中国统计出版社,2003。湖南省统计局:《湖南统计年鉴2003》,中国统计出版社,2003。

说明：西宁地区城市带经济、地理和社会发展与甘肃的合作联系要多于与西藏的联系（西宁与兰州、银川等城市的联系强度高达90%左右，见刘卫东等：《中国西部开发重点区域规划前期研究》，51页，商务印书馆，2003），故本文将青海分别划入右区上、下两个部分。

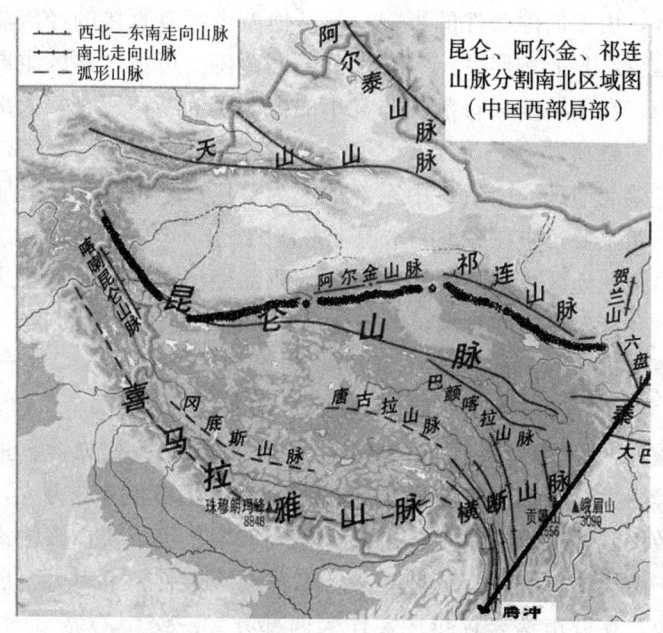

图9—2　昆仑山系将"胡线"左区分为上、下两区

2. 左上区

该区土地面积广，含新疆、甘肃、宁夏、内蒙古四省区，太阳辐射强，光能资源丰富，夏季温度高，但严重干旱缺水，地貌分布主要是沙漠、戈壁和盐碱地。以内蒙古而论，面积有120万平方公里，但境内大部分是半干燥和干燥区，年降水量在100～300毫米之间，大部分土地适宜畜牧，垦殖指数仅5.5%，人均耕地虽有5.32亩，但人均粮产仅500斤。新疆面积达164万平方公里，但耕地只有6500万亩，垦殖指数仅2.6%，人均粮产仅627斤。新疆北部是半干燥区，只可供放牧；南部是干燥区，大部分地区年降水量在100

毫米以下，全年无雨的面积占 1/2 左右，依靠高山冰雪水形成绿洲地区才得以兴起城镇。估计新疆可以开垦的荒地约 1 亿亩，但必须首先寻找水源，兴修水利，没有水利设施就没有农垦，城镇化发展受到很大制约。同时还存在像陕北延安、青海格尔木、新疆库尔勒等地区，由于周围条件的影响，与其他城市没有直接的经济联系或联系较少，只能按照"点"确定其空间范围。可见，该区主要特点表现为，在干旱区只有范围非常小的绿洲区为精华所在，大部分被沙漠和戈壁所覆盖，半干旱区地处黄土高原，水土流失非常严重，特别是陕北地区、内蒙古中东部地区为草场严重退化地区，所以城镇带分布主要集中在绿洲和水源丰富地区。

虽说此地区历史上曾一度是中国西部经济重心，但近年来生态恶化，经济发展速度较慢，城市化水平只接近全国平均水平。

3. 左下区

该地区地势高，太阳辐射强度为全国之冠，气候寒冷，地广人稀，境内大部分土地都在海拔 4000 米以上，人口仅 450 万人，对当地少数民族的生育没有加以限制，但人口增长仍不快，该区耕地也多限于南边雅鲁藏布江流域一带和东部河谷地带，可大力发展高原畜牧业。在城市综合评价中，作为西部开发三级中心城市的拉萨，模糊综合评价指数为 1.0321，社会发展指数为 0.7922，经济发展指数为 0.9634，城市人居环境发展指数为 1.4688，分别居西部 160 个城市的第 14 位、第 21 位、第 29 位、第 14 位，由于西藏特殊的社会和政治经济条件，应该将拉萨定位为西藏"一江两河"经济带的核心和重点发展区域。

9.2 西部城镇化发展"三分"的依据

出于政治经济文化上的多重考虑，对地域范围的经济划分在历史上由来已久。关于西部的分区，传统上大体有两种：一是按照行政单元划分,二是以秦岭为界分为西南、西北。今天,在区域集团竞争日趋加剧、通勤方式得到飞跃革新的环境下,这两种经济分区方式都存在着明显的弊端,主要表现在以下几点。首先,官僚行政阻碍了经济市场化,地方保护主义盛行,本位思想严重,西部各省区之间以邻为壑,各自为战,在"长三角"、"珠三角"经济体系日趋一统的时候,西部地区在市场竞争中处处被动。其次,各省区、各城市自行封闭发展,形成小而全、大而弱的经济发展模式,缺乏统筹规划和总体战略思想,导致低水平重复建设、资源浪费,制约发展后劲。最后,按传统经济分区方法,在西北、西南地区内部省份寻求合作发展,结果只是导致强弱牵制,弱的拖垮了强的,而不是强强联合,实现双赢。西部12省市区2002年人口约3.65亿,占全国的28.4%,GDP为1.99万亿元,占全国的19.4%,城市化水平和人均GDP远落后于东部乃至全国平均水平(东西部人均GDP之比为2.34:1)。因此,对于西部的划分是出于对以下四个区域性特征的考虑。

1. 区划对比上的考虑

从表9—2的比较中可以看出,西部"三分"的经济区划与以省份划分的行政区划相比,有着以下优点:

表9—2 行政区与经济区发展模式比较

	行政区经济发展模式	经济区经济发展模式
划分依据	按自然区域和行政区域	按经济关联度的强度
运行环境	封闭式,局限于行政区内部	开放式,形成区域经济共同体
运行机制	带有计划经济色彩,资源和要素的自由流动受到限制	在市场环境下运行,资源和要素得以自由流动和有序共享
发展目标	地方局部利益最大化	区域整体利益与地方利益的"共赢"

续表

	行政区经济发展模式	经济区经济发展模式
划分依据	按自然区域和行政区域	按经济关联度的强度
发展趋势	区域利益冲突加剧，发展不均衡	渐趋均衡发展，区域经济一体化
调控手段	行政手段占很大比例	以经济手段和法律手段为主
发展动力	行政聚合力大于经济吸引融合力	经济吸引融合力大于行政聚合力
管理模式	地方政府有明确的行政任务、管理范围和地理界限，等级关系明显	以协调共商机制为合作基础，强调跨区域的经济联系，有明显的网络关系
政府职能	重收费轻管理、重管理轻服务、重局部利益轻协调配合的"权力政府"	理性执政、引证式管理、强调服务和依法监督的"责任政府"

资料来源：北京国际城市发展研究院。

2. 民族宗教文化上考虑

西部居住着中国众多的少数民族，与东部相比区域聚居程度高，胡线左上区（甘肃、内蒙古、宁夏、新疆）有近二十个少数民族地区，要么与邻国属同一民族，要么相互之间族缘关系悠久，如我国的柯尔克孜族与吉尔吉斯斯坦的吉尔吉斯族，其他民族如哈萨克族、乌孜别克族、塔克吉族等都是跨国而居的民族，其语言文字相通，风俗习惯相近，该区还有 10 个民族约 1500 万人，信仰伊斯兰教。胡线左下区（青海、西藏）主要是藏族同胞，信奉藏传佛教。胡线右区与左区相比，有民族个数多、情况复杂、信仰多样的特点。据统计，右区共有少数民族四十余个，大多信仰原始宗教和自然崇拜，各民族间有着宗教文化上的历史联系。从图 9—3 中可以看出，西部民族人口的分布有地域分布相对集中、大杂居的特点。左区少数民族人口呈主体分布性,上部主要是维吾尔族、蒙古族和回族,下部主要是藏族。而右区主要是以汉族为主体,兼有四十多个少数民族的分布,汉族地区与少数民族地区相比,有着交通便利、科技教育、经济基础等优势,通过右区的发展来带动整个西部,也正是"西部区域三分"的重要依据之一。考虑西部各地区之间的民族风俗因素来划分西部经济区域,还有利于经济发展的融合性、产业的合作性和经济发展的认同度。

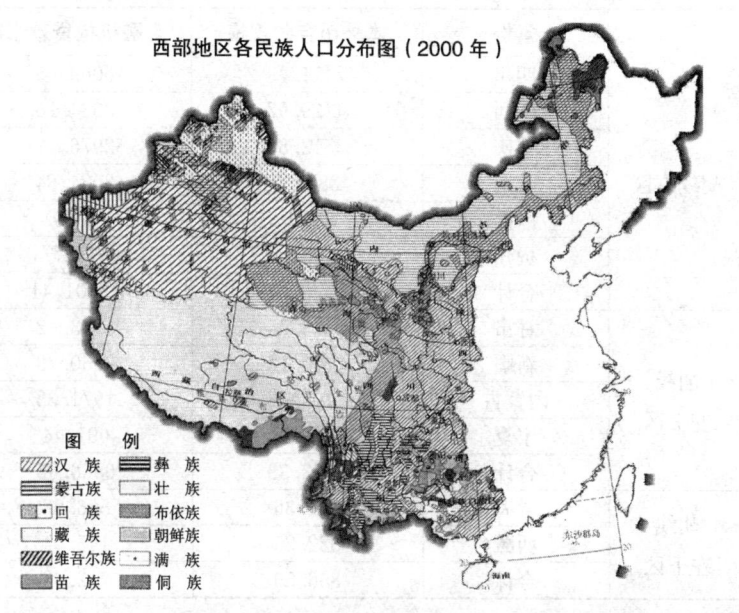

图9—3 西部地区民族人口分布图(2000年)

3. 金融实力分布上的考虑

金融是国民经济的心脏,缘于货币的乘数效应和高流通性,金融规模积聚越大、实力越强,地区经济发达程度越高。西部要想实现经济的加快发展,离不开资金融通的支持,缺乏完善的投融资体系,许多城建项目将始终停在纸上。西部现在的问题在于,资金严重缺乏,且各地信贷规模分布极度不均。如果能有效地整合利用这些金融资本，西部的经济发展将会揭开一个新篇章。

考虑各区域不同的金融实力，推行区域金融一体化，在客户和市场需求的推动下，金融机构必将对传统行政区划布局进行战略调整，逐步探索建立区域性金融经营管理架构，尝试区域金融业务合作，区域金融一体化的实现又将对西部经济和城镇化的发展起到极大的推动作用（见表9—3）。

表9—3 2003年西部三区金融机构存贷款规模一览　　单位：亿元

	省份	本外币存款规模	金融机构贷款余额
胡线右区	四川	7411.79	6069.65
	陕西	4729.97	3634.25
	重庆	3512.82	2976.67
	云南	3838.5	3024.84
	广西	3249	2369
	贵州	1917.4	1727
	合计	24659.48	19801.41
胡线左上区	甘肃	2173.65	1753.42
	新疆	2710.12	2150.78
	内蒙古	2128.17	1971.32
	宁夏	761.38	691.44
	合计	7773.32	6566.96
胡线左下区	青海	544.36	566.98
	西藏	322.23	145.04
	合计	866.59	712.02

资料来源：《中国行业发展报告——银行业》，中国经济出版社，2005。

4. 主导产业结构特点的考虑

在选择主导产业时，地区范围大，对区位商和产值比重要求相对较低；地区范围越小，要求越高。一个城市选择主导产业要求的区位商和产值比一个经济区的要求更高，因为城市具有更高的外向性，而大区具有更强的综合性。根据各部门专业化水平的不同，将区位商≥2、产值比重≥15%的部门称为一级主导专业化部门；将区位商≥1.5、产值比重≥10%的部门称为二级主导专业化部门。

从表9—4中可以看出,西部地区还是有属于自己的优势产业,其中区位商＞1的专业化部门多达140个,绝大部分省市都有10个左右的专业化部门,这些都是促进城镇化发展的有力支撑力量。但是,它们的专业化水平普遍比较低,达到一级水平的部门仅8个,主导产业的支撑作用未能有效发挥,这也是西部很多城市日益陷入经济外围区的重要原因之一,我国产业经济发展"大而全"、"小而全"的状况可见一斑。产业经济的一体化将帮助西部各地区的主导产业走上集团化、规模化的发展之路。

表9—4 西部工业专业化部门的地区差异

地区	专业化部门个数（个）	一级主导专业化部门	二级主导专业化部门
陕西	12		电子设备
重庆	12	交通设备	
四川	15		电子设备
云南	11	烟草加工	
贵州	13		烟草加工
广西	18		食品加工
甘肃	11		石油天然气开采、石油加工、化学工业、有色冶金
宁夏	12		电力蒸汽热水
新疆	6	石油天然气开采	纺织
内蒙古	11	黑色冶金	
青海	7	石油天然气开采、有色冶金	黑色冶金、电力蒸汽热水
西藏	12	非金属制品、电力蒸汽热水	
合计	140	8	12

资料来源:《中国工业经济统计年鉴(1998)》,中国统计出版社,1999。

9.3 建立"西三角"的可能性和必要性

"西三角"是一个地跨川、陕、渝三地的复合型经济区域,是中国西部最大的经济核心区,通过与"长三角"、"珠三角"相比较,可见"西三角"的提出和建立是"西部大开发"和西部地区城镇化推进的必然过程,建立起这种区域城市经济合作的开发模式,对于我国西部全面性的资源开发、经济建设、民族团结、生态重建、东西一体和国家安全有着重要的战略意义和深远影响。

9.3.1 发展基础与总体实力

"西三角"地处我国西部南北交界带,历来是长江流域和黄河流域的主要分水岭的结合部。从经济学角度看,"西三角"以重庆、成都、西安三个省会城市为中心,以成渝城市带和陕西关中城市带为主体,包括重庆、四川、陕西三省市。

1. 地理区位

长江这条中华民族的巨龙,干流全长 6300 公里,横跨 11 个省市区,其流域是中国开发条件最好、经济实力最强、潜在优势最大的流域经济带,国内生产总值占全国的 1/3 以上。随着庞大的三峡工程的逐步建成,长江的年运输能力将提高 5 倍左右,相当于大约 6 条铁路的运力,宜昌至重庆的船舶运输成本降低 35%~37%。"西三角"南北沟通以中国第一条电气化铁路——宝成线为主要交通干线。从陕西宝鸡到四川成都的宝成铁路全长 676 公里,北起宝鸡,联通关中平原城市带,与陇海铁路相接,南至成都,与成渝、成昆铁路相连,中接阳安铁路于阳平关,是沟通西南与西北的咽喉动脉,是四川第一条同全国铁路网联结起来的铁路干线,铁路纵贯中国西南和西北,沿线经过陕、甘、川三省的 19 个县市。

"西三角"地区是西部最具战略地位的区域,历来被认为是中国经济保障区和战略后方,其辐射范围包括贵州北部、甘肃和陕西南部、西藏等地。这条新诞生的经济带拥有西部广阔的经济腹地和巨大的市场潜力,享受国家实施"西部大开发"的政策优惠,拥有丰富的资源和廉价的劳动力,同时包括西部丰富的资源和蕴含巨大的商机,上接大西北,下通"珠三角",通过黄金水道,与龙首"长三角"遥相呼应,是中国继"京津带"、"长三角"、"珠三角"之后新崛起的极具潜力的城市经济增长带。

2. 资源环境

"西三角"地区资源种类多样,储量巨大,优势产业主要集中在以煤炭、石油、天然气、有色金属为主的基础开发产业、高新技术产业和旅游业方面。重庆域内江河纵横,水能资源可开发量达749.82万千瓦,地下矿泉水资源属中国三大富庶地区之一。重庆矿产资源丰富,已探明的主要有煤、天然气、锶、铝土、锰、石灰石、大理石、晶石、石膏、石英石、汞、盐岩等38种,其中锶矿储量居中国第一、世界第二位。此外,重庆的农村地域广阔,农业人口多,农业资源开发极具潜力,同时,劳动力资源也十分充裕,劳动力成本价格相对较低。四川有河流1400多条,流域面积在500平方公里以上的有343条,蕴藏了充足的水资源和巨大的水能资源。省内河流年径流量约3000亿立方米,居全国之冠,主要河流汹涌湍急,形成优质能源。全省水能蕴藏量占全国的1/5,其中可开发的有9200多万千瓦,居全国首位。特别是金沙江、雅砻江、大渡河,约占全省水力资源的2/3,可建1万千瓦以上水电站的站址有两百多处,百万千瓦以上水电站的站址有二十多处,水电资源蕴藏量达1.5亿千瓦,仅次于西藏,可开发量近1亿千瓦,居全国首位。地下热水资源也非常丰富,全省发现温泉(群)354处,地下热水钻孔114个。矿产方面,已探明的地下矿藏有132种,其中钒、钛、钙、芒硝、萤石、天然气、硫铁矿的储量居全国第一位,钛储量居世界第一,钒储量居世界第三,另有45种矿产储量在全国名列前五位。据不完全统计,除石油、天然气外,有矿产地5712处,其中矿床1153处,大、中型矿床491处。陕西省秦岭以北属黄河水系,以南属长江水系,全省年径流量426亿立方米,水电资源蕴藏量达1400多万千瓦。矿产方面,目前探明储量的有91种,储量居全国前10位的有58种。黄金储量居全国第五位,产量居第四位,钼精矿产量居全国的1/2。煤炭探明储量1618亿吨,是陕西第一大矿种。正在开发的陕西北神府煤田,储量1340亿吨,其煤层厚、埋藏浅、易开采,是世界少有的优质动力煤田。陕北世界级整装天然气田,已探明储量3500亿立方米。在旅游资源方面,"西三角"更是得天独厚,陕西境内黄帝陵、兵马俑、法门寺、西安碑林、陕西历史博物馆、西安古城墙等十大景观堪称"中国之最"。川渝两地的九寨沟、大足石刻、青城山、长江三峡等,都是世界知名的旅游胜地。

3. 经济实力

"西三角"三省市是中国西部地区经济实力最强的地区。2002年西部12省市区土地面积占全国的71.67%,人口36691万人,占全国总人口(128453万人)的28.56%,四川、陕西、重庆为15454万人,占西部的42.12%。2002年西部12省市区国内生产总值为19885.4亿元,"西三角"三省市为8882.2亿元,占44.67%。四川、陕西、重庆国内生产总值分别为4875.1亿元、2036亿元、1971.1亿元,位居西部地区第一、第四和第五。陕西关中带是我国西部智力资源最密集、工业基础较好、基础设施完备的地区之一。在以西安为中心的近4万平方公里的地域内,集中了9万名科学家和工程师,85万名各类专业技术人员,有一千多个科研院所和五十多所大专院校,每年有两千多项科技成果问世。四川是全国三大机械工业基地之一,五大电子工业基地之一,国防军工、水稻产量均居全国之首,油菜子产量和生猪外调量占全国的1/3。重庆是全国的老工业基地,是西南地区最大的工业城市,2002年工业总值1228.37亿元,以汽车、摩托车为主体的机械工业和以天然气、化工为重点的化学工业具有很强的实力。

4. 社会生态地位

以四川、陕西、重庆为主体的"西三角"地区是中国西部地区最具有独特社会发展地位的区域。2002年，三地共有人口15454万人，占全国总人口的12.13%，占西部12省区的42.1%。在人口聚集度如此大的区域，如果经济迟迟得不到发展，"三农"问题交织在一起，很容易激化地方矛盾。而且四川、陕西、重庆少数民族人口众多，分布广泛且相对集中，尤其是四川西部民族地区由于其特殊的战略地位，历史上发生过不少著名的事件，大都关系到国家的稳定、团结，素有"治藏之依托"、"稳藏必先安康"之说。

进入20世纪90年代以来，国家先后推出了退耕还林、天然林保护等生态重建工程，"西三角"三地都是实施工程的重点承担区域，重庆、陕西、四川的生态建设和环境保护对长江流域经济带和黄土高原地区的屏障作用至关重要。以陕西省为例，2003年共完成退耕还林33.33万公顷，极大地改善了秦岭北麓的生态环境，对于宝成线上的水土流失、山体滑坡、泥石流等自然灾害的防治都有明显作用。

9.3.2 建立"西三角"的迫切性和意义

1. 西部经济发展的新兴增长极

国家实施西部大开发，其目的是要振兴西部，只有西部的发展和强大，才有中国真正的发展和强大。西部地区自然资源丰富，劳动力充足，开发前景远大，但由于偏离中国经济重心和传统计划经济思想指导，城市经济发展受西南山地制约，在西北受生态限制，信息闭塞，观念落后，缺乏投资，产业迟迟得不到强健发展。在"西三角"内部，重庆、成都和西安三大超大型区域中心城市鼎足而立，又与广大农村地区沟壑分明，户籍制度与工农产品的"剪刀差"使得农民盲流在各大城市的夹缝中生存，加上西部独特的民族差异和国家生态工程推进下的产业调整，西部城市经济的发展任重道远。

要想实现西部的发展和振兴，只有实现区域性的合作和互惠，从中国的"长三角"、"珠三角"和"京津唐"三大增长极发展的经验来看，从没有单个城市孤立发展的，都是区域间共同发展，"西三角"正是要实现内部各自产业的优势互补，整合资源，共同修订规划长期产业发展计划，以"西三角"为纽带，沟通西南与西北，协手打造成为中国经济的第四增长极，成为西部发展的龙头。

2. 消除日益扩大的三大差距（地区、城乡、阶层）

中国经济的持续增长，使城乡居民的福利待遇都有所提高，但城市居民的增长幅度远高于农民居民。2002年，重庆、成都、西安等大中城市的居民收入为同期当地农民收入的3倍左右，这种差距在地区之间显得尤为突出。地区差距、城乡差距、阶层差距的问题日益凸显，而且，整个国家经济处在经济转型的过程中，由此出现了大量劳动力如何找出路的问题，目前在"西三角"内主要转移有四类劳动力大军：退耕还林后的剩余农民、裁军后的军转干部、国企下岗职工、库区移民。这些人有一个重要的共同点，那就是丧失了自己过去的生存空间，如果他们全都涌入城市，城市将不堪重负。"西三角"城市经济带的建立，就是要以市场化为先导，大力发展工业化，从而推动城市化，多方面、多渠道地分流过剩劳动力。目前，其主要制约因素与问题表现在自然条件恶劣、生态环境脆弱、基础设施建设分布不均、贫困面大、城市化水平低、整体环境闭塞、体制障碍突出等方面。

9.3.3 "西三角"内中心城市实力分析

1. 重庆——腾飞之城

重庆是西部地区唯一的直辖市和长江上游最大的中心城市，近几年更是发展神速：三峡工程竣工后，万吨级船队可常年上溯到重庆，重庆将成为西部地区航运中心；随着美国福特、日本五十铃等世界汽车名企的落户，重庆将成为中国西部的汽车生产中心。用重庆市常务副市长黄奇帆的话说:"只要重庆能保持每年10%以上的经济增长速度,10年后就能赶上现在的上海。"

重庆的城市发展推动型产业有:

机动车制造业:重庆的摩托车产业具有全球竞争力,其中民企占了半壁江山。近年来,这些民企还将触角伸到由国企独霸的汽车领域。随着美国福特、日本五十铃等汽车名企的进入,重庆的汽车制造业将更加如鱼得水。矿产开发:重庆具有天然气、钾盐、锰、铝、钡、石灰岩、煤、硫、锶、石膏等优势矿产,在矿产资源利用、矿产品深加工等领域具有巨大的开发空间。此外,重庆的地热资源十分丰富,而开发利用程度较低,在温泉旅游、矿泉食品加工等方面商机无限。房地产开发业:重庆成为直辖市后,旧城区需要进行大幅度改造,新城区建设项目纷纷上马,从而为房地产开发和建筑建材供应带来无限商机。

2. 成都——天府之城

成都是我国历史名城之一,很早就有"天府之国"的美誉,文化悠久,市场繁荣,被描述为"窗含西岭千秋雪,门泊东吴万里船"。如今,新时代赋予成都全新的魅力:四川省的政治、经济、文化中心;中国西部地区外商投资最集中的区域;四川省高新技术企业最集中的区域。成都的城市化推动产业型发展有三大优势。第一,重视科技创业。成都是四川省高新技术企业最集中的区域,形成了以电子信息技术和生物医药工程产业为龙头,以高新技术加工制造业为补充的产业体系,成都市政府也高度重视科技创业,尤其是在电子通讯、软件、生物制药、芯片行业等领域,出台了一系列优惠政策,在土地使用、资金等方面给创业者大开"绿灯"。第二,创业环境良好。成都作为西南地区的枢纽城市,交通便利,商业发达,气候温和,配套设施完善,英国渣打银行、日本东京三菱银行等全球知名金融机构都在成都设立了代表处。这些优势是大部分西部城市难以比拟的。第三,人才荟萃之地。成都是西南地区的人才高地,平均每1万人口拥有人才614人,远高于全国482人的平均水平。

成都的技能人才资源特别是丰富,据统计,2003年底技能人才总量达到50万,这为成都的现代制造业提供了强有力的人才支撑。

成都的城市发展推动型产业有:

高科技行业:电子信息、生物医药、新材料、光机电一体化是成都的支柱产业,政府对这些产业有诸多扶持政策。近年来,成都涌现出一批技术创新力强、成长性好的高新技术企业,如地奥制药、国腾通讯、托普、汇源等,形成了良好的行业发展态势。现代都市农业:成都的休闲观光农业、生态农业等领域发展势头良好,加上四川盆地资源丰富、气候温和、土壤肥沃,现代都市农业是个很有价值的投资点。休闲旅游业:成都邻近青城山、峨眉山、九寨沟等旅游胜地,而且,成都人懂得享受生活是全国出了名的,因此,成都的休闲、旅游、服务、餐饮等领域有广阔的消费群体,市场发展空间较大。

3. 西安——科技之城

"东有罗马,西有长安",西安是世界四大文明古都之一。今天的西安,是西北地区最大的城市,是中国重要的科研、教育、高新技术产业基地之一。中央的西部大开发战略,更是为西安带来了诸多的发展契机,这块古老的土地因此将焕发出勃勃生机。城市化推动型产业的优势有:第一,创业成本较低。与上海、广州等沿海城市相比,西安地价、物价、劳动力价格较低,创业成本相对较低。而从人才资源、科研实力上看,西安有39所高等院校、两千多家科研及技术创新机构。这"一低一高"形成西安独特的创业优势。第二,资金较为雄厚。西安现有17家创业投资机构和100家相关机构,名列全国第4位;创业资本总量近13亿元,名列全国第5位;西安还建立了两家技术产权交易中心。第三,空白领域较多。西安各种资源丰富,但由于经济不够发达,存在一些市场空白,正好可以与成渝两地产业合作发展。

西安的城市发展推动型产业有:

第一,高科技行业。近年来,西安市政府积极采取措施,打造

"西部创新科技城"。电子与信息技术、光机电一体化、基础新材料、现代生物与医药等高新技术产业,正在成为西安的支柱产业。第二,农林种植业。1996年,当投资人一窝蜂地把钱投向"短平快"项目时,陕西中富集团董事长高剑平却以低廉的价格租用了西安太白县8800亩荒山种植云杉和落叶松。不到四年,他的几百万投资就变成了3.1亿元的资产。在西安,这样的荒山还很多,开发成本较低,而林木需求较前几年更为强劲。第三,旅游业。西安居中国六大古都之首,丰富的旅游资源并未得到充分开发。来西安旅游的外国人占来华总人数的40%,但旅游创汇仅占全国的2%。旅游设施不够完善,旅游产品更新滞后,这些看似西安旅游业的短处,却也是后来创业者的发展空间。

9.3.4 西三角与长三角、珠三角、京津唐区域性中心城市的对比

表9—5 2002年区域性中心城市实力对比

	核心区	区域性中心城市	所覆盖范围	特点
珠三角	穗港澳小三角	广州、深圳	广东珠江流域28个县市及香港、澳门	城市多、规模大、距离近
长三角	上海市区	上海、南京、杭州	上海、江苏、浙江所辖14个地级市及其72个县(市)	城市化水平较高、城市首位度大,群体结构合理,且大都沿交通线,环太湖均匀分布
京津唐	京津都市区	北京、天津	北京、天津两个直辖市以及唐山、秦皇岛和廊坊三个地级市等地	都市区数量少,突出了两大都市区;哑铃型京津都市连绵区开始形成

续表

	核心区	区域性中心城市	所覆盖范围	特点
西三角	成渝都市区、关中城市带	重庆、成都、西安	陕西关中平原城市带、成渝地区城市带	大城市带大农村；特大城市和广大农村对立，缺少中等城市作为产业发展"二传手"；受山地空间限制，城市间对交通运输要求高

说明：区域性中心城市是指对该区的经济生产活动和城市化发展有重大影响的城市，它们往往对地区的城镇化发展有示范和带动作用，如能比较区域性中心城市的发展情况，将能很好地说明中国这四大增长极对于各自区域城镇化的作用和意义。

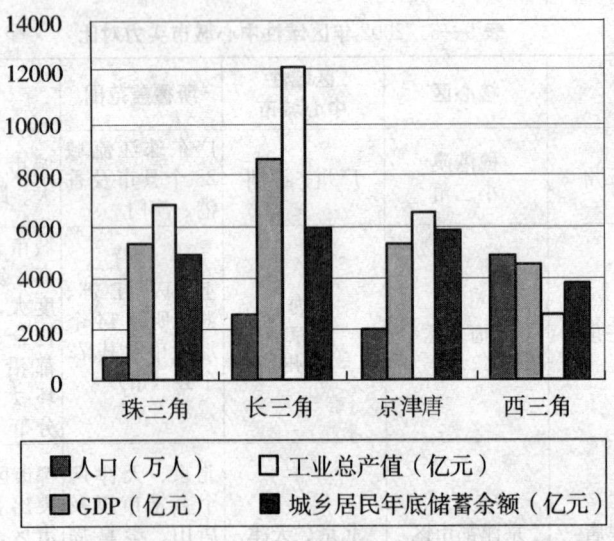

图9—4 珠三角、长三角、京津唐、西三角各项指标比较
资料来源：《中国统计年鉴》，中国统计出版社，2003。

从上述的比较可以看出，长三角工业基础雄厚，在四个区域性中心城市带中位居首位，西三角地区除人口数量多以外，其他指标均远落后于其他三个城市经济带，城镇化发展也因此受到制约。西三角不同于京津带、长三角和珠三角的平原地理环境，城市带之间有着密布的交通网络，而西三角的构成将以西安、成都、重庆三个区域性中心城市呈"品"字状分布，南北沟通以中国第一条电气化铁路——宝成线为主要交通干线。西安南侧紧靠的秦岭为长江流域和黄河流域的主要分水岭，主峰太白山海拔3767米，是青藏高原以东著名高峰。南北走向的宝成铁路北起宝鸡，联通关中平原城市带，与陇海铁路相接；南至成都，与成渝、成昆铁路相连，中接阳安铁路于阳平关，是沟通西南与西北的咽喉动脉。成渝和关中城市带能否连成一片，西三角城市带能否建立，与这条铁路有着直接联系。

西三角内部还可进一步细分为长江上游成渝城市带和关中平原城市带，它们与南贵昆城市带共同组成了西部地区城镇化发展的有力推动力量，这将是西部城镇化建设和经济大开发最有增长潜力和最值得开发的地区。

9.4 区域内的产业选择

9.4.1 西部"胡线右区"的城镇化及推进型产业

1. 长江上游成渝城市带

（1）成渝城市带的界定及其现状

成渝城市带以重庆市和成都市两个特大城市为中心，包括四川省的德阳、绵阳、乐山、广汉、新都、双流、简阳、资阳等，以及重庆市的江津、永川、江川等城市。成渝城市带地处四川盆地腹地及长江沿岸，自然条件优越，交通联系便捷，人口高度聚集，城市群内人流、物流和信息流强度大，产业结构互补性强，在西部城镇化进程中发挥着重要的支撑和带动作用。重庆和成都分别构成两个独立的都市经济区，同时也构成全国重要的双核城市群之一（其他类似的城市群如沈阳—大连，北京—天津，广州—深圳等）。其中重庆城市带还应包括涪陵区，成都城市带包括成都平原上的主要城市和德阳市，二者在西部城市中，综合经济实力位居前两位，工业化发展水平、高新技术发展潜力、交通和通信地位以及科技和教育水平都名列前茅，是西部开发的一级中心城市，是西南地区最大的两个经济中心城市，是长江上游成渝城市带的两大经济"增长极"。

(2) 成渝城市带推进型产业发展策略

根据重庆和成都两大"增长极"的发展定位和各自优势，本着促进两大城市带的联系和分工合作的思路，发展自身并努力培育三级、四级中心城市，促进两大城市带的产业发展和职能分工。

重庆城市带发展方向：一是发挥制造业基础雄厚的优势，重点发展和壮大汽车、摩托车、冶金、机械、化工等主导产业；二是充分发挥重庆市作为西部地区最大的内河港口、西南地区重要的铁路枢纽、交通和信息网络中心的地位，积极发展物流和商贸产业，调整重庆市产业结构偏重的状态；三是针对三峡库区生态环境建设的需求和发展要求，积极发展环保产业；四是充分利用重庆智力资源密集和产业基础较好的优势，重点发展与主导产业紧密结合的高技术产业，提升现有产业的竞争能力；五是规划和建设好北部新区，拓展城市建设空间，形成新的经济增长点，带动整个区域的发展。

成都城市带的发展方向：一是要大力发展金融和商贸，将成都建设成为辐射西南地区的金融和商贸中心；二是依托雄厚的科技力量和优势科技资源，重点扶持和发展电子信息、生物与现代医药、新材料等高技术产业，建设成为西南地区最重要的技术创新基地；三是提升机械工业、电子通信产品制造业、食品工业和医药业四大主导产业的产品结构，增强主导产业的竞争力；四是充分发挥旅游资源优势，打造西部生态园林城市和旅游服务中心地。

在两大增长极以下，大力培育三级、四级中心城市，使它们在规模和职能等级上与一级中心城市——重庆、成都形成比较合理的分工。主要包括绵阳市(西部开发的三级中心城市,"科技城"和电子工业基地)、涪陵区(乌江流域物流中心和制造业基地)、万州区(渝东、川东的物流中心交通枢纽)、宜宾市(川滇黔结合部的经济中心)、泸州市(西南地区重要的化工城)以及德阳、攀枝花、乐山等地级市。

2. 陕西关中平原城市带

(1) 陕西关中平原城市带的界定与现状

西安是西北地区西陇海经济带上经济实力最强、城市综合竞争力也最强的城市,其城市总体发展水平的模糊综合评价指数高达1.4661,次于重庆、成都,居西部地区第三位;反映工业化水平的人均工业总产值虽高于重庆、成都,但经济总量却大大低于二者,其原因是重庆直辖后人口超过三千万,成都市人口超过一千万,而目前西安市人口却不足七百万。西安要成为西部的经济、金融、科教和商贸中心,必须与成都、重庆一道成为带动西部大开发的三大极,必须要借鉴大重庆、大成都的思路,大力进行道路交通基础设施建设,目前西安和咸阳从城市建设与布局上已经基本连成一片,在临潼设区后,西安和渭南也基本连成一体。故西安、咸阳、渭南应按一个都市经济区整体划入"胡线右区"进行分析。

该城市带应建设成为全国经济重要的战略支撑点,西部参与全球经济的主要网络结点和"门户",西部开发的一级经济中心、技术创新中心、物流和金融中心,特别是"胡线左上区"城市带的经济发展"龙头"。西安、咸阳作为国家级历史名城、甲级对外开放城市和中国优秀旅游城市,是西北重要的航空枢纽中心,目前已建成以电子、轻纺、机械、能源(渭河电厂为西北最大的火电厂,长庆石油助剂厂有300万吨的原油化工能力)、化工、医药(505神功元气袋、步长脑心通)、建材工业为主导支柱产业的产业结构。

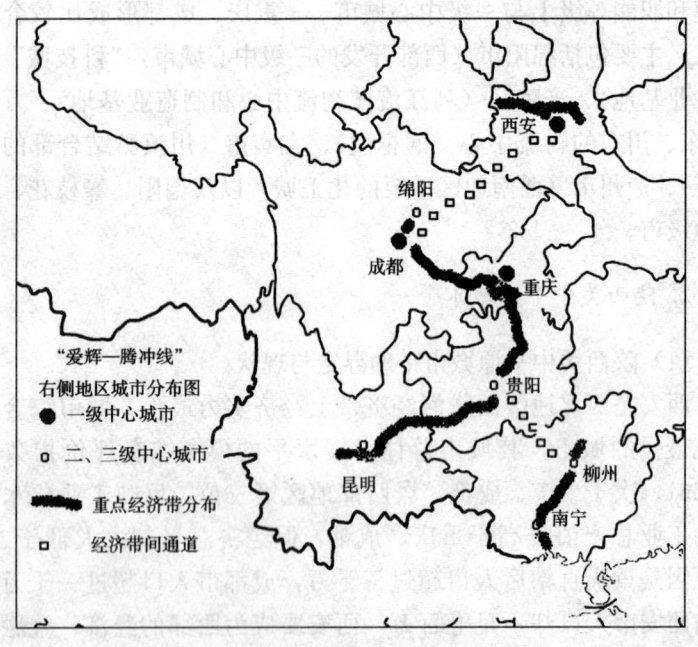

图 9—5 "胡线右区"城市带分布

(2) 陕西关中平原城市带推进型产业发展策略

该区目前拥有国家规划的国道主干线和西部大通道最密集的交通布局，以省会为中心呈八方辐射状在全国绝无仅有。高速公路通达 10 省市，二级公路网覆盖全陕西省所有县城，这种交通上的优势形成了城市与城镇之间的 "一日交通圈"，因此大力发展物流、信息产业，使西安成为连接东西、沟通南北的交通枢纽和亚欧大陆桥在我国境内的重要集散地。区内二级中心城市宝鸡市应加快用高新技术改造传统产业的进程，加快发展第三产业，与西安职能分工，发展成为辐射陇南、带动陕西西部地区发展的经济发展增长极。渭南市应加快建立和完善现代化的基础设施体系，以果品加工、纺织、机械、旅游、商贸、教育和新兴第三产业为重点，提升渭南作为陕西东部中心城市的信息、商贸、金融中心的综合服务功能。铜川市也应发展成为连接陕北地区与关中平原地区的重要中介城市。加快发展中间的杨凌、兴平、眉县等城镇成为中小城市,整个区域的城市以大西安都市圈为中心,沿陇海铁路最终建成关中平原都市连绵带。

3. 南贵昆城市带

(1) 南贵昆城市带的界定和现状

在南贵昆城市带中,缺少全国意义上的中心城市,南宁、贵阳、昆明三足鼎立的局势将长期存在。昆明虽在人口、经济总量等方面超过了贵阳、南宁两市,但昆明市产业结构单一化明显,"两烟"对经济总量的提升,特别是对地方财政收入有决定性的作用,也就是说,目前在该区没有形成一个统领三省的具有全国意义的中心城市。该区新兴产业的优势尚未显现出来,反映现代城市发展水平的商贸、金融、保险、通信等综合现代服务业水平在南贵昆城市带中也缺乏绝对的优势。滇中城市群以昆明市为核心,包括玉溪、曲靖、楚雄等城市,是云南省最强大的一个城市群。黔中城市群以贵阳为核心,包括遵义、安顺、都匀、凯里等城市,是黔中经济区的中心,南、北、钦、防以南宁市为核心,包括北海、钦州、防城港等市,是广西南部沿海经济区的中心。其中滇中、黔中城市带国内生产总值各占云南、贵州的60%以上,南、北、钦、防各项指标占到广西的1/4以上。

目前沿贵昆和黔桂线集中了西南三省的主要中心城市,包括云南的昆明、玉溪、曲靖、楚雄等,贵州的贵阳、遵义、安顺、都匀、凯里、六盘水等,广西的南宁、北海、钦州、防城港、柳州、桂林等。南贵昆城市带的形成和发展,不仅要依托西南出海通道等交通干线和南宁、贵阳、昆明三个中心城市的带动,同时还要发挥整体优势。通过三个城市群的发展,辐射和带动正在形成的以贵昆线和黔桂线为发展轴线的其他城镇的同步发展,从而实现促进南贵昆城市带整体发展的目标。

(2) 南贵昆城市带推进型产业发展策略

南贵昆城市带有三个城市发展水平相差不大的城市群作为"增长极",今后要发挥城市群的整体优势,实行双向开发战略,利用国内外两种资源,开发国内、国外两个市场,不断提升本区在西部地区的地位和作用。滇中城市群主导产业发展方向为:一是巩固和提高烟草产业的地位,将生产基地和科研紧密结合,提高"两烟"的质量;二是通过旅游、会展产业的发展,提升滇中城市群在西部开发重点经济带中的地位;三是大力发展生物资源的开发创新,培育和扶持以天然药物加工的现代医药、花卉产业,构建滇中地区新的支柱产业;四是积极发展有地方特色的高新技术产业和新兴的第三产业。黔中城市群是该区资源富集区之一,有大规模的水电和火电能源;磷矿保有储量为25亿吨,铝土矿保有储量接近4亿吨,均居全国第二位;另外,该城市群也是动植物资源和旅游资源集中分布的地区。所以黔中城市群的产业发展应立足自身优势资源和产业,一是巩固、加强水电和火电相结合能源工业的地位,形成中国西部最大的能源输出基地;二是发展和壮大原材料加工工业,依托铝和铝加工、磷和磷加工的优势,建设该区最大的原材料加工工业基地;三是发挥名烟和名酒的优势,进一步提高食品饮料工业的地位;四是发挥军工基地和地方的技术和人才优势,大力发展电子和生物制药等高新技术产业;五是充分利用自然风光和民族文化特色,发展旅游业。以南宁市为核心的南北钦防城市群是一个有机整体,因而必须四者相结合,形成合理的城市分工。利用北海、钦州、防城港的出海口和对外窗口,促进南宁市的发展。防城港作为全国重要的交通枢纽港之一,承担着广西和西南地区出海口的功能,防城港要建成以大宗物资转运为主的枢纽港;钦州要利用港口腹地未开发的土地资源、岸线资源等条件,建设工业码头,重点发展临港工业;北海重点建设成为旅游商贸港口。三大港口城市形成功能互补、协调发展和综合优势明显的西南地区最大的现代化组合港口群,并与南宁在经济、信息、物资、金融等方面进行交流合作,扩大港口经济腹地,形成南贵昆城市带对外交流和联系的"桥头堡"。

9.4.2 西部"左上区"的城镇化及推进型产业

1. 兰州城市带

(1) 兰州带的界定和现状

该城市带特征主要是以陇海铁路西段和兰新铁路以及同方向的高等级公路、通信干线等为轴线，以沿线呈串珠状展开的省会城市（兰州、银川、西宁）和地级城市为节点，以其广大农村和周边地区为腹地，范围包括甘肃、宁夏和青海西宁地区（西宁虽属青藏地区，但因为区位因素的原因，西宁在经济上与兰州等地的联系远远大于与拉萨的联系，故划入兰州城市带）。截至2000年底，该城市带共有城市10个，地级城市8个，城市化水平32.55%。根据对城市等级序列和规模等级结构的分析，左上区西陇海—兰新线发展轴线城市等级规模不完整。在兰州带和新疆天山北麓城市带之间2000公里的广大范围内，缺少"二传手"，即在区域经济中具有支撑和带动作用的大城市和中等城市。如在甘肃省境内除省会兰州一个特大城市外，还没有一个50万~100万人口的大城市，20万~50万人口的中等城市只有天水和白银，新疆也是同样的情况。因此在兰州—乌鲁木齐之间没中等城市和大城市做接力，缺少战略支撑点，导致左上区整个西陇海—兰新线城市带上形成了"低谷段"。

从甘肃到新疆，沿西陇海—兰新线经济带这条综合运输通道，沿途150公里宽度的带状范围内从东到西串接了天水、兰州、白银、武威、金昌、敦煌、乌鲁木齐、克拉玛依、伊宁、库尔勒等近三十个规模不等的大中小城市，这些城市数量集中了左上区四省区城市的近2/3。这种布局模式与交通干线和水资源分布高度一致，是人类长期选择的结果。即使将来生态环境恢复了，在生态脆弱地带，也不宜出现大规模的人类开发活动，因而也不会出现很多新城镇。受该地区特殊的地形、地貌、水源、气候等条件制约，决定了这种经济带沿线城市的空间布局格局将长期难以改变。

(2) 兰州—西宁城市带推进型产业发展策略

以兰州为中心的沿西陇海—兰新和包兰—兰青轴线延伸的稀土和有色金属加工基地，有着丰富的铜、钼、铝土、稀土等有色金属矿产资源，又有充足的电力保证，能矿组合条件十分优越，今后可大力发展以兰州为中心的铝冶炼、加工及科研基地，重点发展新型铝材和高精度铝带、金昌钴材料基地、白银和包头稀土生产基地，重点发展稀土新材料等深加工工业。

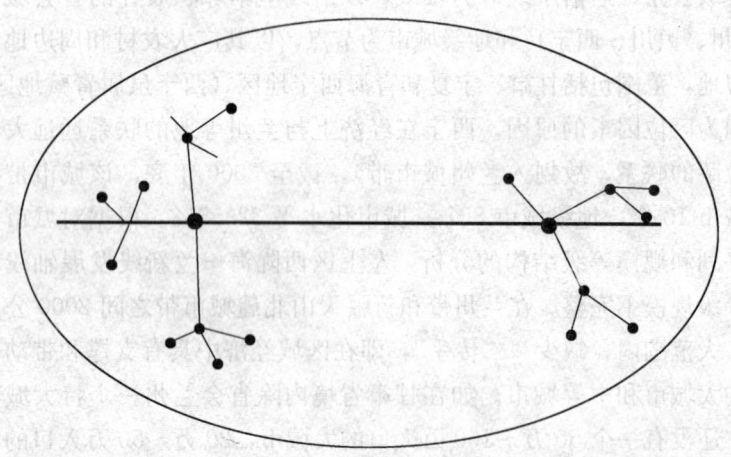

图9—6 兰州—新疆各城市——走廊城市的空间形态

2. 新疆天山北麓城市带

(1) 新疆天山北麓城市带的界定和现状

该城市带有大小城市14个，乌鲁木齐—昌吉—米泉—阜康都市区是其核心地带，也是新疆经济发展的重点区域，城市化水平达到49.07%，高于同期全国城市化平均水平。但是新疆除乌鲁木齐外，没有50万~100万人口的大城市，四个中等城市克拉玛依、石河子、伊宁和库尔勒中，城市综合竞争力指数为0.78~1.00，其中有三个城市的非农业人口刚刚超过20万人，难以承担起带动区域经济发展的"增长极"作用。

(2) 新疆天山北麓城市带推进型产业发展策略

乌鲁木齐有新疆唯一的高新技术开发区，工业增加值和出口额年增长分别达到 63.6% 和 85.2%。今后要继续以新疆优势资源深加工为代表的"红色产业、绿色产业"作为特色，大力发展生物医药、机械化工、新材料、新能源、特色资源深加工等优势产业；努力扶持电子与信息、环境保护产业；发展高新技术，并利用高新技术改造传统产业，推动产业结构调整；继续完善"钻石城"（第一招商区）和产业区的基础设施建设，开发"卫星广场"（第二招商区）的基础设施建设，为产业项目的引进和发展提供有力的保障。石油和天然气也是该地区的重要战略性资源，要将天然气的开发放在首位，将新疆的塔里木、准噶尔和吐鲁番建成大规模的天然气外输基地。同时，可在当地适当建设天然气化工企业，以用于沿线大中城市能源结构的改善。根据当地石油开发成本和国际市场走势，控制勘探和开发规模，将新疆建设成为石油资源战略储备基地，吸引周边农牧民进入工矿企业就业，这将有力促进当地的城市化发展。

3. 内蒙古中部城市带

(1) 内蒙古中部城市带的界定和现状

该城市带的呼包—包兰—线是依托京包—包兰—兰青线铁路干线形成的城市经济带，与该区的兰新线上的兰州城市带和"胡线右区"西陇海线上的陕西关中城市带共同形成西北地区"X"形的城市总体格局，是西部开发的一级发展轴线。呼和浩特—包头—鄂尔多斯是该城市带经济、社会和科技资源最为集中的地带。经济社会发展基础较为雄厚，自然资源丰富，城市与人口分布相对集中，城市间相距较近，是内蒙古经济发展的"金三角"，也是未来经济发展最具潜力的战略重点区域。在西部城镇化的浪潮中，要以呼和浩特为中心，以包头、鄂尔多斯为次中心，构建呼—包—鄂"金三角"，逐步将其建设成为"左上区"的重要支撑点。

(2) 内蒙古中部城市带推进型产业发展策略

呼和浩特作为国家历史文化名城、自治区首府以及我国北方沿边开放地区重要的中心城市和商贸中心,在中心城市的综合划分方案中,其模糊综合评判指数为 1.1203,居西部 160 个城市的第 11 位,今后应当将其建设成为西部开发的三级中心城市,主要发展毛纺、电子、石化、电力、食品、高新技术产业和旅游业,使其在呼包—包兰经济发展轴线中发挥北"桥头堡"的作用,成为该城市带中"双核型"城镇体系的中心城市。包头是该城市带中最大的综合性工业城市和我国重要的钢铁生产基地,其产业发展主要应以发展冶金、机械、稀土、煤炭、电力和高新技术产业为主,重点建设稀土高技术产业园区和高载能工业园区,使其充分发挥制造业中心的作用,成为该城市带"双核型"城镇体系中的综合性工业城市。鄂尔多斯位于鄂尔多斯高原中部,是该城市带的南部副中心,以发展煤炭、建材、毛纺、化学工业为主,在呼包—包兰线经济带北段中发挥经济副中心的作用,在呼—包—鄂"金三角"中发挥"经济副核"的作用。

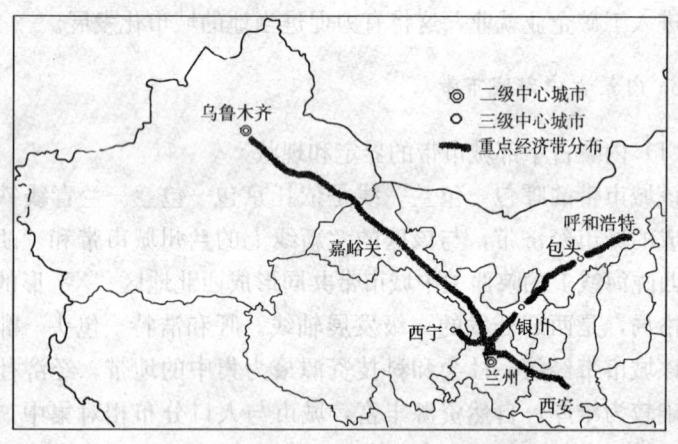

图 9—7 西部"左上区"三大城市带分布

9.4.3 西部"右下区"的城镇化及推进型产业

1. 以拉萨为核心的城市圈

(1) 界定和现状

以拉萨为中心的"一江两河"中游地区包括西藏的 18 个县市,面积 6.65 万平方公里,人口 88 万,分别占自治区的 5.4% 和 35.2%。这一地区自然条件相对较好,地势平坦,人口集中,开发历史悠久,经济社会相对发达,是西藏自治区人口最密集、经济发展最好的区域,也是西藏自治区政治、经济、文化、交通的核心地区。

(2) 推进型产业发展策略

今后要不断增强该地区城市的经济职能,建设西藏综合性工业基地。同时,要以日喀则和江孜为重点,发展农副产品加工业和民族手工业,积极发展具高原特色的民族旅游业,带动第三产业发展。在空间组织上,建设以拉萨为核心、日喀则为西南部中心、泽当镇为东南部中心,以雅鲁藏布江及拉萨河、年楚河为轴线的中小城镇组成的城镇网络体系。

根据发展轴线的规模和西部地区城市总体分布的空间格局,按照点轴协调发展的原则,构筑西部地区中心城市与发展轴线同步发展的主骨架,依据地缘优势和强强联合,划为三个区域（Areas）,内含七个城市带（Megalopolis）,呈三个阶梯发展序列。其未来城市发展的总体布局态势应当是中心城市突出,点轴辐射,轴线拓展,逐步形成以一级中心城市为依托,以束状综合运输通道为轴线的空间配置格局。具体体现在,在西部以四川第二大城市——绵阳和陕西重镇汉中、宝鸡为纽带,将成渝城市带和关中平原城市带相连接;以重庆、成都、西安为核心,建立以长江航运水道、成渝线和宝成线为主轴的"西三角"城市经济圈;将西北发展成为以兰州、乌鲁木齐、银川、呼和浩特、包头、西宁为中心,形成以西陇海—兰新线、呼包—兰包—兰青线为主轴的"X"形的城市空间分布格局；向西以长江第一城——宜宾为纽带，连同成渝城市带形成以昆明、贵阳、南宁、柳州等城市为中心，以川黔线和贵昆—黔桂线为主轴，构成"工"字形的城市空间分布主格局。

  在确定城镇化分区和产业发展时主要考虑到以下因素。第一，中心城市是重点产业带发展的核心和主体；第二，西部经济要体现合作发展精神；第三，考虑西部少数民族地区和自然地理因素；第四，人口的聚集对城镇化发展的影响。从城市综合实力和经济发展水平总量排序来看，西部12省区中胡线右区为最强，左上区次之，左下区最后，依据城市化非均衡发展规律，西部城镇化应首先发展胡线右区尤其是对西三角的构建和重点培育。以胡线右区中的重庆、成都、西安三个一级中心城市为龙头，二级城市为辅助，协力将成渝城市带与陕西关中城市带连成一片，促进西部的南北交流和城市合作，成为西部参与全国和全球经济的主要网络节点；只有这样，西部的城镇化才能掀开新的篇章，成为"西部大开发"的推动器。

第十章 西南重点区域城镇化发展道路的实证研究

成渝地区是我国长期历史中形成的经济较发达地区,该区域以成都和重庆两大都市区为核心,形成了成都平原都市带(包括成都都市圈和成德绵城市带)、重庆城市群、川南多中心城市群和川中城市密集区,四个城市群体共同构成了成渝城市集群。该城市集群在自然地理上与成都和重庆之间的四川盆地大致相吻合,包括西至以成都为中心的宝成—内昆铁路,东至以重庆为中心的襄渝铁路,北至成达铁路,南至长江上游的重庆—宜宾沿线。

10.1 成都平原都市带

成都平原都市带(由成都都市圈和成德绵城市带组成)包括成都市、绵阳市、德阳市、眉山市、乐山市、雅安市、资阳市 7 个行政辖区。该区域北与甘肃省和四川省的广元市接壤,南面与四川省的凉山州、宜宾、自贡为邻,西与四川省甘孜州、阿坝州相连,东与内江、重庆、遂宁相接。成都都市圈和成德绵城市带以富庶的成都平原为中心,包括其部分边缘地区,2001 年土地面积 81881 平方公里,人口 3245.23 万人,它是西部地区人口最多、经济最发达、城镇最密集的地区。

10.1.1 成都平原都市带的界定及其构成

1. 成都平原都市带的界定

成都平原都市带从城市空间结构形态看,由部分重叠的成都都市圈和成德绵城市带所组成。

成都都市圈分为核心层、紧密层和松散层共三层。核心层为城市的实体空间地域,相当一段时间内将相对稳定在以三环路为边界的区域内。紧密层以成都城市中心地域为中心、半径30~50公里的地域,其空间范围包括双流县、郫县、新都区、温江区、龙泉驿区的全部以及青白江区、新津县、崇州市、彭州市、都江堰市的部分地域。这一圈层与成都的距离在30分钟车程内,将是受成都辐射影响最大的区域。在都市圈的未来发展中,这一圈层与核心地域全方位的融合,达到较高程度的一体化,成为人口、产业、城镇高度集聚的区域。松散层以成都城市中心地域为中心,以半径50~150公里范围内的中小城市为节点,构成都市圈的松散层。松散层中的中小城市主要包括雅安、峨眉山、乐山、眉山、简阳、资阳、德阳,这些中小城市通过铁路、高速公路、高等级公路与成都相接,车程距离在一个半小时以内,与核心城市形成合理的分工协作关系。

成德绵城市带由成都市、德阳市、绵阳市以及江油、绵竹、什邡、广汉等小城市组成,沿宝成铁路、成绵高速公路、川陕公路发展轴线而构成。德阳、绵阳与成都最远相距仅90多公里,三个城市在西部大中城市中GDP均位居前十名,这在西部地区绝无仅有(见图10—1)。

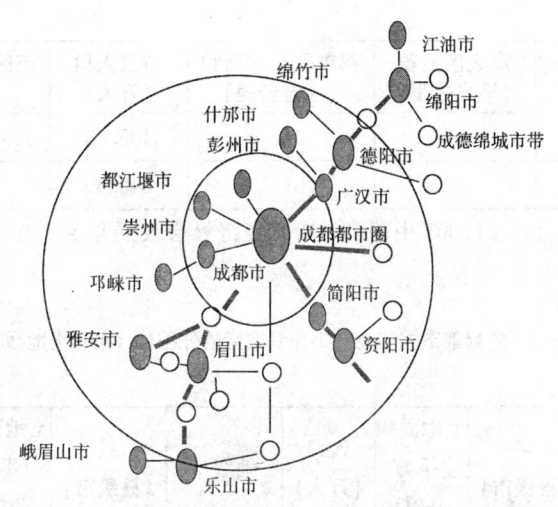

图 10—1　成都平原都市带

2. 都市区和外围县的构成

该都市圈区域构成中，大都市区城市 1 个：成都市；一般都市区城市 6 个：绵阳市、德阳市、眉山市、乐山市、雅安市、资阳市。

表 10—1　成都都市圈和成都平原都市带的都市区土地面积、人口数据

(2001 年)

地级市	建成区面积 （平方公里）	都市区土地面积 （平方公里）	市区人口 （万人）	市区非农业人口 （万人）
成都市	228	1418	341.52	234.11
德阳市	47	648	60.76	26.2
绵阳市	48	1570	106.29	44.4
乐山市	68	2514	112.45	41.68
眉山市	16	1931	81.48	13.6
雅安市	14	1060	32.94	12.8

续表

地级市	建成区面积 (平方公里)	都市区土地面积 (平方公里)	市区人口 (万人)	市区非农业人口 (万人)
资阳市	16	1632	105.05	16.8
总计	437	10773	840.49	389.59

资料来源:《2001中国县(市)经济社会发展年鉴》和《中国行政区划》,2001。

表10—2 成都都市圈和成都平原都市带的外围县(市)土地面积、人口数据

(2001年)

地级市	县 (县级市)	土地面积 (平方公里)	人口 (万人)	地级市	县 (县级市)	土地面积 (平方公里)	人口 (万人)
成都市	崇州市	1090	65	绵阳市	江油市	2719	87
	邛崃市	1377	64		三台县	2661	146
	都江堰市	1207	59		安县	1399	50
	金堂县	1156	84		梓潼县	1438	38
	双流县	1103	86		盐亭县	1646	58
	郫县	438	47	德阳市	中江县	2201	141
	大邑县	1212	50		什邡市	864	43
	蒲江县	580	26		广汉市	551	58
	新津县	332	29		绵竹市	1245	52
乐山市	峨眉山市	1151	43		罗江县	460	24
	犍为县	1375	57	资阳市	简阳市	2210	144
	井研县	841	42		乐至县	1429	86
	夹江县	749	35		安岳县	2689	153
眉山市	仁寿县	2606	156	雅安市	名山县	614	26
	彭山县	465	32				

续表

地级市	县（县级市）	土地面积（平方公里）	人口（万人）	地级市	县（县级市）	土地面积（平方公里）	人口（万人）
	丹棱县	449	16				
	青神县	387	20	总计	31个县市	38644	2017

资料来源：同表10—1。

3. 区域交通网络

该区域以成都市为中心，有宝成、成渝、成昆、达成等铁路（西南最大的客货铁运网），成渝、成乐、成雅、成绵等高速公路和6条国道（全国密度最大的公路网络之一），有成都双流国际机场（西南最大的航空枢纽港），形成全方位辐射、网状、立体、便捷、高速的交通运输网络。按公路里程计算，成都到乐山150公里，成都到绵阳129公里，成都到都江堰65公里，成都到资阳87公里。

10.1.2 成都平原都市带的发展现状

2001年，成都平原都市带的地区非农业人口为745.05万人，地区城镇化率为22.96%；市区非农业人口为389.59万人，市区城镇化率为46.35%。该区域城市的发展形成了1个超大城市、6个中等城市、32个小城市（10个县级市，22个城关镇）和数百个小城镇，构成了金字塔形的城镇体系结构。城镇等级规模结构为：特大城市—中等城市—小城市—小城镇四级结构。

成都平原都市带区域经济发达程度居西部第一。区域城市经济的发展各有特色，活力较强。成都的金融、现代服务、商业、电子信息、生物医药，德阳的重型机械，绵阳的家电、电子，遂宁的纺织，资阳的机车，眉山的食品，乐山的旅游、建陶，雅安的生态农业等都各有特色，各自产业结构的相似系数不如沿海一些地区的那样高。目前成都都市圈和成都平原都市带已经初步形成了产业群、企业群、市场群之间的相互依存，形成了相得益彰的内在共生关系。成都市高新区的电子信息、生物制药、郊区（县）如新都的家具、温江的花木产业等，周边城市如绵阳的家电电子、德阳的机械、乐山的建筑陶瓷等初步形成了诸多产业集群发展态势。

在成都都市圈和成德绵城市带中，成都作为一个超大城市，是全国15个副省级城市之一，是西南地区科技、商贸、金融中心和交通、通信枢纽，起着整个区域经济发展的中心龙头作用。成都市工业以食品、机械、冶金、化工、建材为5大传统支柱产业，成都市建设有高新西区和高新技术南区，近年来以电子信息产业、中医药和生物制药为代表的高新技术产业发展成为成都市的经济支柱产业。成都市以科技教育、金融、房地产、交通运输、商业贸易、餐饮、旅游业、信息等为支柱的第三产业，在西部各城市中发展最为迅速。成都第三产业的发达，对周围城市经济发展发挥着强大的辐射作用。2002年整个成都市（包括农村地区）第三产业占国内生产总值的46.1%，超过第二产业的比重。

成都市的发展目标分为经济发展目标和城镇化发展目标两个方面。到2007年，人均GDP达到3000美元以上，城镇化率达到42%以上，其中，中心城区（五城区加高新区）城镇化率达到100%；到2010年，人均GDP达到4000美元以上，城镇化率达到60%以上，其中，都市区（"一主七卫"：中心城区和现有的七个卫星城）城镇化率达到80%以上。成都市的新总体规划将全市规划建设为两个层次，第一层次3681平方公里，为城市规划范围；第二层次8709平方公里。通过拓展城市发展空间，为区域的统筹发展奠定平台；构建多中心、多组团的大都市区框架；形成"一主七卫"的大都市格局，并科学规划都市区各功能分区。加快建设以中央商务区（CBD）为主体的中心城区及城南、城东副中心，疏散中心城区密度；都市区的周边组团要按照功能，合理分区发展，承担工业基地、商务办公、住宅、旅游、生态屏障等任务，体现为中心城区配套的作用，形成分工明确、功能完善的大都市区。

绵阳是国家命名的唯一科技城。20世纪60年代三线建设期间，大批国防科研院所和军工企业迁入绵阳,奠定了绵阳市的科技发展基础。绵阳是国家重要的国防军工和科研生产基地,拥有中国工程物理研究院、中国空气动力研究与发展中心、中国燃气涡轮研究院等各类科研机构474家,其中大型独立科研机构36家;各类科研和工程技术人员16万余名,在许多重要科技领域聚集着大量高层次人才。绵阳建有国家级高新技术产业开发区、科教创业园、经济技术开发区、现代农业科技示范区、南郊工业园、游仙经济试验区等开发园区6处。以长虹公司为代表的一大批企业,家用电器、电子信息、辐照加工、计算机软件等产业发展势头强劲,在环保工程、超硬材料、机电一体化、油脂精细化工、绝缘材料、汽车零部件、水泥、不锈钢材等产业方面具有极强的竞争力。绵阳科技城的重点发展产业有:电子信息产业、光机电一体化产业、新材料产业、精细化工产业、环保产业和生物工程产业。2002年,全市实现国内生产总值370亿元,综合经济实力居省内第二,在西部地区排在重庆、成都、西安、昆明之后,居第五位。

表10—3 成都都市圈和成都平原都市带发展指标数据表(2001年)

指标		成都市	德阳市	绵阳市	乐山市	眉山市	雅安市	资阳市	总计
土地面积 (平方公里)	地区	12390	5954	20249	12826	7186	15314	7962	81881
	市区	1418	648	1570	2514	1931	1060	1632	10773
	建成区	228	47	48	68	16	14	16	437
人口 (万人)	地区	1019.9	379.25	520.16	346.46	340.13	151.13	488.2	3245.23
	市区	341.52	60.76	106.29	112.45	81.48	32.94	105.05	840.49
人口密度 (人/平方公里)	地区	823	637	257	270	473	99	613	396
	市区	2408	938	677	447	422	311	644	780
非农业人口(万人)	地区	354.78	105.23	74.05	81.49	43.43	28.72	57.35	745.05
	市区	234.11	26.2	44.4	41.68	13.6	12.8	16.8	389.59

续表

指标		成都市	德阳市	绵阳市	乐山市	眉山市	雅安市	资阳市	总计
GDP（亿元）	地区	1492	286.01	330.01	161.08	134.9	81.04	153.4	2638.44
	市区	777.52	64.07	139.63	68.42	43.03	26.95	46.61	1166.23
工业（亿元）	地区	707.7	192.42	236.78	130.24	58.89	30.34	40.47	1396.84
	市区	412.22	55.51	177.66	64.61	26.46	11.92	24.52	772.9
人均GDP（元）	地区	9778	7541	6357	4653	3968	5385	3141	8130
	市区	14676	10572	13243	6090	5290	8241	4435	13876
第一、二、三产业比重（%）	地区	8.83：45.32：45.85	22.57：43.88：33.55	22.00：38.59：39.41	23.70：43.92：32.37	30.61：36.98：32.41	23.44：48.16：28.40	36.25：31.37：32.38	—
	市区	2.85：45.25：53.34	14.94：44.79：4027	9.73：45.25：45.03	14.43：51.31：34.26	21.56：42.04：36.40	12.85：49.47：37.95	12.58：49.47：37.95	—

资料来源：国家统计局城市经济社会调查总队：《中国城市统计年鉴2002》，中国统计出版社，2003。

德阳市是我国的"重大技术装备制造业基地"。20世纪50年代，国家将德阳定位为我国的"母机工业基地"，先后在这里建成多个以中国第二重型机械集团公司、东方电机股份有限公司和东方汽轮机厂三个重装"巨头"为代表的大型国有骨干企业。2002年，国家科技部将德阳列为"用高新技术改造提升传统装备制造业试点城市"和"制造业信息化工程重点城市"。德阳市围绕龙头企业，整合各类技术资源，德阳市发展起了一批"专、精、特、新"的从事零部件、元器件和中间材料生产的中小型专业化配套企业，全市为重大装备基地配套的中小企业已超过150家，初步形成了以三大厂为核心的重装基地制造企业群和装备工业产业链。

雅安市在生态经济发展方面具有较大优势，该城市以打造"西部生态经济第一城"为发展目标，重点建设中药材、茶叶基地，发展生态农业、生态旅游产业和生物制药产业。此外，该市利用丰富的水力资源大力发展电力工业，利用丰富的花岗石、大理石资源大力发展建筑石材工业。

眉山市工业现有机械、电子、电力、化工、食品、煤炭、轻纺、造纸、建材、冶金等门类。眉山、彭山县以芒硝为原料生产化工产品的工业企业已粗具规模。食品、饲料工业发展势头很好。

乐山市拥有峨眉山和乐山大佛风景区，是国家优秀旅游城市。工业以盐化工业、机械、电子、建材业为主，电子信息产业是乐山的新兴产业。全市目前已拥有一百余家建筑陶瓷企业，市内的夹江县被誉为"西部陶瓷之都"。

资阳市大力发展铁路机车、汽车零配件和整车装配业，以建设"西部车城"为城市发展目标。资阳市拥有中国西部唯一的铁路大功率机车生产基地——资阳机车厂，并已形成集生产、科研设施、主机配件为一体的内燃机车、电力机车工业体系，内燃机车制造和市场占有率稳居国内前茅。同时还拥有较为强大的客车、农用车生产能力和一批为客车、农用车汽车工业配套的轮胎、机械、电子、油漆、制造等行业的零部件生产企业。

10.1.3 成都平原都市带发展中存在的问题

1. 区域经济发展的问题

虽然成都平原都市带的城市经济发展活力与发展水平在西部地区是最好的，但是区域城市经济发展仍然存在着诸多问题，主要表现在：

一是侧区域产业结构趋同现象日益严重。虽然该区域城市经济发展各有则重，但由于成都平原都市带区域各城市特别是成都平原地区的资源禀赋大体相同，受地方经济利益推动，各市县都在争相发展"税大利重"的相同产业，产业结构趋同、道路等基础设施重复建设等现象日益严重。由于"僧多粥少"和地方保护主义等原因，区内各城市正在走向严重的恶性竞争，导致大量资源被浪费，大量生产能力空置。这种现象在成都市的郊区、郊县地区尤为严重。

二是区域内各城市经济运行带有较为明显的行政区域利益特征。目前都市带内各城市虽然已有了分工意识，城市功能有了初步定位，但各城市经济协调和沟通渠道不畅，缺乏紧密的区域经济联系，没有从分工协作关系上考虑如何集合成一个整体参与国内、国际市场的竞争。首先，作为区域核心城市，成都还没有真正完成向有所为、有所不为，充分发挥自身优势、发挥超大城市辐射功能，整合带动周边城市资源，推动整个都市带共同发展的发展战略的转变。其次，周边城市自觉地根据自身特点，发挥自身优势，主动对接成都大都市，实现错位发展的战略意识还不够强。

三是区域内各城市政府的政策差异很大。由于受行政区分割体制的影响，区域内各城市对市场配置资源的负效应缺乏统一的干预制度。如缺乏统一的户籍制度、就业制度、住房制度、教育制度、医疗制度、社会保障制度，缺乏为各城市政府共同认可和采用的环境标准、劳动安全标准等，十分不利于都市带区域内人才、技术、资本、信息等生产要素的自由流动，妨碍经济的一体化发展。

2. 区域城市发展中存在的问题

目前该区域城市发展中存在以下两大主要问题：
(1) 整体城镇化率不高

2002年中国城市统计年鉴数据显示，整个成都平原都市带地区城镇化率为22.96%，经济最为发达的成都市区域人口城镇化率也仅为34.8%，大大低于东部发达地区。最主要的原因是县域经济的落后，乡村工业化滞后，自下而上的城镇化动力比东部地区小得多，导致农村城镇化水平低下，其中丘陵人口大县的城镇化率尤为低下。如三台县人口146万，安岳县人口153万，简阳市人口144万，仁寿县人口156万，中江县人口141万，而这些县市的人口城镇化率均在10%左右。城镇化主要依靠大中城市自上而下地带动,其中又特别依靠成都市的带动。这个原因促使成都市人口和城市规模急剧膨胀,城市"摊大饼"式发展,既给成都市发展带来许多问题,同时也造成了成都市和整个周边城市区域经济和社会发展的极不均衡。都市圈城镇化整体水平过低,严重地影响到都市圈城市的集聚与扩散效应的发挥,非常不利于成都整个大都市圈内的工业化、信息化进程的加快。

(2) 城市断层

目前成都平原都市带存在断层效应,表现为:中等城市发展迅速,大城市发展严重滞后。在该区域的17个城市中,除了成都1个超大城市外,其余16个城市都是中小城市,没有一个大城市,形成明显的断层效应。该区域第二大城市绵阳市2001年市区非农业人口仅为44.4万人,尚未成为大城市。由于中小城市的集聚能力和吸纳乡村人口的能力不足,导致区域内的人口、产业、资本、技术、信息与人才向成都高度集中,极化效应十分明显。在整个成都平原都市带中,成都市的人口1019.9万人,所占比重为31.4%,而GDP为1492亿元,所占比重为56.5%;工业707.7亿元,所占比重为53.3%。

目前,成都城市建成区已扩展至三环路,面积达231平方公里。目前,主城区以外的环城区正处于形成和发展之中。受时间成本制约,由于城市地域以单中心方式推进,使成都市区形成了一种"大饼"式的城市布局,人口和产业高度密集,大量缺乏关联性的部门汇集在同一城区,争土地、争资本、争燃料,影响和制约了成都的进一步发展,成都的城市空间扩张已极为有限。从中心城市的辐射功能看,成都市区向北沿成德绵城市带的经济辐射作用较为明显,而向南往乐山、眉山方向的经济辐射力较弱。

10.1.4 成都平原都市带的发展调控策略

该区域应当充分发挥在西部地区经济最发达、城市最密集、人口众多的发展优势,在西部地区率先推动并实现区域一体化发展战略。

1. 统一区域规划、协调基础建设

以成都都市圈紧密层和成德绵城市带为中心重点推进区域城市间的快速交通网、流通网、金融网、信息网四大网络的建设,提高成都都市圈和成德绵城市带在西部地区乃至全国的竞争能力,成为四川现代产业、人口、城镇以及国民经济最主要的集聚地,跨入全国大都市带的行列。

2. 推进都市带的产业整合,构筑统一大市场,建设产业集群

以成都为中心,联合周边城市,发展统一的辐射全国的商品、资本、劳务、技术、信息等市场。发展大型百货和超市等商业形态,向周边城市扩散;繁荣农产品市场,形成以成都为中心的农产品批发网络;发展旅游业,形成以成都为中心的,包括青城山、都江堰、峨眉山、碧峰峡等著名景点在内的成都都市大旅游圈。应进一步培育发展壮大产业集群,成都重点发展电子信息、生物医药、家具、服装等产业集群,绵阳重点发展家电、电子等产业集群,德阳重点发展重型机械等产业集群,乐山重点发展旅游、建筑、陶瓷等产业集群,雅安重点发展生态农业等产业集群,遂宁重点发展纺织产业等产业集群,眉山重点发展食品等产业集群,资阳重点发展铁路机车等产业集群,充分发挥都市圈内跨地区的长虹、地奥、新希望、二重、东方电机等大型企业集团的作用来整合区域城市的产业结构,从整体上提升整个都市圈的经济发展水平,增强企业和产品在国内、国际市场的竞争力。

3. 整合都市带的教育、科技和人才资源

实行一体化政策,打破人才市场建设和运作上的行政区域界限,消除行业壁垒,合理布局,构建一个统一的区域人才市场体系,营造良好的人才环境,实现人才智力资源的自由流动。促进各城市高新技术开发区和高新技术企业、高校和科研机构之间的交流和合作。

4. 建立都市带 7 城市的协调发展机制和相关权威机构

成立区域内成都市和另外 6 个地级市共 7 个城市的"市长联系会议"制度,成立区域经济一体化的权威领导机构。成立交通基础设施、产业、金融、科技、教育、环保等各专门委员会,吸收专家学者参加,就经济一体化制定共同发展战略,对经济一体化的产业结构调整、基础设施建设、统一大市场建设、环境保护等重大问题进行研究、协商作出权威性决定。

10.2 重庆城市群

重庆市 1997 年从四川省分离出去,并管辖原四川省的涪陵、万县、黔江三个地区,成为我国的第四个直辖市,是我国目前行政辖区最大、人口最多、管理行政单元最多的超大城市。2001 年,重庆市幅员 82403 平方公里,下辖 40 个行政区县(自治县、市),人口 3097.91 万,非农业人口 689.52 万人,GDP 为 1749.77 亿元。

10.2.1 重庆城市群的界定及其构成

1. 重庆城市群的界定

重庆市是我国最重要的老工业城市之一,是西南地区和长江上游最大的经济中心城市和科技、文化、教育事业的中心,是交通通信枢纽和贸易口岸。重庆的区域经济发展情况极为复杂和极不平衡,既有极为发达的都市区,又有幅员辽阔的贫困落后的农村地区。不同于平坦的成都平原,成都的城市发展是典型的单中心圈层式发展格局,重庆市城市发展由于重庆市境内被两江分割,重峦叠嶂,受地理地形条件多山、两江相隔的限制,呈现以渝中区、沙坪坝区为中心,多中心圈层式和组团式的城市群发展格局。重庆目前有一个强大的城市市区,周边也有一批小城市及城镇。但这些小城市及城镇与重庆市区的社会经济联系太弱,空间可达性不够。因此,重庆目前还只是一个地理学意义上的非典型形态的城市群,该城市群呈现出往都市圈形态发展的趋势。

2. 重庆城市群的构成

我们认为重庆城市群由重庆主城区(即都市发达经济圈:渝中区、大渡口区、江北区、沙坪坝区等9个区)、渝西经济走廊城市(有万盛区、江津市、合川市等12个县、市、区)和三峡库区西端的长寿和涪陵两区构成(重庆主城区至涪陵只有100公里,经济联系较为密切)。重庆城市群囊括了全部都市发达区、渝西经济走廊地域和三峡库区西端最发达的两个区:长寿区和涪陵区。2001年,整个都市圈土地面积28670.47平方公里,占全市的34.79%;人口1763.9万人,占全市的56.94%;GDP为1293.94亿元,占全市的73.95%(见图10—2)。

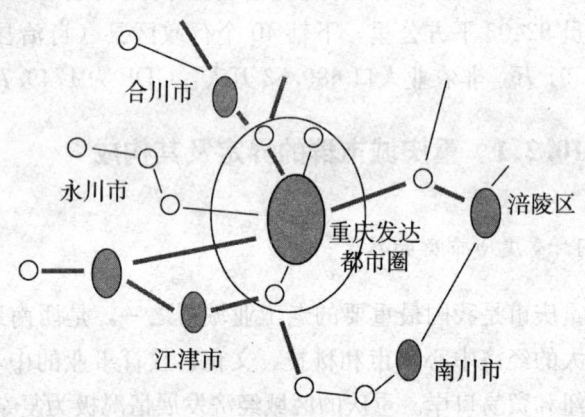

图10—2 重庆城市群

城市群构成中,大都市区城市1个,即重庆市主城区,2001年建成区面积268平方公里,市区非农业人口393.42万人。一般都市区城市2个:永川市、涪陵区。2001年永川市建成区面积14.4平方公里,市区非农业人口25万人,城镇化率为30%;涪陵区建成区面积14平方公里,市区非农业人口27.16万人,城镇化率为24.5%。都市外围县、市、区12个。

3. 区域交通网络

重庆城市群是中国西部唯一集水陆空运输方式为一体的综合交通枢纽,重庆城市群以319、212、210国道、达渝、成渝、重庆—万州等高速公路,成渝、黔渝、襄渝、渝怀等铁路,长江、嘉陵江航道和重庆江北机场,构成发达的立体交通运输网络。

10.2.2 重庆城市群发展现状

1. 区域经济发展现状

重庆是中国综合性老工业基地之一,2001年重庆市GDP为1749.77亿元,第一、二、三产业的比重为16.7∶41.5∶41.8。为抓住中国实行西部大开发战略的历史性机遇,重庆市确立了"三中心、两枢纽、一基地"(即商贸中心、金融中心、科教信息文化中心,交通枢纽、通信枢纽,以高新技术产业为基础的现代产业基地)的发展战略,加快经济社会发展,发挥对外窗口和经济辐射作用,将重庆建设成为长江上游的经济中心,推动西南地区和长江上游地区的经济社会发展。

重庆市按区域自然地理和经济社会发展状况,将其下辖的40个行政区县(自治县、市)划分为三个不同类型、各具特色的经济区:都市发达经济圈、渝西经济走廊和三峡库区生态经济区。都市发达经济圈有渝中区、大渡口区、江北区、沙坪坝区等9个区,将其构建为长江上游商贸、金融和科教文化中心,构筑长江上游交通和通信枢纽,并把重庆建设成为以高新技术为基础的现代产业基地。渝西经济走廊有万盛区、江津市、合川市等12个区、县、市,沿成渝、遂渝、渝黔高速公路和铁路轴线,增强次级中心城市的服务功能,建好一批现代工业、农业示范区和区域性专业批发市场,形成大、中城市连绵区和产业密集带。三峡库区生态经济区有长寿区、涪陵区、丰都县等19个区、县,按照可持续发展要求,沿长江和乌江水道、重庆到万州的渝万高速公路、渝怀铁路,通过优势资源开发,抓绿色产业、生态农业、旅游经济和工业企业的结构调整,培育新的经济增长点。

全市有独立核算工业企业一万余户,其中,规模以上企业2054家,从业人员84万人,资产总额2013亿元。重庆工业轻重并举,门类齐全,制造业发达,是全国十大机电产品出口基地之一。重庆市以汽车、摩托车、冶金、化工、生物医药、建筑建材、食品、旅游产业为支柱产业,以信息工程、生物工程、环保工程为代表的高新技术产业正在迅速兴起。重庆市产业群中的汽车、摩托车产业群发展十分突出,全市有规模以上汽车、摩托车企业近400家,全行业资产总计超过550亿元,从业人员超过15万人,占全市规模以上工业总产值的比重超过1/3,摩托车产量占全国的1/3,出口超过1/2。

由于两江通衢,重庆交通便利,因此成为西南地区的物资集散地和长江上游最具活力的商贸中心,目前已初步建立起面向全国、联动长江、辐射西南、层次清晰、结构紧密、由传统商业向现代商业发展的消费品市场体系。

表10—4 重庆城市群土地、人口、GDP数据(2001年)

	区、县、市	面积 (平方公里)	人口 (万人)	非农业人口 (万人)	GDP (亿元)
都市发达经济圈	渝中区	23.71	66.5	58.8	124.5
	大渡口区	103	24	14.41	43.2
	江北区	221.02	46.65	36.76	56.25
	沙坪坝区	396	78	47.09	92.4
	九龙坡区	432	72.18	48.66	109.24
	南岸区	265	47.57	35.63	61.78
	北碚区	753	63.6	27.19	51.92
	渝北区	1452	80.83	22.05	47.83
	巴南区	1827	88	23.47	52.5

续表

	区、县、市	面积 (平方公里)	人口 (万人)	非农业人口 (万人)	GDP (亿元)
渝西经济走廊	万盛区	565	26.96	11.41	14.32
	双桥区	43.1	4.49	2.05	6.14
	綦江县	2187	95	19.6	38.7
	潼南县	1594	92	9.37	35.44
	铜梁县	1334	80.9	11.55	44.78
	大足县	1390	92	12.51	42.4
	荣昌县	1079	80.7	14.75	33.7
	璧山县	914.56	60.89	13.21	34.5
	江津市	3200	145.5	35.72	88.66
	合川市	2356.21	151	26.06	86.1
	永川市	1576	104	24.24	62.77
	南川市	2601.92	64.2	8.86	34.8
三峡库区经济区西端	涪陵区	2941.46	110.93	27.33	76.31
	长寿区	1415.49	88	16.32	55.7
总计		28670.47	1763.9	547.04	1293.94
占重庆全市比重(%)		34.79	56.94	76.61	73.95

数据来源：重庆市统计局：《重庆统计年鉴 2002》，中国统计出版社，2002。

2. 重庆城市群城市发展现状

统计显示，2001年重庆地区人口城镇化率仅为22.2%；重庆都市区城镇化率为43.6%。重庆城市群城镇体系逐步形成以重庆主城区为中心，涪陵、永川等城市为地区中心的网络式城镇体系，建成由特大城市—中等城市—小城市—小城镇组成的市域城镇规模体系。

重庆城市规划按三个空间层次来划分（《1996—2020年重庆市城

市总体规划》）。主城：东起铜锣山、西至中梁山、北起井口、人和、唐家沱，南至小南海、钓鱼咀、道角，面积约600平方公里，是城镇化水平较高、城市人口相对集中的地区。都市圈：东起迎龙、南彭，西至缙云山、白市驿，北起北培、两路、鱼嘴，南至西彭、一品，面积约2500平方公里。市域：重庆直辖市行政辖区范围，面积8.23万平方公里。目前，重庆市城市发展以都市发达区（主城区）为依托，各区、县、市城市形如众星拱月，构成了大、中、小城市有机结合的组团式、网络化的城市体系。2002年重庆市宣布建立"以都市圈为核心，大中小城市和小城镇有机结合的现代化城镇网络体系"。

目前重庆城市群城镇体系发展的基本情况是：以市域产业布局为依据，都市圈主城区不断沿以下四条轴线而向外扩张，呈多种组团、圈层式向外扩张。①横贯重庆东西的长江发展轴；②沿成渝高速公路的西线发展轴；③沿嘉陵江、襄渝、遂渝、兰渝铁路、国道319线和212线组成的北线发展轴；④沿綦江河、渝黔铁路、三江—万盛—南川铁路、国道210线、川湘公路组成的南线发展轴。将来重庆城市群可能发展成为重庆都市圈。

表10—5 重庆都市圈城市职能结构

县、区、市	城市的职能结构
渝中、大渡口、江北、沙坪坝区、九龙坡、南岸、北碚、渝北、巴南	重庆城市的主体，是全市城镇体系的核心部分，是国家级历史文化名城和重要的工业基地，是重庆直辖市党政机关所在地和全市的交通、通信、文化、科教、金融、商贸中心
涪陵	中部的政治、经济、文化中心，长江上游重要的枢纽港口之一，乌江流域的物资集散地，以发展食品、轻纺、机械为主的沿江开放城市
永川	西部地区重要的交通枢纽和商贸中心，以加工工业为主导的工商业城市

续表

县、区、市	城市的职能结构
江津	以机械加工、食品加工、农副产品加工工业和旅游业为主的城市
南川	以矿产、建材、轻化工及旅游业为主的新兴城市
合川	渝北水电生产基地之一和水陆交通枢纽,以发展第三产业和轻纺工业为主的风景旅游城市
长寿	重庆重要的以轻工、化工、建材产业为主的长江沿江开放城市
荣昌	畜牧教育科研基地,以食品、轻纺、机械、建材工业为主的工贸城市
大足	以国家级石刻艺术为主要内容的旅游山水城市
潼南	以发展食品加工、轻纺工业为主的城市
铜梁	国家爱国主义教育基地,以农副产品加工为主的工贸城市
綦江	重庆南部物资集散中心,以机械加工工业为主的商贸旅游城市
万盛	重要的能源基地之一,以石林为主要内容的重庆南部旅游城市
双桥	以重型汽车工业为主的工业城镇
璧山	重庆西部的交通门户,以皮鞋制造、机械、商贸为主的小城市

资料来源:《重庆市城市总体规划 1996—2020 年》,载《规划师》,2004 (9)。

10.2.3 重庆城市群发展中存在的问题和发展调控策略

1. 区域经济发展中存在的问题

(1) 二元经济结构矛盾十分突出

虽然重庆城市群的经济发展总量较大,2001 年达到了 1293.94 亿元,但经济发展的整体质量不高,2001 年重庆城市群人均 GDP 为

7336元。其根本原因在于，其区域经济发展极不平衡，主城区经济极为发达，而外围县（市）多为丘陵农业大县或山区农业大县，人多地少，2001年人口最少的璧山县人口也达到60.89万人，人口最多的合山市达到151万人，农村经济发展十分落后，与发达的主城区形成鲜明对照。

（2）重庆主城区人口和产业的向外转移严重滞后

重庆经济发展过度集中于主城区，导致主城区的人口和产业极为密集，甚至一些污染严重、安全隐患极大的化工企业处于居民生活区的包围中，导致城市基础设施建设远不能满足经济和社会发展的需要。城市区域的功能结构的调整较为缓慢，给经济社会发展和人们生活质量的提高带来极为不利的影响。

（3）老工业基地问题突出

重庆是一个老工业基地和军工企业基地，许多国有企业设备、生产技术老化，效益低下，亏损严重，亟须用现代高新技术对老工业进行改造；企业倒闭、人员失业问题较为严重。

（4）重庆市的经济腹地受限

按重庆市区人口规模、经济总量、雄厚的工业发展基础来说，其经济辐射力与成都市不相上下，但由于受行政区划的影响，重庆市区的强大经济辐射基本仅限于重庆市范围内，而对川东地区、川南地区的经济辐射力较小。

2. 区域城市发展中存在的问题

（1）城镇化整体水平低

尽管2001年重庆都市区城镇化率为43.6%，但外围县市的城市率低下，2001年，涪陵区的城镇化率仅为30%，永川市为24.5%，一些县的城镇化率只有10%左右。其根本原因还是由于县域经济落后，导致农村城镇化进程缓慢。

（2）城市断层

同成都平原都市带的发展一样，重庆城市群的城市发展存在断层现象。目前重庆城市群形成的是特大城市—中等城市—小城市—

小城镇组成的四级城市等级规模结构。重庆市主城区是一个超大城市,整个重庆城市群内中等城市数量少,2001年只有2个,发展质量差。第二大城市涪陵市2001年市区非农业人口为27.16万人,GDP为76.31亿元,第三大城市永川市非农业人口为25万人,GDP为76.31亿元,两个城市的非农业人口规模略微超过中等城市的标准,距大城市的标准还很远。由于缺乏大城市和经济实力强大的中等城市来接受主城区的经济辐射,承接主城区人口和产业的转移,导致:一方面人口、资本、产业等向主城区的积聚现象仍在加速,主城区无序发展现象十分突出,另一方面,尽管一些中等城市具有良好的发展条件,但中小城市发展十分缓慢,城乡二元经济结构的转变十分困难。如涪陵市具有较为良好的长江航道港口,有渝怀铁路通贵州、湖南,是重庆东南地区的中心城市,但是经济发展缓慢。重庆距形成特大城市—大城市—中等城市—小城市—小城镇的层次分明、规模适度、功能合理的长江上游现代化城镇群发展目标还较为遥远。

3. 重庆城市群的发展调控策略

重庆城市群发展宜采取如下调控策略:

第一,控制主城区的人口密度,合理布局的城市发展形态,加快主城区人口和产业的向外转移,重点发展渝西—长寿—涪陵都市绵延区。

第二,加快促进重庆主城区人口和产业的向外转移,大力发展永川、涪陵两个中等城市,往大城市发展,加快江津等7个小城市的发展,使其成为中等城市。

第三,加快城乡一体化进程,大力发展都市区外围县市的经济,发展中小城镇,促进农村剩余劳动力转化。

第四,加强与川南城市群、川中城市密集区的经济联系,与成都市实现成渝经济联合,携手打造成渝经济区,共同成为"西部大开发"的强大经济增长极。

10.3 成渝城市集群的总体发展优势和存在的问题

10.3.1 成渝城市集群发展的基本综合数据

由成都平原都市带、重庆城市群、川南城市群、川中城市密集区四个城市群构成的成渝城市集群是我国西部地区人口最多、经济最发达、城市最密集的超大城市群，它呈现出向大都市连绵带发展的大趋势。

2001年，成渝地区城市集群区域土地面积占我国西部地区土地面积的2.48%，人口占西部地区36447万人的22.6%，GDP占西部地区18248.4亿元的28.1%。

表10—6　成渝地区城市集群发展的基本综合数据

指标		成都平原都市带	重庆城市群	川南城市群	川中城市密集区	总计
土地面积（平方公里）	地区	81881	28670.47	35289	24148	169988.47
	市区	10773	5472.73	5637	6057	27939.73
	城市建成区	437	—	124	114	—
人口（万人）	地区	3245.23	1763.9	1709.29	1523.16	8241.58
	市区	840.49	576.33	456.69	442.63	2316.14
人口密度（人/平方公里）	地区	396	615	484	631	485
	市区	780	1053	810	731	829
非农业人口（万人）	地区	745.05	547.04	301.89	240.52	1834.5
	市区	389.59	—	150.51	88.66	—

续表

指标		成都平原都市带	重庆城市群	川南城市群	川中城市密集区	总计
城市化率（%）	地区	22.96	31.01	17.66	15.79	22.26
	市区	46.35	—	32.96	20.03	—
GDP（亿元）	地区	2638.44	1293.94	732.11	466.86	5131.35
	市区	1166.23	639.62	328.62	165.81	2300.28
工业（亿元）	地区	1396.84	—	389.13	130.48	—
	市区	772.9	—	275.25	58.91	—
人均GDP（元）	地区	8130	7336	4283	3065	6226
	市区	13876	11098	7196	3746	9932

综合以上各表中成都平原都市带、重庆城市群、川南城市群、川中城市密集区的数据资料得出。

10.3.2 成渝城市集群的总体发展优势

1. 区域土地面积、人口、经济总量的优势

该城市集群区域由于其巨大的土地面积、人口数量和经济总量，因此足以与我国东部长三角、珠三角、京津唐（也称京津冀）和辽中南城市群相提并论，它在西部地区经济发展中占绝对优势，起着无可争议的龙头作用。2001年统计数据表明，成渝城市集群的区域土地面积、人口数量超过我国东部四个主要的城市群，城市数量仅次于长江三角洲地区居第二位，GDP总量超过辽中南城市群，甚至略超过京津唐城市群。

表 10—7　我国主要城市群概况（2001 年）

城市群	城市数（个）	特大城市	主要城市	区域土地面积（万平方公里）	人口（万人）	GDP（亿元）
辽中南	17	沈阳、大连	鞍山、本溪、抚顺、营口	7.71	2700	3642
京津唐	9	北京、天津、唐山	秦皇岛、保定、张家口、承德	5.53	3512	5001
长江三角洲	43	上海、南京、杭州	无锡、苏州、常州、宁波	9.96	7534	16981
珠江三角洲	25	广州、深圳	佛山、珠海、惠州、中山	4.17	2300	8200

资料来源：国家发展和改革委员会地区经济司：《中国地区经济发展年度报告 2003》，31 页，中国财政经济出版社，2003。

2. 道路交通、能源、通信等基础设施建设优势

在西部大开发过程中，成渝地区基础设施建设突飞猛进，已经具备了由铁路干线、高速公路、港口、航空运输组成的发达的交通运输网络。中部：成渝铁路、成渝（经内江）高速公路、内昆铁路和内宜高速公路；北部：成达铁路和沪蓉高速公路；东部：襄渝铁路、重庆—达州高速公路；西部：宝成、成昆铁路和成广、成乐高速公路、岷江航道；南部：长江航道；以及四川盆地中间诸多的国道、省道干线，成都、重庆、宜宾、泸州、绵阳、南充等地的机场，为城市之间的人流、物流构筑了极为发达的立体交通运输网络。

四川水电资源居全国第一，水电开发和大力发展的火电使四川成为我国电力最为丰富的省份和西电东送的主要基地。成渝城市集群之间发达的输电网络，为区域经济发展提供了极为充沛的能源供应。

成都、重庆是全国的邮政、电信网络枢纽，信息技术、产业、网络都很发达，成都、重庆、绵阳等大部分城市的信息化程度均高于全国平均水平，为城市之间的信息沟通建立了发达、便捷的联系通道。

3. 产业群发展优势

成渝城市集群地区是我国重要的重型机械制造、电站设备制造、军用飞机设计制造、电子信息科研和设备制造、汽车制造、水能资源开发、天然气资源开发、天然气化工、核工业和其他军事工业基地，同时是我国农业最发达的地区之一。该地区诸多城市形成了产业集群的良好发展态势，有成都的电子信息、生物医药产业群，绵阳的家电、电子产业群，德阳市的机械制造和装备工业产业群，重庆的汽车、摩托整车产业群，泸州的化工产业群，遂宁的纺织产业群，南充的丝绸产业群。一些小城市也初步形成了由中小企业构成的特色的产业群，如夹江的建筑陶瓷产业群、邛崃的白酒产业群、璧山的皮鞋制造产业群等。

4. 成渝两大城市的现代服务业发展优势

现代城市发展尤其是大城市的发展以商贸、金融、信息等第三产业和现代服务业的发展为主。大城市凭借强大的金融、商贸、通信、信息等现代服务业，形成强大的集聚和扩散功能，不断打破区域市场的封锁，将中小城市纳入自身的发展中来，使整个地区形成城市群体之间的合作竞争的网络体系。目前成渝两市的金融、商贸、信息、通信等现代服务业发展非常迅速，城市的综合服务能力居西部地区一流，在全国也是较为突出的。

5. 科技文化教育和知识经济发展的优势

成渝城市集群地区，以高校、科研机构、科技人才数量和质量为代表的整体实力在全国排名十分靠前，具有发展知识经济的巨大潜力。2002年，成都市拥有科研从业人员20万，拥有普通高等学校28所，在校大学生人数25.63万人；绵阳是中国唯一的科技城，有各类科研机构474家，科研和工程技术人员16万余名；重庆拥有一千多家科研机构，29所高等院校，60多万科技人员；自贡市有科研机构20个，科研人员5.6万人；乐山、德阳、雅安、南充等城市的科技人才也很多，科研力量比较强大。该区域有重庆、成都、绵阳三个国家级高新区和自贡、雅安、乐山、德阳等省级高新技术开发区。重庆、成都、绵阳三个国家级高新区的发展在全国50个高新技术开发区中十分突出，近年来其发展势头十分强劲，形成了电子信息、生物制药、汽车摩托车配套、光机电一体化、新材料、能源、环境保护、生物制药、生物工程等高新技术产业，这些产业日益成为当地经济发展的支柱产业。

表10—8 重庆、绵阳、成都高新区发展数据（2001年）

地区	工业总产值（亿元）	技工贸总收入（亿元）	从业人员（万人）
全国	7942	9209.3	251
重庆高新区	125.4	160.1	7.9
绵阳高新区	149.8	133.2	3.3
成都高新区	157.4	166.7	4.9
三区总计	432.6	460	16.1
三区占全国的比重	5.4%	5%	6.4%

资料来源：科学技术部：《国家高新技术产业开发区十年发展数据报告1991—2000》，科学技术文献出版社，2001。

10.3.3 成渝城市集群总体发展中存在的问题

1. 整个地区的县域经济落后和城镇化水平整体低下

尽管成渝地区是西部经济最发达地区，但其经济发展的整体水平和城镇化率与东部地区的差距很大。统计资料表明，2001年成渝城市群地区的人均GDP仅为6626元，都市区的人均GDP仅为9932元；川南地区人均GDP为4283元，川中城市密集区为3065元。同期辽中南城市群地区人均GDP为13489元，京津唐城市群地区人均GDP为14240元，长三角城市群地区人均GDP为22539元，珠三角地区人均GDP为35652元。造成这个现象的根本原因是县域经济落后、城镇化极其低下。由于成渝地区的县、县级市、区（都市郊区）普遍属于平原或丘陵大县（市、区），同时又是农业和人口大县（市、区），由于县（市、区）域经济落后，工业化水平低，乡村自下而上的城镇化动力弱，因此其城镇化水平普遍很低，由此使得整个城市群区域的城镇化水平很低。县域经济落后直接导致县域城镇化的低下，导致整个地区经济发展的总体水平和城镇化率低下。数据表明2001年成都平原都市带地区的城镇化率为22.96%，川南城市群为17.66%，川东城市密集区为15.79%，重庆都市圈与其他三个城市群区域一样，区域内有广袤的农村，农村人口众多，经济发展落后，乡村城镇化进程十分缓慢。统计资料显示，2001年整个重庆市地区的城镇化为22.26%。整个成渝地区城镇化率不仅大大低于东部发达地区的城镇化水平，也低于西北城市群地区的城镇化水平。成渝地区整体城镇化水平的低下，同时严重制约了整个区域经济的发展。

2. 城市之间道路交通基础设施的密集度和等级质量不高

虽然现在成渝城市群之间已初步建成了发达的交通运输网络，但客观而言，成渝两大城市之间、成渝和川南城市群、川东城市密集区之间的道路交通基础设施的密集程度还不够，等级质量还不高，城市之间的空间可达性较差，远不能满足经济发展的需求。目前成渝地区围绕两个特大城市，建成了放射状的发达交通网络体系，但环绕成渝城市群的环线铁路和高速公路网络还远未形成。目前的成渝铁路500公里的路线要花10小时以上，时间成本很高；成渝高速公路虽然大大缩短了两地的空间距离（全长340公里）和时间成本（只需3～4小时），但公路运输在准时性、全天候、便捷性、安全性、舒适性以及费用方面仍有许多不足，使其难以成为城际快速交通的主要运载工具，进而影响到了沿成渝交通轴线形成密集的物流、资金流和信息流。这也是造成成渝两市之间、成渝两市与其他城市之间以物质、人员、服务以及信息交换为特征的空间相互作用力薄弱的一个重要原因。

3. 城市规模等级结构不合理，存在城市断层现象

从成渝城市集群区域整体上看，城市规模等级结构不合理，存在着较为严重的城市断层现象；从四个城市群区域自身来看，也是如此。2001年，在成渝地区城市集群的33个城市中，除了成都、重庆两个超大城市外，其余29个都是中小城市，其中还有16个是县级市，中间缺乏大城市，呈典型的断层特征。虽然绵阳市、乐山市、自贡市和南充市2001年市区非农业人口均超过了40万人，即将迈入大城市行列，但目前尚不是。由于城市等级规模体系的不完整，缺乏足够的大城市作为承接成渝特大城市的经济辐射，带动小城市发展，导致该区域内的人口、产业、资本、技术、信息与人才向成渝两地高度集中，极化效应非常明显，成渝两大城市市区无限地"摊大饼"式发展，而周边的中小城市除少数城市外，大多数发展相对缓慢，这从一定程度上解释了成渝经济区从未形成的原因。川南城市群、川东城市密集区由于缺乏一个大城市作为核心，区域内的城市发展各自为政、独立发展的现象十分普遍，严重影响了区域经济与城市的合作和协调发展。"成渝相距300公里以上，而两城之间以物资、人员、服务以及信息的交换为特征的空间相互作用力较弱。两个城市的辐射范围还远没有形成交集"（戴宾，2003年）。成渝经济区要真正形成，应该在加强两地交通建设的同时，着力发展中间沿线地带的城市群。

4. 成渝城市集群区域经济协作形成机制尚很孱弱

城市群区域经济协作的形成机制源于两方面。一是政府组织协调。在跨行政区域经济区的形成过程中，政府组织、规划、协调是必不可少的。因为行政区域的界线有可能导致行政要素和经济要素的冲突，这种冲突只能通过政府之间的协调来化解。二是区域经济之间的自组织的充分发育，即通过经济活动在大城市之间、大城市与中小城市及更为广阔的经济腹地之间的空间聚集与扩散，使中心

城市与中小城镇和经济腹地之间不断地进行物质与能量交换,实现结构调整、功能转换和空间形态的变化,自我诊断,自我完善,以适应环境变化和经济发展的需要,实现要素的空间优化配置。

目前成渝地区城市集群的上述两种机制十分孱弱。

一方面,目前成渝地区城市间政府的组织协调机制还不强。

在传统的行政区经济思维影响下,成渝城市群之间的产业同质竞争和基础设施重复建设较为严重。这里有两个典型的例子。重庆直辖之后,四川汽车工业几近消失,但汽车制造基础薄弱的四川省并没有着眼于培养汽车配套企业,而是独立搞了川汽,并花力气引进了丰田,试图重振四川汽车业。重庆长安集团目前近300家配套企业中,一半来自重庆本地,一半来自江浙地区,极少有来自四川的。另一个例子是泸州集装箱港口的建设。重庆直辖后,四川省为了不受制于重庆港的物流制约,投巨资建设泸州集装箱港口,但由于航道水浅的原因,经济效益并不高,而重庆方面想对其兼并,也由于一些原因没有成功。

为加强区域经济合作,重庆市组织了由19个城市参加的长江上游经济协作区;川渝两地政府高层频繁互访,探讨和推动区域经济一体化进程,2001年底,成都市主要领导赴渝签订了《重庆—成都经济合作会谈纪要》,提出携手打造"成渝经济走廊",并议定在交通、商贸、汽摩及零配件、旅游等方面进行全面的交流与合作。2004年2月3日,四川省政府和重庆市政府签订了"1+6"协议:在共谋长江上游经济区发展的框架协议下,进行交通能源、旅游、广播电视、文化、农业、警务联勤等方面的合作。较之以前,在推动区域经济协作方面,政府的作用大大加强,该区域内各主要城市的竞争观念已经发生了由单纯的对立式竞争转向合作式竞争的重大转变。但与长三角城市群相比,成渝地区城市群政府间的组织协调机制有很大差距,相关的组织机构尚未搭建。目前,长三角城市群地区的15个城市的政府已联合形成了一整套政府间的协调运作机制和相关的组织机构,以加强城市间、区域间的合作,在推动实现长三角区域经济一体化战略发展目标方面,已从规划进入实际操作层面。

另一方面，目前成渝城市群之间的区域经济自组织机制还很弱。

由于成渝地区现有的铁路和公路交通系统的空间可达性尚不足以保证在成渝两个中心城市之间形成一定的通勤流、密集的物流、资金流和信息流，成渝两市以物质、人员、服务以及信息交换为特征的空间相互作用力十分薄弱。成渝交通轴沿线的城镇数量虽然多，但规模较小、等级相近、综合经济实力较弱，在成渝两市之间难以形成中介作用。这些原因导致成渝区域经济活动的自组织能力弱。目前成渝城市群之间的物流远远小于人流，城市间的资金流、信息流也很小。如在成渝高速公路上行驶的车辆多是小车和客运车辆，很难看到珠三角高速公路上那样密集的货柜车流。

综上所述，关于成渝城市集群发展存在的问题可以得出基本结论：

成渝两地之间和成渝城市群之间存在着种种有形和无形的壁垒。在经济全球化过程中，目前区域竞争的重点已从企业和产业的竞争转向区域城市的竞争。我国东部地区凭借地理区位和经济发展的强大基础，在经济全球化和知识经济发展的大浪潮中已抢占先机。当前，我国长三角、珠三角、京津唐和辽中南地区等城市群地区正进入加速区域经济一体化，提升区域城市的整体竞争力，进入区域经济高速发展的新阶段。随着国债发行推动西部地区经济增长政策的渐渐淡出，国家对成渝地区的投资将逐渐减少，如果没有其他政策替代，势必进一步拉大成渝地区与上述四地的发展差距。成渝区域经济的发展，就是要加强成渝城市群之间的合作，冲破这些壁垒的束缚，为区域经济一体化协调发展创造更好的空间环境。成渝地区城市集群的发展，迫切需要寻找新的城市群发展思路和方式，以发挥其巨大的发展优势，解决发展中存在的若干问题，以推动区域经济发展和城镇化进程。

10.4 成渝城市集群网络化发展

10.4.1 世界城市群发展的新趋势——城市网络化发展

21世纪是城市的时代,是逐步走向城市网络化的时代。迄今为止,城市发展理论经历了从中心地理论、增长极理论向点轴开发理论的演变,弗里德曼等人在传统中心地理论框架下发展了早期的城市网络理论,该理论的核心思想强调世界城市在全球城市网络中的组织功能。经济全球化使得任何一个城市都不可能在脱离其他城市的前提下独立获得发展。跨国公司的大规模发展及其向海外的大举渗透则是确立和增强城市网络联系的主要动因。跨国公司是全球化过程中最典型的企业空间组织方式,其本部和主要分支机构的选址越来越与传统的自然资源占有型选址、市场区位依赖型选址、地域区位中心型选址无关,而更倾向交通网络枢纽型、信息网络节点型、环境质量优越型和无形、软性资产型选址。

现代知识经济的飞速发展以及对世界城市影响力的增强催生了全新的城市网络发展的概念和理论。如美国旧金山—硅谷地区的城市,这类城市也被称为"网络型城市"。

网络型城市的特点可概括为:不是城市连绵带式的简单堆砌,而是走向空间有序化、多元化和柔性化。这种创新空间是未来城市空间组织的方向。城市网络化是城市综合竞争力普遍提高的产物,意味着城市在文化、教育、服务、知识等方面都将建立起紧密的联系。城市的合作竞争不仅体现在水平意义上的产业结构互补与错位竞争,更应贯穿于城市发展的每个阶段,实现时间与空间的网络一体化,并通过城市联盟集体行动,有效地降低来自区域内外的风险冲击和提升区域整体竞争力。城市群作为特殊的区域发展形态,不仅是城市开放度增强的产物,也是全球化与信息化时代城市联系增强的必然结果。顺应这种趋势,城市群的发展应该从构建网络与巩固联系入手,寻求更能发挥多中心服务综合体网络集结功能的新型城市群发展模式。

网络型城市由多个不同节点组合形成了一个独特又富有弹性的创新环境。网络型城市的功能和区位关系特征表现出比之传统中心地城市的明显优势,比同等规模中心城市享受更大的多样性和创造性,及更少的交通堵塞和更多的自由空间。

目前,我国东部城市群已经着手从战略层面和操作层面来加快城市的网络化发展,使整个区域的发展正在进入一个崭新阶段。成渝地区城市集群作为我国西部地区人口最多、城市最密集、经济最为发达,甚至可以与东部地区城市相比,相应地,也应尽快从战略层面联手合作,推动城市网络化发展,以加快区域经济的发展,担当起带动"西部大开发"的重任,否则不仅不能实现对西部经济的辐射和带动,甚至有可能在与东部城市群区域的未来竞争中出局。

10.4.2 成渝城市集群网络化发展的条件、现状和所处阶段

1. 成渝城市集群的网络化发展条件

如前所述,目前成渝地区城市网络化发展的条件已完全具备,主要表现在:区域人口、经济总量和城市密集发展的优势;道路交通、能源、通信等基础设施优势;产业群发展优势;成渝两大城市的第三产业、现代服务业的发展优势;科技文化教育和知识经济发展的优势;川渝两地政府高层推动区域经济协作工作的加强。此外,自古巴蜀不可分,区域各城市地理相邻、血脉相亲,历史文化底蕴的相同也是城市网络化发展的一个优势。

2. 成渝城市集群网络化发展的现状

第一,成渝城市集群地区已经具备了由铁路干线、高速公路、

港口、航空运输组成的发达的交通运输网络,并加速建设成渝地区高速公路环线和成渝(经遂宁)高速铁路,为城市网络化提供现代、便捷的交通运输网络。同时,由于目前成渝城市群之间道路交通的密集度和等级还不高,城市间的可达性不够强,目前正在修建的环绕成渝城市群的高速公路环线的完全建成尚待时日,铁路环线尚在规划中。因此,目前成渝城市网络化发展尚处于加速完善发展城市间的硬件设施网络的阶段。

第二,企业集团跨区域重组发展和外资进入加强了区域城市之间的市场网络联系。四川和重庆境内越来越多的企业集团投资者把企业总部设在成都和重庆,专门从事融资、信息、销售和技术开发等职能,而将生产基地设在外地。如攀钢兼并成都无缝钢管厂和成都钢铁厂、托管长钢厂,下一步准备把总部迁到成都,一方面使总部的管理、控制、协调、决策和联络等服务功能得到强化;另一方面,企业因更接近信息和市场中心而降低了经营风险和交易成本,并可获得良好的窗口形象与市场效应。攀钢的行为大大促进了攀枝花、成都、江油三座城市的网络联系。跨国公司通过投资大型龙头企业,形成相互关联、相互配套的生产体系,也有力地促进了成渝区域中小企业的网络集结和城市的网络化发展功能及集结地的区位优势。如英特尔公司在成都建设了全球第五个海外芯片封装测试厂,极大地推动了成渝区域电子信息产业群的发展。成渝地区具有战略意义的产业群发展,为城市网络化发展提供了极为强大的经济基础和发展动力。同时,虽然成渝城市群之间开始形成了以人流、物流等实物经济为主导和重点的城市网络发展趋势,但城市间的经济协作关系尚不密切,城市间实物经济的流量并不大、并不密集,资金流量和信息流量相比沿海发达地区来说更小。

第三,成都和重庆发达的综合服务功能正将区域内城市的经济活动融为一个网络群体。成渝两市的金融、商贸、科技、教育、信息、通信等现代服务业的强大功能,两个城市的大型现代服务企业凭借强大的渗透力,通过扩大中间产品的供应与交易范围,不断打破区域市场的封锁,将中小城市纳入垄断竞争结构的产业组织中,形成合作竞争式的网络联系。如成都人民商场、红旗连锁等商业企业在成渝地区各中等城市的扩张，使整个地区城市的商业日趋形成一个统一的网络。同时，成渝两大城市经济发达，但中间地带的区域经济发展较弱，因此导致人口、产业、资本、技术、信息与人才向成都、重庆高度集中，极化效应十分明显。中心城市的辐射功能十分强大，初步形成了以两大城市为核心的局部城市网络发展格局，形成了成都和重庆两大都市圈，但是两大城市强大的经济能量却未能向中间地带和对方成规模、有序地进行扩散，对区域城市的全局网络发展的推动还很不够，中间地带还没有形成城市网络发展格局。目前成渝城市群正处于由聚集发展和充分发挥特大城市群枢纽功能的局部网络集结的阶段，距全局性、整体性城市网络发展阶段还很远。

第四，城市的知识技术创新网络处于形成中。城市网络的形成，其中一个很重要的方面就是知识技术创新网络的形成。目前成渝地区有成都市、重庆市和绵阳市三个国家级高新技术开发区，以及德阳、乐山、雅安、自贡等省级高新技术开发区，都已经成该区域的主要创新源，区域内知识供给源的增加与科技创新速度的加快，通过知识生产与服务资源的整合利用，不仅使成渝地区内各城市之间的联系趋于紧密，而且还加快了成渝地区的科技企业与全球生产网络链接的步伐。目前旨在为创新提供知识服务的资源也开始进入跨区域整合的阶段。如成都、重庆、绵阳三个国家高新区在知识产权保护和交易方面已达成了合作协议。同时，要承认成渝城市之间的信息与技术等非实物交流还仅是局部的，整体上并不活跃，产生的经济效益也不明显，因此城市网络的发展还远未上升到由服务经济和信息经济为主导的城市网络发展的第三阶段。

3. 成渝地区城市集群网络化发展所处阶段

一般而言，城市网络化发展由低级到高级有三个发展阶段：初期是以道路、交通、通信等硬件设施为主导和重点的城市网络化发展阶段；中期是以人流、物流等实物经济为主导和重点的城市网络化发展阶段;后期是以服务经济和信息经济主导和重点的城市网络化发展阶段。从上述成渝地区城市网络化发展的现状分析判定,成渝地区尚处于从以硬件设施为重点的城市网络化发展向以实物经济为主导和重点的城市网络化发展的过渡阶段和区域局部网络发展阶段。在多重因素的推动下,目前成渝地区城市群的网络化发展趋向已初露端倪。目前,成渝城市网络发展处于初期向中期过渡、局部向全局网络过渡的发展阶段。

10.4.3 成渝城市集群网络化发展中存在的问题

1. 成渝两大城市的综合服务能力还不能满足区域城市网络发展的要求

目前,全球制造业正加速向中国转移,沿海劳动密集型产业呈现向中西部转移的趋势,成都和重庆作为区域性的集聚和扩散中心,就成都和重庆及其他中心城市的服务功能而言,在吸引国外制造业和沿海劳动密集型产业向成渝地区转移的方面还存在较大的距离。目前,尽管两大城市在降低行政服务成本上已经迈出了很大步伐,如提高政府行政效率、加强规则意识、加强政府服务意识、建立诚信政府等,但是这只涉及局部市场环境的创建,对作为整个城市强大的综合服务功能产业的形成而言,金融、商贸、科技研发、信息服务等产业的发展还很不够,与东部特大城市具备综合服务功能的差距还很大,尚不具备与经济全球化相匹配的国际竞争力。除了成都和重庆外,成渝地区其他城市的第二产业比重都显著高于第三产业,这意味着中心城市的服务机能普遍较弱,存在服务信息化水平低、服务面窄、服务链短和服务创新滞后等突出问题。此外,信息化过程中存在结构性问题,如信息基础设施利用率低,信息化程度不高,信息化服务能力弱,以服务与制造业部门相互渗透为特征的服务市场创新应大大加强。

2. 成渝地区城市孤立和局部网络发展

成渝城市等级规模体系不健全，缺乏大城市作为中介，因此，大、中、小城市在节点层次上的网络链接机能存在着向上和向下的断裂，使得整个区域城市网络化动能的下沉过程受阻，表现为邻近中等城市之间发展孤立和大城市与小城市之间发展孤立。一方面，这些中小城市由于自身缺乏承接辐射的多项条件，如经济实力弱，相互之间缺少共同的利益纽带，与区域性中心城市的关系比较单一，那些缺乏独立产业体系或未能在区域产业供应链中占据一席之位的中小城市很容易被排斥在城市网络化范畴之外。另一方面，区域性中心由于城市的综合服务能力不够，有效供给范围有限，导致其未能触及并诱发这些中小城市的外向发展动机和潜力。

目前成渝地区内这样的情况较为普遍：小城市与乡镇、中等城市与小城市、大城市与小城市的联系还很低级，很多城市之间的联系仅限于行政联系与交通联系，并未纳入严密的区域产业分工与组织体系。如川南几个中等城市之间人流频繁，但经济流量很小；川南城市群与成都、重庆的经济联系多，自身内部的经济联系少；地区内小城市与中心城市的经济联系多，而小城市之间的经济联系则更少。川中城市密集区的状况也是如此。

3. 各城市渐显自我为中心的发展态势

随着本地民间资本的快速成长与境外资本的进入，区内一些中等城市加快发展，逐步成长为新的区域经济增长极，在这个过程中，各城市以自我为中心的发展态势越来越强，城市间的产业结构重合，行业的同质倾向日渐增强，恶性竞争越来越严重，破坏了城市间经济协调发展机制的形成，导致其与城市网络发展的方向背道而驰。如川南城市群在化工等产业方面，川中城市密集区在纺织等产业的同质发展现象较为严重，这种情况不利于加强城市间的经济协作和城市的网络化发展。

第十一章 西部地区城镇型建制镇、中心镇发展与城镇化

11.1 城镇型建制镇、中心镇是小城镇发展的重点

目前我国的镇有两种类型。一种是城镇型建制镇,它通常被称为城镇,其人口规模与经济规模较大,镇辖区范围内城镇地域占较大比重,居民大部分或绝大部分从事非农产业,基础设施较为完善,在功能与属性上更接近城市。通常县级人民政府所在地的城关镇和历史较长、规模较大的建制镇属于此类。另一种是地域型建制镇,即采用全乡改设镇而成,其镇辖区范围内乡村地域占较大比重,非农业人口比重较小,功能与属性上更接近乡村。在广大西部地区,小城镇作为连接城市与乡村的桥梁和枢纽,在推动西部地区农村工业化和农村城镇化,消除城乡二元经济社会结构,加快发展县域经济,实现农村经济社会全面发展中起着重要的作用。

经济学界一般认为,3万人(主要是非农业人口)规模的建制镇,才能满足全体人的基本需求,才能做到城镇建设和运行的成本最低。著名经济学家弗里德曼和道格拉斯在"自中心发展理论"的农业城镇发展模式中提出,在农村区一级的行政管理层次(拥有5万~10万人口,行政级别相当于我国的县级,但人口比我国县的人口少得多)集中发展农业城镇,方能做到以其自身的力量实现自我

为中心的发展,做到城镇建设管理成本最小,获得最佳规模效应。由于在小城镇建设中采取"乡乡建镇"的策略,增加的绝大部分镇属于乡镇型建制镇,我国西部小城镇的人口数量、建成区规模普遍偏小,即使是中心镇,常住非农业人口也很少超过万人,辖区人口很少超过5万人。小城镇特别是乡镇型建制镇集聚规模偏低的问题,极大地制约了县域经济的发展。政府在促进小城镇的建设与发展过程中,更注重小城镇数量的增长,注重小城镇建设在面上的展开与推广,而忽视了小城镇规模的扩大与质量的提高。据1996年统计数据,四川全省共1641个建制镇,镇平均面积只有1.7平方公里,镇平均人口3289.8人,其中非农业人口仅1853.2人。目前,四川尚有322个建制镇平均仅500~1000人,292个建制镇不足500人。①

为解决小城镇普遍开花,低水平建设的问题,1994年,四川省确定了首批100个基础好、有代表性、有发展潜力的小城镇为建设试点镇,制定了一系列优惠政策和措施,在试点小城镇实行统一规划、综合配套开发、以地生财、滚动发展的战略,推动了四川省小城镇建设的进程。1998年,全省扩大到301个省级试点镇(含国家级34个),至2001年四川省第七批,一共确定了935个小城镇建设试点镇。四川试点小城镇在促进经济成长、增加农民收入、推动城镇化发展、加快工业化步伐等方面取得了一定成效,但在优势产业发展、剩余劳动力吸纳、基础设施建设等方面还有差距。主要原因在于:试点镇标准偏低,数量偏多;935个小城镇试点镇中,除极个别为城关镇,大多是由"乡改镇"而成的乡镇型建制镇;布局和定点不尽合理;产业层次低,对经济的带动作用不强;缺乏基础设施建设资金来源;小城镇规划水平低、优惠政策落实困难、管理体制不顺畅等问题也制约了其发展。作为西部地区人口最多、城镇最为密集、经济较为发达的四川省小城镇建设的情况尚且如此,而其他人口更少、城镇密度更小、经济更落后的西部地区小城镇建设中存在的此类情况更加突出。

---

① 四川省建设厅:《四川省城镇体系规划2000》。

小城镇数量多、规模偏小给小城镇自身的发展以及整个县域经济的发展带来诸多不利影响。①小城镇集聚规模偏低，其空间集聚能力也十分有限，难以吸引工业特别是乡镇企业向城镇集中，也直接限制了企业规模的扩张，第三产业达不到起始的分工条件。为数众多的小城镇又必然导致乡镇工业呈分散布局，难以形成集聚效应。②小城镇建设资金有限且投入分散，使其基础设施不成系统，公共服务设施薄弱，利用效率低，管治成本高。③小城镇的空间扩散能力弱，难以真正担负起农村社会经济中心的作用，对周边农村经济发展带动力弱。区域空间结构是由点、线、网络和域面四个基本要素组成的，小城镇是县域空间结构中的点，由于点的集聚规模偏低，未能形成一定的等级系列，使得县域空间结构缺乏中心，呈现出低水平均质状态，更难以形成线状、网状的空间结构，县域经济活动似一盘散沙。

目前广大西部地区，除城关镇和历史较长、规模较大、非农产业比较发达的建制镇即城镇型建制镇外，还有一类小城镇能够有效地推动县域经济发展，辐射带动区域农村经济社会发展。这类小城镇在众多乡镇型建制镇中为数较少，一般而言，除城关镇外，小县中有1~2个，大县中有3~4个，它们位于周围几个小城镇的中心，处于几条重要的交通线交会处，地理区位优势突出，经济力量较强，存在较合理的产业结构，第三产业相对其他乡镇更为发达，有较为完善的公共、市政服务设施，具有发展成为区域经济中心、带动周围区域发展的良好前景，我们称之为中心镇。

城镇型建制镇和中心镇大多处于重要交通线的交会处，区位优势突出，或为县级人民政府所在地，或具有悠久的历史，或具有良好的区域发展空间。其人口规模与经济规模明显高于一般建制镇，第三产业有一定的基础，基础设施建设较好，具有很大的发展潜力，能够带动周围一大片区域经济社会的发展。例如城镇型建制镇——四川金堂县的赵镇（县人民政府所在地），城区面积为13平方公里，城镇人口8.5万人，中心镇——四川省宜宾县的观音镇，全镇幅员2412平方公里，人口76000多人，其中心镇城区面积2平方公里，非农业人口1.2万人，集聚规模明显高于一般建制镇。城镇型建制镇和中心镇在县域经济发展中处于非常特殊的地位，对带动和促进县域经济发展具有举足轻重的作用。

第一，加快城镇型建制镇、中心镇的发展能够促进城镇产业的集中与发展。

近年来，随着城市国有企业改制的进一步深入和民营经济的发展，乡镇企业原有的体制优势已逐步弱化，而规模小、布局分散的弊端则日益显现。加快城镇型建制镇、中心镇的发展，有助于引导和推动乡镇企业向中心镇的集中和分工与专业化协作的形成，从而提高乡镇企业的集聚规模效应。而乡镇企业向城镇型建制镇、中心镇的集聚又有助于提高小城镇人口与产业的空间集聚规模，促进商业、金融、保险、电信、教育、文化、娱乐等第三产业的发展。

第二，加快城镇型建制镇、中心镇的发展能够有效提高小城镇吸纳农村剩余劳动力的能力。

据统计，1985—1994年间，全国小城镇已吸纳农村剩余劳动力1.4亿人。但近年来小城镇转移农村劳动力的能力已近饱和，不能吸引更多的农村劳动力。其原因在于乡镇工业布局分散，小城镇低水平均衡发展，第三产业落后，浪费了大量就业机会，加之存在严重的"小城镇病"问题导致工作难找、生活居住条件差，对农村劳动力的吸引力减弱。而城镇型建制镇、中心镇由于具有规模优势，基础设施、公共服务设施较为完善，吸引了大量农村剩余劳动力进镇居住、经商、务工。据统计，2001年我国农村转移劳动力人数1514万人，其中，转移到县城的占14.9%，转移到一般建制镇的仅占8.7%。这表明，城镇型建制镇、中心镇吸纳农村劳动力的能力远远高于一般建制镇。

第三，加快城镇型建制镇、中心镇的发展，有助于提高县域空间结构中点的集聚规模，提高中心城镇的集聚与扩散能力，使城镇型建制镇、中心镇真正成为县域经济的增长中心。

城镇型建制镇、中心镇作为县域经济的增长极，为当地经济发展和企业的专业化分工与协作和产业升级提供了强大的市场、资金、技术、信息等综合服务,给农村、农产品带来极大的市场需求,为当地农村劳动力提供了大量的就业机会。城镇型建制镇、中心镇通过向周边小城镇和广大农村腹地输出资金、技术、人才、管理、信息,促使农村范围内土地资源、劳动力、资金等生产要素得到优化配置,有利于加快实现农业现代化,有利于解决农民、农业和农村的深层次问题,促进整个农村区域的经济社会的发展。

第四,加快城镇型建制镇、中心镇的发展,能够优化县域空间结构,扩大点的集聚规模,使县域内形成不同规模的点组合和等级系列,从而进一步促进点线及网络空间形态的形成。

第五,加快城镇型建制镇、中心镇的发展,能够使中心城镇成为联结更高层次区域中心的结点,成为中心城市产业扩散的吸纳地。

大中城市随着经济社会的发展必然进行产业结构调整,将技术层次较低、成本较高、在城市没有发展空间的制造业如玩具、纺织、皮革、一般纺织、服装、机械加工、轻化工等以劳动密集型为特征的低梯度产业淘汰和向外转移。城镇型建制镇、中心镇在产业发展水平、市场规模、区位条件、基础设施等方面与中心城市具有更为直接的联系,因而成为大中城市产业扩散的最佳接收地和集聚地。

由于城镇型建制镇、中心镇在县域经济发展中处于非常特殊的地位,对带动和促进县域经济发展具有举足轻重的作用。因此,在西部地区小城镇发展战略中,城镇型建制镇、中心镇应当成为发展的重点。就目前而言,小城镇发展的紧要问题不是简单增加乡镇型建制镇的数量,而是应当摒弃"乡乡建镇"的均衡发展战略,重点和优先发展城镇型建制镇、中心镇,将其建成集几个区域中心即生产中心、商贸中心、金融中心、交通中心、科技文化教育中心和管理服务中心于一体的经济体,使其成为区域经济的"增长中心",并通过其集聚效应和扩散效应,与周围各具特色的一般小城镇共同带动农村区域经济和社会发展。

11.2 城镇型建制镇、中心镇的特征

11.2.1 城镇型建制镇的特征

城镇型建制镇通常为县级政府所在地的城关镇和历史较长、规模较大的建制镇,是县域经济、政治、文化中心。城镇型建制镇具有如下几个的特征。

第一,人口规模与经济规模明显高于乡镇型建制镇。辖区范围内城镇地域占较大比重,居民大部分或绝大部分从事非农产业。

第二,产业结构以第二、三产业为主。一般而言,城镇型建制镇的工业、金融、商贸、餐饮、娱乐业等第三产业相对于乡镇型建制镇发达得多。教育、科技、文化、医疗、公共服务的部门、机构和功能也教乡镇型建制镇完善、强大得多。

第三,城镇功能与属性上接近城市,容易接受更大区域范围、更高层次的中心城市的经济和技术辐射。由于第二、三产业相对发达、综合服务机构众多等因素,城镇型建制镇具有较强的集聚和辐射功能,有效地承接大中城市的产业、技术转移,能够带动周围一大片区域甚至是整个县域经济社会的发展。

第四,城镇基础设施较为完善,城镇的城市色彩较浓。城镇型建制镇有较为规范的城镇建设规划和功能分区,城镇街道宽阔,高楼大厦较多,现代的生产、生活服务设施较完善,在很多方面向大中城市靠拢。

11.2.2 中心镇的特征

中心镇不同于一般的小城镇,中心镇不仅是一定地域范围内广大农村的中心,还是一定地域范围内小城镇群体的中心,是农村城镇化和城乡一体化发展的重点,一般是县城范围内经济、文化的副

中心，或者是跨县域的经济、文化中心，或具有流通意义上的区位优势，使其成为现代农业服务业的中心地。

中心镇具有如下几个特征：

1. 集聚农村区域资源及自发展的功能较强

由于交通区位优势，中心镇经济力量较强，基础设施建设较好，相对于其他小城镇发展较快，它在农副产品加工以及其他工业方面建设与形成了一定的主导产业和支柱企业，形成了一定的规模效益，对周围小城镇及以外地区有一定的吸引力和向心力，使得周围地区的劳动力、资金、人才、技术、原材料与初级产品等资源被吸引到中心镇这个极点，从而形成一定数量的外部投入。外部投入拉动的同时又拉动中心镇的内部投入，生产加速集聚产生的规模经济效应越来越明显，从而引发区域人口和产业的向中心小城镇新一轮集聚。随之而来，一系列为它们服务的生产性和非生产性行业，如金融业、运输业、供电业、邮政电信业、教育业、文化事业、娱乐业等也在中心建制镇地区聚集，带动了中心镇第三产业的发展，既为当地工业生产提供了强大的资金、技术、信息等综合服务功能，有利于第二产业专业化分工、协作与升级，同时又为农村农产品带来极大的市场需求，为当地农村劳动力提供了大量就业机会。通过累积因果循环效应，集聚效益越来越突出，自发展的功能越来越强大，中心镇人口与经济规模不断扩大，中心镇最终向小城市方向发展。

2. 有一定接受大中城市辐射的能力

中心镇通常区位优势明显，交通便捷，中心镇人口与经济具有一定规模，集聚效益比较突出，是一定农村地域范围的社会经济发展核心和增长极核，因此，它有一定的接受大中城市辐射、承接大中城市低端产业和技术的转移和投资的能力。

3. 区域综合服务功能相对强大

中心镇的区域综合服务功能相对强大，是一定农村范围的经济

"增长中心"。通过累积因果循环效应，中心镇迅速发展壮大，集生产中心、商贸中心、金融中心、交通中心、科技文化教育中心和管理服务中心等几个区域中心于一体，真正成为农村区域经济发展的"增长中心"。通过扩散效应，中心镇向周边小城镇和广大农村腹地输出资金、技术、人才、管理、信息，促使农村范围内土地资源、劳动力、资金等生产要素优化配置，从而解决农民、农业和农村发展的深层次问题，促进整个农村区域经济社会的发展。

4. 中心镇的社会经济发展、城镇建设形态仍带有较多的乡村特征

中心镇地处广大农村，由村庄发展而来，其城镇的社会经济、建设布局与自然形态仍带有较多的乡村特征。相对大中城市而言，中心镇一般保留了较好的自然生态环境和丰富的农村传统文化生活习俗。同时，其经济发展与城镇建设亦带有较浓的农村色彩。工业布局与发展比较散乱，如以村为单位形成各自为政的工业小区，城镇建设缺乏严格的规划，土地资源浪费严重，农民自建房多，房屋、街道建设的档次、质量低，城镇基础设施、公共服务设施不健全，城镇环境比较脏乱等。

11.3 城镇型建制镇、中心镇的发展模式

目前，我国东部地区小城镇已成为区域经济发展的重要组成部分，成为城镇化的主要动力。西部小城镇的发展规模、速度和质量都远远低于东部小城镇，因此，借鉴东部小城镇发展的成功经验，对经济、文化相对落后的西部地区小城镇发展特别是建制镇和中心镇的发展显得尤为重要。同时，城镇型建制镇和中心镇的发展也要积极探索出适合自身特点的发展模式。

1. 苏南模式

苏南模式最早由费孝通先生在其 1983 年所著的《小城镇·再探索》中提出来。早在 70 年代,就有人提出苏南地区"围绕农业办工业,办好工业促农业",80 年代大力"以工补农"、"以工建农",鼓励"离土不离乡,进厂不进城",从而创造出以乡镇企业发展为动力、农工相辅的地方驱动型乡村城镇化道路。主要特征是以城乡协作为依托,农民依靠自己的力量发展乡镇企业,以工业促进小城镇发展,乡镇政府主导乡镇企业的发展、组织小城镇建设。

2. 温州模式

温州模式是以私营企业、专业市场发展为动力,农商相辅的市场推动型的"温州模式"乡村城镇化道路。温州模式的主要特征是:以家庭工业和专业化市场的方式发展非农产业,从而形成"小商品、大市场"的发展格局;政府提供制度环境和公共产品,引导农民进入小城镇,建立工业小区,引导企业集聚,从而提高该地区的工业化、城镇化和现代化水平。

3. 珠江模式

珠江模式是以外商投资与乡村经济相结合的外资促进型的乡村城镇化道路。小城镇是由"乡镇企业支撑起来的工业化的伴随物,同时也是外向型的现代工业的载体"。珠江模式以经济特区和开发区建设为起步,由乡村经济与外资、外商相结合,以公有制为主体,多种所有制共同推动小城镇和经济的发展。其主要特征是:依托港澳,乡村经济广泛与外资相结合,大力发展外向型加工业,同时金融、商业、服务业、交通运输、餐饮、娱乐等第三产业也得到飞速发展。经济的高速发展推动着小城镇的飞速发展,大大提升了乡村的城镇化水平。

4. 晋江模式

晋江地处闽南三角洲,是著名的侨乡。晋江模式是指以股份合作制为特征,以侨胞为依托,利用侨资,兴办联户企业,发展外向型经济,以此带动城镇的兴起和农村的繁荣。其基本思路是发展卫星集镇群落,分头带动农村,进而烘托市区,形成市、镇、村彼此有机联系的整体,逐步实现城市现代化、乡村地区城镇化和城乡一体化。

5. 礼泉模式

礼泉县位于陕西省咸阳市,没有苏南、温州、珠江三角洲那样的经济和地缘优势。该县属于农业县,经济基础薄弱,历史上小城镇也不发达。礼泉模式是对"增长极"理论的具体应用,通过采取不平衡发展战略,强调发展极,以县城建设为起点,壮大经济实力,集聚资金、技术和人才,营造良好的投资环境,吸引企业和人口落户,形成以县城带动四周、以中心镇带动周围集镇、集镇带动乡村的城镇化道路,逐步将城乡二元结构过渡到城乡一体化的新格局。

6. 大城市郊区模式

当大城市发展到一定程度后,产生巨大的城市人口压力和用地矛盾、交通拥挤、环境污染等问题,大城市的人口和产业必然向城市郊区转移。大城市郊区的城镇,充分利用其区位优势,大力承接大城市第二、三产业的转移,分担城市的工业、居住、休闲娱乐等功能而不断发展壮大,有的发展成为大城市的卫星城,甚至发展成为城市的副中心。

11.4　城镇型建制镇、中心镇的发展对策

1. 撤乡并镇，科学规划城镇型建制镇、中心镇的发展数量

撤乡并镇，采取城镇型建制镇、中心镇发展战略的目的在于通过人口和土地规模的增加，促进资源的优化配置，培育区域经济增长极，通过极化效应和扩散效应，加快农村城镇化、农村工业化和农业产业化三化联动发展。城镇型建制镇、中心镇发展数量的确定具体有三个方面的指标：一是镇区非农人口，二是财政收入，三是镇建成区面积。具体标准根据各个省、市、区的不同情况，以及各个地区的经济发展水平和人口数量的不同情况而定。如陕西应当依据陕西北部、关中平原和陕西南部各自不同的经济发展水平和人口数量的情况，制定不同的城镇型建制镇、中心镇指标。四川则应当依据成都平原、川中盆地和盆周山区各自不同的经济发展水平和人口数量的情况，制定不同的城镇型建制镇、中心镇指标。位于成都平原的一般县（市）区，可确定4～5个城镇型建制镇、中心镇发展数量；位于川中盆地一般县（市）区，可确定3～4个城镇型建制镇、中心镇发展数量；位于盆周山区的一般县，可确定2～3个城镇型建制镇、中心镇发展数量。每个县（市、区）确定要大力发展的城镇型建制镇、中心镇时，对陆路和水路交通枢纽城镇、重要的海滨河滨及作为重要对外门户和窗口的城镇要予以优先考虑。

撤乡并镇，应当根据乡镇的历史沿革、区域大小、人口、经济总量、产业布局、交通运输条件的原则，并突出区域特色、方便人民群众，将区域小、经济总量小、人口在2万～3万人左右的、政府运转困难的小乡镇并入附近的大镇，集中力量发展好那些区位优势突出、人口和经济总量大、综合功能较强的建制镇，将其建设成为集生产中心、商业贸易中心、交通中心、金融中心、教育文化中心和管理服务中心为一体的综合型中心镇。

2. 科学规划村镇体系，实现区域小城镇群体的协调发展

一般而言，城镇型建制镇、中心镇不仅是一定地域范围的中心，还是小城镇群体的中心。城镇型建制镇、中心镇和周边的小城镇之间交通联系便捷，在社会、经济与生态环境方面发生和发展着紧密的内在联系，共同形成相对完整、空间上集聚分布的集合体。由于经济与行政体制的限制，这些小城镇之间组织松散、各自为政，造成城镇量多质低，产业同构现象严重，区域经济整体效益不高，基础设施与城镇建设缺少统一规划与协调，影响整个区域城镇化水准。因此，在编制作为核心地位的中心镇总体规划时，既要从重点中心镇是地域乡村城镇化的核心着眼，又要从它是城市等级结构中的"小城镇"这一特征着手，应当制定"城镇型建制镇、中心镇—一般建制镇—中心村—基层村"的村镇体系规划，科学确定规模等级体系与相应的职能结构划分。建立快捷的交通运输体系，促进各要素流通；对社会公共设施与基础设施统一规划和布局，提高使用效率；对自然环境、绿色开敞空间统筹考虑，优化区域生态环境，使城镇型建制镇、中心镇的规划站在更高的高度，制定出更合理、更长远的总体规划。城镇型建制镇、中心镇的规划必须旨在增强其综合服务功能，将其建设成为集生产中心、商业贸易中心、交通中心、金融中心、教育文化中心和管理服务中心为一体的区域中心，形成以综合型中心建制镇为核心，周围工矿型、特色农业型、商贸型、交通型、旅游型等特色小城镇相结合、密切分工协作的小城镇群体发展格局，有效地推动整个农村区域的全面发展。

3. 引导区域第二、三产业向城镇型建制镇、中心镇集中

目前，多数小城镇的聚集能力很弱，其根本原因在于小城镇的产业集聚度太低，特别是工业发展落后，不能为大量的农村剩余劳动力提供更多的就业机会。因此城镇型建制镇、中心镇的发展迫切需要引导区域第二、三产业向中心镇集中，形成非农产业发展的高地。

目前农村地域乡镇工业布局有较大随意性，一些乡镇工业较为发达的区域形成"村村点火、户户冒烟"的自由散布状态，环境污染治理成本高，同时导致规模和集聚效益缺失。城镇型建制镇、中心镇总体规划尽可能结合现状，规划一定区域作为集中的工业区，采取引导方式，促使"工业进区"，使乡镇工业逐步形成合理的布局形态，形成集约发展优势。实现乡镇第二、三产业与城镇型建制镇、中心镇建设同步发展，采取原地纳税、原地统计产值、管理费返还等办法，鼓励乡镇企业向中心镇集聚。在第二、三产业比较发达的农村区域，应积极鼓励以自愿互利为原则，以产权或生产联系为纽带，以城镇型建制镇、中心镇为基地，组建跨乡镇、跨行业、产供销、技工贸一条龙的企业集团。上级有关部门在技术改造和创新、结构调整、农业产业化、市场建设的项目安排和资金扶持等方面，应优先向城镇型建制镇、中心镇倾斜。

4. 树立经营城镇理念，加强城镇型建制镇、中心镇的基础设施建设

树立经营城镇理念，建立多元化的建设投融资机制，使基础设施建设走上投资、建设、运营、投资回报、再投资建设的良性循环。经营城镇的实质是城镇政府以国有财产代理人的身份，运用宏观调控职能、公共服务供给职能，按照市场经济运行规则，不断提高城镇要素配置效率，加快城镇的基础设施建设。按照"谁投资，谁受益"的原则，打破独家垄断，实现政府主管部门与城建企业的政企分离、政事分离、政资分离，各类投资主体和建设主体真正平等地参与竞争，建立城镇基础设施建设的多元投入机制。

经营城镇的基本内涵：政府在统一规划、加强监管的同时，实行城镇基础设施所有权与经营权的分离，放开市政公用设施的开发建设权与经营权，实现市政基础设施建设、投融资主体的多元化，基础设施建设、运营、维护的市场化和企业化。

经营城镇采取多种具体形式：对现有适合市场运营的基础设施进行公开拍卖、有偿转让、合股经营和抵押、出租、租赁，以盘活

存量资产；通过发行股票、债券等直接融资；通过建设—经营—转让、建设—拥有—经营—转让等形式，以项目融资、特许权经营等方式吸引社会资本投资城镇基础设施建设。

5. 坚持高标准城镇建设，重视环境保护

城镇型建制镇、中心镇建设要因地制宜，风格各异，应该坚持现代化、城镇化和社会化的方向。起点要高，不要千篇一律、一个模式，要充分结合当地特色，重点考虑功能。在建设上，要节约用地，以合理有效为标准。在农房建设上，要注意引导，按照建设部对农房建设提出的标准，原则上不再搞独家独户，要适当控制，通过现代化建设，将分散型变为集中型，体现综合效果，使土地能最有效地使用。城镇型建制镇、中心镇路网规划在保证城镇主要交通干道和主要景观道路宽度的要求下，在中心区普遍采用小断面、高密度路网结构形式，既符合小城镇交通特点，亦能充分体现小城镇的景观特色。作为传统的商贸重镇和未来的地域商贸中心，城镇型建制镇、中心镇的规划既要反映出现代商贸给城镇带来的时代烙印，又要体现小城镇特有的丰富、亲切宜人、活跃的人文活动氛围的传统商贸特色。保留人性化的传统商业街巷，通过建筑的装饰改造、环境的综合整治，使小城镇街道交通、商品交换、人际交往、休闲等多功能复合特色得以充分体现。重视城镇环境设计，充分利用其自然条件，构筑良好城镇景观环境，促进城镇可持续发展。重视环境保护建设，把建设和环境治理结合起来，提高环境质量。加强教育，提高农民的文明素质，自觉搞好环境卫生管理。对水体的保护、城镇的烟尘大气污染和噪声控制以及自然、人文景观和历史文物的保护更应严格，在规划中给予充分考虑。

6. 制定支持城镇型建制镇、中心镇的发展政策

省、市建设主管部门应当起草促进城镇型建制镇、中心镇加快发展的政策，从加大规划投入，引导村镇第二、三产业向城镇型建制镇、中心镇集中，大力拓展建设资金渠道，实行用地倾斜，深化

户籍制度改革,建立适应城镇型建制镇、中心镇发展需要的管理体制等方面提出具体的政策措施。

改革现行的财政管理体制,在划分城镇型建制镇、中心镇政府和上级政府事权的基础上,明确城镇型建制镇、中心镇的事权与财权,合理划分收支范围,逐步建立分税制财政体制,建立城镇型建制镇、中心镇的独立财税机构和镇级金库,增强其财政实力。各市、区、县在财力允许的条件下,应通过贴息贷款、转移支付等形式支持城镇型建制镇、中心镇的道路、供排水、污水及垃圾处理、教育文化场所建设、环境整治等基础公共服务设施建设。在城镇型建制镇、中心镇的各项收费,应贯彻"取之于民,用之于民"的原则,全额或以一定比例返还城镇型建制镇、中心镇,用于城镇型建制镇、中心镇的各项建设和管理。

对城镇型建制镇、中心镇实行用地倾斜政策,优化土地资源的开发利用。中心镇建设用地应优先纳入市、区、县用地计划,由市、区、县综合平衡,逐年调剂解决。允许在全县、全市实行耕地占补平衡,中心镇的耕地保护指标可适当低于其他非城镇型建制镇和中心镇,或通过置换等手段将建设用地向城镇型建制镇、中心镇集中。

深化户籍制度改革,逐步消除城乡二元管理体制。在城镇型建制镇、中心镇彻底取消进镇的户籍门槛,按照实际居住地登记户口的原则,实行城乡户口登记管理一体化。按实际从事的职业划分、管理农业及非农业人口,按居住地划分、管理城镇人口和农村人口,城镇型建制镇、中心镇城镇建成区内取消建制村。加快住房制度、就业制度、社会保障制度和教育体制的改革,以提高进镇农民和外来人口的生活质量。

建立适应城镇型建制镇、中心镇发展需要的管理体制。授予城镇型建制镇、中心镇部分县级经济社会管理的权限,有条件的部门以有利于加强执法,提高工作效率,发挥城镇型建制镇、中心镇的辐射带动作用为原则,在城镇型建制镇、中心镇设立分支机构,行使部分县级行政执法权。

第十二章　我国西部地区小城镇发展战略及其后发优势

我国西部地区，经济发展落后于东、中部地区，属于中国的欠发达地区。其城市化水平也低于东、中部地区，主要原因是社会经济发展、工业化进程缓慢，而西部欠发达地区，农村地域广阔，人口众多，加速其城市化进程和经济发展十分重要，小城镇的发展将是西部地区城市化的重要内容。本文以具有代表性的四川省为例，着重论述如何发挥后发优势，实现西部地区小城镇的跨越式发展，从而加速西部地区城市化进程和经济发展。

2000年末，全国城市化水平为36.09%，四川省仅为26.70%，绝大多数劳动力资源滞留在农村，耕种着极为有限的土地资源。我国乡村劳动力人均耕地资源80年代为0.268公顷，90年代为0.243公顷。这表明每个农村劳动力能够耕种的土地愈来愈少，土地愈来愈成为农村劳动者生产力充分施展其才能的"瓶颈"。表现为从事农业生产的劳动者不能实现充分就业，农业劳动者剩余劳动时间增加，农村剩余劳动力问题日益突出。因此，将农村人口转入城市是解决人地矛盾，遏制劳均耕地下降，实现农业生产规模经营和产业化的必由之路。虽然大中城市发展很快，但农村剩余劳动力进入其中的门槛较高，故发展小城镇是解决当前农村诸多矛盾的重要途径。

12.1　加速发展小城镇的重要意义

　　加速发展小城镇还是重点发展大中城市的问题,在我国理论界一直是一个有争议的问题。改革开放二十多年来,小城镇建设取得了成就,但与国民经济的发展要求还不相适应,特别是从我国农村人口比重大,农村人口自然增长率高于城市人口,我国属于发展中国家等比较特殊的国情来看,小城镇的建设必须加快步伐,小城镇的建设发展已成为近年来若干宏观调控措施之后,保持国民经济持续发展的重要措施。不仅具有重要的现实意义,而且具有深远的战略意义和历史意义。中共中央、国务院下发的关于促进小城镇健康发展的若干意见指出,当前,加速城镇化进程的时机和条件已经成熟。抓住机遇,适时引导小城镇健康发展,应当作为当前和今后较长时期农村改革与发展的一项重要任务。党的十五届三中全会指出,发展小城镇,是带动农村经济和社会发展的一个大战略。加速发展小城镇,将是我国各级政府21世纪初重要而艰巨的历史重任。多年来小城镇发展并不理想,主要有两方面的原因。一方面是认识上的误区,有一种观点认为小城镇集聚功能弱小,不如发展大、中城市来得快,费力不讨好,因此若干年来大中城市飞速发展,而小城镇发展缓慢。另一个原因是整个国民经济发展的进程,特别是农村经济发展进程缓慢,对小城镇缺乏投资,相应配套政策"不到位",较长时期以来,我国小城镇的发展总体上是"顺其自然",因此难以自行快速地发展。

　　发展小城镇的战略意义在于有利于解决现阶段农村一系列深层次的矛盾,能够有效促进农业和农村经济结构的优化,能够增加农民收入,有利于缓解当前国内需求不足和农产品品种结构性过剩的状况,可以为第二、三产业的长足发展拓展新的市场空间。

　　城市化水平是一个国家经济发展水平和综合国力的重要指标,一个初步现代化的国家或地区,城市化水平一般在50%~60%,人均国民生产总值（GNP）达到4000美元，我国现有的城市化水平仅相当于德国等发达国家19世纪初的水平，我国正在加速城市化进程，预期目标是2010年城市化水平达到50%，这个目标的实现道路相当艰巨，我国的城市化率2000年达到36.09%，即城镇人口占总人口的36.09%，不少省区城市化率人口还在30%及以下，四川省2000年城市化率仅达26.70%。我国要在10年时间内将2亿左右的农村人口转化为城市人口，难度之大可想而知。世界发达国家城市化进程大都以发展大中城市为主，我国也有人认为大城市在经济社会环境和基础设施等方面优于中、小城市，因此应走国外的路子；主张发展中等城市的观点认为中等城市在各方面都优于小城镇，与大城市相比也不逊色，大力发展中等城市，其经济效益和社会效益也能得到较好的统一。以上二者都忽略了一个非常现实的问题，我国现有的大、中城市根本不具备接纳数以亿计的农村剩余劳动力的就业条件和基础设施。大中城市发展的巨大成本使现有国民经济水平和发展速度难以为继。笔者根据多个对大中城市的调查，得出我国大中城市建成区每拓展一平方公里，需要2亿元左右，只能容纳一万多城市人口。靠发展大城市来转移2亿农村人口，需要建可容纳100万人口的大城市200座，这显然是我国国力无法达到的。

然而，发展小城镇的建设成本大大低于发展大中城市，并可有效地、大幅度地拉动内需，较快提高农村人口的生活水平。1998年，全国居民平均消费水平为3094元，其中城镇居民消费水平为6528元，农村居民平均消费水平仅为1945元，仅为全国居民和城镇居民平均消费水平的62.8%和29.7%。1998年我国国内生产总值（GDP）为79552.8亿元，农村人口每减少1%，城镇人口相应增加1%，即可拉动城市消费412.4亿元，GDP增长0.51个百分点。按照城市住房人均15平方米计，农村人口减少1%，城镇住房需求增加1.35亿平方米，按每平方米2400元成本计，需投入540亿元，可拉动GDP增长0.67个百分点。仅从生活和住房两项计，我国农村人口向城镇转移1个百分点，即可直接拉动GDP增长1.18个百分点，据世界银行专家估计，我国城市化水平每提高1个百分点，至少可拉动GDP上升1.5个百分点。

到20世纪末,我国已有小城镇5万多个,有2万个建制镇、3万多个小集镇,由于农村居民容易接受小城镇的人文环境条件,进入门槛较低,对农村劳动力的文化素质和劳动技能等要求较低,对农村居民的吸纳潜力非常大。如果每个小城镇平均新增3500~4000人,那5万个小城镇即可接纳1800万~2亿人口,再加上大中城市吸纳的部分农村劳动力,则2010年达到城市化水平50%的目标可以顺利实现,反之,如果不能有效地加速我国小城镇的发展,这个目标的实现将会十分困难。因此,党中央、国务院把加速发展小城镇作为21世纪初的一个重要战略任务来抓,的确有重要的历史意义。

12.2 小城镇发展分区概述

小城镇发展是一个总的战略,具体的发展举措应因地而异。四川地处中国西南部,幅员为48.5万平方公里,自然地理环境差异颇大。四川东部为四周山地环绕,中间为低陷的四川盆地,西部为大幅度隆起、地域辽阔的高原山地。按照自然环境的差异,可划分为以下5个自然地理区域:盆地平原、盆地丘陵、盆地山区、川西南山区和川西北高原。自然条件的差异,使各地区的社会经济发展差距很大。据资料,1999年全省国内生产总值3711.61亿元,全省21地市,其中成都市为1190.03亿元,占全省的32%,成都、绵阳、德阳三地国内生产总值之和达1744亿元,占全省的46.9%。可见以省会为中心的成都平原地区是全省的政治、经济、文化中心。同期全省人均国民生产总值为4473元,而最高的为20132元,最低的仅1473元,相差13倍。省内经济发展的巨大差异,使得小城镇发展必须有先有后,有重点有一般。最为关键的是要根据小城镇的区位条件、资源条件等选择适当的产业作为支撑。

根据现有的经济发展状况和城市化水平,并考虑行政区划的完整性,可将全省划分为四大小城镇发展片区。

第一，成都平原地区，包括成都市、绵阳市、德阳市、乐山市、眉山市五市。该区人口稠密，人口密度为每平方公里457人，远高于全省平均人口密度（172人/平方公里）。除眉山市外，其余四市城市化水平均高于全省平均水平，平均城市化水平为38.7%。区内工业总产值占全省工业总产值的58.96%；新增固定资产60.15亿元，占全省的45.9%；是全省经济发展最快的地区。

第二，攀西地区，即攀枝花市的行政管辖区。该区总面积7434平方公里，总人口110万，人口密度仅149人/平方公里，是人口相对较少的地区之一。然而该区内资源禀赋优越，是全国著名的钒钛磁铁矿富集区，并有丰富的煤炭资源、水能资源。三线建设时期，国家大量投资建设了大型钢铁和煤炭生产企业，包括攀枝花钢铁集团、攀枝花煤炭公司。90年代国家又投资兴建了二滩水电站，开发其丰富的水能资源。攀枝花是西部地区典型的资源型工业城市。该区城市的发展主要得益于国家自上而下的政府主导，目前城市化水平高达56.1%，是未来四川省较为重要的经济发展区。

第三，盆地周围的丘陵、山区，包括自贡、泸州、广元、遂宁、内江、南充、眉山、宜宾、广安、达州、雅安、巴中、资阳等13地市。区域内人均耕地少，矿产资源相对贫乏，社会经济发展较之前两类地区落后。区内城市化平均水平为20.78%，低于全省平均水平（26.69%）；工业生产总值占全省的25.8%。宜宾、自贡、泸州和内江四城市为区内经济相对较好的城市。四城市都位于四川省南部，呈四边形，距离较近，交通便利，形成了省内仅次于成都平原地区的川南城市较为密集的地区。川南城市密集区城市化平均水平为25.84%，接近全省平均水平；工业生产总值占本区的56.38%；新增固定资产15.45亿元，占本区的49%。川南城市密集区在本区的社会经济发展中地位重要，因此是四川省未来经济发展的另一重要地区。

第四，少数民族地区，包括甘孜、阿坝、凉山三个民族自治州。该区城市化水平较低，平均为15.04%。城市数量少，质量不高。区域面积28.99万平方公里，占省域面积的59.7%，区内1个县级市，

46个县城,1个自治县,128个镇。人口稀疏,每平方公里仅有20人。虽然该区资源丰富,尤其森林资源、水能资源、旅游资源丰富,但由于历史原因,且与省会及大中城市距离远,经济发展水平一直较为落后。

上述四大经济区,从小城镇发展的推力和拉力作用分析,各区的小城镇发展策略有所不同。就目前的情况而言,四川省小城镇发展的重点地区有两个:成都平原地区和川南城市密集区。成都平原地区农业生产发达,人口稠密,农村剩余劳动力转移的推力大,乡镇企业发达,2000年成都市有乡镇企业141325个,工业总产值674.35亿元,职工总数107.68万人。再加之成都、绵阳等大城市经济辐射力和影响力大,小城镇发展中第二、三产业对农村剩余劳动力的拉力较充足,因此可以有重点地加快小城镇发展。川南城市密集区,该区目前虽然经济实力比成都平原地区弱,乡镇企业发展也较差,但是该区有其特色。首先是中等城市密度相对较大,密集的城市易逐步形成城市带或城市群,地区经济发展潜力大;其次是四城市均为工业城市,大型的工业企业多,如宜宾五粮液集团、造纸厂和化纤厂,自贡东方锅炉公司、硬质合金厂,泸州老窖集团,内江糖业、服装厂等,这些国营大中型企业的发展可以促使与其配套、协作的乡镇企业发展,从而为小城镇发展提供产业支撑。随着大西南出海通道的全线贯通,未来该区域将凭借"大西南出海通道",促使区域经济加速发展。因此,在该区应选择交通便利、与城市经济联系较多且具一定规模的小城镇,可以重点扶持这些小城镇的发展。

12.3 不同类型小城镇发展的产业选择

小城镇的产业选择应立足于实际镇情,选择资金投入相对不大、回收速度快的产业。应偏向于利用自身劳动力价格较低的优势,发展吸纳劳动力多的劳动密集型行业。按省内小城镇发展的区域和产业依托的特点,可将小城镇分为以下四类:

1. 城市辐射型

成都平原地区的小城镇发展是这类小城镇的典型代表。这类小城镇区位靠近大城市，与城市的通勤距离在 1 小时之内。它的经济发展受大城市的影响十分显著，按性质可分为大城市的生活居住扩散区、工业扩散区和综合扩散区。该类小城镇发展直接得益于大城市的扩张。大城市随着其自身经济发展，人口规模不断增大，因此吸引一部分城市居民入住，从而带动围绕房地产业的第三产业的繁荣和发展。此外，随着经济发展，城市地租不断上涨，新技术性企业由于其高附加值和高利润，使之能够支付日益昂贵的地租，然而制造企业或其他劳动密集型企业，为了降低生产成本，必然会迁移至地租低廉的小城镇，使用小城镇工资价格相对较低的劳动力，从而提高企业的竞争力。大城市企业的迁入，会带动小城镇与之相关的配套和协作企业的发展。如成都附近的华阳等镇。

2. 农副产品牵引型

农副产品牵引型小城镇的发展要以广大农村为腹地。小城镇周边农业生产和农业经济发展较好，有大量农业产品需要销往农村以外的地区。小城镇作为农副产品的商贸中心，逐渐发展起来。它与周围城市有一定距离，但往来交通便利，且信息畅通，农产品交易以小城镇为中心，可节约大量运输成本，加之信息获得的方便性，农民可以根据市场信息调节自己的生产。因此，小城镇成为周围农村农副产品的集散中心，并以商贸为龙头，围绕农副产品深加工，发展相应的第二、三产业。四川是农业大省，这类小城镇较为普遍。小城镇能够发展的关键是根据本地农业生产条件，找到适合的农副产品加工企业。从单纯的农产品交易，进一步发展农产品加工，这不仅是带动农业发展和农产品贸易的动力，而且是促进小城镇规模发展的重要拉力。

3. 资源开发型

资源开发型小城镇的发展是由于镇内丰富的资源，如矿产资源、水能资源等，以区域资源为依托发展地方企业是小城镇发展的拉力所在。可分为资源开发型和服务型小城镇。资源开发型小城镇，它的资源禀赋条件一般，由地方主导资源开发，国家没有专门投资。如宜宾的巡场镇，依托镇内的煤炭、森林和其他矿产资源，发展煤矿和水泥厂、农场，目前城镇总人口达 11 万人，非农业人口 6.2 万人，城市化水平达 56.94%。服务型小城镇，其区域内资源由国家主导开发，城镇内依托资源发展的是大型国家企业和厂矿，小城镇发展的产业主要集中于服务于大型企业和厂矿职工生活所需的商贸和服务业以及协作和配套企业。小城镇企业发展对大型企业的依赖性强。这类小城镇的发展，资源条件约束性强，一旦资源耗竭，就可能使小城镇失去经济支撑而迅速衰落。因此，发展初期依托资源，集聚城镇发展的实力；预测资源使用年限，随着城镇的发展，注意产业多元化或培育新的支撑点。

4. 旅游开发型

旅游开发型小城镇的发展主要以镇内的风景旅游资源为依托，发展以旅游为主的旅游产品加工和服务业。旅游资源属于非耗竭性资源，只要人类合理利用，保护环境，重视人与环境的协调发展，就能永续利用。旅游开发型小城镇发展的前提条件是，区内自然和人文旅游资源独特，为世界级或国家级风景旅游区，有较高的知名度。旅游资源优越的地区，旅游市场大，旅游产业才能相应发展，小城镇发展的产业拉力才会强。小城镇旅游服务业，应根据年接待观光旅游的游客量，制定发展规模和未来发展计划；在旅游服务业的基础上，立足旅游资源的特点和地方特色，发展相应的旅游产品加工业，从而促进小城镇的发展。

12.4 欠发达地区小城镇的后发优势与跨越式发展

1. 加速欠发达地区小城镇发展是必然选择

欠发达是对"发展"状态的一种表达，即指落后的社会经济状况的动态反映。四川省社会经济相对落后地区主要指丘陵和山区，即包括广元、遂宁、南充、广安、达州、雅安、巴中及乐山部分县，以及少数民族地区，包括甘孜、阿坝、凉山三个民族自治州地区，以地域面积来看占四川省幅员的60%以上。其中盆周山区、丘陵地区，城市化水平仅为20.78%，而少数民族地区城市化水平仅有15.04%，人口稀疏，城镇分布稀少。两个区域内至今尚无中等城市，制约其城市化进程的主要原因如下：

产业结构单一，工业化进程缓慢，主要表现为"一头沉"，即第一产业比重高，农业战线过长，粮食及农副产品占商业总量的比例过大。其薄弱的工业结构有趋同的态势，一般都将支撑经济腾飞的产业集中在资源型的主导产业和骨干企业上，如资源开发型产业、农副产品加工型产业等。

地理环境条件恶劣。交通不便，如民族地区，三州均为深山区域，严重阻碍了承接发达地区和大中城市以及省会城市的经济、社会的辐射、吸引功能的发挥，生态环境脆弱。

文化教育医疗保健落后，文化生活贫乏，科技力量薄弱。

鉴于上述种种条件与发达地区形成强烈的反差，而这种差距若采取有效的措施还有拉大的可能，党中央积极实施"西部大开发"战略即是在这样的背景和前提下展开的。

四川欠发达地区的城市化推进，必须首先加快小城镇发展的步伐，实行"据点式"开发，才能有效地促进这些地区的城市化推进。由于这些地区城镇分布相对稀疏，小城镇与上一级城镇的经济联系较为松散，区域内的上一级城市本身吸引、辐射、承接能力弱，小城镇的承接转化能力更加微弱。因此实行"据点式"的发展模式是必然的选择。

2. 突出后发优势，选择四川小城镇城市化发展的支撑产业和途径

四川省欠发达地区小城镇发展的"据点式"开发模式源于增长极理论。当一个地区经济发展处于比较落后的状态时，要加速其城市化、工业化和地区经济的发展，首先要培育形成生长极点，而四川省欠发达地区的重点小城镇就是这样的生长极点，这些重点小城镇一般指县级中心城镇。通过生长极点的形成、发展，人口、工业、资本的集聚、发展，加速其工业化和城市化以及带动区域农村及农村经济跨越式发展。

这些地区在城市化进程和经济发展过程中，必须充分发挥其后发优势，才有可能实现跨越式的城市化进程和经济发展，四川欠发达地区具有如下一些后发优势，是加速小城镇发展可以充分发挥的。

(1) 具有资源型后发优势的欠发达地区的小城镇发展

许多后发国家和地区的城市化进程表明，丰富的资源是促进后发优势形成，推动社会进步，甚至推动经济增长的重要因素。在四川盆周地区有丰富的矿产、水能、旅游等资源，这些地区的小城镇首先是根据自身拥有的资源类型和特点确定与其相适应的资源开发型产业，作为加快小城镇发展的产业支撑。但在这类产业开发和小城镇发展过程中，要解决好自然资源不可再生、过度开发会造成生态环境破坏及环境污染等问题。有了丰富的资源优势，不等于有了经济优势，有了资源型后发优势不等于有了绝对的发展优势。由于发达地区因资源匮乏需要大量输入外来资源支撑其工业化、城市化，具备资源优势的后发地区就有可能承接发达地区向欠发达地区低价输出或无偿提供实用性技术和管理技术，帮助欠发达地进行传统工业的改造，加快欠发达地区的工业化进程。资源开发型的工业化必须以小城镇的第三产业发展为有力依托，同时欠发达地区的小城镇在第二、三产业的发展带动下加快城市化。

(2) 具有联动型后发优势的欠发达地区的小城镇发展

所谓具有联动型后发优势，指上一级城市或相邻地区具有较强的正向的拉动作用，这些区域的小城镇可以有效依托其产业的后发优势。如遂宁市、南充市、广元市、达州市的一些县城及县以下的个别小城镇，具有以上特征。凭借高速公路、铁路等交通条件，可与省会城市以及地级中心城市等进行物资、信息、技术等方面的交流，吸引承接上一级城市的较低层次或有污染的企业，或以工业协作、加工等方式产生强烈的联动效应，这些地区也是四川省开放程度较高的地区，谋求这种联动型的后发优势来加快小城镇的发展，要正视在欠发达的状态下，立足自身，借助外力，比如达州市提出"借脑"这种智力和技术的引进思路。特别要将对外贸易和产业政策、小城镇发展的优惠政策拉动作为这些地区小城镇发展的原动力，其产业支撑立足于选择农副产品加工及商贸型以及城市辐射型两种类型。

(3) 具有干预型后发优势的欠发达地区的小城镇发展

欠发达地区的小城镇发展属于非均衡状态下的发展方式，由于特殊原因及错综复杂的情形，经政府的干预引导，政策倾斜特别有效。一些欠发达地的经验也充分显示，政府的干预如产业扶持政策、基础设施投入、强化资本积累等具有强效。如四川甘孜、阿坝、凉山三个少数民族自治地区，有一定程度的地区性市场失灵的情况，政府对小城镇发展的有效行为日益显现其作用。如四川省曾提出的开发攀西资源特区，这种类型地区的小城镇发展干预性后发优势较为明显。

四川省小城镇的发展，最为重要的原则是必须根据所处的区位条件，经济社会发展阶段以及特殊的环境条件，选择适合的产业发展特别是工业发展，工业发展条件较差的地区必须要有第三产业的发展才有可能使小城镇可持续发展，以产业的发展与城镇的发展形成良性互动关系。四川属于中国内陆西部欠发达地区，紧紧抓住后发优势的发挥最为重要，离开了后发优势的发挥，四川小城镇的发展将会处于一个缓慢的过程中。

第十三章 西部地区城镇化发展模式选择及其产业支撑

只有西部的崛起,才是中国真正的崛起,促进西部经济健康快速发展,缩短东西部发展差距,城镇化是西部区域经济发展的先导和增长极核,本文对比国内外城镇化发展历程和模式,从实证到理论,推出小城镇发展的一般理论,并结合西部实际情况,指出西部地区城镇化发展战略可考虑选择的模式。面对"西部大开发"的历史机遇和西部日益严重的"三农"问题,西部要实现产业结构调整,稳定社会秩序,走可持续发展之路,追求繁荣进步,从历史和世界各地的发展进程来看,小城镇的兴起和发展是必由之路。但在模式和产业选择问题上,我们面临的首要问题就是小城镇如何发展;要明确西部区域经济发展的主体——城市、城镇和广大农村,它们之间的关系和位置是怎样的。

13.1 国内外发达地区小城镇发展模式比较研究

13.1.1 美国以"交通革命"为代表的粗放型城镇化发展模式

美国是个高度城镇化的国家,85%以上的人口住在城市里。全国50个州,3043个县(郡),35153个市、镇(村),基本达到城镇(村)一体化,农村城市化。

美国"小城镇"有两种概念：一种叫小城市，即"small city"；还有一种叫小镇，即"Little town"。美国的小城镇往往是由居民住宅区演变而来，一般200人的社区就可申请设"镇"，如有足够的税源，几千人的社区就可申请设"市"。所以，美国的城市大多规模不大，在洛杉矶88个市中，最小的市常住人口只有900人，但工作人口有7万多。但在美国国家统计意义上，往往只统计3万人口以上的城市，这类城市美国有1100个，大约占城市总数的90%；全美国10万～20万人口的城市有131个，20万以上人口的城市有78个，300万以上人口的城市有纽约、洛杉矶、芝加哥、华盛顿、旧金山、费城、波士顿、底特律、达拉斯、休斯敦、迈阿密、亚特兰大和西雅图等13个。由此可见，美国城市规模大小差异很大，从几百人到几百万人都有，但以3万～10万人口居多。近30年发展起来的大都会、城市圈或由卫星城集中起来的城市带，就是大批小城镇的集合，而不是靠无限扩张中心城市管辖范围来实现城市规模。美国西海岸的城市群以中小城市和小城镇为主，有百万人的大城市并不多见，且西海岸处在地震带上，故高楼大厦也不多见。大量小城市快速发展，逐步形成密集的城市群（带），美国联邦统计机构将其称之为"都市区"（又译为大都会区或大市区）。从地区看，在全国三个著名的城市群（带），以东北部城市最为集中，形成一个城市连绵带，像"城市的海洋"。这个庞大的都市群北起波士顿、南到华盛顿，绵延700公里，宽约100公里，被称为"波士华氏"，即取两城市首字而成。如果从波士顿驱车前往华盛顿，就会经过纽约、费城、巴尔的摩和数不清的中小城镇。

从宏观上来看，整个美国的城市结构表现为：以一大批五万人口左右的小城镇为基础，有以若干个大城市和特大城市为中心的城市带和城市群，具有十分明显的粗放型特征。形成这种发展模式，"交通革命"发挥了巨大作用。美国先依靠修筑收费道路的方式从陆路开始了交通革命。铁路运输网又促进了西部开发和城镇发展，对工业化和城镇化发展起到了关键作用。美国航空便捷，洛杉矶、华盛顿、纽约等大城市均有2～3个大型飞机场，航班很多，几乎每分钟都有飞机起飞降落。陆上交通更是四通八达，6～8车道的高速公路已经成网，如洛杉矶城市高速公路总长1100多公里。据统计，东洛杉矶立交桥日均过车50万辆，每分钟达三百多辆，可以说是世界上车流量最密集的地方。美国总共有车辆1.9亿辆，人均0.73辆，是一个名副其实的汽车王国。

"交通革命"带来了城镇化发展的推力，国际人口迁移满足了城镇化和工业化对劳动力的需求。据统计，1860—1900年，美国人口从3100万增长到7600万，其中移民有1400万，占18.42%。19世纪末20世纪初是美国城市化大发展时期，此期间美国移民潮也达到高峰，1881—1890年，移民达520万户，1901—1910年，移民达870万。这些移民，绝大部分来自欧洲，1850—1910年，欧洲移向美国的移民达2337.33万人，平均每年大约迁入39万人。来自英、法等国的移民不仅给美国工业化和城市化提供了廉价劳动力资源，而且带来了欧洲先进的冶铁、纺织和其他工业部门的知识和技术，带来了欧洲成熟的资本主义管理方法，对美国的工业化和城市化发展起到了极大的推动作用。1914年美国各重要工业生产人员中移民所占比例为：钢铁业58%、烟煤业20%、肉类包装业61%、纺织业62%、服装业69%、炼油业67%……且85%的移民年龄在14～44岁。这些年富力强、具有一定技能的移民迁移美国后大都定居城市，特别是美国东北部和中西部城市。由于工业发展，就业机会多，容纳力强，一般来说，外来移民在这里要占城市人口总数的70%以上。移民特别是跨地区、跨国界移民给美国城镇化带来的影响，对那些后发展的西部城市地区不失为好的经验借鉴。

可见，"交通革命"下的美国城镇化是在其工业化、人口增长的过程中同时实现的。

13.1.2 日本以"城市圈"为代表的集约型发展模式

战后日本为了增强大城市及其周围地区在国际和国内经济社会中的作用与地位，促使大城市能较为顺利地实现产业结构的转移，促进土地资源和人力资源的合理利用和布局,推进大、中、小城市和城乡之间的协调发展,打破行政区划的分割,采取了圈域经济的"都市圈"模式。东京都市圈、大阪都市圈和名古屋都市圈的地域半径都在50~70公里。日本正是借助于这种"圈域结构"模式,较好地发挥了中心城市和城市群的综合功能。

日本是个"加工贸"型国家,其城市分布与结构的突出特点是其形成与临海工业带和港口城市密切相关,因而形成以港口工业为主的城市带是日本大城市地域结构的另一个重要特色。明治维新以后,日本有两个工商业中心,即东日本以东京为中心,西日本以大阪为中心,并分别与重要国际贸易港口横滨、神户联结成著名的"京滨工业带"和"阪神工业带"。以此为基础,在城市地域类型的构成上就相应形成了"京滨城市带"和"阪神城市带"的空间结构模式。随着经济实力的增强,其他城市作为一个地区经济的中心,对镇村经济辐射的功能与范围也在不断扩大。例如,北海道的北广岛市(面积119平方公里,人口为5.5万人),近年来利用离于岁机场较近的有利条件,积极迁入工厂,加速进行住宅和城市基础设施建设,尤其是通过实施交通基础设施整备计划,使城市发展异常迅速。据统计,在1995—2000年的6年间,北广岛市的企业数从1295家增加到1503家,增加16.1%,从业人员增加18.9%;在2000年全国城市增长力排序中,由上年的第15位跃居第2位。

日本城市布局主要围绕在太平洋沿海一带的东海道地区展开,在由东京、京阪神、名古屋组成的三大都市带内,大约集中了日本全国近一半的人口、2/3的工业生产和近80%的经济总量,但这三个都市圈的用地面积却只占整个国土面积的10.4%左右。人口与自然环境之间的巨大缺口迫使日本不得不采取高度节约环境消费的集约型城市化发展道路,大城市化也就成为其唯一可行的城市发展模式。

工业后发国家选择大城市的发展模式来加速其工业化进程。在这种急速发展的工业化背景下,全国劳动力从四面八方聚集到大城市,通过城市圈的发展模式快速实现其城市化的。然而,发展城圈和特大城市，不可避免地会带来诸如地价飞涨、交通拥挤、环境污染、大量的能源消耗、失业问题严重以及农村日益萧条等一系列问题，日本也不例外。

13.1.3 我国珠江三角洲地区小城镇发展的两种基本模式

在中国东部沿海地区，目前也出现了一些跨行政区的、具有多个"增长极"的城市带（圈）。例如珠江三角洲地区，其"龙头"是香港，四周有深圳、广州、佛山、南海、东莞等"增长极"。改革开放以来，经济发展迅速，其城市化率已从1978年的不足12%上升至1999年的49%，成为中国最富活力的经济区之一。这些地区的主要特征是：在"国际大循环"的带动下，出现了一批以市场为纽带、上下游一体化、技术联系紧密的城市产业群体，吸收了大量国内外资金以及各种水平的外来劳动力。它们的产品销售网络和原材料、劳动力供应链，一直延伸到中西部地区和海外。这些地区现代产业的蓬勃发展，不仅迅速提高了本地区的城市化水平，同时也带动了周边地区的经济发展。在珠江三角洲地区城镇化发展历程中，有两种交互发挥作用的基本模式：以"农村兴办乡镇企业"和"城市吸纳农村劳动力转移"为典型特征的发展模式。

1. "农村兴办乡镇企业"模式

改革开放以后，珠江三角洲地区利用独特的地理区位优势，以利用外资和从事"三来一补"为主要形式的乡镇企业迅速发展。2000年，珠江三角洲地区乡镇企业历经二十余年的发展，从8.09万个增至55.5万个，总产值5653亿元，企业职工为699万人，相当于珠江三角洲总人口的30.9%。在体制创新和比较优势的基础上，通过产业的积聚和扩散，当地创造了一种自我反馈推进的城市化模式。

这一城市化模式发挥作用的过程及特点如下：

第一，建立乡镇企业最初的、原始的动力，不是来自内部，而是来自外部,主要是外资在内地投资办厂的结果。在20世纪70年代,香港开始新一轮由制造业向服务业转变的产业结构升级,家电、服装、纺织、玩具等轻工业逐渐在本土"空心化"——通过"前厂后店"的方式与珠江三角洲地区开展制造业分工合作(珠江三角洲为"厂",香港为"店"),使当地直接从事出口的乡镇企业迅速崛起。可见,珠江三角洲地区乡镇企业的兴起并由此带动城市化发展,从原始动力来看,属于"外资推动型"。

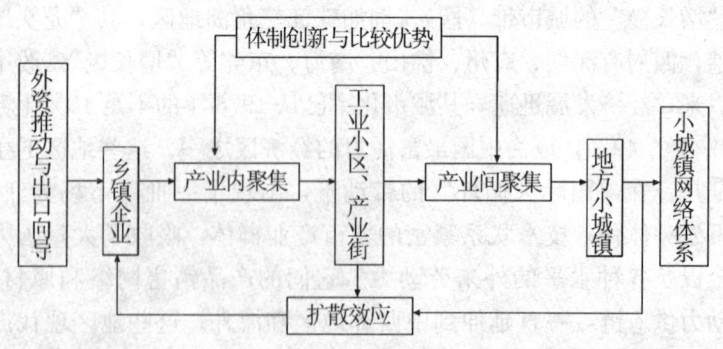

图13—1 珠江三角洲小城镇化模式

第二,同类、相似或关联的企业在一定空间聚集(即产业内聚集),是导致乡镇企业规模扩大、数量增多,促进更多农业人口转为非农人口的内在机制之一。一方面,就原本规模狭小的乡镇企业而言,对"规模经济"的追逐将使企业自身规模呈扩大发展趋势。对比1980年和2000年的数据,当地单个乡镇企业经过20年的发展,平均收入、平均年末固定资产原值、平均实现纯利润三个项目分别增长90万元、28.97万元和4.12万元。另一方面,同类、相似或关联的企业在一定空间上聚集,由此产生企业间的"关联效益",以及环境所提供的廉价基础设施等"外部经济效益",吸引和衍生更多企业加入这一聚积过程,出现小工业区和产业街等聚集区。伴随这一过程,将有更多农业劳动力实现非农化,直接推进了农村城镇化的进程。

第三，以制造业为主的小工业区、产业街等产业聚集区在自我积聚和膨胀的同时，由于人口的大量集中、消费市场的不断扩大和基础设施需求的膨胀，带动城建、运输、服务等其他产业的发展，进一步吸引周边地区劳动力、资金和技术等要素向该地区集中，并专门出现为其服务的特殊农业——郊区农业，导致该地区成为地方小城镇。经济要素的积聚和经济实力的增强，客观上要求规划、教育、文化、卫生、环境保护等社会职能同步发展，现代化的生活方式水到渠成地进入到家庭。这种小城镇的兴起和聚合过程，实质上是乡村文明转化为城镇文明的过程。

第四，在这种"工业小城镇"发展的同时，也存在着一种"扩散效应"，即工业企业的集中，原乡村居民开始按照现代城镇的要求，重新规划、配套和管理，出现了"非工业城镇"的雏形，其自身也逐渐从为"工业小城镇"单纯提供服务性的"依附性"角色转变为拥有大量非农人口、能自我支持发展并能部分享用"工业小城镇"生产产品的"共生"伙伴。因此，"扩散效应"不仅使更多乡村分享城市化结果，而且也"正反馈"式地促进了小城镇在珠江三角洲地区的大量兴起，并形成了工业城镇与非工业城镇交错分布的城镇网络体系。到2000年，珠江三角洲地区共有小城镇493个，密度达1.07个/百平方公里。

第五，珠江三角洲小城镇迅速发展的内在动因是这一地带不断进行的体制创新，使比较优势得以发挥。改革开放以来，当地率先引进市场机制，形成相对完善的市场体系，并依据自身特殊的区位优势大力发展轻型产业，提高经济外向度，使得生产要素在城乡间的流动速度大大加快，农村相对丰富的剩余劳动力在产业转移和升级中充分发挥"替代"作用。

2．"城市吸纳农村劳动力转移"模式

广东省2000年城镇化水平为55.66%，其中珠江三角洲为72%，省内其他地区为40%，分别比1990年第四次人口普查的城镇人口比重提高了50%、57%和29%，珠江三角洲的增幅明显大于省

内其他地区。

城市吸纳农民，农民自发进城打工，这实质上就是农民一种自发的城镇化。1979年以后，农村劳动生产率普遍提高，大量剩余劳动力出现，加之限制人口流动政策的松动，为农村劳动力进城提供了可能。以1999年为例，广东省农村外出劳动力333.48万人，转向城市的有201.09万人，其中转移到珠江三角洲地区城市的超过50%。这是珠江三角洲地区城市化的另一种基本模式。

表13—1　1995—1999年广东农民进城就业行业分析　　单位：（%）

转向行业＼年份	1995	1996	1997	1998	1999
工业	35.5	41.9	37.7	34.5	47.8
建筑业	18.8	9.9	10.9	12.8	6.6
交通运输业	10.2	4.6	5.0	3.3	5.0
邮电业				0.2	0.2
商业、饮食业	30.5	32.3	34.1	19.5	19.1
服务业				14.8	10.6
文教卫生业	1.5	0.3	11.7	3.4	1.7
其他行业	3.5	11.0	0.6	11.5	9.0
合计	100	100	100	100	100

资料来源：广东省统计局：《广东统计年鉴2000》，279页，中国统计出版社，2000。

根据农民进城后的就业、生活、教育等状况，以及城市自身发展对人口移动的种种规范与要求，从表13—1的有关数据分析，不难发现"城市吸纳农村劳动力转移"的城市化模式具有以下特点：

第一，"城市吸纳农村劳动力"是一种直接的城市化模式。它直接使农民从乡村环境融入城市环境，不仅大大改变了农民的劳动、工作以及衣食住行等物质生产与消费方式，还通过身临其境的感化教育——包括行为举止的规范、城市生活方式的感染、价值观念的重塑、竞争意识的培养等，使进城农民逐渐成为现代城市文明的享受者、建设者和传播者。

第二，进城农民的素质明显高于同期农村劳动力的整体素质，

"农民进城"的城市化模式给农村会带来以下影响：一是进城农民本人实现了社会身份的转变，即实现"个人城市化"；二是进城农民的部分收入返回农村，促进了农村的发展；三是"农民进城"后提高了农村人均资源占有量，使农村发展空间更为开阔；四是"精英分子"离去后，在一定程度上导致农村劳动力素质降低，在某些局部可能出现空城现象和农村凋敝的状况。

13.2 小城镇发展的理论研究：运行机制和政策导向

从上面实证分析美国、日本以及我国珠江三角洲地区小城镇发展的成功经验，总结出小城镇的成功兴起和蓬勃发展，主要受两个方面的影响，其一是自身的运行机制，其二是政策的导向。

1. 内在动力

人地关系是小城镇发展的动力之源。改革开放以来，工业高新区开发、交通住房用地和退耕还林等改革和变动，使耕地面积大为减少。2003年我国人均耕地面积为1.59亩，相当于世界人均3.75亩的43%。在农村，从事依附耕地的农业生产所需的劳动力比重日趋下降，出现大量农村剩余劳动力。按照现行的户籍管理制度，中国公民分成两个部分：城镇居民和农村居民。通过对二者的比较，可以发现以下差别：①城镇居民享有有国家实行的医疗卫生教育福利等多方面的补贴政策；②城乡居民收入分配差异，我国城镇居民年收入高出农村居民近三倍，城乡收入差别及追求更高劳动报酬是贯穿于整个乡村地区城市化过程最根本的内在动力；③城乡居民生活方式的差别与精神物质消费水平。另外，近年来农民自身价值观念发生了巨大改变，随之而来的是农民基本需求层次的提高，这些都反映了广大农村地区自身迫切要求推进城镇化发展的内在动力。

2. 外在动力

经济基础和市场化力度是外在动力。城镇化是实现经济增长的桥梁，而经济增长到一定阶段又会对乡村地区城镇化提出要求。从珠江三角洲地区的发展经验来看，乡镇企业越是发达，小城镇建设速度就更快，城市化水平就更高。由此可见，乡镇企业是农村经济结构高度化与增长的推动力，农村经济的发展又是西部地区农村城镇化的造血机制。市场化是指一个地区对外开放程度和市场范围的大小，城镇的兴起缘于市场，市场范围的大小限制了一个地区城镇化水平的高低。无论美国、日本还是我国珠江三角洲地区，城镇化发展都有一个共同的地方，那就是这些地区的市场化程度很高，市场经济的"逐利性"成为城市不断自我扩张的动力源泉。

3. 制约机制

城镇化发展除了有内外两个动力外，也有一些制约发展的因素。首先，传统农业是长期性的制约因素，西部地区人均可耕地面积少，农村土地经营细碎化，承载着过量的农村剩余劳动力。依靠投入大量劳动力以保证农产品供给的传统产业将成为限制西部地区农村城镇化的瓶颈。其次，西部农村劳动力素质低下是城镇化进程的素质制约因素，尤其在一些老少边穷地区更为严重，这都使他们难以进入较高层次的产业就业，造成职业转换迟缓，兼业现象普遍，产业转移障碍重重。再次，资金供给是西部地区城镇化发展的经济制约。从对我国珠江三角洲地区和美国、日本各城镇的比较可以看出，城镇建设的好坏离不开城镇的经济实力，西部地区的城镇化发展需要资金供给保证。最后，体制和政策环境是西部城镇化发展的外部制约。主要表现在构筑城乡分割的一系列政策和管理体制，割断了城乡之间的互动联系，妨碍城乡劳动力的流动，束缚了社会生产力的发展，又使城乡利益分配关系扭曲，社会经济利益偏向城市，城乡和地区发展不平衡。这些都有悖于城镇化发展的初衷。

4. 政策导向

这里主要是指政府部门制定的、是否有利于地区城镇化发展的政策,包括人口政策、产业政策、用地政策、生态环境政策、资金融通政策、基础设施建设政策等共六个方面的内容。

13.3 西部小城镇发展模式选择与产业支撑

13.3.1 西部小城镇发展模式与支撑产业选择的原则

小城镇上联大中城市,下联广大农村,是农村和大中城市间的桥梁,是农业生产资料的供应中心,是农产品的集散地,也是一定农村地域范围内的政治、经济、文化中心。其模式和支撑产业的选择不能用计划经济时代式的行政手段,只能根据客观资源、经济、社会历史条件来确定,选择原则有:

第一,根据当地独特的资源优势选择支柱产业,以支柱产业发展带动城镇发展。

资源包括自然资源、经济资源、人文资源等。资源不同,经济和产业的发展方式、途径也各异。具有某一方面资源优势的地域,可以此为突破口作为发展经济的支点,以撬起并带动整个产业经济的发展。

比如,浙江省诸暨市大唐镇,于20世纪80年代末建镇,由于该镇具有袜业产业发展的重要生产资料——袜机修理的传统技术,该镇抓住这一技术,从袜机修理起步,再从弹簧生产过渡到袜业生产,并围绕袜业生产形成了轻纺原料市场、成品袜市场、袜机市场、联托运市场和劳动力市场,由此带动了包括大唐镇在内的12个在全国都具有影响的袜业专业化区域集镇。通过当地的独特资源,带动支柱产业——袜业的发展,进而带动城镇发展。

又如，位于四川省成都市近郊的郫县犀铺镇，靠远近闻名的支柱产业——花木园艺业起步。最初该镇的花木种植是在少数花木种植能人的带领下于1982年才开始的，真正形成气候是在20世纪90年代以后。1992年全镇基本上有一大半农户搞花卉种植，现在几乎所有的农户都通过种植、经营花木致富。该镇的支柱产业——花木园艺业已形成了一定规模和品牌效应，加上各级政府的政策支持，现在的犀铺镇已变成了全国各地仿效的样板村镇，无论是当地居民的收入还是精神面貌都发生了翻天覆地的变化，小城镇建设也独树一帜。

另外，主要产生于欠发达地区的大量"飞地"型城镇也是依靠其独特的旅游文化资源发展支柱产业——旅游业带动了城镇的发展，如四川九寨沟、湖南张家界、云南丽江等地城镇的发展无不展示了这种城镇发展模式。

按这种原则选择的小城镇发展模式应包括农业商品化（或农业产业化）牵引模式、现代工业催生模式和旅游文化促导模式等。

第二，以大中城市产业转移为契机，选择与大中城市产业具有承接性和互补性的产业为支柱产业，带动城镇发展。

很明显，该类型小城镇发展模式必须建立在大中城市充分发展的基础上。大中城市规模较大，经济活力强，功能完善，既能有效地与外部大中城市连接，广泛接纳各种外来商业机会，又能利用其扩散效应向中小城镇和农村腹地渗透，从而带动农村经济和小城镇发展。因此，这种类型的小城镇发展模式一般适合于经济比较发达、相对富裕的地区，如我国长江三角洲、珠江三角洲等城镇群的发展即属这类城镇发展模式。

另外，各省区首府城市周围的卫星城镇一般也采用这种模式。但卫星城镇在产业选择上必须考虑对大中城市产业的承接性和互补性，只有这样，才能实现大中城市与卫星城镇经济的互促效应。

按这种原则选择的小城镇发展模式主要指城市辐射带动模式。

第三，以位于交通干线上或邻近交通枢纽为有利条件，以支柱产业带动市场，围绕市场建设城镇。

历史上最早出现的城镇往往都是交通干线或交通枢纽所在地。据大量史料记载，最早的城市产生于北纬 30°～40°之间的两河流域（底格里斯河、幼发拉底河）、尼罗河谷地、地中海沿岸、印度河流域和黄河流域。这些地方因气候温和、交通方便、物产丰实，最适宜人类居住和从事经贸活动。因此，在这些地方自然会形成大量的城市。例如，埃及盖斯菲城、卡洪城等地球上的第一批城市就诞生在尼罗河流域。在现代，更是要求城市在社会经济运行中发挥中枢神经调节职能，因此，城市兴起的地方往往是交通枢纽所在地、文明发源地和权力控制中心。

我国西部地区较发达的城镇及城镇群也基本是沿江、沿边、沿交通运输干线分布的。据统计，西部地区现有的 121 座大中城市，80%以上是沿长江、黄河两岸干支流和"丝绸之路"分布的。四川省境内 95%的城镇在古代已形成沿江分布格局，并一直延续到现代，足见地理位置特别是交通运输地理条件对城镇发展的重要性。

占有交通运输便利条件的地区，应以交通运输为有利条件，并选择适合当地发展的支柱产业，以支柱产业发展造就市场氛围，通过市场发展聚集人流、物流和资金流，从而带动城镇发展。

按这种原则选择的小城镇发展模式囊括各种具体模式。

13.3.2 小城镇发展模式与支撑产业选择的实证分析

西部欠发达地区总体而言城镇化水平低，城镇体系结构不合理，大中城市缺乏，小城镇数量不足。除了在"西部大开发"过程中，急需在最贫穷和最广袤的地区建设一批人口规模 100 万以上的大中城市以发挥其较佳的聚集、带动效应外[1]，更需要在以上地区和广大沿江、沿边、沿干线的富裕区域建设大量承接大中城市扩散效应的小城镇。但西部地区的小城镇发展模式和支撑产业如何选择，本文将结合双流县小城镇发展与支撑产业选择的典型案例作实证分析。

---

[1] 王小鲁、夏小林：《优化城市规模，推动经济增长》，载《经济研究》，1999（9）。

双流县位于成都市西南部,龙泉山脉中段西侧,成都平原东南边缘,幅员1060平方公里。境内地貌主要有低山、丘陵、台地、平原四种类型。2003年全县总人口为87万人,其中农业人口71.17万人,非农业人口15.84万人,非农业人口占总人口的比重为27%。全县现已初步形成冶金、机械、电子、化工、建材、酿造、印刷、生物制药、食品等行业为主的工业体系。成都联益、成都恩威、双流正大、四川太极等一批骨干企业的年利税总额均达1000万元以上。今日的双流,已粗具乡镇工业发展规模,城镇发展水平也正处于快速上升阶段。从双流县推动城镇发展的前期经济积累分析,不难看出:双流县的小城镇发展与乡镇工业的成长、壮大有非常密切的关系。下面对以此问题作具体分析。

1. 双流县乡镇工业发展历程

双流县乡镇工业从20世纪80年代初起步,由于双流紧临大城市成都市,拥有资金、信息、交通、市场等方面的优势,加之当时国家宏观政策对乡镇企业的发展大力扶持,使得乡镇企业在双流境内逐步发展起来,这些乡镇企业中绝大部分都属于工业企业,因此,我们也常以乡镇工业代表双流县的乡镇企业。1980年以前,工业在全县GDP中的贡献仅2000万元左右,乡镇工业的贡献更少。整个工业从业人员1980年时只有21300人,乡镇工业的从业人员数低于2万人,由于企业平均规模很小,限制了对当地农村劳动力的吸纳能力。到20世纪80年代中、后期,整个工业在GDP中的贡献份额迅速上升,由1980年的2000万元左右迅速上升到1988年2亿元左右,年均递增112%;吸纳的从业人员由1980年的21300人增加到1988年46200人,年均递增15%。乡镇工业的GDP和吸纳从业人员的增长速度与整个工业是一样的。在乡镇工业从业人员中绝大部分是当地农村劳动力,这不仅缓解了农村剩余劳动力的就业压力,也提高了农村居民的收入水平。到1990年后,该县的乡镇工业无论是质还是量都有了长足进步,乡镇工业占绝大多数的工业,对GDP的贡献由1990年30238万元,提高到1998年的370983万元,在第二个 8 年间年均递增 141%；吸纳的从业人员从 1990 年的 45200 人，增加到 1998 年的 75600 人，8 年间年均递增 8.4%。以后年份，由于基数可观，增长速度放慢，但增长绝对量仍很大。双流县乡镇工业发展历程见图 13—2（因资料所限，下图是用该县整个工业 GDP 变化情况来表示乡镇工业的发展历程）。

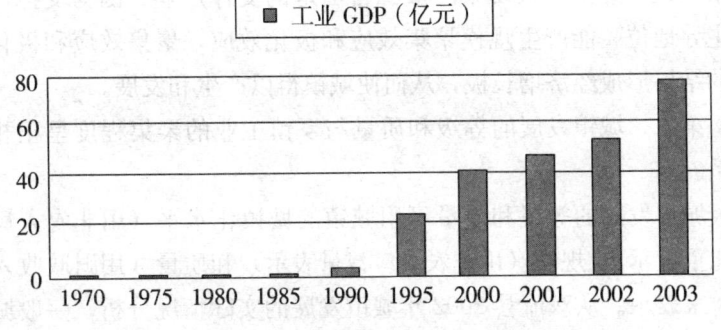

图 13—2　双流县工业 GDP 变化情况

2. 双流县乡镇工业发展与小城镇发展相互关系评价

（1）双流县城镇化进程评价

双流县非农业人口在 1980 年以前为 6 万多人，城镇化率 1980 年时只有 8.84%，农业人口中绝大部分劳动力从事种植业，城镇的形成源于农产品交换的需要，城镇的功能充其量只是农村商品的集散、交换中心。在乡镇企业大量出现后，无论是企业围绕城镇还是城镇围绕企业，双方的发展都得到了质的飞跃。城镇因有企业的存在和发展需求而使经济水平迅速提高、产业结构不断提升；企业也因城镇的繁荣和进步而使其进一步发展的外部环境得到改善（包括资源获得的难易程度、基础设施的配套程度和交通运输条件等），整体经济效益不断提高。总体来看，双流县城镇化进程表现出以下两个显著特点：

第一，城镇化速度先慢后快，表现出城镇化水平提高的步伐与乡镇工业发展速度提高的步伐高度同步性。

从统计资料看,城镇化进程缓慢的时期,正是乡镇工业发展较慢的时期;而城镇化进程加快的时期,正好是乡镇工业的快速发展时期。这一现象说明双流县城镇发展的支撑产业是乡镇工业。根据经济增长极理论,城镇往往是一定区域范围内的经济增长极。城镇之所以能成为经济增长极,因为它具有能产生极化效应的经济增长要素,这一经济增长要素一般源自当地的支撑产业。因为支撑产业占主导地位,能产生规模聚集效应和极化效应,聚集效应和极化效应的结果形成经济增长极,从而使城镇得以产生和发展。

第二,城镇发展的等级和质量与乡镇工业的聚集程度呈正相关关系。

城镇发展的等级和质量可用城镇的城镇化水平(用非农人口所占比重表示)、规模(用非农人口数量表示)和质量(用财政收入表示)来表示。从双流县 2002 年城镇发展的实际情况分析,一般城镇化水平、规模、质量较高的城镇,乡镇工业的聚集程度(用乡镇企业利税总额密度表示)也较高(见表 13—2)。这进一步说明支撑产业对城镇发展具有重要作用。

表 13—2 双流县城镇发展等级和质量与乡镇工业聚集程度的相关关系 (2002 年)

城镇名称	幅员(平方公里)	城镇发展等级和质量			乡镇工业的聚集程度	
		城镇化水平(非农业人口比例)(%)	城镇规模(非农业人口数量)(人)	城镇质量(财政收入)(万元)	乡镇企业利税总额*(万元)	乡镇工业聚集程度(乡镇企业利税总额密度)(万元/平方公里)
东升镇	52	60.66	64780	17939	80000	1539
华阳镇	69	42.70	42393	11114	15459	224

续表

城镇名称	幅员（平方公里）	城镇发展等级和质量			乡镇工业的聚集程度	
		城镇化水平（非农业人口比例）（%）	城镇规模（非农业人口数量）（人）	城镇质量（财政收入）（万元）	乡镇企业利税总额*（万元）	乡镇工业聚集程度（乡镇企业利税总额密度）（万元/平方公里）
白家镇	20	17.00	5072	8072	11072	554
中和镇	19	30.15	8999	2298	7583	399
黄水镇	34	3.68	1214	2211	19522	574
九江镇	37	3.74	1354	1514	3326	90
彭镇	37	6.18	2356	901	1803	49
文星镇	20	36.73	8945	2163	481	24
籍田镇	48	10.63	3813	313	1039	22
胜利镇	33	10.04	1660	217	410	12
正兴镇	50	9.87	3218	249	65	1
太平镇	43	7.62	1868	175	83	2

续表

城镇名称	幅员（平方公里）	城镇发展等级和质量			乡镇工业的聚集程度	
		城镇化水平（非农业人口比例）（%）	城镇规模（非农业人口数量）（人）	城镇质量（财政收入）（万元）	乡镇企业利税总额*（万元）	乡镇工业聚集程度（乡镇企业利税总额密度）（万元/平方公里）
永兴镇	43	5.65	1392	153	15	0.3
永安镇	57	4.49	1395	162	472	8
黄龙溪镇	50	5.98	1613	152	365	7
煎茶镇	51	3.82	1247	136	166	3
金桥镇	41	2.45	883	239	435	11
大林镇	56	3.54	958	69	47	0.8
万安镇	30	2.78	595	111	48	2
新兴镇	37	2.99	848	65	21	0.6
白沙镇	36	2.55	704	58	201	6
兴隆镇	42	1.85	487	81	74	2

续表

城镇名称	幅员（平方公里）	城镇发展等级和质量			乡镇工业的聚集程度	
		城镇化水平（非农业人口比例）（%）	城镇规模（非农业人口数量）（人）	城镇质量（财政收入）（万元）	乡镇企业利税总额＊（万元）	乡镇工业聚集程度（乡镇企业利税总额密度）（万元／平方公里）
合江镇	41	3.40	671	47	20	0.5
三星镇	40	2.66	550	47	70	2
黄甲镇	32	3.79	685	332	144	5
公兴镇	42	3.03	654	274	194	5

＊由于统计资料中没有乡镇工业的具体数据，这里暂用乡镇企业代表乡镇工业。实际上，2002年双流县乡镇工业增加值占乡镇企业增加值的81.36%，故用乡镇企业的数据可以代表乡镇工业的变化趋势。

资料来源：根据《双流县统计年鉴》（2001—2002）相关资料整理。

3. 大力发展双流县乡镇工业，以乡镇工业为支柱产业，做大做强，推动双流城镇化进程

（1）首先，应做好工业发展规划，集中布局，围绕重点城镇布局工业企业

从双流县现有乡镇企业布局来看，主要分布在东升、华阳、黄水、白家4个乡镇中，4个乡镇的乡镇企业营业收入和乡镇企业利税总额的密度分别是其余22个乡镇的17倍和38倍（具体情况见表13—3）。这种布局方式与我国西部地区一般乡镇企业布局"村村点火，户户冒烟"的模式形成鲜明对比，由于集中布局能产生聚集效应和规模效应，

使得双流县乡镇企业一跃成为全国乡镇企业先进县和四川省乡镇企业"巴蜀之冠",并连续三年荣获四川省县级综合经济实力评价"十强县"榜首,成为全国的百强县(西部地区仅有2个)和中国西部的明星县。为了进一步节约土地,合理利用资源,控制和减少污染程度,以上集中分布乡镇企业的重点乡镇也应强化集中布局的理念,使"工业向园区集中"。值得称道的是,双流县各级政府已深刻认识到集中布局的重要性,正在全县范围内贯彻实施资源的集中配置模式,提出"工业向园区集中,土地向业主集中,农民向城镇集中"的"三集中"模式。到2002年末,全县工业园区规划面积已达48平方公里,新引进项目396个(其中工业项目253个),到位资金26.8亿元(其中工业项目到位资金15.7亿元)。另据对城关镇——东升镇的调查,目前东升镇规划建设中的工业园区有5平方公里,位于该镇西南部,距成都三环路仅3公里,现已有二十多家企业进场施工,准备入园的签约企业达三十余家。可以预见,由于采用集中布局模式,全县乡镇企业发展还将迎来更辉煌的明天。

表 13—3 双流县乡镇企业布局状况(2002 年)

布局乡镇	乡镇企业营业收入		乡镇企业利税总额(万元)	
	总额(万元)	密度(万元/平方公里)	总额(万元)	密度(万元/平方公里)
东升	901231	17331	80000	1539
华阳	130002	1884	15459	224
黄水	116952	3440	19522	574
白家	218729	10936	11072	554
4镇合计	1366914	7811	126053	720
其余22个乡镇合计	404203	457	17062	19

资料来源:根据《双流县统计年鉴》(2001—2002)相关资料整理。

(2)根据自身优势,选好工业中的支撑产业

从双流县现有工业发展状况分析,已初步形成了以冶金、机械、

电子、化工、建筑、酿造、印刷、医药、食品等行业为主的工业体系,2002年利税总额在2000万元以上的企业有10家,这10家利税大户基本都属于现有工业体系中需重点培植的支撑产业(见表13—4)。因此,双流县今后工业的发展仍应根据其为成都大都市圈配套和服务的特点,选择建立对成都市产业转移和结构调整具有承接性和互补性的工业为支撑产业,这些产业大致包括高新技术产业(如IT产业)、生物制药产业、机械加工产业、建筑建材产业、绿色食品产业等。

表13—4 2002年双流县利税总额2000万元以上的企业

企业名称	所属产业	利税总额(万元)
四川国栋建设股份有限公司	建材	13338
四川和协电力有限公司	电力	5604
成都康弘制药有限公司	生物制药	4559
四川蜀阳企业(集团)有限公司	制药	3821
成都联益(集团)有限公司	机械	2896
成都恩威集团公司	生物制药	2834
西南航空食品有限公司	食品	2682
成都市双流高频(集团)有限责任公司	建材	2235
成都三强重工集团公司	机械	2198
成都电缆双流热缩制品厂	机械	2052

资料来源:《双流县统计年鉴》(2001—2002)。

(3)加强乡镇工业自身改造,提高管理水平、质量和效益,增强其吸纳农村劳动力的能力

总体而言,双流县工业企业规模普遍偏小,2002年规模以下工业企业[①]占全部工业企业数量的97.39%,销售收入占全部工业销售

---

① 规模以下工业企业主要指农村工业,即乡镇工业。例如,在双流县2002年4401个规模以下工业企业中,农村工业约占97%。

收入的 58.55%。其中，规模以下工业企业的规模极小，平均规模只有 8.46 人和 218.16 万元销售收入（2002 年）。如此小规模的乡镇工业广布农村，由于管理水平和技术含量很低，既不利于企业本身的发展和参与激烈的市场竞争，也不利于其增强吸纳农村剩余劳动力的能力。为此，应加强对乡镇工业自身的改造，鼓励通过合并、兼并、收购等多种途径扩大规模；通过引入先进的现代企业管理制度，提高管理水平和质量；利用背靠科技密集的成都市的地理优势，大力引进先进的科学技术，提高产品生产与管理中的科技含量，增强市场竞争实力，提高经济效益。

(4) 改革政府管理模式，建立并完善利于企业和城镇发展的相关配套制度

首先，应改革政府管理模式。在市场经济条件下，政府的主要职能是服务，这就要求政府行政时彻底摒弃计划经济时代遗留下来的"干预"意识，真正做到变"干预"为"服务"。减少审批程序，简化审批手续，提高办事效率，尽量为企业发展创造宽松的政策和经营环境。

其次，建立并完善利于企业和城镇发展的相关配套制度。这些配套制度主要包括户籍制度、土地制度、农民就业培训制度等。

自从 2001 年 3 月 30 日国务院批转公安部《关于推进小城镇户籍管理制度改革的意见》以来，我国的小城镇户籍制度改革已全面展开。成都市政府为了配合城镇化推进的步伐，于 2002 年出台了《成都市小城镇户籍改革实施意见》，该意见对今后办理小城镇常住户口人员，不再实行计划指标管理，并逐步实施按居住地或职业划分农业人口和非农业人口的户籍制度。实行这一新的小城镇户籍制度后，到 2005 年，全市新转移 75 万农业人口为城镇居民，而 2006—2010 年，将再转移农业人口 85 万人，届时整个成都市的城镇化水平将提高到 45%。① 可见，改革户籍制度后，不仅增加了市场的劳动力供给，为企业发展提供了充足的劳动力资源，也直接推进

---

① 见《成都商报》，2002 年 6 月 15 日。

了城镇化进程。

土地制度的主要内容应包括如何配置土地资源、如何安置失地农民以及如何进行土地补偿。双流县首先从节约土地资源、提高土地利用效率等入手，创造性地提出了土地资源配置的"三集中"模式，目前，该县通过"工业向园区集中"，已规划出48平方公里的工业园区，引进项目达396个，到位资金达26.8亿元，极大地提高了土地资源效率。通过"土地向业主集中"，现已重组土地26万亩，配置了近700家经营土地10亩以上的业主，并通过招商引资的形式吸引经营面积4.273亩、年产值100万元以上的龙头企业39家，5000万元以上企业的5家，促进了当地农业生产经营向规模化、产业化方向发展。通过"农民向城镇集中"，现已建成农民小区66个（其中公寓式小区10个，面积26万平方米），总面积达161万平方米，安置农民8855户，共2.9万人，农民集中居住较之分散居住而言，既节约了土地资源，使宝贵的土地资源能用于效率更高的产业发展，同时又促进了农民生活方式的转变，加速了农民向城镇居民的转变，利于城镇的发展与进步。可见，"三集中"模式已在双流初见成效，今后还应进一步扩大这种模式的实施范围和推广力度，把土地资源的合理有效利用发挥到极致。

当然，随着城镇的扩张和发展，不可避免地会产生大量的失地农民。对失地农民问题的处理，关键在于失地农民安置补偿制度的正确建立。根据双流县目前的实际情况，虽已接近按国家规定的最高限（即土地补偿费和安置补助费的总和不得超过被征用前三年平均产值的30倍）进行补偿（据笔者对东升和华阳两镇的实际调查事实如此），由于国家规定的补偿标准不够科学、合理，因此，双流县现有补偿标准与实际合理的补偿标准之间仍有一定差距，还需对现有标准作修改，使其与实际情况相适应，从而避免农民拆迁过程中产生的矛盾，促进企业和城镇的健康发展。

实施农民就业培训制度的目的旨在提高农民素质。根据人力资本学说的创始人美国经济学家舒尔茨的研究结论，现代经济的发展速度和质量主要取决于人力资本的丰裕程度。因此，要提高农民自身生产经营活动的能力以及提高吸纳农民工的企业的发展潜力,就必须提高农民的素质。提高农民素质,可以通过各种途径和形式,自身提高是一个方面,但在目前农民收入普遍偏低的情况下,由政府财政出资对农民进行有计划、有针对性的培训是现实可行的。如双流县财政目前已投入 750 万元,实施"农民增收教育培训工程",计划用 5 年时间将全县 32 万农村青壮年劳动力轮训一遍,现已培训 5 万余人。劳动力素质提高了,无疑会提高企业和城镇发展的潜力。

13.3.3 小城镇发展模式与西部地区城镇化评析

小城镇发展因条件千差万别,发展模式也多种多样。根据小城镇发展模式,结合西部地区条件,评析如下。

1. 农业商品化或产业化牵引模式

农业商品化或产业化牵引模式,即以农业的商品化或产业化为催化剂,汇集人流、物流、资金流,兴起农业的产前、产中、产后服务业和农产品加工业,推动农业产业化和农村工业化。如珠江三角洲城镇化发展道路就是典型的"农业依托型"的农业商品化或产业化牵引模式,该模式一般经历"三级跳"式的发展轨迹:农业商品化—农业产业化和农村工业化—农村城镇化(小城镇极度发展)—全面城市化。

(1) 农业商品化或产业化牵引模式的主要特征和条件

农业商品化程度高,农业产前、产中、产后服务业发达,各种生产、经营要素聚集、流动明显;

农村商品经济发展中的"龙头企业"或"龙头组织"已形成一定的规模和气候,并在不断壮大;

农业产业化运行的支持、保护体系健全,且运行效率高;

农村工业布局、结构合理,具有较强的积聚效应和带动效应。

(2) 西部欠发达地区农业商品化或产业化牵引模式的可行性分析

西部地区自然资源独特,这对发展特色农业、绿色食品生产和食品加工业都具有巨大优势,如能通过该类产业发展的产业化模式或通过提高其商品化程度,将资源优势转化为经济优势,定能促进当地经济的发展,从而带动小城镇发展。

例如,利用四川盆地、关中平原、河西走廊和新疆盆地的优质粮棉生产基地,西南省区的优质糖料生产基地,西北省区的优质水果生产基地,云南元谋、甘肃河西走廊和青海的反季节蔬菜、无公害蔬菜和野菜生产基地,云南高档鲜切花和新疆干花生产基地,宁夏、甘肃、新疆、青海的中药材生产基地,以及云南的优质烟叶生产基地等,可以大力发展特色农业和商品农业,同时,利用西部地区优良的自然条件发展畜牧业和农产品加工业,形成以粮油制品、肉制品、果蔬制品、奶制品、饮料制品、中草药制成品等为主,具有鲜明地方特色和民族特点的农产品加工体系,并通过培育农产品加工龙头企业,促进农业产业化经营,繁荣当地经济,带动小城镇发展。

(3) 农业商品化或产业化牵引模式的未来发展方向

小城镇发展的农业商品化或产业化牵引模式因主要依靠延长农业生产经营各产业链条和提高农业商品化率来推动,因此,围绕农业服务和农产品加工等的相关产业会随之产生,引导小城镇向为农业提供服务贸易和加工的方向发展。

2. 现代工业催生模式

现代工业催生模式,即伴随着工业化进程,创于城乡结合部的工商企业成了农村剩余劳动力的主要吸纳器,带来了人口的聚集和城镇的发展。如苏南地区的城镇化道路和四川省双流县东升镇的城镇化道路均是这种模式的典型。它的特点可概括为:以工业化(乡镇企业)为根本动力,吸纳大量的农村剩余人口,实现了人口扩容、经济增长、产业转移、区域变迁。

(1) 现代工业催生模式的主要特征和条件

在一定地域范围内,聚集着具有一定规模和实力的企业(主要是乡镇企业），且企业间应具有横向、纵向联系；

企业的发展立足于当地丰富的原料和劳动力资源；

当地国民生产产值结构以工业产值为主，就业劳动力以工业劳动力为主；

企业的收益是当地财政收入的主要来源；

城镇的繁荣和衰落与企业的兴旺和衰败直接相连；

围绕产业建市场，围绕市场兴城镇。

(2) 西部欠发达地区现代工业催生模式的可行性分析

总体而言，西部地区工业结构具有重工业比重偏大，大型国有工业企业比重过大，资源开采类工业较多，机械、电子和技术密集型工业比重不足，加工工业不发达，特别是乡镇工业比重较低等特点。尽管西部地区工业化水平较之沿海发达地区差距较大，但是，在目前市场化程度日益提高，区域工业化的推进更主要依赖于企业自身的状况下，西部地区的工业发展也完全可以根据其自身优势形成独具特色的工业体系。

第一，西部地区仍具有较大的资源开发优势，应大力发展资源开发类工业。比如，西北地区的石油、天然气、煤炭、有色金属、钾、磷等矿产品在全国的地位十分突出，特别是新疆，已被人们认为是我国今后长远发展中矿产资源的战略基地。四川攀西地区，因钒、钛、磁铁矿和水能资源丰富，且交通方便，该地区工业的发展应以钢铁、有色金属、水电为主体带动相关产业的发展，形成以攀枝花为中心，包括西昌、德昌等21个县（市）的攀西工业城镇群。又如三峡地区城镇群，该地区矿产资源以磷、盐、天然气、石墨为主，且水能资源极为丰富。三峡工程的建成将使水电工业成为该区的主导产业。从长远看，随着体制改革的推进和政企关系的理顺，西部地区资源开发类工业的效益将会在市场竞争中得以体现。

第二，利用"一五"和"三线"建设时期国家在西部打下的机械电子工业基础，进一步发展机械电子工业。例如，宁夏的传统优势产业就是机械工业，其数控机床、自动化仪表、轴承、材料试验机等生产技术居全国领先水平。其中西北轴承厂生产的大中型轴承和特大轴承远销世界四十多个国家和地区,银川起重机器厂生产的起重机和减速器系列产品,占全国同类产品市场的10%。四川的机械制造业和电子工业也在全国具有一定地位,就是四川双流东升镇的规模工业企业也以机械加工和电子电器工业为主。只要注意调整结构,加强技术改造,提升管理水平,西部地区的机械电子工业一定会有较大发展。

第三,根据西部地区具有生产轻工业的原料这一得天独厚的基础,大力发展轻工业。如新疆是全国重要的棉花生产基地,其发展棉纺工业顺理成章。另外,烟酒工业和饮料加工工业都是西部地区具有明显优势的工业。随着今后西部地区农副产品结构调整和轻工业技术改进,其轻工业优势将会更加突出。

第四,加强技术密集型工业建设。据较早的统计资料显示,西部城市分布着大量国家及地方科研院所、高等院校等科技人才储备机构,其科技力量从总体上看,与东部并无较大差别(见表13—5)。

表13—5 东、中、西三大地域科技状况比较(2001)

地区类别	科学研究与技术开发机构		高等院校			技术市场成交合同	
	科技人员数量(人)	科技活动经费筹集数量(万元)	院校数量(个)	院校属研发机构数量(个)	科技人员数量(人)	成交数量(项)	成交金额(万元)
东部地区	299225	3913528	578	2197	202735	164936	5699320
中部地区	152565	946931	399	802	101558	51299	1248572
西部地区	152418	1234706	248	482	62117	13467	879597
合计	604208	6095165	1225	3481	366410	229702	7827489

资料来源:国家统计局、科学技术部:《中国科技统计年鉴2002》,中国统计出版社,2002。

技术密集型工业包括航空、航天、计算机及相关的推广服务业、生物制药等工业。目前，西安、成都、重庆、兰州等西部城市的高技术产业已具有一定规模，高技术产业在这些城市经济增长中的作用逐步增强。如果西部地区能抓住这一契机，在大力发展其他传统优势产业的同时，充分利用科技人才储备发展技术密集型工业，必将使西部地区的经济实现跨越式发展，从而带动西部地区城镇化水平的提升。

(3) 现代工业催生模式的未来发展方向

不同类型的企业在一定区域范围内的简单空间聚集，只能使企业在共享基础设施、集中治理污染、扩大城镇规模、增加城镇人气等方面分享聚集效应，但不能在更深层次的企业分工、交流和合作方面享受聚集经济效应（agglomeration economy），从而影响企业的可持续发展和城镇的可持续发展。因此，小城镇发展的现代工业催生模式只有在现有工业企业简单空间聚集的基础上向更深层次的产业集聚和市场联动方向演化，形成一种在生产或市场方面具共性的产业群，才能产生企业发展的产业集群式效应，实现企业和城镇的可持续发展。

3. 城市辐射带动模式

城市辐射带动模式，指通过城市的密集性、经济性和社会性，向城市郊外或更远的农村地区扩散，使城市的经济活动或城市的职能向外延伸，带动城市附近区域内小城镇的发展。如珠江三角洲、闽南三角洲出现的"半小时经济圈"和成都市周围的"卫星"城镇，就是小城镇发展的城市辐射带动型的典型。

(1) 城市辐射带动模式的特征和条件

小城镇布局位于大中城市周围，且交通便利、快速；

小城镇发展与大中城市间存在密切的经济交往和联系，二者间的经济贸易量占小城镇经济总量的至少 80% 以上；

小城镇的产业选择和经济活动与其相连的大中城市应具有承接性和互补性。

(2) 西部欠发达地区城市辐射带动模式的可行性分析

经济学理论告诉我们,当城市发展到一定规模时,其对周围地区的经济发展具有明显的辐射带动作用。这种辐射带动作用主要体现在周围地区经济发展与该城市经济发展间有承接性和互补性关系。实际中,大城市周围的"卫星"城镇的兴起和发展就是典型的小城镇发展城市辐射带动模式。

整个西部地区,虽然人口在 20 万人以上的中、大型城市的数量有限(只有 44 个,仅占全国的 15.1%),特别是人口在 50 万~100 万人的大城市极为稀少(仅 2 个),但特大城市和超大城市与东、中部地区比较并不算太少(见表 13—6),因此,西部欠发达地区也完全可以利用大城市特别是特大城市的辐射带动效应带动当地的城镇发展。

表 13—6 我国东、中、西部地区城镇数量及结构比较(1999 年)

城市类别地区	中、大型城市数量及结构						小城镇数量及结构			
	超大城市数量(个)	特大城市数量(个)	大城市数量(个)	中等城市数量(个)	中、大型城市合计数量(个)	中、大型城市占全国比重(%)	小城市数量(个)	镇数量(个)	小城市及镇合计数量(个)	小城镇占全国比重(%)
西部	3	4	2	35	44	15.1	77	4826	4903	25.1
中部	3	9	22	78	112	38.5	135	5798	5933	30.3
东部	7	11	25	92	135	46.4	165	8560	8725	44.6
全国	13	24	49	205	291	100	377	19184	19561	100

资料来源:《中国城市统计年鉴》(2000)

注:上表中有关城镇等级按人口划分的标准是:镇为 10 万人口以下;小城市为 10 万~20 万人口;中等城市为 20 万~50 万人口;大城市为 50 万~100 万人口;特大城市为 100 万~200 万人口;超大城市为 200 万人口以上。

例如,地处西部地区的四川省,正是利用了在西部地区仅有的 3 个超大城市之一的成都市的强辐射带动效应,带动了周边双流、温江、崇州市、郫县、新都区、龙泉驿等地区城镇的不断扩张,特别是双流县华阳镇的迅速崛起给这一发展模式作了最好的诠释。

双流县华阳镇幅员 69 平方公里，2003 年底常住人口 12 万人，包括 14 个村，13 个居委会。仅占双流全县幅员 6.51% 的华阳镇，2003 年全镇财政收入达 1.5638 亿元，约占全县财政收入总额的 37%。该镇的第一支柱产业是电子、电气、制药等工业，这些工业中有很多是成都市城市发展中因产业结构调整而转移或搬迁出来的，或者是从其他地方因城市发展需要搬迁出来的，体现了小城镇产业对大城市产业发展的承接性。该镇的第二支柱产业是房地产业，被誉为成都市居住"后花园"的华阳镇，近几年尤以房地产开发最为迅速。由于成都市市区地价、房价猛涨，致使价格相对便宜而地理位置又很优越的华阳镇成为成都市居民购买房产的首选，也出现其他城市的居民纷纷到华阳购买房产的现象，据初步统计，2004 年1—6 月，华阳已成片开发房产三千多亩，成为拉动当地经济的又一支柱产业。可见，华阳镇的房地产业体现了对大城市产业发展的承接性和互补性。

（3）城市辐射带动模式的未来发展方向

通过城市辐射带动发展起来的小城镇，与大城市经济的相依性是其发展的基础，但与大城市经济的互补性则是其未来发展方向的选择。如四川成都双流县华阳镇，其发展之初主要依靠成都市城市进一步发展后的产业转移（工厂搬迁）打基础；但最近几年，则主要依靠有竞争实力的房地产市场带动了该镇经济腾飞，这是典型的经济发展互补性案例。

4. 旅游、文化促导模式

旅游、文化促导型，即凭借当地丰富的旅游、文化资源，吸引四方来客，靠旅游业的连锁效应，发育成各种要素的聚集地，带动交通运输、住宿、餐饮、导游、农产品旅游加工业等一系列服务行业的发展，相应增加更多的就业岗位，拉动周边地区人口的聚集，完成农村到城镇的"蜕变"，形成小城镇。据测算，旅游业每直接增加一个就业人员，社会就能增加 5 个就业机会；旅游收入每增加一个单位,当地 GDP 相应增加 4 个单位。如:美国的拉斯维加斯、非洲的摩洛哥、巴西的玛瑙斯、中国的安徽黄山市、福建武夷山市、湖南张家界和江西弋阳、婺源、三清山及苏州古典园林城镇、四川九寨沟县城等城镇的发展,都是旅游文化促导模式的典范。

(1) 旅游、文化促导模式的特征和条件

旅游、文化促导模式往往表现为不同于一般城镇化模式的另类城镇化模式,称为"飞地"型城镇化模式①;

境内具有"飞地"的特征,即周围环境比较贫困、境内拥有丰富而特殊的自然、文化资源且未得到有效开发和利用;

国家或当地政府有计划对其进行开发和利用,使其在"飞地"内部形成一种具有"增长极"功能的特殊推进型产业——旅游文化业,并以此为核心带动相关的游、购、玩、住、娱等相关产业的发展;

围绕"飞地"增长极和相关产业,形成了一定规模的旅游城市或城镇;

产业结构中旅游业是支柱产业,围绕支柱产业衍生出相关的创新型产业群;

人口结构中常住人口增长慢,"候鸟"型的旅游人口增长快;

交通结构形成了公路、铁路、航空三位一体的现代化交通网络。

(2) 西部欠发达地区旅游、文化促导模式的可行性分析

前面提及的"飞地"型城镇发展模式往往都属于旅游文化促导模式。在西部地区,特别是在最为贫穷的边远地区,由于特殊的地理环境和自然资源,使其具有典型的"飞地"特征,在这些地区实现城镇化,不能走一般的发展道路——通过提高当地工业化和现代化水平进而提高经济发展水平来实现城镇化,必须另辟蹊径,通过局部地区(即"飞地")的城镇化直接带动当地经济发展水平的提升。

---

① 王先锋:《"飞地"型城镇研究:一个新的理论框架》,载《农业经济问题》,2003(12)。

根据国家对自然保护区、风景名胜区、森林公园的调查、评价和列级工作，到目前为止，西部地区拥有国家级自然保护区 70 个，占全国 153 个自然保护区的 45.8%；拥有国家级风景名胜区 42 个，占全国 112 个国家级风景名胜区的 37.5%；拥有国家级森林公园 114 个，占全国 520 个国家级森林公园的 27.7%。此外，西部地区还有大量省、地、县级自然保护区、风景名胜区和森林公园，是全国自然旅游资源规模宏大、数量较多、种类齐全、品味较高的区域。如陕西华山，"世界屋脊"青藏高原，长江三峡，四川九寨沟，云南丽江大研古城、西双版纳、石林、大理苍山洱海，贵州黄果树瀑布，新疆天山天池，甘肃鸣沙山和西藏雅鲁藏布江等。另外，由于我国还是一个拥有五千年历史的文明古国，悠久的历史、璀璨的文化形成了大批历史文化名城，西部地区有 31 座，约占全国的 31.3%，拥有国家级重点文物保护单位 138 个，约占全国 500 个国家级重点文物保护单位的 27.6%，其中西安兵马俑、甘肃敦煌莫高窟、拉萨布达拉宫、成都都江堰、大足石刻、大理三塔等蜚声海内外。同时，我国是一个民族众多的国家，少数民族达 55 个，其中大多数分布在西部地区。因众多少数民族聚居而形成的民风、民俗、民居、民族歌舞、民族服饰及民族文化孕育了西部特有的民族风情。这些历史悠久的文化名城，珍贵的文物古迹及绚丽多彩的民族风情与西部地区旖旎的自然风光相结合，使西部地区旅游充满了神秘的色彩和强烈的吸引力，成为中外旅游者心驰神往的旅游热点区域。因此，西部地区完全可以通过开发这一独特的旅游文化资源带动当地城镇的发展，进而促进当地经济的发展。

　　如西部三峡地区城镇群的建设，除了利用矿产资源和水能资源极为丰富的优势大力发展相关的资源开发型产业和水电工业外，同时利用该区秀美的自然风光，又有长江航运之便，发展旅游业、旅游产品加工业及服务业。再如：沿"丝绸之路"的西北城市群，这一城市带从西安经贵州、乌鲁木齐直到新疆的边境，基本分布在交通沿线，城镇密度低，特别缺乏中等城市和小城镇，应增加"丝绸之路"上的现代小城镇，并将小城镇的发展与旅游开发和其他资源开发密切结合起来,特别是南疆铁路通车以后,建设南疆和北疆两条现代城市带,以适应对中亚和中东等国对外开放的需要。

(3) 旅游、文化促导模式的未来发展方向

既然旅游文化业是这种城镇发展模式的支柱产业,故如何使支柱产业实现可持续发展是这种城镇发展模式的关键。旅游文化业的克星是污染,污染主要源自工业,所以,合理规划和布局产业结构,严格控制污染,保护旅游文化资源应成为这种城镇发展模式中未来产业选择和发展的导向。

13.4 成都市小城镇分区域推进发展战略

近年来,关于中国城市化道路选择的问题争议颇多。在众多学者极力主张大城市主导战略的情况下,中央政府仍然坚决地将发展小城镇列为中国城市化战略的重要内容。在《国民经济和社会发展十五计划》中,明确提出:"推进城镇化要走符合我国国情的大、中、小城市和小城镇协调发展的城市化道路。"在制定《国民经济和社会发展十五计划》的《城镇化发展重点专项规划》中更加明确地提出:"根据我国国情和生产力发展水平,要把发展小城镇作为推进城镇化的重要途径,重点发展县城和部分条件好、发展潜力大的建制镇。"

13.4.1 成都市域小城镇发展现状

成都市域范围共 12390 平方公里。2002 年末总人口为 1028.48 万人,其中农业人口 662.75 万人,非农业人口 365.73 万人。城市化率已达 35.56%。市域城镇体系以 1 个特大城市为核心,4 座小城市、251 个建制镇、84 个乡集镇呈"众星拱月"之势。

近郊的七个卫星城镇,与中心城市呈"七星拱月"式较为匀称的分布。与市域周边城镇形成的特色鲜明的川西平原城镇区正在逐

步发育成为以成都特大城市为核心的四川盆地城镇群体。

地处成都平原的成都市域,城镇密集,数量较多,经济社会发展水平较高。至 2000 年,四川省确定的重点小城镇建设试点镇多达 62 个。

成都市主城区的非农业人口为 217.61 万人,远高于许多省会城市的非农业人口数量,但按市域非农业人口占总人口的比重来计算市域城市化率,不仅比我国东部发达地区的相应水平低得多,还低于西部一些副省级城市。如杭州、武汉、西安三市 2001 年的城市化率分别已达 40%、58%和 43%,都高于成都市 35.56%的城市化率。这一差距说明了成都市除中心城区外的广大农村腹地,城市化进程必须加快推进。

成都市包括建制镇与乡集镇在内,城镇混合密度为 2.7 个/百平方公里。城镇的等级规模结构体系分为特大中心城市—小城市—建制镇—乡集镇 4 个层次。在这样一个大、中城市缺失的成都市域城镇体系中,小城市、小城镇的作用就更加突出。县级小城市和小城镇成为成都市域城乡经济社会统筹发展的中继站和枢纽,成为以特大城市为中心的第二、三产业链的延伸,和产业集群形成发展的有力支撑和载体。

根据对欧美发达国家特大城市的城市化进程研究,结合成都市域的城市化进程,可以清晰地看到小城镇(市)在成都市域未来城市化进程中的作用、地位和功能。西方发达国家的特大城市空间演变过程一般可以概括为三个发展阶段:

第一阶段是大都市的向心城市化阶段,即大都市的集聚程度不断加强的过程。表现为大都市的人口规模不断增加,城市面积不断扩大。

第二阶段是大都市的郊区化发展阶段,即部分城市人口依靠高速公路以及轨道交通等便捷的现代交通条件,追求居住区的环境质量,出现了以住宅郊区化为先导,随之大型连锁超市等服务行业往郊区的推进。近年来,成都市南边的华阳镇、西边的柳城镇、北边的灌口镇、东边的龙泉镇等"卧城"形式的房地产开发,特别是包括别墅区（Town House）在内的高档住宅区的快速建设，显示成都已进入这一阶段的初期，呈现出郊区化现象。

第三阶段是大都市的"逆城市化"阶段。这一阶段大城市人口继续外迁，人们更加喜欢迁居到离大城市较远的，交通条件、自然生态环境条件好的小城镇居住。与此同时，特大城市还努力调整产业结构，大力发展高科技产业和第三产业，吸引更多年轻人到中心城区居住，使中心城市更加繁华。

成都市在推进城市化的进程中，已经充分意识到特大城市城市化推进的这样一个规律，已经将卫星城镇的发展提上了议事日程。

成都市的发展目标是成为中国西南地区的"三中心两枢纽"，成为"西部大开发"的经济发展重点地区，最终目标是建成为国际性的大都市。小城镇的发展，能在很大程度上缓解大量市域农村剩余劳动力转移对特大城市主城区可能造成的冲击，减少主城区的就业压力，为特大城市的结构调整和功能转换争取时间，为特大城市的快速发展创造有利条件。如果让成都的中心城市在参与国际竞争的同时，背上为大量素质和技能较低的农村剩余劳动力创造就业岗位，提供各种生活条件设施的沉重负担，必将贻误特大城市发展的时机，拖延实现特大城市现代化、国际化的步伐。因此，成都市域小城镇发展具有更深刻的现实意义和历史意义。

21世纪初，成都市域小城镇发展将从更大范围获得经济支持，特别是来自所依托的特大省会城市——成都市的支持，成都市已经具备较强的集聚辐射能力，能够对市域小城镇的发展形成有力的拉动。

在特大城市主城区加速发展进程中，城市中心区功能的转变和产业结构的调整，使得郊区小城镇将成为传统产业转移的重要地区，成为主城区产业链延伸的腹地。因此，成都市域郊区的小城镇对于大都市的经济发展将扮演越来越重要的角色。成都市将逐步过渡到"主城区体现"繁荣和繁华"、郊区体现经济实力的新格局。卫星城镇有可能成为成都市5~10年后主要的工业投资区域和推动经济发展的新增长点。

13.4.2 成都市分区域推进城市化战略

成都市域是现代文明和高科技产业发达,科技教育人才汇聚的特大省会城市,也有广阔的和较为偏僻的农村地区,市域社会经济条件和发展速度等有明显的地域差异。因此,其城市化推进必须采取适当的分区域推进战略。

根据近年来大量研究成都市地域分异规律的成果,结合对《成都市城市总体规划》等的研究,笔者将成都市城市化推进的小城镇发展战略分为三个圈层来研究:①主城区,②卫星城镇区,③远郊区。

主城区:即指"五城区"——锦江区、武侯区、青羊区、金牛区、成华区。

卫星城镇区:包括龙泉驿区、青白江区、新都区、温江区、新津县、郫县、双流县。

远郊区:包括大邑县、蒲江县、金堂县、彭州市、都江堰市、邛崃市、崇州市。

成都市域由内向外呈圈层式分布的三个区域,经济社会发展特征和城市化水平差异明显(见表13—7、表13—8)。

表13—7 成都市域三大圈层区域社会发展现状

指标\区域	人口			城市化率(%)	万人拥有高校(个/万人)	万人拥有科研机构(个/万人)	初中等基础教育			
							普通中学		普通小学	
	总人口(万人)	非农业人口(万人)	占全市比例(%)				学校数量(个)	专任教师(个)	学校数量(个)	专任教师(个)
主城区	258.91	217.61	25	84.05	0.476	0.718	96	9223	194	8520
卫星城镇区	345.60	80.14	33	23.19	0.063	0.087	179	11677	161	13016
远郊区	423.97	65.97	41.2	15.56	0.032	0.032	256	226428	234	15392

表 13—8　成都市域三大圈层区域经济发展现状

指标 区域	第一产业增加值		第二产业增加值		第三产业增加值		2002年GDP及其增速			2003年财政收入（亿元）	2003年人均财力（元/人）
	亿元	占全市比率（%）	亿元	占全市比率（%）	亿元	占全市比率（%）	GDP（亿元）	增速（%）	占全市比率（%）		
主城区	5.7	4.08	253.7	35.27	391.0	52.60	649.77	13.03	38.98	22.35	863.2
卫星城镇区	63.0	45.38	244.1	34.0	172.6	23.22	503.05	15.33	30.18	21.43	621.2
远郊区	70.2	55.05	220.60	30.73	179.73	24.18	417.19	8.77	25.02	11.45	269.7

成都市逐渐凸显的三个圈层式区域，是近年来随着第二、三产业的加速发展和城市化的加速推进而形成的。三个圈层区域的经济实力和城市化水平均有较大差异。呈现出的这种经济社会发展水平，在城市化推进过程中的差异格局，将在21世纪初期愈加明显。因此，必须以"科学发展观"为指导，坚持走城乡一体化的路子，坚持城乡统筹发展。因势利导，充分利用这种经济社会发展的"势差"，才能够加速推进经济社会发展。因此，在未来的成都市域经济社会发展和城市化进程中必须实施分区域发展战略。

1. 成都市城市化小城镇分区域推进的战略方针

第一，以国家既定的成渝经济区发展战略为指导，依据成都市在中国第四经济增长极——成渝经济区中的定位和发展目标，依据市域区域经济社会发展、空间格局和生产力布局、产业结构调整战略确定小城镇发展战略。

第二，以促进成都都市圈的发育形成，以奠定成都市在成渝经济区和"西部大开发"中的重点区域地位为目的，以协调市域空间格局与生产力布局调整为目标，确定市域小城镇发展的空间格局和空间过程。

第三，充分认识和估计卫星城镇区在市域城市化进程中的重要作用，以产业集群和中小企业集群的培育，作为卫星城镇发展、形成和完善的支撑和动力。以承接主城区的产业布局调整和人口及功能的疏解为重要职能。大力推进卫星城镇区的快速发展。

第四，以县域经济的发展和城镇型建制镇的发展为指导思想，着眼于城乡一体化发展和大力转移农村剩余劳动力。以解决"三农"问题为重要目的。大力发展市域远郊区的重点小城镇。通过合理的行政区划调整，撤并乡镇，以财政转移支付的政策创新为保障，健康持续地推进远郊区的小城镇发展，实现成都市域的城乡统筹发展。

成都市主城区域的小城镇，如金牛区的洞子口乡、武侯区的簇桥镇等国家级小城镇，及成华区的圣灯乡等，随着主城区城市化的高速发展，将在三年左右全部与主城区融为一体。因此，成都市的城市化分区域推进战略，主要考虑卫星城镇区和远郊区两大区域的小城镇、小城市发展及其城市化推进。

2. 成都市域卫星城镇区的城市化推进小城镇发展战略

（1）近期战略

卫星城镇区包括温江区、郫县、新都区、龙泉区、双流县和新津县。这一圈层区域经济社会发展、工业化的推进较快，有四方面原因：

第一，随着主城区的发展，在部分产业和企业的转移、外迁过程中，该区域承接了有力的辐射。近年来，"退二进三"、"换笼养鸟"的工业战略大转移，前锋电器厂、成都卷烟厂、成都化工厂等一大批主城区的企业转移到该区域。

第二，近年来，四川省其他属地的企业陆续迁入成都市卫星城镇区，如温江区的印钞厂、龙泉驿区的航天城以及进入各卫星城镇区的一批军工企业。

第三，随着成都投资环境的改善和优化，以及投资诱导政策的实施，一批省外企业来该区域投资发展，如新津县的川浙工业园区已有31个浙江省的企业迁入，温江区的海峡两岸科技产业开发园区发展迅速等。这都推动了成都卫星城镇区工业化的加速。

第四，卫星城镇中，华阳镇、温江区、都江堰市等地的房地产业快速发展，这些商品房，60%左右由主城区及省内其他地、市甚至重庆、青海、西藏等外省市的城乡居民购买入住。最近大庆市、大庆油田已经在温江区的万村镇投资4.8亿元修建了4138套住房，安置了一万多名职工。

卫星城镇区的城市化在工业化加速推进的有力拉动下，非农人口进一步增加，加上主城区的郊区化发展，主要体现为一种形式，即"卧城"的逐步发展呈现出一种"异地城市化"现象。该区域的城市化推进、非农人口的增长多表现为四种方式：

第一，主城区的居民改善居住环境外迁居住。

第二，外地大量工厂企业、购房户等迁入，即"异地城市化"。

第三，大批大专院校迁入该区。如郫县，入驻该县的院校即将达13个。

第四，本地农民通过兴办企业、外出打工积累资本，一批先富起来的农村人口陆续进入卫星城镇。有的拥有了城镇户口，更多的是暂时未拥有城市户口、但已改变生活方式的农村人口，他们融入了卫星城镇居民的新的生活方式中。

成都市卫星城镇区，近期的城镇化推进战略是：以工业化为先导，以基础设施建设环境改善为重点，和大力促进"异地城市化"特征明显的推进方式。这种方式其实质是工业化的推进，第三产业的发展和投资诱导三种动力形成的一种城市化合力。使得成都市卫星城镇区城市化更加强劲的加速。成都市卫星城镇区这种工业化与城市化的互动带动第三产业的发展，产生的城市化动力将越来越强劲。其吸纳农村人口转移的能力和作用将逐步超过主城区。2010年成都市卫星城镇的城市化率达到58%。

(2) 中长期战略

成都作为四川省会特大城市，既面临着中国各特大城市未来发展的共同难题，又急需解决自己的一些特殊问题。我国以北京为代表的特大城市摊大饼式的城市发展道路，国外日本、韩国等优先发展特大城市的城市化战略途径，并不适合中国国情。特大城市的无度发展存在着难以解决的不良后果，比如生活方式缺乏集聚质量，产业活动缺少集聚效应等。因此，特大城市应多中心发展，组团式发展，特别是大力发展卫星城镇，以卫星城镇来疏解、延展中心城的压力，较好地克服交通拥堵、人口过度密集、环境质量差、生活质量低等缺陷，已成为我国特大城市市域城市化推进的发展方向。

成都市近年主城区的发展，一是致力于以城市副中心的建设来打破沿一环、二环、三环"摊大饼式发展"的格局，二是以城郊快速通道建设和完善打通主城区"井字形"的交通布局，大力治理交通拥堵这一中国特大城市的通病，取得了明显的成效。同时卫星城镇的发展建设已提上议事日程，但具体的、较全面的、战略性的分区域发展战略思路还未形成。最近形成的近郊分区规划，将青白江、新都、温江、龙泉、双流分为五个模块进行了规划，是成都卫星城镇及区域发展的规划雏形。但还缺乏综合性的研究，即从卫星城镇与主城区的关系，卫星城镇对市域城市化推进的作用与功能，卫星城镇给市域社会经济发展带来的影响和应有的贡献几方面进行深入研究。因此，综合分析成都市已有的城市化成就和现状格局及发展趋势，成都市域卫星城镇区的中长期城市化推进战略如下：

第一，以中小企业集群和产业集群化的发展，壮大强化卫星城镇的集聚辐射功能。承接主城区的工业转移和投资诱导战略并举，形成市域性的产业集群或地方性的中小企业集群。

要以长远的眼光来考虑卫星城镇功能的定位和产业发展的定位，必须把卫星城镇的产业选择和定位纳入特大城市的整体发展规划，不能仅成为改善居住环境的"卧城"。没有适当的产业定位，没有适当的产业支撑，卫星城镇的发展难以为为继。成都市现有卫星城镇的产业发展定位如下：

——龙泉镇：以国家级工业园区的发展为龙头，带动工业化进程。形成以机械（摩托车）制造企业、电子信息业、新型建材业、食品工业的产业集群和中小企业集群。采取的措施一是与成渝两特大城市内引外联，利用园区经济，发展优势产业，培育相关产业，承接两个特大城市产业链条的延伸。在此基础上，同时逐步形成产业集群和中小企业集群。

——青白江城区：以川化厂为龙头，以具有机械轻纺、建材等产业发挥优势促进川化厂产品链的延伸，形成化工产业集群和轻纺建材中小企业集群。

——新都区：食品饮料、家具建材（新繁镇）等行业已经形成小企业集群，以旅游业带动第三产业发展的势头也较明显。新都在引进外地企业、院校方面也取得了显著成效。新都城区应该成为成都市北部片区的核心和龙头，发展为进行综合服务、具有新型工业、最适合居住且旅游文化观光业发达的成都主城区北部副中心卫星城镇。

——温江区：近年来发展势头强劲，以花博会为契机进一步形成会议博览、商贸卫星城镇，依托海峡两岸科技开发工业园区及其辐射，形成食品、轻纺、医药化工、机电工业、产业和中小企业集群。

——双流县：县内有华阳、东升镇，以成都市行政中心南移和商贸、会展、居住业发展推动第三产业发展，依托生物与现代医药电子及器械、新技术、电工业、绿色生态食品工业的发展，形成产业集群和乡镇企业集群，强化经济发展全国十强县地位。

——新津县：依托川浙工业园区和日化饮料生产的发展，形成化工建材等产业集群和中小企业集群。

——郫县：凭借高新西区的逐步发展，形成电子信息、现代中药、食品饮料等产业集群。依托13所大专院校的入驻和郫筒镇、犀浦镇、红光镇第三产业的快速发展，促进卫星城镇的稳定发展。

第二，实施"半小时经济圈"空间发展"战略"。加快以轨道交通为主的高速（快速）通道建设，强化卫星城镇与主城区的通勤紧密度，充分发挥卫星城镇的功能。

尽快实施地铁、城市（郊）轻轨的建设，形成以地铁、轻轨、城郊快速通道为骨架的卫星城镇便捷通道。七个卫星城镇在半小时内可进入主城区，使卫星城镇既能享受主城区的商业繁华等城市文明,又能享受比主城区更加优越的居住等生活环境,成为主城区过密的人口疏解和外地"异地城市化"人口进入及招商引资的首选地。这样,卫星城镇的发展将从根本上解决发展缓慢的问题,能够尽快发挥卫星城镇的功能。

第三,充分发挥卫星城镇园区经济的集聚效应。现代卫星城镇,不会局限于人口疏解、产业分工和配套的功能,而应有主业突出的产业集群和企业集群特点,其产业发展功能可通过园区经济获得的生产要素的集聚和辐射效益而实现。

园区经济是20世纪末区位理论在实践中的重要创造和发展。世界著名的美国硅谷,中国台湾的新竹科技园区、北京市的中关村、苏州市的新加坡工业园区等,都是非常成功的模式。强化卫星城镇产业功能,完全能够借助园区经济这一经济形态得以实现。

一是凭借生产要素的集聚效应,基础设施共享,相关企业产业链空间传递距离大幅度缩短,带来产业链延伸的便利和经营成本的大幅度降低,使得产业集群和中小企业集群的发展优势明显。

二是凭借园区优惠政策加速企业和产业集群的形成。突出园区产业特色,通过园区内外布局的导向和辐射作用,能够促进优势产业集群、中小企业集群的形成。

三是吸引更多企业进入,扩大产品市场,如浙江温州等地服装产品、纽扣产品、领带产品、打火机产品等的生产发展,市场培育就是成功的典范。

成都市卫星城镇产业支撑的选择应各有侧重,要注重产业分工合作的协调,形成"竞合优势"。尽可能避免产业同构,要以各自的特色来建设园区和发展卫星城镇,要长远地关注生产市场,关注第三方物流等战略性的园区建设问题。引入企业要注意与现有园区内企业的产业关联度和主城区企业的关联度。特别要引进有导向作用的重要企业,如高新西区英特尔公司的引入带动了相关企业的陆续跟进。由产业集群和企业集群为支撑的主导产业的定位,要特别注意与卫星城镇和主城区的经济发展纽带关系。

3. 成都市远郊区的城市化推进小城镇发展战略

成都市远郊区包括都江堰、彭州、邛崃、崇州四个县级市和大邑、蒲江、金堂三个县,有 136 个镇,占全市 251 个镇的 54.18%,有 57 个乡集镇,成都市一半以上的镇分布于该区。成都市小城镇的发展,远郊区是相当重要的区域。该区幅员 8379 平方公里,占全市幅员的 67.63%,总人口 423.97 万,农业人口 358 万,占全市农业人口(662.76 万)的 63.97%。全市一半以上的农业人口分布于该区,而该区的城市化率为全市最低,仅达 15.56%。可见成都市城市化推进战略中,该区域是需要转移农村剩余劳动力数量最多、城市化难度最大的区域,也是成都市城乡统筹发展、城乡一体化难度最大的区域。

表 13—9　成都市域圈层式分区城市化及区域差异

指标区域	幅员		乡镇数		城市化率(%)	国内生产总值GDP		公里旅客周转量(万人/公里)	公里货物周转量(万吨/公里)
	分区面积(平方公里)	占全市比重(%)	镇(个)	乡(个)		总量(万元)	人均(元)		
主城区	466	3.76	2	13	84.05	6497687	25096	941172	520235
卫星城镇区	3545	28.61	113	14	23.19	5198642	15042	193542	120300
远郊区	8379	67.59	136	57	15.56	4003720	9443	343986	249665

成都市远郊区城市化加速推进小城镇发展战略,关键是有选择地加快重点小城镇的发展,以重点小城市和小城镇的发展战略来大力推进该区域的城市化。

第一,将都江堰、彭州、崇州、邛崃 4 个县级市在 2010 年前逐渐发展成为中等城市,将金堂、大邑、蒲江三个县在 2010 年后发展为小城市,2010 年成都远郊区城市化率达到 38% 左右。

如果国家大型重点项目工程建设得以实施,个别县级市在 2020

年后可逐步发展为大城市，城市人口达到 50 万人，从成都市现有的特大城市—小城市—建制镇—乡集镇—农村非农居民点的城镇体系缺位的状况，改变为特大城市—大城市—中等城市—小城市—建制镇—乡集镇—农村非农居民点的城市化全面推进的城镇体系格局。

第二，重点建设县城（城关镇）。成都市远郊区小城镇建设的重点应放在具有一定的集聚规模，第三产业有一定基础，基础设施建设较好，具有较大发展潜力的城镇型建制镇上。

主要发展三个县城（城关镇）和具有悠久历史的中心镇。这些城镇型建制镇的重点发展，能够在较短时间内有效地提高小城镇吸纳农村剩余劳动力的能力，有效地提高重点小城镇的集聚扩散能力。使城镇型建制镇成为县域经济的增长极点。同时，城镇型建制镇的发展带动能够优化县城空间结构与布局，进一步使县域内形成不同组合、不同规模的聚集和产业组合的等级序列，进一步促进城乡一体网络式发展经济形态的形成。城镇型建制镇的发展也使 4 市 3 县的中心城镇，成为联结更高层次区域中心的结点。

第三，致力于农村产业化的推进和特色产业的发展，使更多的农民富裕起来进入城镇成为真正的城镇居民，并成为第三产业发展的主要推动力。

远郊区发展小城镇的低成本、低风险对农村经济和县域经济的发展具有特别的活力。农民迁移进入的"门槛"最低。要进入大城市，农民的文化水平、就业技能、心理障碍等难以适应，他们大多成为"候鸟型"的城市打工一族，最终还是要回到家乡农村或小城镇。农民对于家乡小城镇有强烈的认同感，对小城镇的就业、创业的技能和文化等要求容易适应，符合农村人口逐步从低等级规模城镇向高等级规模城镇滚动迁移的客观规律。

第四，成都市域远郊区 4 市 3 县的小城镇发展战略，最为关键的是要加大县域经济的发展力度。只有在县域经济加快发展的前提下，才有实力建设发展小城镇，小城镇的第二、三产业才能得到发展，农民进入小城镇后，有业可就才能成为真正的城镇人口。

发展县域经济的关键是农业产业化。日本农业产业化的"一村一品"即是最好的模式,如金堂县的食用菌、都江堰市的白果、彭州宝山村的水电带动小型工业发展、邛崃市的原度酒酿造、彭州的蔬菜生产等都能够进一步实现产业化,实现规模效益。双流县的"耕地向种田能手集中的模式"即是农村产业化的重要创新。实行"业主制"、"公司+农户"等模式,是成都市远郊区县域经济发展和城市化推进的有效路径。

第五,选择培育小城镇发展的支撑产业,促进农村人口在小城镇的稳定就业和永久定居。

成都市农业剩余劳动力向小城镇转移,并实现人口城市化的过程,可分为流动和稳定两个阶段。流动是农业剩余劳动力离开农村和农业向小城镇和非农产业转移的过程,稳定则是农村剩余劳动力从农业中彻底分离出来后"沉淀"于小城镇并稳定就业和定居生活的过程。

成都市域小城镇发展最突出的问题是小城镇发展的产业支撑不足,难以提供小城镇发展的后续资金和就业岗位。因此成都市域的重点小城镇发展,重点应放在支撑产业的定位和培育上。卫星城镇要创造条件主动承接特大城市和外地企业的转移,把基础设施建设好,使环境更美,吸引更多产业发展的招商引资项目,同时吸引外地人口进镇。远郊区要在特色产业发展上下功夫,"一镇一企、一镇一业",要有特色,或者同特大城市和邻近城市具有互补性,尽可能避免产业同构带来的恶性竞争。比如现有的卫星城镇和远郊区大都选择了食品、机械加工为近期发展的主导产业,值得进一步研究其合理性。只有小城镇发展的主导产业定位准确,并大力培育发展,城镇规模的拓展和人口的集聚才有根本保障。

第十四章 旅游业促进西部民族地区城镇化推进的研究

14.1 西部民族地区候鸟型"飞地"性的旅游推进型城镇化模式

候鸟型"飞地"性的旅游推进型城镇化模式,与城镇化推进的经典理论——工业化是城镇化的根本动力,有截然不同的表现形式。城镇人口的增长呈现明显的季节性,随旅游旺季、淡季的变化呈现规律性、潮汐式的变化。前往旅游的流动人口数量是城镇常住人口的数倍甚至 10 倍以上。这种城镇化推进过程所推进发展的作为增长极的城镇,所产生的聚集扩散效应与由工业化推动的城镇化所产生的效应并无二致。美国著名经济学家赫希曼(Herchman)提出,增长极理论的重要性在于:在经济发展初期,极化效应(Polarzed effect)会扩大区域经济发展差异,从长期来看,涓滴效应(Trickling—down effect)将缩小区域经济发展差异。通过涓滴效应与极化效应显示的市场力量,将导致极化的暂时优势,周密的经济政策将会应运而生,以改变这种状态。

14.1.1 西部民族地区城镇化推进模式研究的新启示

我国西部欠发达民族地区由于广布着独特的、开发利用价值较高的自然和人文旅游资源，因此，特别是80年代以来我国西部欠发达的民族地区旅游业有了较大发展。随之，民族地区的城镇化也以其独特的方式推进，即以旅游业为主导的第三产业为拉动力的城镇化推进方式，形成一种全新的城镇化推进途径。与城镇化推进的经典理论及其众多模式大多表现为工业化是城镇化的根本动力，有着截然不同的模式和途径。

根据世界城镇化理论，特别是中国城镇化推进的各种模式、途径及其实践，我国城镇化推进的理论及实践模式可以归纳为四种类型：乡村向城镇转变渐进型，城镇向乡村辐射扩散型，乡村第二、三产业发展内生扩张型，大城市边缘区与乡村融合型。这四种理论及其主要模式的实证研究大多来自于国外以及我国东部发达地区和部分中部地区，主要是分析研究经济社会较为发达地区的大都市、城乡一体化，城乡统筹发展，城乡融合和小城镇建设等以及与之相关的方方面面的问题所形成的。

我国欠发达地区，特别是我国西部民族地区的城镇化推进，有一种较为普遍的候鸟型"飞地"性的旅游推进型城镇化模式，对其研究者甚少。中国农业科学研究院的王先锋（《"飞地型"城镇发展带来的启示》，载《经济学家》，2004年4月）指出："'飞地型'城镇概念是本文尝试性提出的，显得很不成熟。"他进行了具有开创意义的研究，但未为更多的学者们所注意。（特别需要指出的是，王先锋《"飞地型"城镇发展带来的启示》，对笔者的研究产生了重要影响和帮助）。上文提到的四种理论都没有将这种模式及其所隐含的理论包含其中，这种模式独特而又已经成为地域广阔的欠发达地区城镇化推进的主要模式，对其理论和实证模式的研究具有重要的学术价值和实践意义。从2003年初笔者开始研究，根据所进行的《中国西部欠发达地区城镇化道路及小城镇发展研究》项目的阶段性研究，进一步发现,这种中国西部欠发达地区候鸟型"飞地"性的旅游推进型城镇化模式有其特殊性,具有对欠发达地区进行城镇化推进的实用性,从理论和实践两个方面具有以下重要现象,需要进一步研究和揭示其本质和规律。

第一,与一般城镇化推进模式截然不同的现象是,城镇人口的增长呈现明显的季节性,随旅游旺季、淡季的变化,呈现一种规律性的潮汐式的变化,以暂住人口和流动人口的规律性增长,呈现出季节性即候鸟式的,或者随节假日的到来以潮汐式的增长变化方式,来推动城镇的建设和发展,带动第三产业的发展以及区域经济增长和社会发展。

第二,这种特殊的,处于周围经济社会发展落后,城镇稀少,交通不便,工业发展极为落后,形如嵌入的孤岛,被称为"飞地性质"的城镇(王先锋,2004年)。但它往往由于拥有一种特殊的自然资源比如旅游或矿产等极具开发利用价值的资源,可以被当地开发利用,形成一种具有较强增长极作用的推进型产业及其相关产业,促进这一地区城镇和城镇化的发展,从而带动区域包括广大农村地区的发展,以及带动农村剩余劳动力向城镇或第三产业转移。

第三,候鸟型"飞地"性的旅游推进型城镇化模式,与城镇化推进的经典理论中,工业化是城镇化的根本动力,有截然不同的理论依据和实践意义,较普遍的候鸟型"飞地"性的旅游推进型城镇化模式实证表明,其城镇化过程中,城镇区甚至更大区域范围内,工业化不仅没有加速,反而相对缓慢或者停滞,而城镇得以发展和城镇化的推进是依靠第三产业,主要是以旅游业的快速发展为主导。

第四,一般城镇化水平的测度是以城镇人口或非农业人口占总人口的比重来衡量的,而候鸟型"飞地"性的旅游推进型城镇化模式,却是暂住人口特别是前往旅游的流动人口数量是城镇常住人口的数倍甚至10倍以上。这种城镇化推进过程和现象虽然大相庭径,但其所推进发展的作为增长极的城镇,所产生的聚集扩散效应却是基本一致的。

重要的是,候鸟型"飞地"性的旅游推进型城镇化理论和模式,无论从学术研究还是其在欠发达地区特别是我国民族地区的城镇化推进中，它解决的是欠发达地区的农村城镇化问题。候鸟型"飞地"性的旅游推进型城镇化理论和模式，实际上是对四种城镇化理论及其模式、途径的一种完善与补充，完全可以概括为一种新的即第五种城镇化理论模式。候鸟型"飞地"性的旅游推进型城镇化理论和模式，不仅具有广大西部欠发达地区特别是民族地区的典型性和普遍性，并且，越来越显示出其对西部欠发达地区和民族地区等具有旅游等特殊资源的区域的城镇化推进途径，有较好的普适性，和难以替代的作用。

14.1.2 西部地区候鸟型"飞地"性的旅游推进型城镇化的经济学理性分析

1. "增长极"理论与欠发达地区候鸟型"飞地"性的旅游推进型城镇化模式

候鸟型"飞地"性城镇化模式其重要的理论价值，在于分析研究中国西部广大的欠发达民族地区的经济社会发展问题，特别是破解这些地区城镇发展和城镇化推进的难题。经济学家佩鲁等提出"增长极"理论后，又经罗德文、柯拉基奥、赫希曼等众多经济学家相继对"增长极"理论进行补充和完善，为欠发达地区的经济增长找到了重要理论依据。对候鸟型"飞地"性城镇化的理论和模式研究，王先锋（2004）首次提出"飞地型"城镇。然而，并未有学者对候鸟型"飞地"性城镇化的概念和理论特别是模式进行过研究，原因是我国西部城镇化进程才刚刚进入城镇化快速推进阶段，对于西部城镇化推进，无论是理论还是较为深入的实证研究，都不多见。西部城镇化对于我国非均衡发展战略的东、中、西部梯次推进战略，特别是"西部大开发"战略的实施具有重要性和紧迫性。

从候鸟型"飞地"性城镇化的发展过程，及其产生的对区域经济社会发展的重要作用和影响进行实证研究分析，可见这种候鸟型"飞地"性城镇化推进的合理性、普遍性及其学术价值对实践意义重大。

独特的旅游资源在类似的西部民族地区和贫困落后地区的经济发展中,是难得的宝贵的"增长要素",同时要充分培育利用这种特殊"增长要素"推进城镇发展和城镇化进程,产生聚集扩散效应,利用和合理开发这些独特的自然资源,能够使欠发达地区形成促进经济社会发展特别是城镇化的推进型产业,从而带动其他相关产业的快速发展,进一步推进这些特殊地区的候鸟型"飞地"性城镇化,从而有力推动欠发达地区的经济社会发展。

我国欠发达地区的发展瓶颈包括资金问题、基础设施问题、科技与人才问题等,如果没有一种能够引发区域经济发展的独特的自然资源,就不可能引起国家、外商、社会、民营企业等对这些地区进行开发和投资,就不可能形成支撑产业并带动其他相关产业发展,城镇化以及经济社会的发展仍将缓慢。从这个意义上,可以说欠发达地区候鸟型"飞地"性城镇化推进理论是对"增长极"理论应用的些许补充和贡献。

2. 旅游业是欠发达地区经济增长中的推进型产业,旅游业是候鸟型城镇化推进的支撑产业

考察世界欠发达地区城镇化历程及其经济社会的发展,和其成功经验与模式,无一例外是选择了大力发展适当的支撑产业。比如美国的拉斯维加斯,非洲的摩洛哥地区,巴西的玛瑙斯地区,我国四川省的峨眉山市,湖南省的张家界市,云南省的大理、丽江等地区都是很好地利用这种特殊"增长要素"形成支撑产业的实证。美国的拉斯维加斯是在周围荒无人烟的沙漠中发展起来的旅游胜地,其主要原因就是形成了以博彩业为主的特色产业。非洲的摩洛哥,邻近地区为山地、沙漠和海洋,同样形成了以旅游资源开发利用为主的支撑产业,逐步成为非洲地区旅游经济发达的国家。巴西的玛瑙斯位于著名的亚马逊平原,其南部和北部为高原,四邻全是大片原始森林和无人区,当地以自由贸易和旅游业的互相推动发展,逐步成为新兴的旅游商贸城市和地区。我国湖南的张家界原本是一个

典型的贫困落后山区,仅有几个小镇,在20世纪70年代末,索溪峪镇、锣鼓塔、永定城等三个小城镇的常住人口不足2万人,20多年来增加到近20万人,旅游人次从最初每年的2万多人次,到2002年底达到770万人次,平均每年约递增35万人次。这些欠发达地区较为成功的城镇化推进模式,与一般城镇化模式有不同点,也有相同的目的和效果,可谓"殊途同归"。表现为三个方面:

第一,在候鸟型"飞地"性城镇的辖区内,要尽快发展成为中等城市或大城市是不现实的,其城镇人口的增长规律较为特殊,表现为以旅游流动人口的大幅度增长而推进的。每年以候鸟型、潮汐式的方式增长,常住人口增长缓慢或相对稳定。

第二,但是,候鸟型"飞地"性城镇经过旅游资源开发和利用,旅游业同样能够形成城镇化发展的支撑产业。当地不仅能够发展成为驰名中外的旅游城市,也能够像其他城镇一样,发挥增长极的聚集扩散作用,带动区域经济社会发展。

第三,候鸟型"飞地"性城镇化推进的动力,其来源是旅游资源或其他特色资源的可持续开发利用,催生了一种具有支撑性质、推进作用的产业经济形态。比如:在九寨沟县境内,产业结构中还存在着其他产业,但主要是围绕着旅游服务业为主的第三产业在增长;第三产业产值在整个GDP中居于首位,第一产业、第二产业比重不断下降。九寨沟、张家界、大理、丽江等在2002年底,以旅游业为主导的第三产业产值在GDP中所占比重均为第一位,第一产业、第二产业的比重相去甚远。

这些实证有力地证明了欠发达地区旅游业的发展符合"要素禀赋"理论,旅游资源是一种重要的增长要素,在欠发达地区具有比较优势,具有支撑、形成增长极的作用。应大力发展民族地区的旅游业,形成城镇化发展的支撑产业,从而主导该地区进入候鸟型"飞地"性城镇化发展阶段。从经济理论和城镇化的一般规律来分析,由于旅游业的发展,其他与旅游相关的第三产业也得以快速发展,逐步形成区域独特的以旅游经济为龙头的经济形态。也就是说,这种候鸟型"飞地"性的城镇化推进方式,是以旅游经济这种特殊的经济形态来表现和作为动力来推进的。与工业化是城镇化的动力或工业化与城镇化互动理论是不同的。但是，必须指出的是候鸟型"飞地"性城镇化发展理论有以下特征：

第一，最适合于有一定资源禀赋的欠发达地区，但不一定适合其他类型地区。比如对于经济发达、工业化快速发展的地区，典型的农业经济地区，资源贫乏地区等不适用。这就是其特殊性使然。

第二，它与工业化是城镇化的动力理论并行不悖。其表现形式和效果有一定差异，但最终目标即形成具有极化效应的城镇，并且逐步增强其聚集辐射效应，带动广大乡村地区发展，有力推动区域城镇化的加速发展，从理论和实践都较为趋同，其实质都是以支撑产业的发展推进城镇化。

第三，欠发达地区一般工业基础都非常薄弱，工业企业大多不景气，工业化程度较低，不能盲目效仿发达地区和发达国家，一味发展工业，走工业化的道路，推动城镇化进程。应该因地制宜地选择旅游业或其他特色产业的发展为重点，进行以资源开发利用为主的城镇发展建设，积极探索保护资源，科学合理开发景区，重点保护好生态环境，因为良好的生态环境是这些地区旅游资源的重要组成部分，往往这些地区也是生态脆弱地区，竭泽而渔的教训已经太多。这是欠发达地区城镇化推进过程中要高度重视的问题。

14.2 四川民族地区旅游业与城镇化推进的实证研究

四川民族地区分布着我国最有价值的自然和人文旅游资源，发展四川欠发达的民族地区旅游业，应该抓住长江上游生态建设的机遇，以城镇化为核心，加速发展民族地区旅游业，实行生态移民，没有民族地区城镇的发展，现代文明的传播将减缓，工业化进程难以推进，与内地的经济发展差距将进一步拉大。小城镇的建设要充分体现民族社会、文化、习俗等特征，才有生命力，才能与旅游业的发展相互促进。民族地区社会，经济的发展关键是加快缩小城乡差距，使广大农牧民切实受益，发展旅游业是正确的选择。要把旅游业和绿色生态产业的发展相结合，抓住国家生态工程建设的机遇，把农村剩余劳动力的转移与生态工程建设相结合，以生态移民的方式促进民族地区城镇化建设的推进。

四川省民族自治地区幅员辽阔，旅游资源异常丰富，具有特殊魅力。有蜚声中外的童话世界九寨沟，有瑶池仙境海螺沟，有神秘美丽的泸沽湖、邛海……神奇而斑斓的四川民族地区，不仅自然景观旅游资源美不胜收，景色迷人，由于多民族聚居，更充溢着奇风异俗和野趣轶闻。藏、羌、彝、回等少数民族的婚嫁节庆、音乐、舞蹈、宗教文化、习俗、服饰、村寨建筑等，无一不具备独特鲜明的民族文化特征，是具有极高价值的旅游资源。四川省民族地区丰富而独特的旅游景点，世界遗产、旅游精品令游客特别是外国游客为之倾倒，流连忘返。但是，至今四川省特别是其民族地区的旅游业还比较落后，旅游业的产值和旅游收入等都不尽如人意。对于如何发挥后发优势发展四川民族地区旅游业，笔者经反复调查研究后认为：应该抓住长江上游生态建设的机遇，与城镇化推进相结合，才能够充分发挥后发优势，实现四川欠发达民族地区旅游业的追赶式、跨越式发展。

14.2.1 民族地区旅游业发展是生态建设和城镇化推进的动力和产业支撑

1. 四川民族地区旅游业发展的优势和劣势

四川省是旅游大省，其自然旅游资源具有得天独厚的优势，有4处世界遗产。自然旅游资源的数量和质量与全国各省市区相比较，也可谓名列前茅。就我国西部地区而言，自然和文化双重遗产主要集中在四川。四川旅游业的优势明显，劣势也较突出，还属于我国旅游发展的欠发达地区，四川旅游业要有更快发展，最重要的是要正确认识本省所具有的特点，其中重要的一点就是要充分发挥自己的特色，即在"扬长"上下功夫。四川的不足是交通条件和其他基础设施较差，这是四川旅游发展的"硬伤"，这一问题的解决由于地理条件等难度较大。在"扬长"上下功夫可很大程度上"避短"。充分发挥四川旅游的特色，比如，在九寨沟旅游环线上，结合生态移民加速具有浓郁民族风情小城镇的建设，增加具有民族特色的吃、住、娱、购等活动，形成独特的吸引力，让国内外游客觉得为此付出时间，减少旅途劳顿，是非常值得的。这样既能达到发展旅游业吸引更多客源的目的，又能够以旅游业发展作为产业支撑，解决生态建设的移民问题，加速民族地区的城镇化推进。

四川尚属"欠发达地区"，旅游业方面虽属"大省"，但仍然"欠发达"。欠发达地区成功发展经济的例子不少，经济不发达但旅游业发达的成功例证更不少见，但其最重要的途径都无一例外是充分发挥后发优势和区域特色。

四川省在旅游方面的后发优势：一是可以借鉴云南等省发展较快的经验；二是加快民族地区的旅游业发展。民族地区旅游业发展有许多问题需要加大力度予以解决，其中一个极为重要的问题是人们不够重视。四川省要实现追赶式、跨越式发展，必须抓住民族地区旅游业发展这个突破口，即抓住长江上游生态建设的机遇，与加快民族地区的城镇化推进相结合，才能充分发挥后发优势，取得更好的效果。

2. 四川民族地区经济社会发展存在的问题

四川民族地区是中国西部经济、社会发展"欠发达"地区之一，却承担了保护长江上游生态环境的重任。为此，我国政府已经和将继续投入巨资进行退耕还林、退牧还草。但是，要从根本上解决生态保护这一具有战略意义的问题，还必须尽快解决该地区长期以来经济社会发展缓慢的问题。自中央实施"西部大开发"战略以来，四川民族地区经济社会得到了较快发展，但与内地特别是与发达地区比较，差距明显，这不仅反映在经济总量和人均 GDP 等数量指标上，更反映在社会发展的质量上。如果不采取经济发展与社会发展协调统一的发展策略，与内地的差距将会不断增大。对民族地区而言，既存在如何加快融入国家现代化发展进程的问题，又存在如何尽快形成具有本民族特色的区域现代化发展的问题。根据区域经济发展增长极理论，一个地区经济社会的发展首先要形成若干增长极点，进而形成部分增长极核，从而集聚、辐射，带动民族地区的经济社会加速发展，这是一种从极点到极核的过程。这一过程在四川民族地区社会经济发展还处于欠发达阶段，重要内容就是小城镇发展进而形成中小城市的过程，其实质是城镇化过程，是发展中国家和"欠发达"地区经济社会发展必须经历的阶段。目前四川民族地区区域社会经济系统中，一方面传统的农牧经济在经济结构中还占主导地位，城镇化水平低下，反映出这一地区空间结构上经济社会发展的低度均衡状态；另一方面，退耕、退牧后农村剩余劳动力必须向第二、三产业转移，只有加快民族地区城镇化进程才能有效解决第二、三产业发展和以上问题。四川民族地区包括甘孜、阿坝、凉山三个自治州和马边、峨边两县，至今只有西昌一个小城市，城镇聚集、扩散、辐射、带动民族地区区域经济发展的功能幼弱。因此，必须加快四川民族地区以县城为主的小城镇的发展，结合国家生态工程的实施，进行生态移民，进一步解决牧民定居问题。

四川民族地区的发展要实现现代化追赶已不再是单一经济目标的追赶，而是应该包括社会、经济、平等、教育、医疗、卫生、环境、文化以及社会福利在内的多重目标的追赶，在这个意义上，四川民族地区目前还不完全具备发展中等以上城市的条件，城市化进程还处于缓慢推进阶段。因此，民族地区的小城镇发展的目的和作用与其他地区有所不同，而且比其他地区更加迫切和重要。四川民族地区的生态建设和生态重建又是必须加快推进的重任，由生态建设、退耕还林、退草还林等产生新的移民，必须解决好他们的生存和就业问题。四川民族地区旅游业发展与生态建设和城镇化推进的同步进行，既是四川民族地区产业结构调整和特色产业发展的最佳选择，又是四川民族地区城镇化推进的有效途径，因为既有提供城镇化的推动力、机遇，又进一步发展了能够支撑城镇发展的产业，如此才能使生态移民有业可就，有生存发展的基础。随着民族地区城镇化的推进，能够不断提高民族地区社会经济协调发展的质量，这是实现这一特殊地区多重目标追赶式、跨越式、可持续发展的切实可行路径。

自"西部大开发"战略实施以来，民族地区的经济社会发展问题一直为全世界所关注。与此相关的研究文献也大量涌现，大大推进了这一领域的研究，也为进一步深入研究民族地区的经济社会发展问题提供了非常有价值的依据。但在现有的"西部大开发"战略的具体实施过程中，也存在着不足：

第一，对于民族地区经济发展和生态环境保护的工程和项目较多，对于西部地区资源开发和利用的工程和项目及其安排较多，如南水北调工程、天然林保护工程、西电东送、西气东输项目等。而对于加快缩小城乡发展差距，使广大农牧民切实受益的研究和安排较少，往往仅是从工程和项目本身的需要为出发点而考虑和安排。

第二，一贯采用扶持、输血型的资金注入方式，从区域可持续发展的目标来看，其效果并不理想。

第三，对于民族地区长期以来在国家大力扶持下，社会经济发展仍然缓慢的原因较多而复杂，对应的策略应该是寻求一个实现多重目标而不仅仅是单一经济发展目标的途径。

第四，没有充分认识到民族地区的发展应该是社会发展优先，要实施投资于民的新的现代化追赶战略。

第五，对民族地区城镇化问题进行研究和实施的安排较少，尚处于基本照搬内地城镇化经验的阶段。当然，内地工业化、城镇化和社会经济发展的经验应该参考和借鉴，但这些经验并不能简单地复制到民族地区。民族地区有着区别于其他地区的非常明显的特殊性和差异性，尤其是在生态环境保护方面，同时，社会经济发展和与其密不可分的农村城镇化问题更加突出。所以，同样的经验不可能在异质的社会经济系统中得到同样的效果。

因此，在21世纪，如何加快四川民族地区城镇化特别是小城镇发展，以及生态环境保护所必需的移民问题的解决非常迫切。移民问题的解决将形成新的居民聚落，也可以让移民进入小城镇，由此推进四川民族地区的城镇化，然而，支撑小城镇和移民生存发展的产业至关重要。四川民族地区长期以来经济社会发展缓慢，但是，旅游产业是其最具发展潜力的特色产业之一，就近的移民从事旅游产业比较容易且更具有民族特色，可解决新的居民聚落和小城镇居民的生存发展问题，又能够有力地推进四川民族地区城镇化特别是小城镇发展，从而改变民族地区长期以来在国家大力扶持下社会经济发展仍然缓慢，特别是社会事业发展难的局面。

14.2.2 四川民族地区旅游业发展、生态建设和城镇化推进的策略

一个地区的城镇化过程，实际上是对其社会、经济、文化、科技等发展起主要作用的各种要素集聚发展的重要过程。四川民族地区长期以来经济社会发展缓慢的原因，就在于重要生产要素的集聚和发展弱于内地，要从根本上改变民族地区社会经济发展现状，必须加速推进城镇化。只有生产要素的集聚加速，才能形成经济发展的内生动力，才能实现民族地区快速发展的目标。四川民族地区正处于城镇化缓慢发展的阶段，要加速进行城镇化途径的选择，提供城镇化的动力及相匹配的机制，以及城镇发展的产业支撑，城镇发展的投融资体制，城镇发展的空间布局，民族地区城镇发展的政策等。四川民族地区现在只有西昌市一个小城市，加快发展以县城为主的小城镇发展是必然选择。生态建设是四川民族地区长期的战略重任，这是我国可持续发展战略的重要构成部分，其他产业的发展必须服从于这一战略。旅游业在民族地区的发展既有其他地区不可比的优势，又符合保护生态环境、可持续发展战略的要求；小城镇发展使四川民族地区特色产业即旅游产业的发展与解决生态移民的问题有机协调，相互促进；生态移民为民族地区小城镇发展提供有力的推动力，旅游产业的发展又为民族地区的小城镇发展提供了产业支撑；小城镇发展又为四川民族地区的广大农牧民切实受益，为

实现民族地区多重目标的社会经济发展奠定了基础，解决了民族地区小城镇发展和城镇化过程的特殊问题。以上这些为寻求从根本上解决民族地区发展不平等问题以及消除发展不平衡问题的基本途径提供了可行的思路。因此，四川民族地区生态建设、小城镇发展和旅游业的发展应该采取以下策略：

第一，目前我国民族地区区域社会经济系统中，一方面传统的农牧经济在经济结构中还占主导地位，城镇化水平低下反映出这一地区空间结构上经济社会发展的低度均衡状态；另一方面，退耕、退牧后农村剩余劳动力必须向第二、三产业转移，只有加快民族地区城镇化进程才能有效解决以上问题。民族地区的发展，最突出需要解决的问题是社会与经济协调发展的多目标推进。要采取城乡统筹，加快缩小城乡发展差距，采取使广大农牧民切实受益的方式和途径——发展旅游业是正确的选择。

第二，要从根本上改变民族地区社会经济发展现状，必须加速推进城镇化。只有生产要素的集聚加速，才能形成经济发展的内生动力，才能实现民族地区快速发展的目标。四川民族地区正处于城镇化缓慢发展阶段，必须加速推进民族地区的城镇化建设。城镇化的发展标志着民族地区向现代化的迈进，没有民族地区城镇的发展，现代文明的传播将减缓，工业化进程难以推进，与内地经济发展的差距将进一步拉大。

第三，现阶段四川民族地区城镇化建设，必须大力推进以县城为主的小城镇的发展建设。四川的三个自治州只有一个小城市，必须加快以县城为主的小城镇的发展，结合国家生态工程的实施，进行生态移民，进一步解决牧民定居问题。四川民族地区的发展要实现现代化追赶已不再是单一经济目标的追赶，而是包括经济、平等、教育、医疗、卫生、环境、文化以及社会福利在内的多重目标的追赶，在这个意义上，民族地区的小城镇发展比其他地区更加迫切和重要。应形成若干增长极点，进而形成部分增长极核，从而集聚、辐射、带动民族地区的经济社会加速发展。

第四，从民族地区的特殊性来看，小城镇发展要以国家、地方、民间投资相结合的方式进行。只有解决好民族地区小城镇发展的瓶颈——资金问题，民族地区的小城镇发展才能顺利进行。应以民族地区的资源优势特别是旅游资源的开发有效吸引国内外资金。

第五，民族地区小城镇的发展要与国家生态工程建设和重点工程建设项目布局相结合，我国西部欠发达地区特别是民族地区，工业化与城镇化水平低，城乡差别较大，加快小城镇发展是城乡融合的主要手段，主要是加快以县城为主的重点小城镇、位于重要旅游景点附近和交通要道的小城镇的发展。

第六，小城镇的建设要充分体现民族社会、文化、习俗等特征，才有生命力，才能与旅游业的发展相互促进。民族文化和民族习俗是各民族世代传承的宝贵遗产，城镇的现代文明生活方式要与之融和，才能吸引当地各民族聚居，城镇才能蓬勃发展，旅游业的发展才有重要依托。

第七，在相应的政策设计方面，要考虑到民族地区的特殊性，特别是民族地区人口聚集特点和城镇和产业发展的特殊性。要以比其他地区更加优惠的特殊政策来吸引资金，人口的聚焦促进民族地区小城镇的发展，特别要加强吸引其他地区的资金、人口。

第八，要与旅游业和绿色生态产业的发展相结合，抓住国家生态工程建设的机遇，把农村剩余劳动力的转移与生态工程建设相结合，以生态移民的方式促进民族地区城镇化建设推进。要注重第二、三产业特别是特色产业和旅游业的发展，一方面形成小城镇发展的支撑产业；另一方面使得各民族的移民进入小城镇能够有业可就，达到以旅游业发展与生态移民相结合促进城镇化建设推进，从而实现形成若干增长极点，进而形成部分增长极核，从而集聚、辐射、带动民族地区的经济社会加速发展的目的。

第十五章　西部地区小城镇发展及其实证研究
——成都市双流县城镇发展现状及对策分析

15.1　双流县小城镇发展、布局的条件及区域背景

1. 双流县聚落的形成

据双流县志，今双流县是原华阳县、双流及仁寿县籍田区合并而成，其境域在汉广都县地，建置已有两千多年历史。据《山海经·海内经》载："西南黑水之间，有都广之野，后稷葬焉……"这里的"都广"就是广都。双流县建于公元前316年，时称广都，与古蜀国的成都、新都并称"三都"，双流县复置广都，属剑南道成都府。元代（1260年）又废广都入双流，双流县建制沿袭至今，迄今已有2300多年历史。

双流县位于天府之国——成都平原的腹地。三面环绕成都，县城距市区10公里。全县幅员1072平方公里，辖26个乡镇，共87万人口。

2. 双流县城市化水平及经济社会发展现状

双流县地处川西平原腹地，随着经济的发展，原有的体制性、

结构性矛盾日益显现,城乡分割的"二元"体制导致城市化进程举步维艰。20世纪70年代中期以后,乡镇企业迅速发展,使小城镇出现新的生机。党的十一届三中全会给农村经济发展提供了强大的动力,小城镇的人口构成、人口住房情况发生了显著变化。

2003年,双流县在总结过去工作实践的基础上,提出"三个集中"的城乡统筹发展思路。以推进工业向园区集中来聚集经济要素,激发民间活力,发展民营经济,建立产业支撑;以推进农民向城镇集中来加速农民变市民的进程,实现城乡协调发展;以推进土地向业主集中来促进农业集约化、产业化经营,发展现代农业,有效解放农民。坚持以经济建设为中心,致力于经济发展,连续8年位居全省综合经济实力评价"十强县"榜首。

表15—1 双流县2002—2003年国民经济和社会发展情况统计表

	国内生产总值(亿元)	第一产业增加值(亿元)	第二产业增加值(亿元)	第三产业增加值(亿元)	社会消费品零售总额(亿元)	全社会固定资产投资总额(亿元)	出口创汇(亿元)	财政收入(亿元)	农民人均纯收入(元)	人口自然增长率(‰)
1999	89.09	11.07	45.93	32.10	19.79	12.67	0.08	2.917	2235	
2000	99.33	11.46	51.58	36.30	22.90	35.93	0.15	3.592	3020	
2001	113.22	12.16	58.77	42.29	26.34	41.53	0.19	3.68	3282	
2002	128.98	13.27	66.92	48.86	30.04	43.08	0.21	8.66	3422	
2003	148.33	14.15	78.63	55.55	34.34	56	0.35	10.5	3777	1.5‰
年增长率(%)	15	6.6	17.5	13.7	14.3	30	66	21.2	7.4	

数据来源:各年《四川省统计年鉴》,双流县2003年国民经济和社会发展计划执行情况报告。

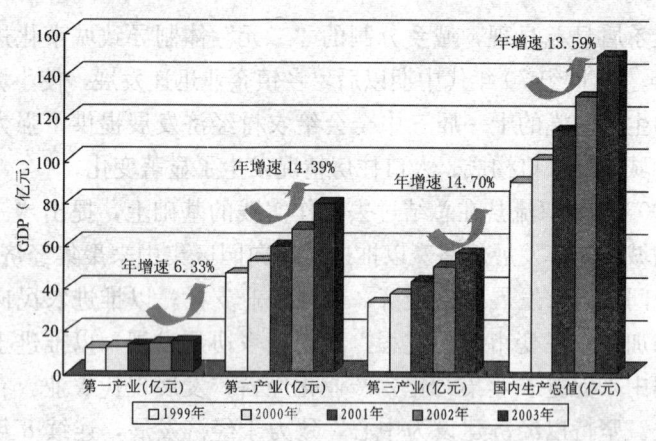

图 15—1 双流县 2002—2003 年 GDP 产业构成及增长率

双流县在新形势下城乡之间已互开大门、互通有无,广泛开展多层次、多形式、多成分的经济联系,走上以城带乡、以乡促城、城中有农、乡中有工、城乡一体、共同繁荣的道路。

2000 年,双流县城镇人口为 15.2 万人,GDP 为 99.33 亿元;2001 年,城镇人口为 15.7 万人,GDP 为 113.22 亿元;2002 年,城镇人口为 19.1 万人,GDP 为 128.98 亿元;到 2003 年,双流县城镇人口为 23.49 万人,GDP 为 148.33 亿元,城市化率达到 30%(见表 15—2、图 15—2)。

表 15—2 双流县 2001—2003 年社会、经济发展及城市化率各项指标

	人口构成		GDP（亿元）	农业产值（亿元）	工业产值（亿元）	城市化率（%）
	城镇人口（人）	农村人口（人）				
2000	15.2	70.9	99.33	11.46	51.58	19%
2001	15.7	71	113.22	12.16	58.77	21%
2002	19.1	67.7	128.98	13.27	66.92	24%
2003	23.49	63.51	148.33	14.15	78.63	30%

数据来源:各年《四川省统计年鉴》,双流县 2003 年国民经济和社会发展计划执行情况报告。

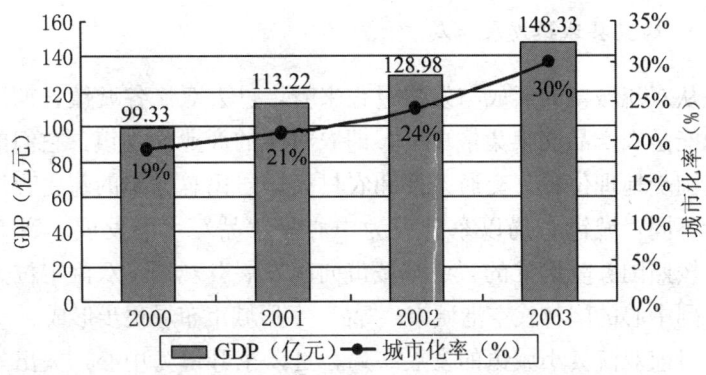

图 15—2　双流县 2001—2003 年 GDP 和城市化率变化示意图

双流县新型城乡经济联合发展，使城乡互为基础，合同制工人的出现、农民在城镇购房制度的放宽以及户籍制度改革，使大量农民离土又离乡，城镇第三产业迅猛发展。这些协作形式促使城乡居民在分配上利益共享，加速了乡级农村城镇化，不仅大力支援农村，促进乡镇企业飞速发展，而且提高了农民生活水平，缩小城乡差别，让更多的农村城镇化。双流县整体区域经济、社会发展水平得到进一步提高，2004 年进入全国县（市）社会经济综合发展指数前 100 名（见表 15—3）。

表 15—3　2004 年县（市）社会经济综合发展指数前 100 名县名单（部分）

位次	代码	县名	综合指数	发展水平	发展活力	发展潜力
93	510122	双流县	54.949	53.898	70.001	50.91
94	330226	宁海县	54.894	52.544	76.652	53.652
95	140882	河津市	54.723	52.183	60.107	64.688
96	371083	乳山市	54.627	52.367	71.734	55.579
97	130283	迁安市	54.393	53.338	52.671	61.083
98	321081	仪征市	53.921	50.79	69.17	60.805
99	130185	鹿泉市	53.615	51.068	61.893	61.675
100	152601	集宁区	53.609	48.487	68.256	73.097

数据来源：国家统计局数据，2004。

3. 双流县城镇发展布局

从双流城镇的形成与发展过程来看，过去双流各城镇长期的主要职能是农产品交换集散中心，即农村型的商业性集镇。它们的影响范围受地理位置、交通条件和农村人口居民总分布的疏密程序而有所不同，城镇布局以东升镇为中心呈"品"字形发展。到 2003 年，按照国务院批准的"成都城市向南发展"规划，双流定位为成都市副中心的园林式空港城市，"品"字形城市布局逐步形成。

目前双流县小城镇的发展布局，是以东升镇为中心，突出华阳镇，以西南航空港经济开发区、成都牧马山旅游开发区、黄龙溪风景名胜区、高科技农业开发区为重点，实施组团开发。西南航空港经济开发区紧邻双流国际机场，德国拜尔生物技术公司、四川大学、西南民族大学、成都信息工程学院等一批高新技术企业和大专院校相继落户该区，一个集高新技术产业、高档空港商贸服务业和教育产业于一体的新型城市新区正在兴起。成都牧马山开发区集体育、文化、休闲为一体，四川国际高尔夫俱乐部落户区内，是成都近郊独具特色的高档旅游、人居、休闲、会务活动中心。黄龙溪风景名胜区古镇文化风韵别致，业已成为以西部地区开发模式发展的农业开发区，是高新农业技术示范、农产品精深加工的最佳园区（见图 15—3）。

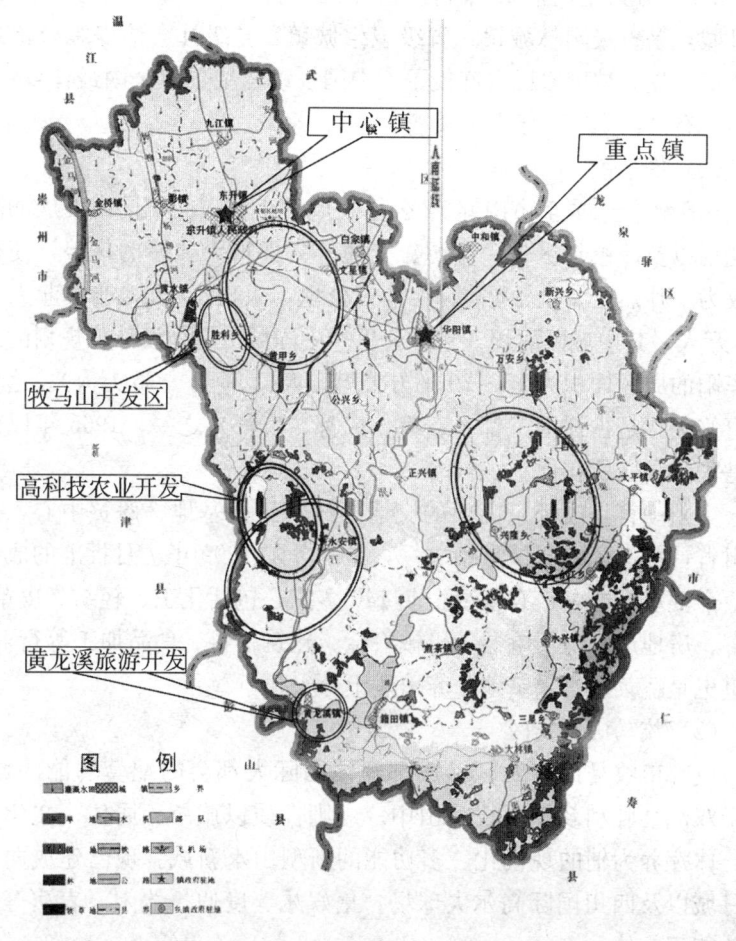

图 15—3 双流县小城镇及开发区的区位示意图

4. 双流县小城镇的职能与类型

(1) 东升镇

东升镇为全县政治、经济、文化、金融、商贸和信息中心,幅员53.2平方公里,辖32个村、14个居委会,人口12万,为成都市卫星城,是省级园林城镇、省级卫生城镇、省级社会治安综合治理模范镇,先后被国家民政部授予"中国乡镇之星"、"全国最佳乡镇"称号,有"西南第一镇"的美誉。

（2）华阳镇

华阳镇位于成都市南郊12公里,成都市城市向东向南发展的战略规划以及该镇在区位、资源、交通等方面得天独厚的优势,使这里成为一片热土。全镇幅员70平方公里,人口10万,非农业人口5.2万人。其中城区面积8平方公里(中国城市规划设计院规划的未来华阳的城区面积为15~20平方公里,人口20万~25万人)。这里历史悠久,是古蜀国三都(新都、成都、广都)之一,1965年以前曾是华阳县城所在地。

华阳一直是成都东南面的交通枢纽、工业基地、商贸中心,是四川省首批5个综合试点镇之一,是国务院1999年7月批准的成都市7个卫星城之一,有乡镇企业140多家,包括化工、轻纺、皮革、旅游、房地产、电子电器、机械冶金、建筑材料、食品加工等行业。这里也是蔬菜和水果基地,养殖业十分兴旺。

（3）牧马山开发区

成都市牧马山开发区是成都建设国际大都会的配套功能区域。位于双流县胜利乡境内牧马山中。规则性质以旅游、居住、文化为主、休疗养为辅的现代化、多功能的新型山水新域。现已建成西南日月城以及四川国际高尔夫球场,集娱乐、度假、休闲、表演等多种功能于一体。

未来的牧马山将成为成都市的保税区,吸引高新技术和技术密集型企业,将是成都乃至四川省的信息市场、咨询市场、劳动市场、人才市场、金融市场、股票市场、生产市场、科技市场等。

（4）黄龙溪旅游开发区

黄龙溪镇,古称武阳,已有1700多年的历史,位于双流县南府河与鹿溪河的交汇处。距成都市区40公里,距双流县城35公里,东临府河,北接牧马山,由于黄龙溪的古镇风貌秀丽,不仅吸引众多的游客,还为众多电影制作公司和电视台所青睐,成为其理想的影视拍摄外景地。现已被定为省级名镇和市级风景名胜区。

功能定位:以旅游业为龙头、农业为基础的旅游型城镇,是成都市郊区新的旅游热点,是以旅游业为主、商贸服务业为辅的旅游型山水小城镇。

(5) 西南航空港经济开发区

中国成都西南航空港经济开发区成立于1992年,是四川省政府批准的省级开发区,位于成都市南郊,紧邻成都双流国际机场,成双机场路、德(阳)乐(山)大件路横贯其间,成都市外环高速路、成(都)雅(安)高速公路、成(都)昆(明)铁路分别沿开发区东北、东南方向而行,距成都火车南站仅4公里。开发区交通发达,区位优势独特。

该区在双流县城镇发展中所承担的功能是:推进科技、教育与经济紧密结合,大力扶持高新技术和新兴三产业,以第三产业为主导,带动第一、二产业,主要以商贸、餐饮、游乐、金融、房地产、科研、教育、卫生、电子、轻工、印刷、医药、精细化工、高效农业等行业为主,培植双流县新的经济增长点。

(6) 高科技农业开发区

以"双黄"路(东升镇—黄龙溪镇)快速通道为纽带,将其两边共计6万亩作为高科技农业开发区,作为全县农村经济结构战略性调整的核心。立足"双黄"路这一快速通道,将生态建设寓于经济开发之中,依托都市,依靠科技,加大开放、开发力度,加快基础设施建设和生态环境建设步伐,加速农业产业结构调整,在5~8年内,把高科技农业开发区建成展示农业产业化、农村城市化的样板,以带动周边经济的发展。

15.2 双流县"三个集中"城镇化推进模式的特点及经验分析

双流县属成都市辖县,20世纪末乡镇企业突飞猛进,使双流经济得到较大发展,至2003年连续八年居四川省"十强县"第一。在贯彻党的十六届三中全会精神的实践中,双流县委、县政府认识到,过去形成的"乡乡冒烟,村村办厂"的分散、零星地发展农村工业的做法,既破坏生态和人居环境,又造成资源特别是土地资源的浪费,难以形成工业的规模效益和产业化基础,难以与城市化形成良性互动的局面,难以有效地按照市场化配置方式整合工业资源。双流县结合实际,提出了工业向园区集中、农民向城镇集中、土地向业主集中的创新思路,并从2003年3月付诸实施,取得了明显的成效。

15.2.1 双流县"三个集中"城镇化推进模式的主要内容及特点

1. 着眼统筹抓集聚,大力推进工业向园区集中

按照《双流县城镇总体规划》的要求,双流县全县园区实行统一规划、统一管理,高标准编制工业园区规划及产业发展规划,促进工业企业集群化发展。当地采取"政府统理整理土地,租售并举,分区经营,分类建设,市场化运作"的开发模式,鼓励企业、集体、个人参与工业园区的投资建设和管理经营,搞好园区水、电、气、路、光纤建设,构建功能完善的基础设施体系。到目前为止,园区规划面积已达48平方公里,仅2002年1至11月,引进项目396个,到位资金26.8亿元,其中工业项目253个,到位资金15.7亿元,已初步形成康弘、太极和拜耳为龙头的生物制药产业群,以东方光

盘、森兰变频为龙头的光电产业集群,以宗申摩托、英格数控为龙头的机械产业集群,以回新材、热缩制品为龙头的新材料产业集群,以喜星粮油、西航食品为龙头的绿色食品产业集群。入园企业同期已实现产值99.3亿元。

2. 着眼统筹抓转化,大力推进农民向城镇集中

引导农民向城镇集中是加快城市化进程的必然要求,双流县采取多种有效措施和途径,为农民向城镇集中创造条件。一是建好安居房。采取统一规划,小区统拆统建、统一安置的"离土离乡"模式,大力实施集中安置工程。到2003年底,全县新建农民小区66个,总面积161万平方米,安置农民8855户、2.9万人。建成公寓式小区10个,面积26万平方米。此举既改变了以农民建房村自为阵、一户一楼浪费土地资源的状况,节约了土地,又促使农民离土离乡,加快了传统农民向城镇居民的转变。同时,由于按规划建农民小区,政府也有效地控制了土地一级市场,为工业园区的发展用地提供了较大的空间。二是广开就业门路。加大对失地农民的培训力度,实行政策扶持,增加就业岗位,为了做好失地农民的就业工作,双流县财政投入750万元,实施"农民增收教育培训工程",计划用5年时间将全县32万农村青壮年劳动力轮训一遍,现已培训5万余人。双流县成立了绿化维护、家政服务、广告保洁等8家服务性公司,安置失地农民。目前,双流县已转移农村富余劳动力13.47万人,占全县青壮年劳动力总数的42.1%,县政府计划通过三年努力,使试点区失地农民就业率达到80%以上。三是筑牢保障线。双流县坚持让利于民的原则,政府出大头,农民出小头,建立失地农民基本养老保险制度、新型农村合作医疗制度,将生活困难的失地农民纳入城镇低保,做到困有所助,逐步建立起失地农民综合社会保障体系。双流县力求通过努力,使农民成为推进城市化、工业化的建设者和受益者,使其从身份上、待遇上、思想观念上、生活方式上转变为市民。

3. 着眼统筹抓整合，大力推进土地向业主集中

双流县大力进行土地优化重组，坚持"依法、自愿、有偿、规范"的原则，采取集中承包、竞标承包、业主承包、股份合作等模式，加快土地在社区内重组和社区外合理流转，使土地逐步向资本足、技术强、巧经营、善管理的规模业主集中，实施土地规模经营，整合土地资源，调整农业产业结构，加快农业产业化进程，推进传统农业向现代统筹城乡发展农业转变。目前，双流县已在1300多个社重组土地26万亩，涉及6.9万余农户，经营土地10亩以上的业主已近700家。通过招商引进科技领先的、带动能力强的龙头企业，共引进3.3亿元，其中年产值100万元以上的龙头企业39家，5000万元以上的5家，促进了农业生产经营向工厂化、企业化方向发展。引进了果王、大业、三袭等龙头企业和企业家，成为成都市三个现代农业科技示范园区之一。在龙头企业及专业合作组织的带动下，双流县涌现各类专业户1.2万余户，形成万顷枇杷基地和大面积冬草莓基地、西南最大的水禽养殖基地等一批各具特色的农业生产基地。

4. 双流县"三个集中"推进城乡统筹的主要经验

第一，着力政策创新。双流县委、县政府从本地实际出发，先后制定了《关于加快推进城市化的若干意见》、《关于统筹城乡经济发展，加快推进城市化进程若干政策的试行意见》，关于"工业向园区集中"、"农民向城镇集中""土地向业主集中"的实施意见等一系列政策措施，有力地推动了工作的开展。

第二，着力体制创新。努力克服体制性障碍，突破制约发展的"瓶颈"，在不违背大原则的前提下，按照改革的精神大胆创新体制。围绕"工业向园区集中"，创新政务服务体制，建立了投资服务中心，为投资者提供方便、快捷、周到的服务；组建群众工作部与信访办合作办公，切实解决热点、难点问题。围绕"农民向城镇集中"，创新城市建设经营体制，实行城市规划、建设、管理分离；引

入市场竞争机制,组建城市建设投资有限公司,将城市资产进行公司化经营、市场化动作。围绕"土地向业主集中",创新民业、创业体制,建立人力人才资源配置中心,将人事、教育、劳动部门的部分职能集中起来,使政府资源整合,集培训、推荐、民业、社保、管为一体,使效用发挥到最大限度。

第三,着力机制创新。结合双流县实际,创新农民保障机制,建立了失地农民安置补偿、培训、就业、医保、社保、低保以及子女入学、集体经济组织收益分配等新机制,切实维护了失地农民的利益。创新政策激励机制在入园企业的规划、投入、用地、税收、服务等方面制定了切实可行的优惠政策,鼓励各类企业入园发展。创新土地资源配置机制,加大政策倾斜和扶持力度,推行土地使用权的合理流转,建立土地使用权的出让经营开发机制,促进"土地向业主集中"。

双流县在实施"三个集中"的过程中,着力在政策、体制、机制创新上下功夫,有力地推动了城乡统筹。

15.2.2 双流县城市化发展、推进城乡统筹过程中的优势与存在的问题

1. 双流县城市化发展的有利条件

第一,双流县基本上没有历史遗留的体制性负担,且无由此引发的社会矛盾,社会经济整体发展快,经济实力强。

双流县是全国百强县,2003 年,国内生产总值增长 15%,达 148.33 亿元;第一产业增长 6.6%,达 14.15 亿元;第二产业增长 17.5%,达 78.63 亿元;工业增长 17%,达 64.87 亿元,其中规模以上企业增长 20.3%,达 32.36 亿元;第三产业增长 13.7%,达 55.55 亿元;财政收入增长 21.2%,达 10.5 亿元;农民人均纯收入增长 7.4%,达 3777 元。2003 年双流县荣登西部第一强县的位置,成为全国县域经济基本竞争力第 48 强(见图 15—3)。

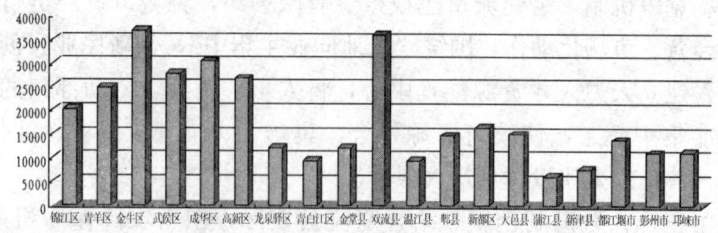

图15—3　成都市各区县地方财政收入比较图（单位：万元）
数据来源：黄国芹：《四川统计年鉴2001》，中国统计出版社，2001。

第二，地势多样，邻近中心城市，区域内的功能分区初步成型。

双流县自然环境优越，地貌层次丰富且富于变化，河流湖泊众多，气候温暖，人居环境较好，资源环境综合开发、立体开发条件优越。双流县区域城市布局、功能分区已经初步成型。成都正向城市群格局发展，在成都城市群格局中，双流县是其"东南扩展"（南延线）重要的一环。随着未来市政府驻地的南迁，双流县将成为大成都市的组成部分而纳入市区版图。

第三，基础设施建设已经基本到位，区位优势十分明显；交通体系完善，内外交通快捷，可进入性很好。

双流县的基础设施良好，地处成都近郊，距成都中心仅7公里，交通发达，双流国际机场距县城东升镇2公里，开通国际国内航线160余条；成昆铁路纵贯县境，境内有火车站3个；成雅高速、川藏路、成仁路、成乐大件路等十余条高等级公路穿越全境。县内交通也非常便捷，华龙路、双九路等高速通道业已建成，通往邻近县市区的交通条件良好，双流县已经初步形成了四通八达的立体交通网络（见表15—4）。

表 15—4　成都市各区县道路交通、邮电等基础设施条件比较

县 (市、区)	公路里程 (公里)	等级公路	公路客运 周转量 (万人公里)	公路货运 周转量 (万吨公里)	邮电主营 业务收入 (万元)	本地 电话用户 (户)	移动电话 用　户 (户)
锦江区	129	124	3143	779			
青羊区	96	94	288077	13842			
金牛区	149	147					
武侯区	140	140		14897			
成华区			537				
高新区	138	138					
龙泉驿区	526	458	42036	22213	29849	49444	26986
青白江区	514	514	16547	10294		50236	37946
金堂县	885	672	116309	92223	6732	42528	22270
双流县	1542	1542	71870	16478	25528	103929	87000
温江县	325	325	7014	4670	11656	49599	42140
郫县	668	668	24735	8101	12010	64534	82716
新都区	598	562	18604	25475	24196	90390	60000
大邑县	2692	1581	19845	23102	15680	45133	30000
蒲江县	914	696	8112	9329	3926	22696	9371
新津县	243	226	12045	7288	14223	30322	56203
都江堰市	697	697	51925	3875	14487	82505	50120
彭州市	913	348	77384	62427	5686	71756	104240
邛崃市	979	935	52088	36926	4628	54055	

数据来源：黄国芹：《四川统计年鉴2001》，中国统计出版社，2001。

2. 存在的问题

(1) 双流的县域经济呈现出明显的发展不平衡

一方面，目前双流实现城市化的前期基础设施条件已经基本到位，区位优势极为明显。东升、华阳两镇以及西南航空港开发区等处均有直通成都的高速（快速）公路，其余经济聚集区也在成都的辐射半径之内，可以说空、铁、陆路以及河道水路均达到较高水平。

旅游、房地产等与城市化密切相连的新兴产业也已经起步。东升镇作为成都城南卫星城、双流县城所在镇，是全县政治、经济、文化中心，拥有"中国乡镇之星"、"全国最佳乡镇"称号，有"西南第一镇"的美誉。华阳镇作为成都城市副中心，位于天府大道南沿末端，距成都市委、市政府新办公区仅3公里，是国家级示范镇、成都市卫星城、成都市城市副中心、全省首个教育强镇，具有区位、资源、交通等优势，是成都城市向南发展的重点区域。文星镇地处双流国际机场正大门，距成都8公里，距县城5公里。紧邻西航港经济开发区，境内有中科院光电技术研究所、四川大学新校区、西南民族大学新校区，有世界500强企业德国拜耳公司及珠峰集团、威龙制药、太极恒生制药、四川客车等一大批新技术企业。

表15—5 2003年双流县部分乡镇发展对比表

	面积（平方公里）	人口（万人）	人均收入（元）
东升镇	53.2	10.77	3953
华阳镇	70	10	3830
文星镇	21	2.4	3837
白沙乡	37.67	2.8	3076
太平镇	42.52	2.5	3159
永兴镇	44.6	2.5	2900
大林镇	56	2.7	3030

数据来源：双流县政府统计资料。

另一方面，双流县东南的白沙、太平、永兴、大林等镇位于成都平原边缘，均属龙泉山脉中段的丘陵镇，山丘、冲槽为地貌主要特征，长期以来，由于道路交通、基础设施建设相对滞后，经济发展速度缓慢，以农业为主要产业，经济收入主要以种植养殖业、农副产品初加工为主。

可见，双流县局部型的"二元结构"特征仍很明显，农村社区以及农村经济的渐进式发展实际上压低了双流城市化的起点。若按非农业人口计算，10万人以上的只有东升和华阳两个镇，其他镇远远比不上这两个镇。无论是从人口还是从用地来看，双流多数小城镇的规模都过小，尚未形成人口和产业的集聚优势，集聚能力和辐射作用较弱，仍处于较低水平的发展阶段。这样的小城镇只能是简单的集贸中心，不能起到综合职能中心的作用，满足不了产业和日益增长的城镇人口多方面、多层次的需求。

(2) 产业构成状态与成都的经济系统之间缺乏内在联系

双流县的城市化是"成都向南发展"战略的组成部分之一。双流作为成都主城次中心、成都南部新城发展的最前沿阵地，其发展将迎来新的历史契机。但该县目前的产业构成状态存在着一个显而易见的缺陷，就是与成都的经济系统之间缺乏内在联系和广泛的分工基础。县域经济与相邻大城市经济的关系基本上是"各说各话"的态势。

双流县政府驻地东升镇、华阳镇及其他小城镇作为都市近郊区的主要组成部分，正在对成都市的跨越式发展起着越来越重要的作用。一方面，它们是大都市发展的基础，为其提供各类生产要素，接受大都市的产业扩散；另一方面，作为郊区农村的中心，要承担为广大农村服务的职能和接纳农村的剩余劳动力；另外，还要为远郊县市发展起带动和示范作用。成都要建成现代化国际大都市，成为西南地区"三中心两枢纽"和西部地区重要的"增长极"，必须促进近郊区乡镇经济快速高效发展，推进城市化进程，确保近郊区市区化和城市郊区化的健康稳步发展。

目前双流县产业发展中存在的问题仍然不容忽视：企业融资困难，影响企业规模扩张和速度增长；招商引资中大项目不多，科技含量不高，项目启动较慢；农产品品种结构的优质化、多样化和专用化进程较慢，加工转化程度较低，农民增收难度仍然较大；第三产业增速有所回落，服务业内部结构仍不合理，传统行业所占比重较大，新兴行业发展水平低。

双流县城市化现在最大的问题不是城市本身，而是产业支撑的问题。产业选择要选准、选好，既为成都大城市圈配套，又要突出特色，形成主导产业。在一定意义上说，双流的最大优势就在于紧紧依托成都；双流实现跨越式发展的机会只能在于与成都共进。

(3) 目前产业不旺,对农民进城的吸引力不足

目前,成都市人均耕地只有 0.66 亩。双流县的部分乡镇经济正在向城郊型经济演变,人均耕地只有 0.3~0.4 亩。伴随着工业化和城市化的推进,这些乡镇人均拥有的耕地会继续减少,农民可耕土地减少,必然导致城郊劳动力大量剩余。据调查统计,目前,双流县白家镇有 20 个生产合作社已无可耕作土地,失业下岗劳动力约 1 万人,占全镇劳动力的 60% 左右。这些剩余劳动力迫切需要向第二、三产业转移,向城镇转移。转移城郊剩余劳动力,在小城镇建设的过程中,不少小城镇经过自身大力发展乡镇企业和招商引资,引进了一些项目和投资,培育了一些较有规模和优势的企业。但总体上讲,产业优势仍然不够明显,企业产品科技含量不高,规模不大,竞争力不强,抵御市场风险的能力较弱;城镇的配套不力,缺乏营销网络,总量仍然较低,以至第三产业发展慢,仍不能满足转移更多农村剩余劳动力的需要,不能为农村剩余劳动力提供更多的就业岗位,吸引力不够大。

15.2.3 双流县小城镇发展对策思路研究

1. 依托成都特大中心城市,纳入成都市城市规划

我国城市化发展进入新的高潮,其中有一个大的特点就是在全国比较发达的城市,以一个发达的城市为中心推进城市圈和城市群的建设,如大北京城市圈、大上海城市圈、苏南地区苏锡常城市群、珠江三角洲城市群,并且最近几年都已经有了具体的规划。成都是四川乃至西部最发达的地区,担负着西部地区"三中心、两枢纽"功能,必须向城市圈的方向发展。首先要把周边发展起来,双流的东升、华阳是成都市大城市圈非常重要的组成部分,城市发展规划应突破县域局限的思维,将其纳入成都城市发展的总体规划。

成都城市总体规划明确定位华阳为成都副中心,东升为卫星城,华阳功能定位中有分流城市人口的职能,因而华阳不是成都工业功

能区。东升作为卫星城,则将分担成都市工业发展的功能。双流的基础建设要长远规划,特别是东升、华阳及双流北部地区的基础设施建设应纳入成都城市建设总体规划,统筹规划,统一建设。其功能定位应在成都市城市总体规划的大架构内,与成都市各区进行功能分工,并注重区域产业特点、文化特色。

2. 认识"成都向南发展"的内涵和双流的城市化战略

四川是中国人口最多的省,又是在"西部大开发"中占据重要位置的省。"成都向南发展"的内在含义,不是"浸润式"地向外发展的含义,而是寻求新的城市经济重心的含义。也就是说,应当从"再造新成都"的思路来思考、认识"成都向南发展"的内涵和双流的城市化战略。

双流县的城市化定位应当是成都市新的人口与要素聚集区域、新的市场经济运行区域、对外开放的前沿区域、新兴产业培育区域等。从我国当前的情况看,强调农业郊县的城市化进程要主动配合中心城市的发展,合理选择自身的功能定位,这具有重要的普遍意义和现实意义。

3. 卫星城镇培育与主导产业培育相结合,推进双流县城市化发展

推进双流县城市化发展,应将卫星城镇培育与主导产业培育结合起来。加快小城镇建设、促进乡村城市化是我国社会今后发展的战略之一,合理配置小城镇的产业是实施这一发展战略、加快乡镇经济发展的有效途径。双流县城市化发展既要合理选择产业和配置产业,塑造城镇特征,培养城镇个性,促进产业经济发展,同时要与整个成都大区域的产业经济系统整体协调,打破乡镇地域界限,避免雷同,防止重复,形成有序的等级结构,有效地利用本地的自然资源、劳动力、资本和技术优势,提高城市区域的资源配置效率和生产规模效益。

要进一步加快工业园区建设,按照"专业立园、规模强园、特

色兴园"的发展思路,突出特色,促进产业集聚,各工业园区要合理布局,超前规划,为工业发展筑好巢、建好园;要因地制宜进行农业结构调整,要从区域优势出发,从提高农产品质量、效益入手,促进农产品的区域化、规模化、标准化生产;要进一步发展畜牧业和农副产品的加工转化,把资源优势转化为经济优势;加大对第三产业的支持和扶持力度,通过减租、减税、减免行政事业性收费、贴息和有关政策,支持、扶持餐饮、旅游、商贸、零售、交通运输等行业的发展,继续促进房地产业的健康发展,加大金融支持力度,使各金融机构真正成为双流县经济发展的助推器。

4. 积极促进土地市场发育与完善

应加快调整、修编双流城市发展总体规划,其中基本农田控制的问题也应一并规划、调整。加快小城镇土地市场建设,要与小城镇土地利用和管理制度的改革结合起来。为此,要加强小城镇土地利用规划,提高其与小城镇建设规划和社会经济发展规划的协调程度。同时,通过政策措施,加强农村土地的用途管制和小城镇建设用地的审批管理。

在严格执行有关审批程序和规划方案的基础上,允许小城镇规划区内属于农村集体的农用地,通过转让、出租、抵押、入股等形式直接进入小城镇的土地一级市场,参与小城镇的土地开发。通过小城镇用地一级市场供给主体的多元化和公平竞争,在农用地转为小城镇建设用地的过程中,减少地方政府和有关企业对农民利益的侵犯。

采取优惠政策,鼓励将小城镇发展与旧镇区改造、盘活土地存量结合起来。对小城镇在旧镇区改造过程中通过土地整理等方式形成的富余地,应允许其直接进入土地市场。

促进小城镇土地市场主体的多元化和土地流转、市场的有序化和公平竞争,降低小城镇土地和房地产的使用成本。

5. 充分利用靠近特大城市的优势，优化资本市场，完善建设机制

双流县各乡镇应充分利用靠近特大城市的优势，利用中心城区的经济扩散、技术辐射、市场需求和财力支持，通过产业结构调整，形成区域产业特色、产业优势，构建具有都市型特征的产业发展体系。应根据本地资源优势、区域交通条件、经济基础等实际情况，结合市、县总体规划，选准适合自己的经济发展模式，制定经济发展战略和产业发展规划，确定主导产业、优先发展产业、支柱产业，并采取相应的策略加以扶持，促进经济高效发展。

小城镇发展往往需要大量的资金支持。小城镇及其内部不同企业和投资主体之间，资金、技术、土地、劳动力、信息乃至产权的流转和优化组合，都需要要素市场、产权市场的有效支撑。因此，在发展小城镇的过程中，要把积极促进要素市场和产权市场的发育，优化其运行环境，当作一项迫切任务来抓。通过促进小城镇要素市场、产权市场和产品市场的发育，达到以市场化带动城镇化的效果。

在尊重不同投资主体利益要求的前提下，采取灵活多样的形式，鼓励农民、企业、金融机构、地方政府和其他社会资本参与，要提供民间资金、民营资本与外资一样的准入条件，鼓励民间资金、民营资金参与开发建设。因地制宜地增加对小城镇建设的投入，进行公平竞争。要利用四川水、电、气及其他资源及价格的优势，营造优良的投资环境，打造留住本地资本、吸引外部资本的优势吸引力。

6. 加快产业结构调整和农村劳动力转移步伐

在双流目前的"十五"规划中，对农业发展问题有一个重要认识，就是要"以土地优化重组为突破口，以科技进步为动力，大力发展效益农业、都市农业、现代农业"。但这个认识仍需要深化。一是让农民分享城市化带来的增收机会的问题。一方面不能简单地放弃农业收入，特别是农业产业化带来的收入；另一方面，要把组织农村劳动力进入城市经济系统就业作为增加目前农业人口收入的重要途径。二是进一步增加农业投入。从双流的实际情况出发,较快、较多地增加农业投入的根本出路不在于政府财政支持,也不在于农民自身积累,而在于与城市化相结合的农业项目产权融资。产权投资,就是出资人对投资的投入产出负完全责任的方式,是真正实现社会资源、多元化资金向特定领域集中的效率最高的方式。要把增加农业投入与发展农业经济中的市场化主体密切结合起来。

农村劳动力转移的问题,其关键和根本是产业支撑的问题。要发展城市经济,发展第二、三产业,提供就业岗位;同时发展农业产业化和龙头企业,要像乐山那样,打造招商引资的环境,发展外向型的农业和龙头企业。要加快制度创新,如户籍制度、社会保障制度等。要加快城市建设,增加城市功能,为农民进城提供空间。

7. 加快小城镇制度创新,向政府主导下的市场推动型转变

政府应按照市场经济的原则,以宏观领域为重点,加快与小城镇有关的制度创新。比如,要按照建立公共财政的方向和财权、事权相对应的原则,加快现行财政体制的改革。以此为基础,完善小城镇的财政管理体制,为拓展小城镇建设的财源创造条件。要结合行政体制的改革,逐步消除按行政级别和有城镇户口的人口规模来设城建镇的现行城镇管理体制;改为按经济功能、辐射带动能力和非农人口、就业规模来设立和管理城镇。

8. 进一步优化小城镇投资环境,搞好航空港开发区建设,使双流县各城镇成为成都市重要的卫星城镇区域

为了实施投资拉动和进一步改善提升投资环境,城乡建设和环境建设应同步实施、同步发展。要打造品牌优势,增强招商聚合力,应对各开发区进行形象策划、包装宣传,努力提升开发区知名度。要强化招商信息网络建设,提高招商洽谈率,努力构建经常性招商信息交流平台,进一步采用委托招商、介绍招商等招商引资奖励制度,力争在招商手段和机制上有所突破。要建立核心项目专家咨询制度,提高产业核心竞争力,提高决策的科学性。邀请经济、金融、

投资等领域的专家对产业核心项目的资金、技术、管理、市场的可行性、可靠性进行综合评价,引进产业核心项目,提高区域经济的核心竞争力。西南航空港经济开发区交通发达,区位优势独特,配套设施完善,是西南地区经济开发的金三角,应充分发挥其依托四川大学、中科院成都分院高技术产业基地等科技优势和双流国际机场的区位优势,聚集生物制药、光机电、新材料等高新产业,做大做强产业集群。利用城市辐射和成本比较优势,配套发展食品、机械、包装印刷、物流配送等无污染相关产业,主动吸纳中心城产业外溢,建设一个科教发达、产业恒强、生态优良、特色鲜明的城市新区,使双流县各城镇成为成都市重要的卫星城镇区域。

第十六章 西部欠发达地区小城镇发展的实证研究

——民族地区：以九寨沟县城镇化发展为例

九寨沟县位于四川省阿坝藏族羌族自治州（简称阿坝州）东北部的川甘两省交界处，地处东经 103°27′～104°26′，北纬 32°53′～33°43′之间。九寨沟县西连四川省的若尔盖县，南与四川省的平武县和松潘县相连，北与甘肃省舟曲县和迭部县接壤，东临甘肃省文县，面积 5290 平方公里。九寨沟县所处的旅游区位非常有利，它处于大九寨旅游区的核心位置，成为大九寨旅游区中国际国内旅游者的旅游目的地。九寨沟离周边大城市和著名景区不远，距四川省会成都市 410 公里，距绵阳市 292 公里，与阿坝州政府所在地马尔康县相距 546 公里，距平武县 132 公里，与黄龙风景名胜区相距 176 公里。四川省的九环线、阿坝州的内环线等旅游线路都是围绕九寨沟来设计安排的，这两条环线将九寨沟县与阿坝州内的重要景点以及四川省内各重要城市连接起来，促进了九寨沟县对外交通、政治、经济、文化的交流与发展，对九寨沟县旅游业的发展和城镇化发展起了关键性的决定作用。但是，九寨沟的区位也有不利于其城镇化发展的地方。由于它距经济发达的成都、绵阳等大中城市距离稍远，交通条件不算发达，这些大中城市的经济辐射作用几乎对九寨沟的经济没有太大影响，所以九寨沟的城镇化发展并未受惠于大中城市对周边地区城镇化发展的强大带动作用。加之其所处的位置不是阿坝州交通枢纽或物资中转流通的关键节点,其周围又是规模小、群体能力弱的民族村镇,九寨沟县难以对周边地区形成强大的经济、物资、信息集聚效应,所以周边城镇对它的经济拉动作用不明显,导致它的城镇化发展速度较慢。

16.1 九寨沟县城镇化发展水平分析

16.1.1 城镇化发展水平衡量指标体系

对于城镇化发展水平的分析,一般是利用某几项指标对城镇化进行定量和定性分析。由于各地实际情况有差异,分析数据的统计没有统一的标准,各专家学者采用的城镇化发展指标和计算方法的类型多样。在综合了众多评价指标的优点之后,结合九寨沟县的实际情况,本文选取人口结构、经济发展、城镇建设、城镇生活质量与社会发展这四个方面的11个指标衡量九寨沟县城镇化水平。这四个方面全面、系统地反映了农村城镇化的特征和要求,其中经济发展是实现农村城镇化的决定因素,人口结构是测度城镇化水平的主要指标,其他几个方面作为辅助指标,用于测度农村城镇化的质量。指标体系的基本框架和评价功能如下。

1. 人口结构指标

人口结构方面的指标包括非农业人口占总人口的比重、非农劳力占总劳力的比重这两个指标。

①非农业人口占总人口的比重。非农业人口占总人口的比重也称为城镇化率,其功能是反映城镇人口集聚度,代表城镇化发展水平。计算公式为:$s = [f/(f+n)] \times 100\% = (f/z) \times 100\%$。其中,$s$ 表示城镇化率,f 表示非农业人口,n 表示农业人口,z 表示区域总人口即农业人口与非农业人口之和。

②第一、二、三产业从业人员的比重。其功能是反映劳动力在各产业间就业转移的程度，也能据此判断非农化发展的水平。

2. 经济发展指标

经济发展方面包括国内生产总值，第一、二、三产业占国内生产总值的比重和人均国民生产总值这三个指标。

①国内生产总值（GDP）。其功能是反映县域经济的综合实力和经济发展水平。

②第一、二、三产业占国内生产总值的比重。其功能是反映产业结构的调整度，也从一个侧面反映主要以城镇为载体的第三产业的发展程度。

③人均国民生产总值。能反映居民的生活水平及经济发达程度。

3. 城镇建设指标

城镇建设方面的评价主要选取城镇用地面积、城镇道路状况、公用设施水平等指标分析城镇建设的水平和发展状况。

①城镇用地面积：主要包括城镇区域总面积和城镇建成区面积，其功能是分析城镇规模大小以及城镇规模的变化过程。

②城镇道路状况：主要通过道路长度、等级、道路网络等反映城镇交通设施建设水平。

③公用设施水平。公用设施类型多样，本处仅选取供水系统、排污系统、供电系统、电信、有线电视等城镇必备配套公用设施进行分析，说明城镇配套设施的完备程度和发展状况。

4. 城镇生活质量与社会发展指标

城镇生活质量与社会发展指标包括城镇人均居住面积、城镇公共绿地面积、城镇文化教育情况等指标。

①城镇人均居住面积。其功能是既反映城镇住宅建设水平，又从一个侧面反映城镇居民物质生活质量。

②城镇公共绿地面积。其功能是反映城镇环境的优化程度。

③城镇文化教育情况。通过学校等级及数量、师生数量分析说明城镇文化教育发展情况。

16.1.2 九寨沟县城镇化发展指标分析

九寨沟县虽然只有永乐镇和漳扎镇两个城镇，但这两个城镇的城镇化水平、城镇化特征、推动城镇化发展的因素以及对全县城镇化的贡献差异很大。以下对城镇化的各项指标进行分析时，分别分析九寨沟全县、永乐镇、漳扎镇的各项指标，并将三者分析对比，以便了解全县和永乐镇、漳扎镇各自城镇化发展的程度及特点。由于九寨沟县城镇化的发展受旅游业发展的影响很大，所以在选择指标分析数据时特意选择了1984年旅游业发展前，1985年旅游业起步阶段（1985年九寨沟正式对外开放，标志九寨沟旅游业的开始），1992年、1993年、1998年、1999年旅游业转折阶段前后（1992年年底，九寨沟被列入《世界自然遗产名录》，提升了九寨沟的知名度，促进了九寨沟旅游业的发展；1998年，九环线开通，改善了九寨沟的交通条件，使九寨沟旅游业得以飞速发展），以及2001年、2002年的数据。由于1999年以前九寨沟县各乡镇没有对城镇化发展各指标值进行全面统计，不能收集到1999年以前永乐镇和漳扎镇的各指标值，故在分析永乐镇和漳扎镇的城镇化发展程度时，只能用1999年、2001年、2002年的部分指标值分析旅游业快速发展之后这两个镇的城镇化情况。

值得注意的是，虽然永乐镇和漳扎镇驻有许多政府部门和县属、州属、省属企业，其从业人员几乎全是非农业人口，但由于他们是政府直属机构，不属于永乐镇、漳扎镇管辖范围，所以只将这些部门的非农业人口计入全县的指标值中，而永乐镇和漳扎镇的人口结构指标值均未包含这些机构的非农业人口。这些部门的非农业人口数量非常大，经济收入和生活水平高于当地其他城镇居民，他们对永乐镇和漳扎镇城镇化发展的促进作用巨大，因而永乐镇和漳扎镇的实际城镇化指标值会高于计算出的指标值，也就是说，实际的城镇化发展水平会比以下理论分析值高些。

1. 人口结构指标

自1984年以来，九寨沟全县、永乐镇、漳扎镇的总人口、非农业人口、城镇化率基本保持稳定增长的态势，但受旅游业发展速度、城镇发展建设目标、产业结构调整等因素的影响，各项数据在部分特殊阶段有快速增长的现象（见表16—1及图16—1）。

表16—1 总人口、非农业人口、城镇化率情况

年份	九寨沟全县			永乐镇			漳扎镇			四川省		
	总人口（人）	非农业人口（人）	城镇化率（%）	总人口（人）	非农业人口（人）	城镇化率（%）	总人口（人）	非农业人口（人）	城镇化率（%）	总人口（万人）	非农业人口（万人）	城镇化率（%）
1984	49027	9712	20	6377	3402	53	4602	294	6	7364	956.4	13
1985	49130	9468	19	6826	3597	53	4628	312	7	7419.3	1025.9	14
1992	52347	9566	18	8229	4724	57	5246	1371	26	7992.2	1172.6	15
1993	53153	10151	19	8842	5406	61	5393	1382	26	8037.4	1211.9	15
1998	56027	10927	20	12123	7726	64	5934	1925	32	8315.7	1460.3	18
1999	56870	11147	20	12058	8306	69	6064	1840	30	8358.6	1507.7	18
2001	57425	11541	20	12266	8365	68	6382	2393	37	8436.5	1622.1	19
2002	58833	14194	24	12554	9388	75	6486	2429	37	8474.5	1677.6	20

注：由于1992年撤乡并镇时将城关镇、永乐乡合并为永乐镇，将隆康乡、塔藏乡合并为漳扎镇，为了分析数据范围的一致性，1984、1985年永乐镇的人口数据为城关镇、永乐乡两行政区域人口数据之和，漳扎镇人口数据为隆康乡、塔藏乡两行政区域人口数据之和。

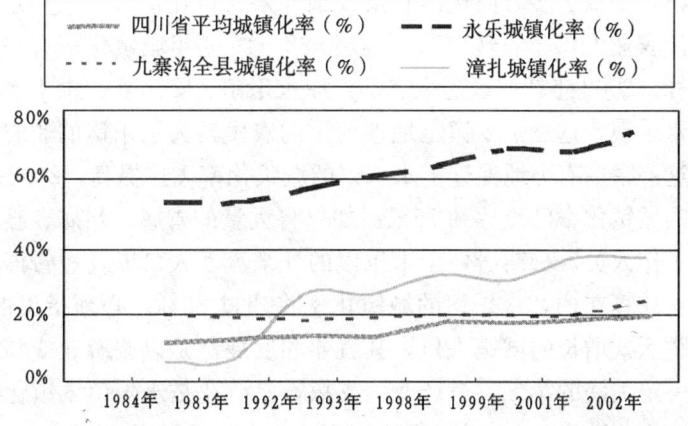

图16—1 九寨沟全县及漳扎镇、永乐镇城镇化率变动图

从表16—1及图16—1可以看出,2001年以前九寨沟全县的整体城镇化水平变化不大,城镇化率基本保持在18%~20%之间;2002年,由于九寨沟县启动新城区建设工程以及退耕还林、还草工程,涉及这两个工程的区域内农民可以转为非农业人口,大批农业人口利用这一契机实现了非农化,因此2002年九寨沟县的城镇化率较2001年有较大幅度的提升,城镇化率达到24%。从1984年至2002年,九寨沟全县的城镇化率指标值比同期四川省的城镇化率指标值高出3~5个百分点,从数值上看应该是九寨沟县的城镇化水平高于四川省的平均水平,但事实上九寨沟县的城镇化水平很低,属于四川省城镇化率指标相对较高、但城镇发展十分落后的高原山区。

表16—1还反映出,从县域内部看,永乐镇作为全县的政治、经济、文化中心,是非农业人口聚集的中心地带,其城镇化率一直很高,基本保持在50%以上,城镇化率远远高于同期全县以及漳扎镇的水平,并且增长速度一直较快,这说明永乐镇是九寨沟县境内城镇化水平最高、发展速度较快的城镇。尤其是1998年全县制定"扩县建市"、"建设与国际接轨的一流国际旅游城市"战略目标以来,政府将永乐镇列为提高城镇化水平、带动全县城镇化发展的重

点城镇，采取了多方面优惠政策鼓励外来人口在永乐镇入户定居经商或让农业人口"农转非"，所以 1998—1999 年城镇化率有一个发展高峰。2002 年新城区建设启动，原永乐镇、安乐乡、永丰乡被合并为永乐镇，这三个乡镇土地被征用的农民转为永乐镇的非农业人口，这一举措有力地促进了永乐镇的城镇化率飞速提高，2002 年永乐镇的城镇化率已经达到 75%。如果将大量的省属、州属、县属单位的工作人员、长期居住于永乐镇的外来流动人口以及短暂停留的旅游者计算在内，永乐镇的城镇化率将超过 80%。必须指出的是，这些跳跃式增长的城镇人口，其就业和发展都是以旅游业或与旅游业有一定关联的第二、三产业为支撑，旅游业是永乐镇城镇化快速发展的主要动力。

漳扎镇在发展旅游业之前是以农、牧业为主的一个小镇，非农业人口仅为乡政府工作人员、教师以及少量从事餐饮、零售贸易、邮电等服务行业的工作人员，1985 年城镇化率仅为 7%，比全县平均水平和四川省的平均水平还低十多个百分点。1985 年旅游业发展起来以后，很多农民进入了九寨沟风景名胜管理局，从事旅游管理或旅游服务工作，部分农民开始经营旅游商店或从事旅游服务，非农业人口比例快速增长，城镇化水平提高很快。1992 年九寨沟风景名胜区被列入世界自然遗产，1998 年"九环线"通车，九寨沟风景名胜区加大了开发和建设力度，大量建设工作吸纳了许多当地剩余农业劳动力，政府还将九寨沟风景名胜区中的荷叶村、扎如村、树正村三个村的村民全部划归九寨沟风景名胜管理局，成为非农业人口；此外，大量慕名而来的游客也为部分农业人口提供了非农就业机会，促使漳扎镇非农人口快速增加，城镇化率由 1984 年的 6% 飞速发展到 2002 年的 37%，成为全县城镇化水平发展最快的城镇。这充分显示了旅游业对九寨沟县城镇化发展的巨大贡献作用。2000 年，配合《九寨沟风景名胜区总体规划》、《九寨沟县漳扎旅游镇修建性详细规划》这两个规划中"将漳扎镇建设成为与国际接轨的一流旅游城镇"的目标，政府制定了优惠政策鼓励外来人口在漳扎镇入户定居，并鼓励本镇农民"农转非"，力争使镇区居住人口由 1999 年的 3000 人尽快发展到 5000 人。2000 年，九寨沟县全面启动了退耕还林、还草工程，漳扎镇作为旅游城镇被选为重点试点地区，全镇大面积停止农牧业，涉及退耕还林、还草的本地农业人口可以转为非农业人口，大批农业人口利用这一机会转为非农业人口，故漳扎镇的城镇化率由 1999 年的 30％飞跃至 2001 年的 37％。

综观漳扎镇城镇化率变化的过程可以看出，漳扎镇的城镇化发展基本靠旅游业推动，并且发展速度和程度受旅游业的影响和控制。1992 年旅游业快速发展以来，漳扎镇的城镇化率指标值比全县平均水平及其周边任何乡镇都高许多，而且一直伴随高速发展的旅游业以较高的速度稳定发展。

漳扎镇除了城镇居民数量稳定快速发展以外，每年还有近三千名外来旅游从业人员、几十万至上百万旅游者在旅游淡旺季以候鸟型、潮汐式的方式大幅度增长。这些城镇流动人口虽然不属于本地居民，但其数量却是当地城镇居民的几百上千倍，他们对漳扎镇的经济、社会发展以及城镇设施水平、生活水平等的提高所产生的影响远大于当地居民，使漳扎镇的城镇化体现出明显的候鸟型"飞地"性旅游推进型城镇化模式特点。

2. 三大产业从业人员的比例

据表 16—2 对九寨沟县各产业从业人员就业结构比较分析可以看出：九寨沟县的从业人员历年来主要集中于第一产业，其从业人员占了近 2/3，第二、三产业就业人数仅占约 1/3，说明九寨沟县劳动力转移的主要途径以农业为主，全县农业劳动力比重大，城镇化水平低；第二、三产业很不发达，转移的劳动力有限。从各产业从业人员历年变动情况看，1998 年以来，第一产业从业人员一直稳定持续下降，这说明劳动力正逐渐从农、牧业转向其他非农产业。1985—2001 年，作为九寨沟县工业支柱的森工业、采矿业逐年萎缩，其吸纳劳动力的能力降低，故第二产业从业人员所占比重一直处于下降趋势。较为特殊的是，自 2001 年开始，九寨沟经济新区开发项目启动，一些新兴的第二产业开始投产运营，吸收了部分第二产业从业人员，同时新城区建设、旧城整改、道路建设等工程吸收了大量劳动力从事建筑业，所以第二产业从业人员从2001年开始小幅增长。与第一、二产业从业人员所占比重逐年下降形成鲜明对比的是第三产业从业人员呈现快速上升的趋势，平均每年增长近8个百分点，并且在1993年、1998年、2001年等几个旅游业高速发展转折阶段都表现出加速增长的态势，这说明第三产业转移劳动力和促进农业人口"非农化"的作用在快速增强，并且受旅游业发展速度影响。

表16—2 第一、二、三产业的从业人员数量和所占比例

年份	劳动者总数（万人）	第一产业		第二产业		第三产业	
		从业人员数量（万人）	占劳动者总量的比例（%）	从业人员数量（万人）	占劳动者总量的比例（%）	从业人员数量（万人）	占劳动者总量的比例（%）
1984	2.49	1.88	76	0.36	14	0.25	10
1985	2.59	1.98	76	0.33	13	0.28	11
1992	2.83	2.08	73	0.27	10	0.48	17
1993	2.87	2.10	73	0.26	9	0.51	18
1998	3.24	2.40	74	0.20	6	0.64	20
1999	3.28	2.38	73	0.21	6	0.69	21
2001	3.64	2.34	64	0.22	6	1.08	30
2002	3.82	2.33	61	0.26	7	1.22	32

注：由于漳扎镇、永乐镇没有进行三次产业从业人员的统计，故此处不分析漳扎镇、永乐镇的三次产业从业人员情况。

3. 经济发展指标

(1) 人均国民生产总值

从表16—3及图16—2中四川省及九寨沟县人均国民生产总值变化情况可知，1984年以来，九寨沟县的人均国内生产总值一直高于四川省人均国民生产总值。1998年以前，九寨沟县和四川省的人均国民生产总值差距不大，增长速率也差不多；1998—2002年，九

寨沟县的人均国民生产总值呈现直线增长的态势,增长率达到15.3%,四川省同期的人均国民生产总值的增长率仅为7.6%。这说明,1998年以前九寨沟县的经济发展程度和人民生活水平与四川省平均水平相当,1998年以后受旅游业快速发展的影响,九寨沟县的经济发展很快,不但经济水平和人民生活水平远高于四川省平均水平,而且发展速度是四川省平均发展速度的2倍。表16—3还反映出,从县域内部1999年以后的统计数据看,永乐镇、漳扎镇的人均国民生产总值均低于全县平均水平,这是由于九寨沟全县的人均国民生产总值包含了县属政府机关和企事业单位的人均国民生产总值,这些机构的人均国民生产总值远远高于其他非农业人口和农业人口的人均国民生产总值,并且九寨沟县有几个乡的采矿业很发达,人均国民生产总值很高,所以全县的人均国民生产总值较永乐镇、漳扎镇高很多。永乐镇与漳扎镇相比,漳扎镇的人均国民生产总值比同期永乐镇的人均国民生产总值高三千多元,而且漳扎镇的人均国民生产总值增长速度稍高于永乐镇。这是由于永乐镇的农业人口主要以种植粮食和蔬菜为主,非农业人口部分以务工和做生意为主,经济创收水平较低,加上永乐镇未就业人员较多,所以永乐镇人均国民生产总值很低。漳扎镇从事旅游服务工作和经营旅游业的人员较多,他们创造的人均国民生产总值远大于未从事旅游业的其他人员,他们也极大地带动了漳扎镇人均国民生产总值的提高。从全县范围看,除了政府机关工作人员和一些经济收益较好的企事业单位工作人员外,漳扎镇人民的平均生活水平要高于县域其他地区的人民,这几乎完全得益于旅游业的发展。

表16—3 人均国民生产总值的情况(单位:元)

年份\地区	四川省	九寨沟全县	永乐镇	漳扎镇
1984	488	704	/	/
1985	571	703	/	/
1992	1484	2368	/	/
1993	1863	2464	/	/

续表

年份\地区	四川省	九寨沟全县	永乐镇	漳扎镇
1998	4339	5052	/	/
1999	4473	5965	1752	5013
2001	5279	8189	1801	5131
2002	5808	8921	1800	5598

注：永乐镇的人均国民生产总值由政府部门在岗职工的人均国民生产总值与其余城镇居民的人均国民生产总值加权求和所得。

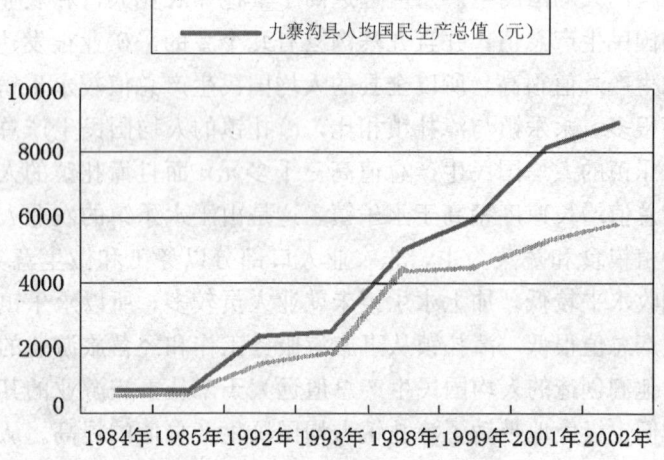

图16—2 九寨沟全县人均国内生产总值变化图

4. 国内生产总值（GDP）及第一、二、三产业结构

（1）九寨沟全县国内生产总值及产业结构

九寨沟全县各时期国内生产总值及第一、二、三产业产值占同期国内生产总值的比重见表16—4。

表 16—4　九寨沟全县产业结构表

年份	国内生产总值（万元）	第一产业产值（万元）	第二产业产值（万元）	第三产业产值（万元）	三次产业比重
1984	3452	1191	1584	677	35∶46∶20
1985	3455	1223	1510	722	35∶44∶21
1992	12396	3166	5441	3789	26∶44∶31
1993	13099	3379	5619	4101	26∶43∶31
1998	31294	5914	9543	15837	19∶30∶51
1999	36203	5957	8486	21760	16∶23∶60
2001	49860	5970	9215	34675	12∶18∶70
2002	55201	6011	11288	37902	11∶20∶69

据表 16—4 对九寨沟县各年三次产业结构的对比分析可知：1985 年九寨沟县三次产业结构比值为 35∶44∶21，说明 1985 年九寨沟县的经济以第一产业和第二产业为主，其中第二产业占主导地位；尽管 1985 年九寨沟已经对外开放，但由于旅游业处于起步阶段，游客不多，相关产业没有发展起来，第三产业与发展旅游业之前一样很不发达，仅占约 1/5 的份额。这反映出九寨沟县旅游业发展以前和旅游业发展初期城镇化水平非常低，带动城镇化发展的主导因素是第二产业，第三产业对城镇化发展的带动作用不大。

1985—1993 年九寨沟县第一产业比重逐渐下降，第二产业稳定发展，受旅游业发展速度逐年增长的影响，第三产业比重以较快的速度上升，产业结构开始呈现由第一、二产业占主导向第三产业占主导转型的趋势，但带动城镇化发展的主导因素还是第二产业，只不过第三产业对城镇化的促进作用逐渐加强。由于 1998 年开始施行退耕还林、退牧还林工程，全县开始全面停止伐木，作为第二产业主要支柱的森林工业的经济收入急剧降低，导致 1998 年以后第一产业、第二产业逐年快速萎缩。与第一、二产业快速下降的趋势相反，1998 年九环线建成通车使得旅游业发展有一个历史性突破，旅游业发展带动了相关的交通运输、电信、金融、餐饮、商业等第三产业快速增长，1998年第三产业已经取代第二产业成为带动城镇化发展的主导因素，并且以旅游业为主导的第三产业对城镇化的带动作用越来越强。

(2) 永乐镇、漳扎镇国内生产总值及产业结构

永乐镇、漳扎镇1999年后GDP值及一、二、三产业比重见表16—5。

从表16—5可以看出，1999—2001年永乐镇三次产业结构变化不大，第三产业稳中有升，第二产业基本稳定发展，说明永乐镇城镇化发展较稳定。永乐镇第二产业比重较低，仅占6%左右，而第三产业比重却占88%左右，这说明第三产业是带动永乐镇城镇化发展的主导因素。漳扎镇的三次产业比重也呈现出第二产业稳定发展、第一产业逐渐略微降低、第三产业以每年1%的速度逐年升高的趋势，同样说明漳扎镇的城镇化水平在稳定中发展。但与永乐镇不同的是，漳扎镇的第一产业比重占20%左右，第二产业仅占3%，第三产业比重占75%左右，并且第三产业的增长速度高于永乐镇第三产业增长速度。这说明漳扎镇的城镇化发展程度低于永乐镇，并且第二产业对漳扎镇城镇化发展的带动作用极小，第三产业对城镇化的影响也低于永乐镇，但第三产业带动漳扎镇城镇化发展的作用在逐渐增强。虽然永乐镇和漳扎镇的城镇化发展进程主要由第三产业带动，但永乐镇的第三产业以商贸为主，漳扎镇的第三产业以旅游业为主。

表16—5 永乐镇和漳扎镇GDP及一、二、三产业结构

年份	永乐镇					漳扎镇				
	本镇GDP（万元）	第一产业产值（万元）	第二产业产值（万元）	第三产业产值（万元）	三次产业比重	本镇GDP值（万元）	第一产业产值（万元）	第二产业产值（万元）	第三产业产值（万元）	三次产业比重
1999年	2113	140	121	1852	7:6:87	3040	703	103	2234	23:3:74
2001年	2210	124	127	1959	6:6:88	3275	702	112	2461	21:3:76
2002年	2260	112	154	1994	5:7:88	3631	732	124	2775	20:3:77

5. 城镇建设指标

(1) 城镇占地面积

从表 16—6 可以看出，1999—2001 年，永乐镇和漳扎镇的行政区域总面积基本无变化，漳扎镇的区域总面积仅约为永乐镇区域总面积的 1/3，2002 年新城区建设启动后，将永乐乡和安乐乡纳入新城区建设才带动永乐镇城镇规模快速膨胀。区域总面积仅说明城镇管辖的范围大小，而城镇建成区面积却能表现城镇规模和城镇建设的程度。总体看来，漳扎镇的城镇建成区面积小于永乐镇，这说明漳扎镇的城镇规模比永乐镇小。但 2001 年以前，漳扎镇的建成区面积增加速度高于永乐镇，这说明漳扎镇的城镇发展速度比永乐镇快。因为漳扎镇的城镇建设主要为旅游业服务，永乐镇城镇建设主要为实现其政治、经济、文化中心的功能而建，漳扎镇的城镇发展速度高于永乐镇说明旅游业对城镇建设的促进作用远远大于其他经济、文化产业。

表16—6 永乐镇、漳扎镇城镇占地面积表

年份	永乐镇		漳扎镇	
	区域总面积 平方公里	城镇建成区面积 平方公里	区域总面积 平方公里	城镇建成区面积 平方公里
1999	37270	808.4	13060	599
2001	37270	808.4	13060	637
2002	43000	1357.3	13420	691

注：永乐镇城镇建成区面积 2001 年前仅包含老城区，2002 年新城区建设启动，将新城区建成区面积也合并入永乐镇；漳扎镇的城镇建成区面积包括漳扎段和彭丰段、隆康段。

(2) 城镇道路状况

九寨沟县 1998 年前道路发展比较缓慢，公路建设工作主要以过境道路改造及乡村道改造、新建为主。1998 年境内公路总里程为

435.5公里，其中省道165公里，占37.89%，四级路207.8公里，占47.72%道路。1999年后，为了加快旅游业的发展，九寨沟县加大了道路建设力度，除对许多原来等级不高的公路进一步改造提升等级外，还新建了多条景区内部以及景区与外界连通的道路，各乡镇间的乡村道建设也快速增长。1999年，九寨沟县境内公路总里程已达到505.5公里（含省、县、乡公路和专用公路）。其中，省道有：九寨环线公路（成都—都江堰—汶川—茂县—松潘—九寨沟—平武—广元—绵阳—成都）弓杠岭至黄土梁段山岭重丘三级油路160公里，甘肃省文县至四川省九寨沟县公路青龙桥至双河段17公里，共计177公里；县道有：若（尔盖）九（寨沟）路拉玛克盖垭口至黑河大桥97公里；专用道有：九寨沟风景区内旅游专用道55.5公里，南林局林区专用道干线公路25公里和县林业局林区专用道干线公路28公里，共计108.5公里；乡道73公里；村道316.8公里。1999年全县除草地乡其余乡镇全通了公路，省、县、乡村公路网络基本形成，但道路总体等级偏低，油路到村率不高，路网密度低，多数乡、村道都是毛坯土路或泥结碎石路，难以满足旅游业发展的需要。2002年末，草地公路通车，全县17个乡镇全部通了公路，双河至青龙桥公路、上寺寨至神仙池景区道路以及神仙池景区内部公路相继建成，全县公路通车里程已达到1042公里。1998年，永乐镇镇域内公路仅有长8公里宽12米的过境公路，城镇道路总面积11.63万平方米，人均9.69平方米；2001年后，随着新县城建设工作的启动和县城通往乡镇公路的改善，镇域公路增加至13公里，路面主要为二级、三级水泥路，并将县城过境公路中的4.6公里扩建为24米宽水泥路。总体看来，永乐镇公路体系不够发达，道路密度低，路面等级还需要全面提高。漳扎镇公路体系比较发达，九环线中的7.6公里穿越境内，其中九寨沟口至漳扎镇的6.04公里为二级水泥路面，其他为三级公路。除九环线外，还有由漳扎镇上寺寨通向神仙池旅游区以及干海子旅游区的景区专用通道、九寨沟风景名胜区景区内部道路。由于多数道路是为旅游业服务的，所以漳扎镇境内的公路等级都较高。

表16—7　九寨沟全县及永乐镇、漳扎镇公路长度

年份	九寨沟县 公路长度（公里）	永乐镇 公路长度（公里）	漳扎镇 公路长度（公里）
1998	435.5	8	43
1999	506	8	43
2001	1001	13	75
2002	1042	13	75

总体看来，九寨沟县和永乐镇、漳扎镇的道路建设水平偏低，不能满足城镇化发展和旅游业发展的要求。

（3）公用设施水平

①给水工程

九寨沟县城现有城市水厂一处，占地5000平方米，设计规模为3000立方米/日（现高峰日供水量为4000立方米/日），水源为地下水，供水总人口约10000人（占聚集人口的83%），城区主要供水管网长3650米。城内自备水源为南林局供水站，供水规模约100立方米/日，其他自备水源已基本废弃。县城目前给水工程存在的主要问题是给水管网延伸长度短；高位水池标高较低，影响整个城区管网压力；因电网供电能力有限，造成经常性停电影响供水。县水厂已处于满负荷或超负荷运行，已不能满足县城居民用水。2002年，为解决老城区供水不足的问题，适应新城区建设发展的需要，九寨沟县投入160万元扩建县城自来水厂，将原来的1000立方米扩建到10000立方米。

漳扎镇现在的用水由彭丰老水厂供应，规模为3000吨/日，水源为泉水，供水工程现存的问题是老水厂已不能满足需要，管网延伸不足。在漳扎镇修建性详细规划中，提出保留现彭丰水厂供水规模，另在上寺寨择地新建一个规模为9000吨/日、占地5000平方米的水厂，并延伸现有的供水管网，以满足漳扎镇扩建的用水需求以及旅游业用水需求。

②排污工程

2002年以前，九寨沟县城排水系统为雨污合流制，生产生活废水未经处理直接排入白水江，环境污染较重。老城区有较为成形的合流排水沟渠，其他地区排水系统尚不健全，全城排水沟总长2600米。2002年县城污水处理工程正式启动，老城区部分排水管网开始实行截流式合流改造，新城区在建设启动前夜预铺设了雨污分流排水管网，县城污水处理厂建设工程也开始启动。据《九寨沟县城总体规划》，县城污水处理率近期将达到40%，远期（2020年）将达到60%。漳扎镇内污水目前基本上只经化粪池处理后直接排入水体，对环境影响较大，雨水排放也未成系统，各宾馆自行组织内部雨水就近排入水体。2002年，配合漳扎镇整治、扩建工程，漳扎镇污水处理工程也开始启动，镇区进行了雨、污分流的排水系统改造，并开始着手污水处理厂的修建工作，此项工程2005年完成并投入使用，漳扎镇的污水由污水管收集到城镇污水处理厂集中进行二级处理后再排放。据《九寨沟县漳扎镇修建性详细规划》，漳扎镇将力争使近期区内污水处理率达到60%，远期（2020年）达到85%。

③电力系统

由于九寨沟县周边山高沟深，县电网与省网、国网连接难度大，因此2002年以前整个县城用电全依靠自发水电供应，电力资源以白水河、黑河、白河水电资源为主，形成了县域永乐至漳扎、双河、黑河的放射状电力网络，水电装机总容量为7890千瓦，人均拥有装机容量175瓦，人均拥有发电量374千瓦小时。1997年，全县94%的乡村通了电，1997年10月九寨沟县正式通过省政府的验收，达到了全国农村初级电气化试点县的验收标准。由于九寨沟县电站总装机容量过小，严重制约了城区及旅游用电的发展，2002年前，在旅游旺季，城区经常停电以确保九寨沟用电。2002年，九寨沟县与黄龙电力集团公司合资架通了茂县到九寨沟的110千伏的高压输电网，才基本解决了县内电力紧张的矛盾。这有力地促进了九寨沟县的经济发展和人民生活水平的提高。永乐镇供电由城关35千伏变电站和南林局水电站供给。城关变电站供应城区和附近乡镇的用电。永乐镇的很多城镇居民生活用能源以电力为主,由于枯水期发电量有限,加上旅游高峰期县城要为景区让电,2002年前枯水期县城经常出现限电和停电的情况。

2002年前漳扎镇供电主要由隆康坝35千伏变电站供电,该变电站容量为2000千伏安。从现状和发展来看,该变电站远不能满足旅游业发展的需要。据《九寨沟县城总体规划》中对电力系统的规划:"2000—2020年将新建装机容量为12000千瓦的二道桥电站和装机容量为30000千瓦的安乐电站,并结合九黄机场供电工程,积极引入汶川大电网,形成大网于与本地网结合的供电系统,使全县生产、生活及旅游用电得以充分保证。"二道桥电站已于2002年开始建设,预计2005年能投入使用,这将满足漳扎镇和九寨沟景区目前的用电量,并且为漳扎镇加快城镇化建设提供更丰富的电力资源,满足九寨沟旅游业快速发展的需要。

④电信

九寨沟的电信设施发展很快,于1998年完成光缆架设,率先在甘孜州少数民族地区实现光缆通讯。现有10芯主干对外光缆与松潘、汶川相通,电信网已于1998年11月并入马尔康C3本地网,所有的电话全部进入国内直拨电话网。1998年九寨沟和县城共开通了2000门程控电话,县城市话普及率约10%,县城移动电话已开通A网和G网。2000年,完成九寨沟沟口及景区内的移动通信建设,开通了景区移动通信业务;2002年,实现了县城、漳扎镇、九寨沟景区和部分乡镇有线光纤和移动通信的覆盖,全县电话装机7396部,其中城镇电话4817部,城镇电话普及率24%,移动通信用户达到6250部,每百人拥有移动电话约16部。电信业的快速发展大大加快了九寨沟县与外界信息交流的速度,较好地满足了旅游业和社会各方面对通信的需要。

⑤有线电视

九寨沟县的有线电视转播主要由县广播电视局转播系统和各乡镇独立设置的电视转播系统共同完成。1985年80%的乡建有电视差转台,县城和各乡镇用户都是通过电视差转台收看电视。1994年7

月,九寨沟县广播电视局有线电视首次开播,可转播 40 套电视节目,其中自办电视节目一套,城区居民逐渐接入有线电视,而各乡镇仍然采用未与县局联网的独立电视转播系统。2002 年末,全县有线电视用户数达到 4468 户,有线电视普及率约为 30%,其中永乐镇的普及率达到 99%,九寨沟县有线电视覆盖区域集中在县城以及各乡镇的场镇周边,距离场镇较远的地方还没有开通有线电视,居民只能依靠自建的小型电视信号接收器收看电视。九寨沟县有线电视发展水平过低,降低了居民了解信息、提高综合素质、转变思想观念的深度和广度,影响了城镇化发展速度。

6. 城镇生活质量与社会发展指标

(1) 城镇人均居住面积

1998 年,九寨沟县城人均居住面积为 21.63 平方米/人,居住用地占城市建设用地的 32.1%,2001 年,随着新城区建设的发展,人均居住面积增加到 26.53 平方米,比 2002 年四川省城市居民人均居住面积 11.58 平方米高出一倍多。但是,九寨沟县城房屋建筑质量并不是很好。漳扎镇 1998 年人均居住面积为 33.53 平方米;2002 年,为了适应漳扎镇建设为国际旅游城镇的要求,对漳扎镇部分建筑进行了拆迁整改,漳扎镇人均居住面积缩减为 28.62 平方米。与县城相比,漳扎镇人均居住面积更宽敞,但房屋建筑质量和居住环境比县城更差,与漳扎镇作为旅游城镇的标准相差甚远。

(2) 城镇公共绿地面积

九寨沟县城旧城区的公共绿地目前主要有刚整改完的滨河路靠近城区一侧的绿化带以及由县城到九寨沟的交通要道靠近城区一两公里的公路绿化隔离带,除此以外,其他地方几乎没有公共绿地,这样的城镇环境与九寨沟县城作为国际级景区接待基地的地位极不相称。据《九寨沟县城总体规划》规划,九寨沟在新城区建设和旧城区改造过程中要大力加强园林绿地建设,到 2005 年,公共绿地面积将达到 19.53 万平方米,人均 9 平方米,这将在很大程度上改变九寨沟县城的风貌和城镇环境。漳扎镇目前的公共绿地主要是各宾馆饭店内部的园林绿地,镇域没有供公众共同享用的城市公园或街头绿地。据《九寨沟县漳扎旅游镇修建性详细规划》:"为保障旅游镇整体风貌达到较高水准,规划于九环路两侧各布置5米宽绿化带,沿白水河规划滨河绿地,同时于较开敞地带设置滨河小游园。规划公共绿地面积25.28万平方米,占总用地11.96%。"在完成绿地规划目标后,漳扎镇将是一个环境优美、绿树成荫的美丽园林城镇。

(3) 城镇文化教育情况

2001年,九寨沟全县共有小学108所,小学在校学生9016人,小学教师464人,小学适龄儿童入学率为99.0%;全县有普通中学5所,中学在校生2531人,中学教师157人,初中入学率为73.5%。全县学龄儿童入学率为96.5%,比2001年四川省学龄儿童入学低2.6个百分点。通过上述数据可以看出,九寨沟县的整体教育状况不很好,不但教育以低层次的中小学教育为主,缺乏高等教育和职业教育,并且中学数量少,师生比例偏低,入学率也偏低。教育滞后发展导致居民文化素质不高,观念落后,观念转变慢,居民经济收入和个人对国民经济的贡献也因文化低而偏低,这些都给城镇化发展带来较大的负面影响。

从以上各项指标分析可以看出,九寨沟县现有的永乐镇以及漳扎镇这两个建制镇的城镇规模都偏小,建设水平低,基础设施差,聚集效应差,产业和经济发展水平较低,居民生活消费水平和生活质量不高。

16.2 九寨沟县城镇化发展模式

16.2.1 城镇化发展模式概述

任何地方要实现城镇化,必须根据本地的区位条件、自然环境条件、资源条件、产业经济条件选择适合自身的城镇化发展模式。

根据各地城镇化发展所依赖的优势条件及促进城镇化发展的产业结构的不同,可以将西部少数民族地区的城镇化发展归纳为以下几种模式:

①资源开发型模式。这种模式主要是在矿产资源、水资源、能量资源、土地资源等资源密集的地区,以开发资源为龙头,发展基础工业(如开采业、采集业等)和基础水利设施等,进而在此基础上,发展加工业,形成成片的工矿区或工业区,以工业化促进城镇化。

②旅游开发型模式。这种模式主要是在旅游资源丰富、有特色、旅游开发条件好的地区,以开发旅游区为依托,通过旅游业的发展促进为旅游服务的各种商业、文化、交通、通信等相关产业及各类设施的建设与发展,从而实现城镇化。

③商业贸易型模式。这种模式主要是在经济区位较好的地区,以发展贸易为主,发展大流通,建设大市场,形成大的物流中心,带动相关产业和经济发展,拓展城镇建设规模,实现城镇化。

④工贸型模式。这种模式主要是在区位、交通、资源条件较好的地区建立一些大型工业企业,通过企业带动本地经济贸易、城镇建设发展。

⑤边贸带动型模式。在具备与国外广泛开展边境贸易的西部地区,因地制宜,利用当地独特和有利的地理条件和地理环境,进一步鼓励和大力支持边境贸易的发展,以贸易带动经济发展,推动边境小城镇的形成、建设和发展。

⑥综合型模式。即一个城镇依赖工业、商贸、旅游等多项优势产业实现城镇化。

16.2.2 九寨沟县城镇化发展模式——以旅游型为主导

九寨沟县域内部各地的区位条件、自然环境条件、资源条件、产业经济条件情况各不相同,目前存在的城镇以及以后将升级形成的新城镇的发展条件及发展模式如下。

①永乐镇。永乐镇作为九寨沟县的县城,是全县的政治、经济、文化中心,也是九寨沟县的物资集散基地和九寨沟旅游服务基地。目前永乐镇资源主要是土地资源和农业资源,产业经济以农产品、水泥、建筑、食品加工以及商贸经济为主。按照"建市"的目标,近期将把永丰乡、安乐乡一起并入永乐镇作为九寨沟县城的新城区。永丰乡西北部与永乐镇相连,处于由县城到九寨沟风景区的九环线上,距九寨沟风景区距离近,适于发展为旅游服务区,此外,永丰乡还有丰富的森林资源和经济作物、粮食作物,可以发展木材、食品加工业。安乐乡位于县城外北,九环线公路穿境而过,境内果林、药材等经济作物资源丰富,适于发展农副产品加工。永乐镇城镇化发展道路可以据以上优越的区位条件及资源环境条件选择以发展旅游服务业为主,同时发展商贸、食品加工等多种产业的综合旅游型模式。

②漳扎镇。漳扎镇的城镇化道路是典型的旅游型模式。漳扎镇作为县域中部的中心城镇和九寨沟旅游基地,城镇化过程是随着九寨沟风景区开发的历程逐渐由乡村演变为城镇的,其城镇建设主要为适应旅游业发展而得以逐渐完善,其产业经济主要来源于为九寨沟游客提供旅游服务以及旅游业带动的商业、电信业、旅游商品加工业。以旅游业为主导的第三产业是城镇化的主要推动力。

③玉瓦镇。玉瓦镇目前为玉瓦乡,建市后它将升级为新的建制镇。它位于九寨沟县西北角,距县城 62 公里,有九(九寨沟)若(若尔盖)公路与县城相通,交通相对方便,是县域北部的片区中心。水能资源丰富的黑河流经玉瓦境内,目前玉瓦境内已有众多小水电站,今后将建立更多水电站。玉瓦境内有丰富的矿产资源和当归、党参、白芪、大黄等林副产品,目前已有部分农副产品和林副产品加工企业,在采矿业、水电业、加工业的带动下,城镇已有一定规模,为玉瓦由乡提升为镇打下了一定基础。在以后城镇化发展过程中,玉瓦要继续走以开发本地水能资源、矿产资源、农业资源、林业资源为龙头,发展相关食品加工、矿产加工、林副产品加工产业,以此带动城镇化发展的资源开发型城镇化道路。

④双河镇。双河镇目前是双河乡，它也是九寨沟建市后升级的新的建制镇。双河是县域东南部片区中心，有白水江流经，九环公路穿越。境内果林、当归、党参等经济作物较多，矿产资源有适于做建材的红玉、磨石、石灰石等。由于良好的区位、交通、水利、资源条件，它成为县城工业疏散地，现在已经有多家电力、建材、食品、农副产品加工企业，城镇基础相对较好。它将发展成为以农副产品、建材、机械加工为主的工贸型小镇。

⑤大录镇。大录镇现在是大录乡，建市后它将新设为建制镇。它位于九寨沟县西北面，黑河上游西岸，距县城91公里，九环线贯穿全境。大录属半农半牧的藏族聚居区，境内气候适宜，环境优美，林副产品丰富，旅游资源类型多、品位高，有九寨国家森林公园神仙池景区（神仙池景区和干海子景区共同构成九寨国家森林公园）、东北寺院、藏寨、红叶等旅游景点。

神仙池景区与九寨沟相邻，相距40多公里，距大录乡政府30公里，距县城130公里，从九寨沟景区到神仙池景区有专线公路相通，景区对外连接道路多处与九环线相连，形成一个比较完整的交通网络。由于距县城较远，大录乡成为神仙池景区的接待服务基地，大录乡的基础设施、城镇经济都随着神仙池景区旅游业的开发得以快速发展，以后它将发展成为以旅游资源开发和林副旅游商品加工为主的旅游型小镇。

⑥干海子镇。干海子镇将由白河乡发展而来。它位于九寨沟以西白河河源内，九环公路从景区通过，距漳扎镇19公里，距九寨沟口24公里，距县城63公里。景区集原始森林、彩湖、飞瀑、山泉、奇峰、异石、民族风情等多种旅游资源于一体，是一个极具吸引力的旅游地，目前已开发为高等级的九寨沟森林公园干海子景区，以此分流九寨沟景区过多的游客。景区内2001年开放的九寨天堂国际度假会议中心已成为享誉国内外的度假胜地。为了适应干海子景区旅游业发展的需要，《九寨沟市规划》将其定位为旅游服务基地，拟将其发展为以旅游开发和林副旅游商品加工为主的旅游型小镇。

通过以上各城镇发展条件及发展模式分析可知，九寨沟县各地实现城镇化的道路主要是依靠当地的区位条件和资源条件选择资源开发型、旅游开发型、工贸型或综合型发展模式，在将形成的六个城镇中，永乐镇、漳扎镇、大录镇、干海子镇都是依托当地丰富独特的旅游资源，发展以旅游业为核心的第二、三产业，以此带动经济发展和城镇建设，实现城镇化。所以说九寨沟县的城镇化主导模式是旅游开发型。

16.3 旅游业对九寨沟县城镇化发展的影响

16.3.1 旅游业促进了城镇的产生、规模扩张和功能完善

从以上对九寨沟县城镇体系和城镇化指标的分析可以看出，在发展旅游业以前，九寨沟县只有作为县城的永乐镇这一个建制镇，随着旅游业的发展，漳扎镇及以后将新设的大录镇、干海子镇在旅游业的促进作用下逐渐由村落发展为城镇，并且规模和功能伴随旅游业的发展逐渐扩张和完善。

漳扎镇的产生和规模扩张受旅游业的影响尤其明显。漳扎镇在九寨沟风景区旅游业开发前是一个以农牧业和林业为主的自然山地村落。在九寨沟风景区的旅游开发初期，仅在景区内部、沟口的彭丰村和隆康坝一带的交通线及景区入口处，集聚发展了一批简单的接待设施。随着旅游业的进一步扩大，政府部门、实力强大的行业部门开始在九寨沟沟口区位条件和交通条件优越的地段大规模地圈地兴建旅游服务设施，将九寨沟沟口与东北面的隆康坝、西面的彭丰村连接起来，逐步在沟口附近形成了具有城镇雏形的街区。1989年，九寨沟县政府为了适应旅游业发展的需要，将九寨沟内的几个村落以及沟口附近的漳扎村、彭丰村合并为漳扎镇，但这时离沟口稍远的漳扎村还没有与沟口的街区连接在一起。随着旅游业的发展，尤其是1992年九寨沟被列入世界遗产以及1998年九环线通车之后，

旅游人数快速增长，九寨沟附近的旅游服务设施急剧膨胀，鳞次栉比的宾馆饭店和旅游商品经销店将景区附近公路两侧的空地几乎完全填满，最终形成了目前漳扎镇上至隆康坝、下至永竹的绵延不断的城镇街区体系。据《九寨沟县漳扎旅游镇修建性详细规划》，为达到把漳扎镇建设成为国际旅游城镇的目标，漳扎镇的城镇建成区范围将沿白水河17公里的河谷地带延伸，西起上寺寨，东至隆康桥，建成区面积将由现在的69.1万平方米扩大至211.45万平方米。

九寨沟各城镇为了更好地发展旅游业，不断完善社会服务及居住服务功能，营造先进的城镇文化，以此吸引更多游客，满足游客的多方面需求，这极大地促进了各城镇功能的完善。例如，永乐镇发展旅游业以前是一个以商贸、工业和政治、文化服务为主的城镇，旅游业的发展不但促进了其商贸、工业的进一步发展，还促使其为适应作为国际级景区服务基地的地位和功能而进行产业服务体系、政治、文化等综合功能的建设，其作为政治、经济、文化中心的地位更突出，且各方面服务功能更完善。根据九寨沟建市规划目标，县城将建设成为"旅游产业突出，城市功能完备，社区服务布局合理，生态环境优美，人文环境和谐，具有浓郁民族文化和地域文化的繁荣、富裕、文明的生态旅游城市"。为达到这一目标，目前九寨沟县已经在永乐镇老城区南侧的永丰乡和安乐乡范围内建起了一座设施齐全、功能完备、既现代化又有独特风格的新城区，并对老城区进行了全方位的改造，其作为国际化旅游城市和国际级景区支撑中心的功能和特性正在逐步凸显。

16.3.2 旅游业带动了经济快速发展

九寨沟发展旅游业以前是省定贫困县，国民经济在整个四川大经济区中处于落后地位，当地的经济发展和财政收入主要来源于农业、牧业、林业。1985年，九寨沟县委、县政府作出"围绕旅游业，大力开发自然资源，发展商品生产，搞活全县经济，为活跃城乡经济开辟了新途径"的决定以后，旅游业蓬勃发展，地方经济发展的支柱逐渐转移到旅游业上，在短短的近二十年时间里，旅游业带动全县经济实现了跨越式飞速发展。以下用旅游业对当地财政收入的贡献说明它对地方经济的促进作用。

从表16—8可以看出，1985年旅游业发展初期，旅游业实现的财政收入仅占全县财政总收入的2.4%；1992九寨沟被列为世界自然遗产，带来了九寨沟旅游业发展的第一个高峰期，旅游业社会总收入较1985年增长了15.6倍，旅游业实现的财政收入已占全县财政总收入的13.6%；1998年九环线建成通车，大大改善了九寨沟的可进入性，导致1999年九寨沟县旅游业达到前所未有的第二个高峰，1999年的旅游社会总收入较1998年增长了1.4亿元，此时旅游业实现的财政收入已占全县财政总收入的71.9%，旅游业成为当地经济的主要创收来源。

表16—8 旅游业对当地财政收入的贡献

年份	旅游社会总收入（万元）	财政总收入（万元）	旅游业实现财政收入（万元）	旅游财政收入占财政总收入比例（%）
1985	159.8	336	8	2.4
1992	2500	925.8	126	13.6
1993	3200	1506.2	162	10.7
1998	21000	1613	1061	65.8
1999	35809	2517	1809	71.9
2001	63719	4267	3209	75.2
2002	65700	4342	3318	76.4

注：由于1984年旅游收入没有具体统计数据，此处不分析1984年的相关情况。

从旅游业对国内生产总值的贡献也可以看出旅游业对全县经济的带动作用。2001年，旅游业收入对全县经济增长的贡献率达到40.1%，拉动GDP增长6.2个百分点，旅游业这种巨大的拉动作用对九寨沟县其他行业简直难以想象。1998年以来,以旅游业为主导的第三产业产值在GDP中所占的比例一直稳居第一。旅游业带来的巨额经济收入为城镇建设积累了资金、增添了实力,为城镇建设打下了坚实的经济基础,促进了城镇的发展和繁荣。这表明旅游业不仅是九寨沟县经济社会发展的支柱产业,也是九寨沟县城镇化的推进型产业。

16.3.3 旅游业促进了产业发展和产业结构调整

旅游业是联动效应很强的推进型产业,具有较强的产业吸引力和扩散力,能辐射和带动相关产业迅速发展。九寨沟县通过发展旅游业,在县城和景区附近村镇的核心空间内快速聚集了许多以旅游业为核心的宾馆饭店、导游服务、旅游商品和日用品销售、旅游产品加工、交通运输、邮电通信、金融、房产等第三产业群,这些以前靠当地居民艰难发展或难以发展的产业在旅游业带动下迅速实现了规模扩张和内涵发展。1985年九寨沟县运输业仅有九寨沟县车队在经营,客运量只有3.9万人次,车队只能靠卖线路牌艰难维持生计,随着旅游业发展,运输业规模逐渐扩大为县运输公司、城关综合车站、九寨沟观光公司、国际旅行社、出租车、个体运输户等多家企业或个体共同经营,客运量2001年达到147.7万人次,较1985年增加了38倍;九寨沟县的各类宾馆饭店由1985年的14家发展到2001年的202家,而且在景区附近聚集了多家档次和规模都很突出的星级酒店;餐饮业网点由1985年的几十个发展到2001年的248个。

旅游业不仅带动相关产业迅速发展,而且对促进产业结构优化调整起着重要作用。九寨沟各旅游景区附近村镇发展旅游业以前的产业结构以农、牧业为主;第三产业仅为极不发达的日用商品、农牧业生产资料贸易以及餐饮、邮电、教育等简单产业;第二产业几乎没有发展。发展旅游业后,以旅游业为主体的餐饮、住宿、零售贸易、旅游商品经营、邮电通信、交通运输、房地产等第三产业得以快速发展；第二产业也主要是围绕旅游业进行的旅游商品加工、农副产品加工和房地产业；第一产业生产的粮食、蔬菜等农产品以及畜牧产品也主要销售给旅游服务单位供游客食用。这种以第三产业为主，第一、二、三产业综合发展的产业结构保证了城镇经济健康、快速的发展，对城镇化进程影响深远。

1. 旅游业促进了农村剩余劳动力向非农产业转移

九寨沟县旅游业带动各行各业的发展，创造出大量就业岗位，吸纳了大量的剩余劳动力，其各年转移的劳动力数量及转移方向见表16—9所示。

表16—9　九寨沟县旅游业从业人员

年份	从业人员总量（万人）	旅游业直接从业人员（万人）	直接从业人员占从业人员总量的比例	旅游业间接从业人员（万人）	间接从业人员占从业人员总量的比例
1992	2.8	0.18	6.4%	0.5	18%
1993	2.9	0.2	6.9%	0.6	21%
1998	3.2	0.36	11.3%	1.1	34%
1999	3.3	0.39	11.8%	1.2	36%
2001	3.6	0.58	16.1%	2.5	69%
2002	3.8	0.65	17.1%	2.6	68%

注：由于1984年、1985年没有做旅游业直接、间接人员统计，本处不分析这两年的相关数据。

从表16—9可以看出，旅游业对剩余劳动力的转移有重要作用，不仅宾馆、饭店、旅行社、景区等旅游行业部门需要大量旅游业直接从业人员，旅游业带动的商业、交通运输、邮电通信、商业贸易、金融、工业、建筑、农业等行业也要吸纳大量旅游业间接从业人员，且旅游业发展越快，旅游行业部门及旅游业带动的相关产业部门对劳动力的转移能力越强。2002年，仅旅游业吸纳的旅游业直接就业人数已经占全县从业人员总量的17.5%，间接就业人数占全县就业总人数的68%，这说明旅游业已经成为九寨沟县转移劳动力的主要途径。据世界旅游组织测算，旅游业每增加一个直接就业机会，就会增加4.2个间接就业机会。九寨沟县旅游业对劳动力的转移程度也基本符合这规律。自1992年以来，历年旅游业间接从业人数约是旅游业直接从业人数的3~4倍，说明旅游业带动的相关产业转移劳动力的能力和速度比旅游业自身吸纳劳动力的能力和速度大得多。这一现象也说明，旅游行业本身转移剩余劳动力的能力是有限的，必须围绕旅游业发展，多种产业才能创造更多的就业机会，促进农村剩余劳动力向非农产业转移，从而更快地实现乡村向城镇的转化。

据统计，九寨沟县旅游业及相关产业的从业人员75.9%是来自于全国各地的农村剩余劳动力。据此推算，2002年旅游业直接和间接转移的农村剩余劳动力有2.46万人，这当中至少有1/2是九寨沟县当地农民，也就是说旅游业为九寨沟1.23万农村剩余劳动力提供了就业机会，占农村劳动力总量2.66万人的46.2%。这些从事旅游业及相关行业工作的农村剩余劳动力几乎从事的都是非农产业，有些还完全脱离了农业。旅游业强大的劳动力吸纳能力大大提高了农业人口非农化的速度，加速了九寨沟县城镇化发展进程。

2. 旅游业促进了城镇建设

旅游业的发展需要以完善的基础设施和旅游服务设施为保障，这会促使旅游区所在的城镇大力建设相关设施，同时旅游业带来的经济发展又为城镇建设提供了强大的经济后盾，旅游地优美的环境和强大的经济集聚能力还会吸引投资加入城镇建设的行列，这些因素都会促使旅游地所在的城镇建设水平快速、高水平的发展和完善。九寨沟县各旅游城镇的城镇建设也完全符合这一规律。

九寨沟县城是九寨沟风景名胜区的旅游服务基地，漳扎镇是九寨沟风景名胜区的旅游服务接待中心，为适应九寨沟风景名胜区这一国际级景区发展的需要，九寨沟被辟为旅游区后，漳扎镇和县城都加快了各项设施建设和环境建设，进行了一系列规模宏大的基础设施和旅游服务设施建设和改造工作。例如：为发展旅游业打通了九环线；为提升区内旅游的便捷度建起了省内第一处为旅游需要而建的支线机场——九黄机场；为改变公路等级差的状况并适应机场建设带来大量游客的需要于2002年扩建、改建了川主寺至九寨沟新城区口的公路，将原来的三级柏油公里改为二级柏油路，使九寨沟县的交通状况有了很大的改善；2000年完成生产能力为1万吨/日的县城自来水扩建工程；2001年在漳扎镇建成先进的旅游急救中心；2002年县城和漳扎镇垃圾处理建设工程完工并投入使用；从2000年到2003年6月，对漳扎镇进行了四次大规模的整治拆迁行动；2001年正式启动了新城区建设和旧城区改造工作；各类宾馆饭店及旅游商店更是如雨后春笋般遍布漳扎镇和城区，2002年底，全县已有各类宾馆饭店120家，漳扎镇已经是拥有五星级酒店和1.7万个星级饭店床位的大型旅游度假地，成为全国酒店最集中的旅游景区之一。

伴随旅游业的发展，九寨沟县城和漳扎镇将成为川西高原上旅游产业突出、城市功能完备、社区服务机构布局合理、生态环境优美、人文环境和谐、具有浓郁民族文化和地域文化的生态旅游新城镇。

3. 当地居民的生活方式向城市化发展

旅游业发展使当地居民获得了更多的经济收益，外来游客的生活方式、文化也在潜移默化地改变当地居民，在他们的影响下，九寨沟县城和漳扎镇居民的生活环境、生活水平、生活方式精神文明有了较大的变化，当地人民生活逐步向城市化发展。其具体表现在：

①城镇环境和风貌改善，各类生活服务设施完善。九寨沟县城和漳扎镇以前都是容量小，街道窄，交通拥挤，城乡杂居，建筑风貌落后的小城镇或乡村景象，给很多游客留下了"美丽的九寨沟景区，破烂的九寨沟县城，贫困的九寨沟农村"的印象。为加快城市化建设步伐，九寨沟县提出了"兴旅、强农、建市"的工作思路，大手笔地对两个镇的市镇设施、环境和城镇风貌进行了整治。不但完善了各类生活服务设施，还拓宽了城镇街道和道路，增加了道路

网络，铺设了大面积水、电、气管网系统，修建了河滨绿地和休闲公园，并开始建设一个风貌独特、园林环绕、环境优美的新城区。这些建设工作使原来脏、乱、小，生活不是非常方便的城镇变得整洁美丽，居民在此生活方便又舒心。

②居住条件得以改善和提高。九寨沟县城和漳扎镇近几年城镇规模不断扩张，人均居住用地面积增加，当地居民从事旅游业相关工作获得大笔收入以后大多数都用于改造住房条件，以前沿旅游景区附近交通沿线两侧密集分布的破旧土木屋、低矮木板屋或草屋已经被一排排整洁、宽敞的二层或多层楼房所代替，而且内外都较美观，设施也较现代，居住区周边环境也很整洁，有的还设计了精美的花园草地，改变了以前"猪狗遍地跑、蚊蝇到处飞、垃圾满地堆"的脏、乱、差的居住环境。

③饮食和日用品消费富有城市消费特征。随着经济收入的增加和受旅游者生活方式的影响，当地居民的生活习惯和消费行为逐渐城市化，不但饮食结构丰富，而且电视机、冰箱、摩托车、手机等许多家庭都有，部分居民还拥有了私家车。

④精神文明生活日益提高。为了实现九寨沟县城和漳扎镇作为旅游城镇应具备的"吃、住、行、游、购、娱"的全面功能，在进行城镇建设、城镇改造和旅游服务设施建设过程中配套设置了大量文化、娱乐、休闲设施和场所，当地政府也修建了部分专门为当地居民服务的文化娱乐设施、休闲广场和城市公园，城镇的广播、电视、网络等设施也逐渐完善。这些设施和场所为当地居民丰富生活和提高精神文明水平创造了有利条件。为了营造良好的旅游环境，九寨沟全县还持续开展了评比先进精神文明村镇和单位的活动，这大大促进了当地精神文明风尚的发展。

4. 资源和环境受到保护性开发利用

九寨沟 19 世纪 60 年代曾经是原始森林，植被茂密、湖泊众多、水量充沛，还聚集了大熊猫等多种珍稀动物。1966 年南坪森工局在九寨沟建立了林场，大量砍伐木材。直到 1978 年，在有识之士的倡导和多方努力下，九寨沟森林资源才以自然保护区的身份被保存下来，九寨沟的美丽旅游资源才得以延续至今并开发为旅游景区，周边的城镇才在九寨沟景区旅游业开发的带动下从无到有，逐渐壮大。所以旅游资源是九寨沟城镇发展和壮大的主要基石。只有保护好资源和环境才能维持旅游业、旅游城镇的可持续发展。

基于以上认识，九寨沟县在发展旅游业和城镇化过程中坚持"开发促保护，保护为开发"的方针，把保护资源和环境放在一切工作的首位。政府颁发了大量保护资源和环境的文件，内容包括封山育林、退耕还林、护林防火，制止乱砍滥伐森林，保护珍稀动物，防止环境污染，控制乱修乱建房屋，治理泥石流和解决好群众具体困难等。为了将游客和当地居民对资源环境的破坏减少到最小，景区限制了游客容量；实行"沟内游、沟外住"，整治搬迁了景区内和漳扎镇部分居民、建筑和污染环境的企业；采用绿色观光车作为景区内部交通工具；修建了统一排污治污系统工程，建立了先进的环境监测系统，加强对当地居民和游客进行环保意识教育。为了实现妥善处理"保景"与"富民"的关系，政府和九寨沟景区管理局每年拨巨额专款作为景区居民和退耕还林群众的生活保障费，并且安排了六百多名居民从事保护、环卫和经营服务工作。为保护林木资源，防止环境污染，还专门建立了天然气管网系统，使当地居民生活煤气化、电气化。此外，还对各景区和县城、漳扎镇进行了声势浩大的拆迁整治工作。正是在先进的资源、环保意识指导下和多方面共同协作之下，九寨沟景区保持着63.5%的森林覆盖率与85.5%的植被覆盖率，永乐镇和漳扎镇正在逐渐以环境幽雅、城镇整洁美丽的国际生态旅游城镇形象出现在游客和当地居民眼前。

参考文献

[1] 刘晓鹰、戴宾．小城镇发展与土地资源配置．北京：中国三峡出版社，2003

[2] 刘晓鹰、郑长德．我国西部欠发达地区小城镇发展战略及其后发优势．西南民族大学学报，2004（5）

[3] 刘卫东等．中国西部开发重点区域规划前期研究．北京：商务印书馆，2003

[4] 孙久文等．区域经济学教程．北京：中国人民大学出版社，2003

[5] 刘峰．中国西部旅游发展战略研究．北京：中国旅游出版社，2001

[6] 王梦奎等．中国特色城镇化道路．北京：中国发展出版社，2004

[7] 魏后凯．21世纪中西部工业发展战略．郑州：河南人民出版社，2000

[8] 国家统计局．2003中国统计年鉴．北京：中国统计出版社，2003

[9] 连玉明．中国城市报告．北京：中国时代经济出版社，2004

[10] 胡序威等．中国沿海城镇密集地区空间集聚与扩散研究．北京：科学出版社，2000

[11] 国家信息中心中国经济信息网．中国行业发展报告——银行业．北京：中国经济出版社，2005

[12] 袁中金、王勇．小城镇发展规划．南京：东南大学出版社，2001

[13] 樊杰．中国农村工业发展在城镇化进程中的作用．地理科学．1998（2）

[14] 钟狄．城乡一体化的概念、结构和功能．社科信息．1989

[15] 张军、周一星．论竞争优势与小城镇发展——以滕鳌与西柳镇为例．地理学与国土研究．1998（1）

[16] 刘晓鹰．试论小城镇发展的现状及其特点．农村经济，2002（7）

[17] 刘晓鹰、郑长德. 中国西部都市带的城市化推进研究. 西南民族大学学报, 2003 (2)

[18] 刘晓鹰、罗晓芹. 中国西部都市带发展与城市化推进. 经济学家, 2004 (4)

[19] 郭上沂. 城镇化与区域经济发展. 成都: 电子科技大学出版社, 2003

[20] 刘晓鹰、高虹. 四川省民族自治地区旅游资源开发问题. 经济地理, 1992 (12)

[21] 白云升. 差距犹存潜力更大. 资源开发与市场, 2002 (4): 36~37

[22] 刘晓鹰、何春等. 我国西部欠发达地区小城镇发展战略及其后发优势. 成都城市改革与发展, 2003 (5): 23~25

[23] 戴宾. 对四川城市化道路的思考. 社会科学研究, 2003 (2)

[24] 蔡秀玲. 论小城镇建设. 北京: 人民出版社, 2002

[25] 刘晓鹰、吴铀生. 民族地区旅游业发展与特色人才培养. 成都: 西南民族大学学报, 2003 教育改革专辑

[26] 刘晓鹰. 试论小城镇发展的现状及其特点. 农村经济, 2002 (7)

[27] 国家统计局城市社会经济调查总队. 中国城市统计年鉴. 1998. 北京: 中国统计出版社, 1999

[28] 中国城市经济社会发展研究会、中国行政管理学会. 中国城市经济社会年鉴 1996. 北京: 中国城市出版社, 1997

[29] 国家统计局城市社会经济调查总队. 中国城市统计年鉴. 1996. 北京: 中国统计出版社, 1997

[30] 中国城市经济社会发展研究会、中国行政管理学会. 中国城市经济社会年鉴 1991. 北京: 中国城市出版社, 1991

[31] 国家统计局城市社会经济调查总队. 中国城市统计年鉴 2002. 北京: 中国统计出版社, 2002

[32] 中国经济年鉴编辑委员会. 中国经济年鉴 1997—2003. 北京: 中国经济年鉴社, 1997—2003

[33] 中国乡镇区域年鉴编辑委员会. 中国乡镇企业年鉴 2003. 北京: 中国旅游出版社, 2003

[34] 国家统计局、农村经济社会调查总队. 中国农村统计年鉴 2003. 北京: 中国统计出版社, 2004

[35] 严正主编. 中国城市发展问题报告. 北京: 中国发展出版社, 2004

[36] 马崇明. 中国现代化进程. 北京：经济科学出版社，2003

[37] 陈甬军、陈爱民. 中国城市化实证分析与对策研究. 厦门大学出版社，2002

[38] 连玉明. 中国城市报告. 北京：时代经济出版社，2004

[39] 成德宁. 城镇化的效应分析与发展思路. 南都学坛. 2003（2）

[40] 胡鞍钢. 城市化是今后中国经济发展的主要推动力. 中国人口科学，2003（6）

[41] 姜爱林、蔡珞珈. 试析对中国城镇化水平的基本判断. 绵阳经济技术高等专科学校学报. 2002（3）

[42] 文玫. 中国工业和城市的地理分布重工业与城镇发展的协调性研究. 见：中国城市化：实证分析与对策研究. 厦门：厦门大学出版社，2002

[43] 庄林德、张京祥. 中国工城市发展与建设史. 天津：南开大学出版社，2002

[44] 高佩义. 中外城市化比较研究. 天津：南开大学出版，1991

[45] 胡顺延、周明祖、水延凯. 中国城镇化发展战略. 北京：中共中央党校出版社，2002

[46] 成德宁. 城市化与经济发展——理论、模式与政策. 北京：科学出版社，2004

[47] [美] 麦金农著，卢骢译. 经济发展中的货币与资本. 上海：上海三联书店，1988

[48] [美] 戈德史密斯著，浦寿海等译. 金融结构与金融发展. 上海：上海三联书店，1994

[49] 彭兴韵. 金融发展的路径依赖与金融自由化. 上海：上海三联书店，2002

[50] 景普秋、张复明. 工业化与城镇化互动发展的理论模型初探. 经济学动态，2004（8）

[51] 汪小亚. 中国城市城镇化与金融支持. 财贸经济，2002（8）

[52] 李杨、王国刚等. 中国金融理论前沿Ⅲ. 北京：社会科学文献出版社，2003

[53] 卓勇良. 空间集中化战略——产业集聚、人口集中与城镇化发展战略研究. 北京：社会科学文献出版社，2000

[54] 汪洋. "十五"城镇化发展规划研究. 北京：中国计划出版社，2001

[55] 周牧之. 要小城镇, 也要大城市圈. 城市经济、区域经济（人大复印报刊资料）, 2002（4）

[56] 牛凤瑞等. 西部大开发聚焦在城镇. 北京: 社会科学文献出版社, 2002

[57] 徐国弟、陈玉莲. 西部大开发战略的理论基础和实施对策. 北京: 中国计划出版社, 2002

[58] 陆平. 加快宁夏城镇化建设推动区域经济发展. 宁夏党校学报, 2001（6）

[59] 杜鹏、王彦庚. 银川——吴忠空间相互作用研究. 宁夏社会科学, 2003（3）

[60] 赖齐、薛波、陶世贵、张义方. 加快发展四川中等城市研究. 见: 2002四川经济展望. 成都, 四川人民出版社, 2001

[61] 陈育宁. 中国西部经济发展. 北京: 中国经济出版社, 2004

[62] 江世银. 西部大开发与西部地区现代化建设. 四川行政学院学报, 2004（5）

[63] 江世银. 进一步加快西部地区城镇化建设. 国家行政学院学报, 2004（6）

[64] 周起业. 区域经济学. 北京: 中国人民大学出版社, 2001（1）

[65] 谭崇台. 发展经济学的新发展. 武汉: 武汉大学出版社, 1999

[66] 饶会林. 城市经济学. 大连: 东北财经大学出版社, 2000

[67] 胡序威、周一星等. 中国沿海城镇密集地区空间集聚与扩散研究. 北京: 科学出版社, 2000

[68] 2002年国民经济和社会发展统计公报. 经济日报, 2003年3月11日

[69] 傅崇兰、陈光庭、董黎明等. 中国城市发展问题报告. 北京: 中国社会科学出版社, 2003

[70] 陆大道等. 中国区域发展的理论与实践. 北京: 科学出版社, 2003

[71] 赵苑达. 城市化与区域经济协调发展. 北京: 中国社会科学出版社, 2003

[72] 周起业、刘再兴等. 区域经济学. 北京: 中国人民大学出版社, 2002

[73] 徐逢贤等. 跨世纪难题——中国区域经济发展差距. 北京: 社会科学文献出版, 1999

[74] 张金锁、康凯. 区域经济学. 天津: 天津大学出版社, 1998

[75] 周克瑜．走向市场经济——中国行政区与经济区的关系及其整合．上海：复旦大学出版社，1999

[76] 齐良书．发展经济学．北京：中国发展出版社，2002

[77] 王洛林、魏后凯．未来50年中国西部大开发战略．北京：北京出版社，2002

[78] 李小建．经济地理学．北京：高等教育出版社，1999

[79] 崔功豪、魏清泉、陈宗兴．区域分析与规划．北京：高等教育出版社，1999

[80] 廖鸿志、郑春敏．西部地区城镇化——云南城镇化与经济发展研究报告．北京：科学出版社，2003

[81] 国务院关于实施西部大开发若干政策措施及其实施意见．北京：中国计划出版社，2002

[82] 王涵、潘洁．国内外城镇化发展模式的对比研究．西南民族大学学报，2005（6）

[83] 崔功豪．中国城镇发展研究．北京：中国建筑工业出版社，1992

[84] 丁健．现代城市经济．上海：同济大学出版社，2001

[85] 孙久文、叶裕民．区域经济学教程．北京：中国人民大学出版社，2003

[86] 刘卫东、樊杰、周成虎、金凤君、陆大道等．中国西部开发重点区域规划前期研究．北京：商务印书馆，2003

[87] 许学强、周一星、宁越敏．城市地理学．北京：高等教育出版社，1997

[88] 连玉明．中国城市蓝皮书．北京：中国时代经济出版社，2003

[89] 倪鹏飞．中国城市竞争力报告．北京：社会科学文献出版社，2003

[90] 赵熙．四川经济跨越式发展研究．成都：西南财经大学出版社，2003

[91] 胡序威、周一星、顾朝林等．中国沿海城镇密集地区空间集聚与扩散研究．北京：科学出版社，2000

[92] 国家发展和改革委员会地区经济司．2003中国地区经济发展年度报告．北京：中国财政经济出版社，2003

[93] 国家统计局城市社会经济调查总队．2002中国城市统计年鉴．北京：中国统计出版社，2003

[94] 国家统计局．2002中国统计年鉴．北京：中国统计出版社，2003

[95] 四川统计局.2002四川统计年鉴.北京：中国统计出版社，2003

[96] 重庆统计局.2002重庆统计年鉴.北京：中国统计出版社，2003

[97] 顾朝林等.经济全球化与中国城市发展.北京：商务印书馆，2000

[98] 国家统计局城市社会经济调查总队.2001中国城市发展报告.北京：中国统计出版社，2002

[99] 总参谋部测绘局.中华人民共和国地图集.北京：星球地图出版社，2002

[100] 北京天域北斗图书有限公司.中国公路网地图册.北京：人民交通出版社，2003

[101] 何一民.西部大开发与构建大成都城市圈.西南民族学院学报，2000（6）

[102] 谭成文.中国首都圈的概念与划分.地理学与国土研究，2000（11）

[103] 孙中和.中国城市化基本内涵及动力机制研究.财经问题研究，2002（4）

[104] McGee, T. G. *The Emergence of Desakota Region in Asia: Expanding a Hypothesis.* University of Hawaii, 1991

[105] Clement G. Krouse. *Theory of industrial economics*, 2000

[106] 邢怀滨、陈凡、刘玉劲.城市群的演进及其特征分析.哈尔滨工业大学学报（社会科学版），2001（12）

[107] 姚士谋、陈爽、朱振国、陈振光.从信息网络到城市群数码城市的建立.人文地理，2001（5）

[108] 牛文元.新一轮财富涌流的载体.见：中国城市化.财经界，2002（12）

[109] 段汉明.贫困的城市群带如何发展——黄河上游城镇密集区发展透视.城市规划，2000（11）

[110] 杨永春.论典型河谷盆地型城市兰州的发展模式.人文地理，2000（1）

[111] 薛东前、姚士谋、张红.城市群形成演化的背景条件分析——以关中城市群为例.地域研究与开发，2000（4）

[112] 戴宾.成渝经济圈，发展大契机.成都日报，2004年2月16日

[113] 马凌.成渝双城记.南方周末，2003年12月18日

[114] 胡彬.长江三角洲区域的城市网络化发展内涵研究.中国工业经济，

2003（10）

[115] 王涵．"西三角"城市经济圈的开发建设研究．阴山学刊，2005（3）

[116] 上海证大研究所．长江边的中国——大上海国际都市圈建设与国家发展战略．上海：学林出版社，2003

[117] 许宁、蒋华．西部地区城填化发展战略研究．社会科学家，2004（7）

[118] 谢永琴．西部地区城镇发展战略思考．广西社会科学，2002（1）

[119] 中国统计局．历年《中国统计年鉴》．中国统计出版社

[120] 马金书．论加快西部地区城镇化进程的思路及对策．云南行政学院学报，2005（2）

[121] 翟有龙、杨苗苗．统筹城乡发展，加快西部地区城市化进程．http：//www.sss.net.cn

[122] 单福东．统筹城乡发展，加快西部地区城市化进程．宝鸡文理学院学报（社科版），2003（4）

[123] 胡长顺．西部开发：重点、进展、政策创新．经济地理，2003（1）

[124] 喻在岗、雷开平．西部大开发中城市化问题研究．经济问题探索，2001（10）

[125] 中国统计网．http：//www.stats.gov.cn

[126] 四川统计网．http：//www.cs.stats.gov.cn

[127] 中国城市网．http：//chinacity.net

[128] 袁中金、王勇．小城镇发展规划．南京：东南大学出版社，2002

[129] 朱守银．中国农村城镇化进程中的改革问题研究．中国农村观察，2000（6）

[130] 俞燕山．我国小城镇改革与发展政策研究．改革，2000（1）

[131] 史育龙．非农产业是小城镇发展的重要基础．中国农村经济，2002（4）

[132] 徐清梅等．小国城市群几个基本问题的观点述评．城市问题，2002（1）

[133] 胡必亮．小城镇，大战略．光明日报，1999年4月23日

[134] 世界资源研究所．世界资源报告（1996，1997）．北京：中国环境科学出版社，1996

[135] 王立军．浙江：农村城镇化的现状与对策研究．中共浙江省委党校

后 记

本著由刘晓鹰教授（西南民族大学管理学院院长，西南民族大学经济发展研究所所长）申报、立项、主持完成的 2003 年度国家社会科学基金经济理论项目结项成果补充凝练而成。项目与本著同名，为《中国西部欠发达地区城镇化道路及小城镇发展研究》，批准文号（03BJL037）。由该项目而派生出的研究成果，已在权威核心期刊《经济学家》等刊物发表论文达 18 篇。项目成果被国家哲学社会科学规划办公室在其网页作为重点成果推介，并收入 2007 年 12 月由社会科学出版社出版的《国家社科基金项目成果选介》。

本项目由刘晓鹰提交开题报告、研究方案、专题设计以及本著的详细提纲，并完成初稿的审订、统稿和部分章节的重写，负责提交四川省和国家社会科学规划办鉴定评审。此后，由刘晓鹰按匿名评审专家意见再修改、补充、完善（评审等级为良好）并正式结项。之后，由刘晓鹰按专著的要求补充、完善和凝练。

课题组成员提交项目研究初稿分工：刘晓鹰（导言、后记、第十二章、第十四章）、郑长德教授（第一章、第三章）、涂春裕春教授（第二章）、余喆杨博士（第四章）、黄毅教授（第五章）。第二章、第四章、第五章初稿经郑长德教授补充完善。西南交通大学戴宾教授、西南民族大学刘晓鹰、西南交通大学李兴建硕士、四川省委党校江世银教授（第六章、第七章、第八章、第十章、第十一章）、四川大学王涵硕士、成都市土地储备中心潘洁硕士（第九章）、姜太碧博士（第十三章）、马艳霞博士、范钛教授（第十五章）、杨建翠博士（第十六章）都做了大量工作。遗憾和必须致歉的是由于篇幅有限，研究成果多达 68 万余字，还有多位学者为数不少的该项目结项成果内容未能入著。包括刘晓鹰教授，西南民族大学副教授伍艳硕士，徐维德副教授，四川省委党校江世银教授，四川省国土勘测规划研究院研究员邱鹏飞博士，西华师范大学徐邓跃教授、翟有龙教授，西南民族大学副教授李皓博士等的大量成果。西南民族大学喇明清副教授、张为波教授等也参与了研究工作。

在本项目成果研究和本著形成过程中，得到了不少同仁的大力支持。先后得到了中国区域经济学会副会长、中国社会科学院名誉院士、博士生导师陈栋生教授，四川省教育厅副厅长、博士生导师王康教授，西南民族大学科技处卢亚兰处长、腾建旭副处长的大力支持，也得到了时光教授等的大力支持。在调查研究，资料收集，编校出版过程中，得到兄弟院校和其他单位，特别是民族出版社的大力支持。我的家人为此做了不少琐碎繁杂之事。在此，一并致以衷心的感谢。我们正在进行更加深入的研究，真诚希望所有同仁、朋友和读者赐教、指正。

刘晓鹰
2005 年 2 月 28 日

图书在版编目（CIP）数据

中国西部欠发达地区城镇化道路及小城镇发展研究/刘晓鹰等著．—北京：民族出版社，2008.12
ISBN 978－7－105－09915－3

Ⅰ．中… Ⅱ．刘… Ⅲ．①城市化—发展—研究—西北地区②城市化—发展—研究—西南地区③城镇—发展—研究—西北地区④城镇—发展—研究—西南地区　Ⅳ．F299.27

中国版本图书馆 CIP 数据核字（2008）第 203215 号

民族出版社出版发行
（北京市和平里北街 14 号　邮编 100013）
http://www.mzcbs.com
北京市迪鑫印刷厂印刷
各地新华书店经销
2008 年 12 月第 1 版　2008 年 12 月北京第 1 次印刷
开本：880 毫米×1230 毫米　1/32　印张：16.375　字数：475 千字
印数：0001－1500 册　　定价：38.00 元
ISBN　978－7－105－09915－3/F・275（汉 234）

该书如有印装质量问题，请与本社发行部联系退换
编辑室电话：010－64271909　　发行部电话：010－64271734